D1393001

PRÉVENTION PSYCHOSOCIALE
POUR
L'ENFANCE ET L'ADOLESCENCE

PRÉVENTION PSYCHOSOCIALE

POUR L'ENFANCE ET L'ADOLESCENCE

sous la direction de

Jean-François Saucier

Directeur de la section
des sciences du comportement,
Faculté de médecine,
Université de Montréal

Laurent Houde

Département de Psychiatrie,
Université de Montréal

1990

Les Presses de l'Université de Montréal
C.P. 6128, Succ. A, Montréal (Québec), Canada H3C 3J7

ISBN 2-7606-1520-0

Dépot légal, 2ᵉ trimestre 1990 - Biblothèque nationale du Québec

LES AUTEURS

A.C. BARKIN, M.S.W., M.P.H.,
Directrice, Programme du service
de consultation aux employés,
Service de santé publique américain,
Barklawn Bldg., Room 16 A-23
5600 Fishers Lane
Rockville, Maryland, 20857
USA

E.M. BOWER, Ph.D
Professeur titulaire,
Faculté des Sciences de l'éducation,
University of California at Berkeley
Berkeley, Californie
USA

J.L. DEVERENSKY, Ph.D
Professeur agrégé,
Département de Psychologie
en éducation et de Counseling,
Faculté de l'éducation,
McGill University,
3700, rue McTavish
Montréal, QC
CANADA
H3Y 1Y2

A. DUMARET
Ingénieur de recherches,
Institut national de la santé et de
la recherche médicale (INSERM),
Unité 69
1, rue du 11 Novembre,
92120 Montrouge,
FRANCE

D. DUPREZ
Chargé de recherche,
Centre national de la recherche
scientifique (CNRS),
54, rue Réaumur,
59800 Lille
FRANCE

E.J. DURYEA, Ph.D.
Professeur agrégé,
Département de la promotion
de la santé,
University of New Mexico,
3043, Mesa Visa Hall
Albuquerque, New Mexico, 87110
USA

M. DUYME
Chargé de recherche,
Centre national de la recherche
scientifique (CNRS),
Laboratoire n° 315
Faculté de Médecine,
45, rue des Saints-Pères,
75006 Paris
FRANCE

J. GUAY
Professeur agrégé,
École de Psychologie,
Université Laval,
Québec, QC
CANADA

A. GUY, M.S.W.
Chedoke-McMaster Hospital,
Box 200, station A
Hamilton, Ontario
CANADA
L8N 3Z5

C.C. HIEW, Ph.D.
Department of Psychology,
University New Brunswick,
Fredericton, New Brunswick,
CANADA
E3B 6E4

L. HOUDE, m.d.
Psychiatre,
Ex-professeur titulaire,

Département de Psychiatrie,
Faculté de Médecine,
Université de Montréal,
Hôpital Rivière-des-Prairies,
7070, boul. Perras
Montréal, QC
CANADA
H1E 1A4

L. LEPAGE
Professeur agrégé,
École des Sciences infirmières,
Pavillon Comtois,
Université Laval,
Québec, QC
CANADA

M. MAZIADE, m.d.
Pédopsychiatre,
Professeur titulaire,
Département de Psychiatrie,
Faculté de Médecine,
Université Laval,
Unité de recherche,
Hôtel Dieu du Sacré-Cœur,
Avenue du Sacré-Cœur,
Québec, QC,
CANADA
G1N 2W1

J.P. MYERS, Ph.D.
Département de Sociologie,
Glassboro State College,
Glassboro, New Jersey,
08028
USA

M. REITSMA-STREET, M.S.W.
Nipissing University College,
North Bay, Ontario,
CANADA

A. SALOMON, Ph.D.
Professeur titulaire,
Département de Psychologie,
Université de Montréal,
C.P. 6128, Succursale A,
Montréal, QC,
CANADA
H3C 3J7

J.F. SAUCIER, m.d. Ph.D.
Professeur titulaire,
Département de Psychiatrie,
Faculté de Médecine,

Université de Montréal,
3100, avenue Ellendale,
Montréal, QC,
CANADA
H3S 1W3

H.R. SEARIGHT, Ph.D.
Department of Psychology,
Southern Illinois University
at Edwardsville,
0128, Building III
Edwardsville, Illinois, 62026
USA

M. SOULÉ, m.d.
Psychiatre des Hôpitaux,
Professeur associé de Psychiatrie
de l'enfant de l'U.E.R.,
Cochin – Sainte-Anne,
26, boul. Brune,
75014 Paris,
FRANCE

R.N. TREMBLAY, Ph.D.
Professeur titulaire,
École de Psychoéducation,
Université de Montréal,
750, boulevard Gouin, est,
Montréal, QC,
CANADA
H2C 1A6

I.H. WEBSTER, Ph.D.
Conseil scolaire d'Ottawa,
8 – 3240 South Gate Road,
Ottawa, Ontario,
CANADA
K1V 8W7

TABLE DES MATIÈRES

PRÉFACE

L'idée de publier ce livre sous cette forme est venue à l'issue d'un colloque tenu au printemps de 1985 à l'Université de Montréal à l'initiative tripartite de la Faculté des sciences de l'éducation de cette université, de la Commission des écoles catholiques de Montréal et de l'hôpital Rivière-des-Prairies, sous le patronage de l'Organisation des nations unies pour l'éducation, la science et la culture, et l'Organisation mondiale de la santé. Ce colloque international était né lui-même du projet ambitieux de réunir dans un même lieu, avec l'objectif de mieux cerner la problématique globale de la prévention, des spécialistes de la santé physique et mentale, de la criminologie et de l'éducation.

Quoique l'un des écueils de l'action préventive réside dans la difficulté de démontrer son efficacité, le colloque a permis un rapprochement et une interstimulation entre des spécialistes de disciplines différentes. Ces derniers ont tous en commun de s'interroger sur les problèmes méthodologiques et sur la programmation effective des actions préventives, même s'ils appartiennent à des disciplines qui abordent dans des perspectives différentes et selon des priorités qui sont souvent à la remorque d'un souci social ou politique, un problème dont on dénonce les effets dévastateurs sur le plan social et économique.

Dans la richesse de la matière abondante livrée lors du colloque, les organisateurs ont remarqué et singularisé des textes exceptionnels portant spécifiquement sur l'enfance et l'adolescence. On y retrouvera comme dénominateur commun, un souci de mieux cerner les fondements méthodologiques des démarches préventives, une analyse critique des progrès trop modestes accomplis dans ce domaine, un appel à une standardisation essentielle des instruments de mesure, mais également et surtout des démarches réussies qui permettent tous les espoirs.

Cet ouvrage mérite attention. À travers des textes d'inspirations fort différentes, le lecteur dégage une perspective globale de la problématique, dans laquelle l'ampleur de la tâche ne minimise en rien l'urgence de l'entreprendre et de la poursuivre, tout en cernant de façon précise certaines avenues où un cheminement efficace apparaît concrètement possible. Malgré des barrières culturelles, voire idéologiques, une certaine unité se dégage de ce livre dont les auteurs ne se sont pourtant pas concertés. Les pièges qui rendent ce cheminement difficile et expliquent les retards du développement scientifique dans le domaine de la prévention sont ainsi mis en relief, tout en ouvrant la route à des démarches pouvant être actualisées dans des programmes concrets.

Après lecture attentive de cet ouvrage, personne ne devrait douter de l'impérieuse nécessité de donner à la prévention psychosociale une place qui lui est encore largement refusée. C'est dire que les embûches et les limites de tout programme de prévention en matière de santé mentale ne sont nullement sous-estimés. Sans idéalisme, sans angélisme et sans naïveté, des projets précis et d'une efficacité mesurable sont par ailleurs décrits, nous entraînant à réfléchir sur les mécanismes qui bloquent la généralisation des expériences réussies. Tout se passe en effet comme si les progrès accomplis dans ce domaine depuis ving-cinq ans demeuraient ponctuels, faute d'un langage et d'une méthodologie commune.

Si l'efficacité repose sur la planification, si la sagesse se nourrit de connaissances, mais surtout de prévisions, ce livre nous aidera à comprendre pourquoi la prévention demeure paradoxalement le parent pauvre de la recherche scientifique. Malgré son urgente nécessité pour le bien collectif, l'intérêt pour la prévention ne dépasse guère, chez les décideurs professionnels ou politiques, le stage des vœux pieux. Il importe, et c'est l'un des mérites de ce livre, que soient mises en lumière tant les difficultés méthodologiques du sujet que la tendance de l'esprit humain à limiter ses perspectives d'analyse à un registre étroit de croyances, ce qui a pour effet de fragmenter les efforts et de rendre peu communicables et difficilement programmables pour de vastes ensembles les actions susceptibles d'entraîner des résultats assurés.

On ne saurait nier ni l'importance d'établir l'efficacité d'un programme préventif avant d'y investir massivement, ni la tentation de généraliser trop hâtivement une tendance à la mode sans s'être assuré de la pertinence des postulats qui l'inspirent, ni surtout les effets négatifs d'une implantation mal préparée.

Espérons que ce message sera entendu et que le concept de prévention deviendra autre chose qu'une idée généreuse qu'on soutient comme on prêche la vertu. Il doit plutôt devenir une obligation de société qui exige des engagements précis de la part des spécialistes, des femmes et des hommes politiques et des décideurs de notre société.

Jacques Mackay, m.d.
Psychiatre
Hôpital Rivière-des-Prairies

INTRODUCTION

PRÉVENIR EST-IL POSSIBLE ?

Jean-François Saucier
Laurent Houde

Chapitre 1

PRÉVENIR EST-IL POSSIBLE ?

Jean-François Saucier
Laurent Houde

Il peut sembler paradoxal de poser cette question au tout début d'un livre dédié à la prévention, à un moment du développement historique où le concept de prévention obtient une approbation générale. Le mot est à ce point populaire qu'on le trouve inséré dans tous les discours qui cherchent à faire l'unanimité, en particulier ceux des femmes et des hommes politiques. On se rend vite compte, cependant, que cette unanimité est suspecte quand on constate que ce sont les projets de prévention qui sont annulés les premiers en période de récession économique. On se met alors à insister sur l'aspect « préventif » des interventions curatives. Il s'agit donc d'une popularité bien fragile, d'une présence dans le discours plutôt que dans les décisions.

Pourquoi en est-il ainsi ?

Nous invoquerons les raisons qui nous semblent les plus importantes. Précisons d'abord que, dans cet essai, « prévention » signifie uniquement prévention *primaire*, c'est-à-dire tout effort qui essaie d'empêcher un dysfonctionnement quelconque ; cela ne s'applique donc pas au dépistage précoce d'un dysfonctionnement déjà présent. Constatons en premier lieu que les efforts préventifs d'aujourd'hui souffrent des succès spectaculaires des programmes de vaccination de masse réalisés au début de ce siècle ; ceux-ci ont réussi, à des coûts relativement modestes, à stopper rapidement quelques grands fléaux infectieux. Ces succès éclatants ont frappé l'imagination des foules et on donné à la prévention une aura de magie. Depuis, tout nouveau projet préventif est spontanément comparé à ce modèle quasi magique.

Ainsi, au début des essais de prévention psychosociale, on a cru réussir, un moment, un semblable coup de force. Le mouvement de la contraception, avec son slogan « tout enfant, un enfant désiré, » répandit l'idée que l'utilisation des techniques contraceptives aurait pour effet de réduire de façon dramatique la fréquence des mauvais traitements infligés aux enfants (voir Polansky, 1968, et Gil, 1973). On connaît bien le succès sans pareil de la contraception qui a transformé en l'espace d'une génération le panorama démographique du Québec et de bien d'autres pays. Cependant, il faut se rendre à l'évidence que la fréquence des mauvais traitements aux enfants n'a pas diminué. Les promesses n'ont pas été tenues. Pourquoi ?

Parce qu'on avait fait une équivalence simpliste entre l'aptitude à planifier un enfant et la capacité de le tolérer, entre le désir conscient d'enfant et la compétence pour s'en occuper tout en le respectant intégralement. Contrairement à plusieurs clichés courants, de nombreux parents maltraitants sont consciemment heureux de la venue de leur enfant et c'est bien malgré eux, sinon en dépit de leur attachement à l'enfant, qu'ils le maltraitent dans les mois qui suivent. Des facteurs plus profonds, comme le fait d'avoir eu, dans leur propre enfance, des parents absents, négligents ou maltraitants et celui d'être socialement isolés comme adultes, sont plus puissants que le simple désir d'enfant. La contraception, malgré tous les avantages qu'elle procure, n'a donc pas eu l'effet escompté sur les comportements maltraitants.

Un autre mouvement n'a pas réussi le coup de force espéré. Croyant qu'à l'instar de plusieurs espèces animales, il existait chez les humains une « période critique » immédiatement après la naissance où la rencontre intime du nourrisson attacherait les parents de façon définitive et leur procurerait une attitude permanente d'ouverture envers l'enfant, des pédiatres, Klauss et Kennell (1976), contribuèrent à instaurer dans de nombreux hôpitaux la pratique du « contact enrichi », avec l'espoir que cette intervention unique d'une quarantaine de minutes aurait des effets « d'immunisation psychologique » sur les parents. On constate aujourd'hui que les effets de cette pratique sont positifs, mais seulement à court terme, puisqu'ils disparaissent après deux ou trois ans.

Citons, comme dernier exemple, le mouvement né de la méthode d'accouchement mise au point par Leboyer (1974) qui promettait des effets bénéfiques importants sur le développement psychologique de l'enfant. Un accouchement caractérisé par des interventions douces et des conditions spéciales (lumière tamisée, bain chaud du bébé immédiatement après l'expulsion) devait avoir pour effet de prévenir le « traumatisme » de la naissance, de protéger le nourrisson contre les dangers d'une transition brutale du milieu utérin au milieu externe et de produire ainsi des enfants calmes et sereins. Reconnaissons que le mouvement Leboyer a eu des effets heureux sur certaines pratiques obstétricales, mais on est loin d'avoir obtenu chez l'enfant l'effet d'immunisation psychosociale escompté.

Cet espoir latent de réussite quasi magique des interventions préventives tient probablement à notre expérience relativement récente dans le domaine psychosocial. Tel qu'Ariès (1960) l'a bien montré, on a cru pendant des siècles que les enfants étaient des adultes miniatures dont tout le développement était programmé par le code génétique et donc insensible aux expériences de vie et à la qualité des soins donnés par les parents. C'est seulement au début de ce siècle que les psychanalystes, entre autres, suivant l'insistance de leurs patients à rapporter des souvenirs traumatisants de leur enfance, commencèrent à soupçonner l'importance de l'impact à long terme du vécu d'enfance (Freud, 1915). Des psychologues (Hebb, 1949), puis des éthologues (Lorenz, 1965) confirmèrent ensuite, avec leurs méthodes propres, l'intuition globale des psychanalystes, à savoir que les vécus émotionnels intenses, autant de l'adolescence que de l'enfance d'ailleurs, avaient des répercussions profondes à long terme sur l'organisation psychologique de l'adulte. Ce changement radical des perspectives a ouvert le champ récent de la prévention psychosociale.

Les trois désillusions décrites plus haut montrent clairement que les interventions préventives ne peuvent pas être basées uniquement sur des hypothèses généreuses ou pleines de « gros bon sens ». Des recherches sérieuses doivent être faites au préalable non seulement sur la série de causes concomitantes d'un problème, mais aussi sur l'efficacité d'un type précis d'intervention, avant de se lancer dans de grandes campagnes enthousiastes.

Dans un ordre d'idées voisin, il est souvent répété que plus une intervention est faite à un âge précoce, plus elle a des chances de produire des effets à long terme. Cette assertion, cependant, a besoin d'être modifiée, à la lumière des expériences récentes. Il est, en effet, admis qu'une intervention pertinente faite au début de l'enfance puisse avoir certains effets globaux sur toute la vie (voir plus loin les résultats des programmes *Head Start*), mais il n'en reste pas moins que des compétences particulières soient aussi requises pour chaque période de vie et que dans les cas, par exemple, de la puberté et de la retraite, une intervention faite peu de temps auparavant a plus de chances de réussir qu'une intervention faite plusieurs années plus tôt.

De plus, on se rend mieux compte aujourd'hui, tel que démontré, entre autres, par Sroufe et Rutter (1984), que la plupart des inadaptations psychosociales sérieuses sont le produit d'une *chaîne complexe de causes* appartenant à divers domaines (biologique, psychologique, social, culturel, etc.) et que, par conséquent, on ne peut espérer qu'une intervention sur un seul élément de cette chaîne va produire, comme par magie, un changement important. On voit mieux ainsi la nécessité d'une analyse préalable raffinée des interactions entre les éléments multiples. Ainsi, Garmezy et coll. (1984) ont trouvé que les événements stressants n'ont pas un effet égal sur le rendement scolaire des enfants : ce sont ceux qui ont un quotient intellectuel inférieur qui sont les plus atteints, alors que ceux qui ont un quotient élevé en sont relativement protégés. Plus près de nous, Séguin et Ferland (1986) n'ont pas obtenu de succès avec deux interventions périnatales (initiation aux comportements typiques du nourrisson et démonstration du test de Brazelton devant la mère) qui pourtant avaient été démontrées comme efficaces ailleurs ; la raison en est que leur échantillon était constitué seulement de femmes fréquentant assidûment les rencontres prénatales, c'est-à-dire des femmes pour la plupart déjà très motivées et n'ayant que peu besoin d'aide. Les interventions auraient eu plus de chances de réussir si on avait contacté des femmes qui ne fréquentaient pas les rencontres prénatales, parmi lesquelles on trouve les plus isolées et les plus démunies.

Cet échec de Séguin et Ferland (1986) met en relief une difficulté particulière de l'approche préventive dans le champ psychosocial. On sait depuis longtemps par exemple que les enfants de parents alcooliques ont souvent des problèmes graves à l'adolescence et à l'âge adulte. Mais, comme le souligne Nadeau (1986), ces enfants ne sont pas faciles à rejoindre : ou bien les parents refusent carrément toute intervention, ou bien, le plus souvent, il arrive que l'intervention devienne si irrégulière, faute de motivation, qu'elle n'a, en définitive, aucun effet durable.

D'autre part, le jeu de facteurs multiples dans le développement et le maintien des diverses dimensions de la santé mentale ne nous oblige-t-il pas à une certaine modestie quand nous voulons évaluer scientifiquement le rôle d'un programme de prévention centré, par exemple, sur l'élimination d'un ou de quelques facteurs de risque, ou le développement de moyens de résistance face à ces mêmes facteurs ? Dans cette perspective, Goldston (1984) assigne dans la prévention primaire une part plus importante à l'aspect promotion de la santé mentale, indiquant que le but ultime des programmes de promotion devrait être d'accroître la capacité des gens à faire face aux crises et à prendre les mesures pour améliorer leur vie. Il explique que, dans ce contexte, les efforts de prévention primaire ne visent pas tant la prévention de la maladie mentale en soi que les diverses conditions qui réduisent la qualité de la santé mentale. Lorsqu'on vise l'accroissement des niveaux de bien-être (*wellness*) au sein de populations bien définies, les questions prépondérantes de la promotion de la santé sont celles qui impliquent « la compétence sociale, l'habileté à faire face aux crises et difficultés (*coping*) et les mesures de renforcement du moi ».

C'est dans une telle perspective que les divers programmes *Head Start* ont été lancés aux États-Unis dans les années soixante. L'inclusion d'une méthodologie de recherche permet aujourd'hui, soit vingt ans plus tard, d'évaluer avec rigueur si les interventions préventives peuvent être efficaces.

Parmi les projets centrés sur l'intensification de l'apprentissage préscolaire chez des enfants de 3-4 ans, le projet *Perry* est un exemple typique de ce type d'intervention dans des milieux extrêmement défavorisés (voir Berrueta-Clement et coll., 1984). Maintenant, rendus à l'âge de 19 ans, les enfants du projet, comparés à ceux du groupe témoin, sont plus nombreux à occuper un emploi (59 % contre 32 %), à obtenir un diplôme du secondaire (67 % contre 49 %) et à entreprendre une formation collégiale ou spécialisée (38 % contre 21 %). Moins d'entre eux ont été en difficulté sérieuse avec la Loi (31 % contre 51 %). L'analyse des coûts et bénéfices qui accompagne la description de ces résultats montre que ce programme a fait épargner à la société au-delà de 23 800 $ US pour chaque enfant impliqué. D'autres études (Lazar et Darlington, 1982 ; Slaughter, 1983) montrent des résultats positifs de même ordre.

Un tableau similaire se dégage des projets préventifs centrés sur les parents, que ce soit auprès des adolescentes enceintes (Clewell et coll., 1989) ou auprès de familles entières (Heinicke et coll., 1988). Un bel exemple de ce type d'intervention est donné par Olds et coll. (1986a, 1986b), où il est montré que ce sont les jeunes mères les plus à risque (adonnées à l'usage du tabac, isolées et sans travail) qui profitent le plus de cette intervention ; elles-mêmes améliorent grandement leur condition, et leurs enfants sont en meilleure forme et moins souvent victimes d'abus ou de négligence (4 % contre 19 %). L'analyse des coûts et bénéfices montre que trois dollars sont épargnés pour chaque dollar investi dans ce type de programme (voir Schoor, 1988).

Quels sont les programmes efficaces parmi les centaines qui ont vu le jour avec *Head Start* ? L'expérience des vingt dernières années a permis à Bouchard (1989) d'identifier sept éléments significatifs pour la réussite de tels programmes, dont les plus importants sont : l'établissement d'une relation *significative et stable, une intensité* suffisante de l'intervention (au moins une douzaine de rencontres), le recours à un *large éventail* d'interactions et un effort *d'intégration* des diverses ressources par l'intervenant pivot, qui doit avoir en outre une *attitude de respect* devant les valeurs et habitudes de vie des personnes qu'il visite, et mettre l'emphase sur leurs forces plutôt que sur leurs déficits.

La preuve est donc maintenant établie qu'une intervention psychosociale suffisamment intense et vaste peut avoir des résultats importants à long terme sur des *individus*. Qu'en est-il des groupes sociaux en difficulté ?

Dans les groupes de populations défavorisées où la prévalence des problèmes sociaux et de santé mentale est élevée, il apparaît assez évident que les compétences à développer sont multiples pour que les groupes atteignent un niveau de bien-être et d'efficience psychosociale recherché par la majorité ambiante. Si ces compétences peuvent être développées grâce à des vécus concrets, fournis dans le cadre de programmes de prévention bien délimités, il est illusoire de penser que ces programmes auront un impact majeur à moins qu'ils ne s'inspirent d'une stratégie beaucoup plus globale qui mobilise, à divers niveaux, chez ces mêmes groupes, un ensemble de forces et de ressources.

Les concepteurs de programmes d'envergure visant à développer chez les générations naissantes de milieux défavorisés les aptitudes qui pourraient éventuellement leur permettre d'accéder aux avantages socioculturels de leur société ont rapidement compris les limites d'actions qui, bien que positives, ne pouvaient que répondre bien particulièrement aux besoins criants de certaines des communautés auxquelles elles s'adressaient.

L'impuissance relative (*powerlessness*, voir Cochran et Woolever, 1983) qui caractérise ces groupes a ses racines dans diverses limites des habiletés des membres qui les composent : aptitudes linguistiques et facilité cognitive à manipuler les abstractions moins développées, aptitude insuffisante dans la résolution des problèmes sociaux complexes, etc. Que ces limites découlent en grande partie d'une carence dans les stimulations et expériences disponibles n'est plus à démontrer. Les recherches écologiques sur les milieux où vivent ces communautés (Bouchard *et al.*, 1986) nous montrent aussi comment les environnements peuvent contribuer à accentuer un contexte de pauvreté sociale, facteur d'entretien de l'impuissance des individus et des groupes.

Et c'est ici également qu'on peut se reposer la question de départ : prévenir est-il possible ?

Prévenir est-il possible, si la promotion des diverses compétences qui sous-tendent la santé mentale des communautés débouche sur la politique ? Prévenir au niveau des communautés n'implique-t-il pas de la part de ces mêmes communautés un engagement soutenu à transformer des conditions génératrices de problèmes ? L'action à visée préventive sur et dans les milieux peut-elle venir surtout de services publics et d'intervenants du dehors ? Sans doute, dans une certaine mesure, mais alors quels outils apporter aux communautés et quelles conditions leur fournir que celles-ci améliorent, sinon retrouvent, la maîtrise de leur propre épanouissement ?

Les personnes intéressées à la prévention primaire en santé mentale qui mettent la main à la pâte et qui travaillent dans le champ des réalités individuelles proviennent généralement des professions de l'éducation, de la santé et du social. Elles sont nombreuses et leur action se situe en grande partie auprès des individus ou de petits groupes d'individus. Œuvrent avec elles ou près d'elles quelques travailleurs communautaires, dont les objectifs de transformation des communautés sont à mieux connaître. La prévention a aussi ses chercheurs, mais leur action sur les milieux est souvent transitoire. Certains penseurs de la prévention, dont l'action touche chercheurs et planificateurs, lui apportent les dimensions de la sociologie et de l'écologie, dimensions nécessaires à cette approche d'ensemble évoquée plus haut.

Y a-t-il chez nous un certain début de convergence concrète de ces mouvements ? Peut-être pas encore de façon bien évidente, quoique dans le vocabulaire des intervenants de la base, on perçoive en divers milieux que les notions de milieu, de communautaire, de ressources autonomes, d'adaptations socioculturelles différentes prennent corps et conduisent peu à peu à des transformations dans la conception et l'exercice des rôles.

Prévenir est-il possible ? Les expériences des vingt dernières années nous convainquent que oui, que la prévention n'est pas un rêve utopique d'idéalistes bien intentionnés. On se rend maintenant compte qu'une intervention faite au bon moment et avec suffisamment d'intensité et de continuité produit des résultats efficaces à court *et* à long terme, et que, de plus, en fin de compte, elle *diminue* les coûts sociaux.

Ces expériences réussies nous incitent à continuer d'affiner nos interventions afin de les rendre graduellement encore plus pertinentes et plus efficaces. C'est ce travail d'affinement qu'on trouvera dans ce volume, en ce qui concerne les périodes de l'enfance et de l'adolescence.

Le lecteur trouvera d'abord dans ce volume la description de deux séries d'essais d'intervention, respectivement auprès d'enfants et d'adolescents, suivie de deux articles de réflexion sur le vaste domaine de la prévention psychosociale.

Le lecteur constatera que tous les articles ne suivent pas totalement l'idéal de rigueur dans la conception et l'évaluation à laquelle nous tenons. Cela montre que le champ de la prévention psychosociale est encore jeune et que les organismes n'accordent pas assez souvent les ressources nécessaires pour atteindre la rigueur souhaitable. Nous avons quand même inclus ces essais à cause de leur esprit innovateur et de leurs promesses d'avenir.

Chacune des trois parties du livre est précédée d'une courte introduction, et les deux premières sont suivies d'un article synthèse.

Nous faisons le vœu que la description de ces expériences très diverses stimulera la réflexion du lecteur et l'amènera à imaginer des tentatives encore plus hardies pour montrer, dans les faits, que la prévention est vraiment possible.

BIBLIOGRAPHIE

ARIES, P. (1960), *L'enfant et la vie familiale sous l'ancien régime*, Paris, Plon.

BERRUETA-CLEMENT, J.R., SCHWEINHART, L.J., BARNETT, W.S., EPSTEIN, A.E. WEIKART, D.P. (1984), *Changed lives: The effects of The Perry Preschool Program on youths through age 19*. Monographs of the High Scope Educational Research Foundation, n° 8, Ypsilanti, Michigan.

BOUCHARD, C., BEAUDRY, J., et CHAMBERLAND, C. (1986), « Conduites abusives et négligeantes : réalités canadiennes et américaines », *Revue canadienne des sciences du comportement*, vol. 18, n° 4, p. 391-412.

BOUCHARD, C. (1989), « Intervenir précocement pour prévenir les méfaits de la pauvreté ; dimensions développementales cliniques et politiques », *Santé mentale au Québec*, vol. 14, n° 2, p. 58-67.

CLEWELL, B.C., BROOKS-GUNN, J.S. et BENASICH, A.A. (1989), « Evaluating child-related outcomes of teenage parenting programs », *Family relations*, vol. 38, p. 201-209.

COCHRAN, M. et WOOLEVER, F. (1983), « Beyond the deficit model: the empowerment of parents with information and informal supports », sous la dir. de I.E. Siegal et L.M. Laosa, *Changing families*, New York, Plenum Press.

FREUD, S. (1915), *Les instincts et leurs vicissitudes*, Paris, Payot.

GARMEZY, N., MASTEN, A.S., et TELLIGEN, A. (1984), « The study of stress and competence in children: A building block for developmental psychopathology », *Child Development*, vol. 55, p. 97-111.

GIL, D.G. (1973), *Violence against children*, Cambridge, Massachusetts, Harvard University Press.

GOLDSTON, S.E. (1984), « Defining Primary Prevention », *Readings in primary prevention of psychopathology: basic concepts* (sous la direction de J.W. Toffe, G.W. Albee et L.D. Kelly), University Press of New England, Hanover and London.

HEBB, D.O. (1949), *The organization of behavior*, New York, Wiley.

HEINICKE, C.M., BERKWITH, L. et THOMSON, A. (1988), « Early intervention in the family system: a framework and review », *Infant Mental Health Journal*, vol. 9, p. 111-141.

KLAUSS, M. et KENNELL, J.P. (1976), *Maternal infant bonding*, St. Louis, Missouri, C.V. Mosby.

LEBOYER, F. (1974), *Pour une naissance sans violence*, Paris, Éditions du Seuil.

LORENZ, F. (1965), *Evolution and modification of behavior*, Chicago, University of Chicago Press.

NADEAU, L. (1986), « La formation continue des intervenants en santé mentale », *Santé mentale au Québec*, vol. 11, p. 5-12.

OLDS, D.L., HENDERSON, C.R., TATELBAUM, R. et CHAMBERLIN, R. (1986a), « Improving the delivery of prenatal care and outcomes of pregnancy: a randomized trial of nurse home visitation », *Pediatrics*, vol. 77, p. 16-28.

OLDS, D.L., HENDERSON, C.R., CHAMBERLIN, R. et TATELBAUM, R. (1986b), « Preventing child abuse and neglect : a randomized trial of nurse home visitation », *Pediatrics*, vol. 78, p. 65-78.

POLANSKY, N. (1968), *Report to the Joint Commission on Mental Health for children*, Washington, D.C.

SCHOOR, L. (1988), *Within our reach: Breaking the cycle of disadvantage*, New York, Double Day Anchor Publishing.

SÉGUIN, L. et FERLAND, F. (1986), Communication personnelle.

SLAUGHTER, D. (1983), « Early intervention and its effects on maternal and child development ». Monographs of the Society for Research in child development, vol. 48, p. 91.

SROUFFE L.A. et RUTTER, M. (1984), « The domain of developmental psychopathology », *Child Development*, vol. 55, p. 19-29.

Première partie

ENFANCE

INTRODUCTION

Les huit textes que regroupe cette partie sur la prévention psychosociale ont pour objet direct ou indirect l'enfant. Cet objet ne peut être isolé de son contexte familial et communautaire, comme le démontrent si bien les diverses interventions.

À première vue, le lecteur cherchera peut-être dans l'ensemble de ces textes un fil conducteur. Il ne le trouvera peut-être pas d'emblée comme c'est souvent le cas lorsque divers sujets sont traités par un même auteur, ou que plusieurs auteurs ont collaboré à la rédaction de thèmes articulés dans le cadre d'un canevas prédéfini.

Il ressort cependant de cet ensemble de textes que la notion de prévention ne peut être trop réduite. Celle-ci oblige à une compréhension large des problématiques auxquelles elle s'attaque et, pour quiconque est capable d'un minimum d'objectivité, elle s'impose avec force comme une œuvre de concertation et de collaboration nécessitant une grande ouverture d'esprit. Les attitudes qui caractérisent le succès de l'approche préventive n'ont rien d'extraordinaire en soi, elles ne diffèrent pas beaucoup de celles qui fondent la réalisation des grandes œuvres humaines.

Certaines de ces attitudes sont présentées dans les textes qui suivent. Ainsi, en prévention comme ailleurs, il importe de vérifier les fondements théoriques sur lesquels doit s'appuyer l'action et, en particulier, dans quelle mesure et de quelle façon certains facteurs de risques ont ou non un impact sur la santé mentale. L'étude de Maziade sur le tempérament et celle de Dumont et coll. sur les carences sociofamiliales précoces sont des exemples du mode de questionnement qu'il est toujours bon d'exercer face à des idées souvent bien établies.

L'adaptation d'idées générales à des contextes particuliers, la créativité dans la recherche des éléments de force au sein des populations jugées à risque, l'identification des ressources de leurs milieux naturels sont démontrées de diverses façons dans quelques programmes préventifs bien spécifiques proposés à titre d'exemples. Searight et coll. placent l'accent sur l'identification des besoins des prématurés ; Lepage et coll. démontrent comment l'action d'un groupe d'intervenants peut se modifier grâce à un programme de formation qui donne un sens concret à l'intervention de type communautaire. Pour sa part, Derevensky expose ce que peut constituer un programme destiné à accroître la compétence des parents de jeunes enfants et comment dans un milieu universitaire un tel programme peut devenir un outil de formation et un lieu de recherche. Webster explique comment une action simple de promotion de la santé mentale peut s'exercer en milieu scolaire.

L'importance de la concertation et des actions communautaires coordonnées visant l'ensemble d'une population donnée est démontrée par Soulé, qui indique comment, dans un milieu urbain aux problèmes complexes, certaines structures peuvent soutenir avec efficacité l'action préventive. La deuxième partie se termine par quelques réflexions sur certains des apports des autres textes, sur le rôle et la formation des intervenants de première ligne, et pose des questions sur les orientations de la prévention en santé mentale (Houde).

Chapitre 2

LES ACTIVITÉS COORDONNÉES DE PRÉVENTION MÉDICO-PSYCHOSOCIALE TRÈS PRÉCOCE : LE SECTEUR UNIFIÉ DE L'ENFANCE DU 14ᵉ ARRONDISSEMENT DE PARIS

Michel Soulé

Suivant une expérience d'équipe commencée en 1952, sous notre direction, à une consultation de neuropsychiatrie infantile à l'hôpital Saint-Vincent-de-Paul de Paris, une consultation de secteur fut commencée en 1969, pour enfin devenir, en 1975, un Secteur unifié de l'enfance (SUE).

Nous donnerons d'abord une synthèse des bases théoriques et cliniques sur lesquelles est fondée notre action, puis nous décrirons le fonctionnement actuel de notre organisme.

LES BASES THÉORIQUES ET CLINIQUES
SUR LESQUELLES EST FONDÉE NOTRE ACTION
Les concepts de base

Il est « économique » de traiter les troubles psychopathologiques de l'enfant au moment de leur apparition plutôt qu'à une phase ultérieure où on les vit « structurés » ; en effet, alors, les fixations, les régressions, les bénéfices secondaires rendraient les formations réactionnelles, les contre-investissements, les mécanismes de défense, etc. beaucoup plus stables et moins mobilisables.

Tout ce qui concourt à la santé physique de l'enfant doit être promu et développé, car il y a une intrication certaine entre santé physique et santé mentale. Mais cette notion est aujourd'hui très étendue : il faut veiller à la bonne santé physique des très jeunes enfants, des nourrissons, des nouveau-nés, des fœtus. Il faut aussi veiller à la bonne santé physique des mères avant et après la naissance.

D'autre part, toute altération de la santé physique peut être un signe d'alarme de l'équilibre psychique des enfants.

Les lésions organiques par atteinte cérébrale étant prises en compte, même parmi les moins organicistes, toute action préventive protégeant le développement du fœtus, la naissance et les premiers jours de la vie est prioritaire. C'est dire toute l'importance que les psychiatres d'enfants attachent aux progrès et à la politique en matière de gynécologie, d'accouchement et de périnatalité.

Les conditions de vie de l'enfant (donc de ses parents et plus particulièrement de sa mère) ont un poids considérable. Le paramètre dénommé « niveau socio-économique », dans toutes les statistiques avec étude corrélative, apparaît toujours au premier plan et, bien entendu, renvoie à plusieurs notions :

— Si les conditions de vie ne sont pas à elles seules déterminantes, ni véritablement étiologiques, elles multiplient l'incidence du risque et créent donc une vulnérabilité extrême. Elles accentuent l'impact de tout risque qui peut devenir alors catastrophique. Généralement, cela est dû à ce qu'il est impossible pour l'enfant de bénéficier de méthodes ou de processus « de rattrapage » comme il en est instauré quand les moyens économiques ou la situation sociale le permettent.

— Les modes selon lesquels la société prévoit d'apporter une aide et des secours sont définis par les lois et règlements dans le souci de répondre à certains besoins (sanitaires, sociaux, pédagogiques), mais ils ne tiennent pas compte de la spécificité des familles et des enfants en grande difficulté globale.

— Les mesures prises par les intervenants, lorsque ces derniers ne se préoccupent que de besoins isolés, précipitent la situation et risquent de handicaper davantage les enfants.

Le niveau socio-économique des parents ou de la mère dépend lui-même de plusieurs facteurs :

— la situation financière (salaires, allocations, secours divers) ;

— la situation de l'emploi dans des temps et lieux donnés ;

— la qualification professionnelle, à son tour dépendante de facteurs contingents, mais aussi du niveau intellectuel ;

— la situation réservée par les pays à certaines catégories de familles (immigrés, mais aussi marginaux ou semi-intégrés).

Au-delà de ces facteurs, néfastes de façon directe, on ne doit pas négliger le mode de fonctionnement psychique des parents ou de la mère, qui peut les avoir conduits, par « inadéquation », à un statut socio-économique très défaillant. Des circuits pathologiques s'installent qui pérennisent et aggravent la situation, instaurant des lignées de défaillants. Un enfant vulnérable peut appartenir à une famille vulnérable.

Différents travaux, consacrés à l'enfance cas social, mettent en évidence le fait que la société, lorsqu'elle se préoccupe d'apporter de l'aide aux familles qu'elle défavorise le plus, risque de handicaper gravement les enfants de ces familles, les besoins des parents et ceux des enfants étant là plus qu'ailleurs fortement contradictoires.

Les facteurs culturels ont souvent été invoqués pour expliquer les difficultés d'intégration scolaire, professionnelle et sociale.

On a bien isolé les facteurs qui permettent l'établissement d'un langage à valeur symbolique et non pas seulement utilitaire, puis son affinement, avec le plaisir de s'en servir. Un tel langage conditionne lui-même l'apprentissage de la lecture et de l'écriture, dont la maîtrise rapide établira l'intégration et la réussite scolaire ; et de celle-ci dépend pour une grande part l'intégration sociale de l'enfant, puis de l'adolescent (Diatkine, 1973), mais le facteur culturel ne peut être incriminé sans nuances. Appartenir à un milieu culturellement défavorisé est peut-être dû à une situation économique défavorable : certains parents ont un langage nul ou pauvre, fantasment peu, ne racontent rien aux enfants, ne situent pas les événements dans le temps et l'espace, ne profèrent que des ordres laconiques stéréotypés et ne témoignent d'aucun intérêt pour les éléments culturels de la vie.

Leur structure psychologique peut aller de la psychose à la difficulté de fantasmer. On retrouve ici les notions de valeur des identifications et plus simplement d'intérêt ou de désintérêt des parents pour leurs enfants (Soulé, 1973).

En effet, on peut rencontrer dans certains milieux en très grande difficulté, immigrés récents ou très pauvres, la présence de facteurs favorables : l'investissement de l'enfant et de ses productions psychiques reste prioritaire malgré tout le poids de la situation sociale et matérielle, l'acculturation étant proposée comme sublimation.

A contrario, dans des milieux même très aisés, un double langage du type « exprime-toi bien et travaille avec application et intérêt, mais regarde ce que j'ai gagné, moi, sans étudier », peut être infligé constamment à l'enfant, ce qui brouille les valeurs identificatoires et rend bien aléatoire l'investissement des données culturelles.

On a voulu pendant longtemps situer la prévention des troubles de l'enfant dans une meilleure éducation qui éviterait des « traumatismes » et des « erreurs éducatives », cette perspective conduisant à une information, voire à une « école » des parents. Cette information qui témoignait d'un prosélytisme en faveur de la découverte de la sexualité infantile n'était sans doute pas nulle. Néanmoins, elle supposait que toute éducation procède du conscient et n'apercevait pas tous les investissements ambivalents que l'adulte fait chez son enfant, les blessures narcissiques qu'il en reçoit et donc toutes les implications de l'inconscient et les modes d'aménagement (sous forme de comportement et d'actions éducatives) que les parents établissent devant les manifestations pulsionnelles des enfants.

Actuellement, après le rappel de la révision du concept de traumatisme (Lebovici et Soulé, 1977) et de la dynamique de l'éducation des enfants, on privilégie la valeur des processus d'identification. En effet, les modèles de fonctionnement psychique et de maîtrise de l'angoisse que proposent les adultes agissent en fonction de ce que sont ces adultes beaucoup plus que de ce qu'ils disent.

Si tout ceci est maintenant bien connu, certaines notions le sont moins, notamment l'action très précoce, dès les premiers jours de la vie, des identifications primaires proposées par les mères à leur nouveau-né et à travers lesquelles s'expriment ou se dévoilent, non seulement leur fonctionnement intime (érotisme de la relation mère-nourrisson), mais aussi la façon dont elles l'ont aménagé, grâce aux rituels culturels (mode d'élevage et de relation avec le nouveau-né). Ces identifications primaires et secondaires sont désormais considérées comme véritablement fondatrices, et on admet donc que leur importance est infiniment plus pesante que les supposées « erreurs éducatives » ou défaillances, déterminées par le milieu culturel ou économique. C'est dire la valeur de la personnalité des parents (donc aussi l'importance de leur propre enfance), ce qui reporte à la génération précédente. C'est dire aussi que l'action préventive en matière d'éducation doit viser les adolescents, futurs parents, puis les parents, mais beaucoup moins sous forme de conseils qu'en cherchant à atténuer leurs craintes et leur culpabilité, et à confronter leur capacité à s'identifier à leurs enfants par la possibilité de retrouver leur propre dynamique infantile.

Le psychiatre d'enfants apporte à la prévention sa connaissance spécifique de la psychopathologie infantile. Cette notion de « pathologie », parce que gênante et inquiétante, a été souvent diluée par certains sous le terme vague « d'inadaptation ». En fait, méconnaître la psychopathologie et la façon dont l'enfant souffre, c'est se priver de la possibilité de comprendre le développement infantile. Or, cette compréhension est nécessaire à la définition des soins que l'enfant réclame.

La peur ou la crainte de « psychiatriser » et la temporisation devant les mesures à prendre laissent à l'automatisme de répétition, tout de suite à l'œuvre, la possibilité d'aggraver les désordres et également d'en multiplier les conséquences néfastes. Il faut évidemment faire toute leur place aux notions de moments critiques dans une évolution normale ou de troubles réactionnels, dont les dénominations même laissent prévoir l'évolution souvent spontanée. Mais à l'inverse, et quels que soient les symptômes, le psychiatre recherche le dépistage des structures dangereuses qu'on appelle prépsychoses ou dysharmonies évolutives précoces.

En effet, la notion actuelle de déficience intellectuelle secondaire justifie toutes les mesures préventives. Cette notion, désormais bien précise, même si elle a été introduite il y a seulement quelques années, a balayé un certain déterminisme organiciste et introduit la notion d'une dynamique très précoce s'orientant vers la défaillance ou la déficience (Perron et Mises, 1984).

La prévention se situe dans :

— une évaluation de plus en plus précoce de la dynamique psychopathologique ;

— l'établissement d'une clinique très précoce du nourrisson ;

— l'invention de modes de prise en charge du nourrisson et du jeune enfant et de sa mère, de modes d'assistance pluridisciplinaire institués tôt.

La prévention précoce doit prendre en considération certaines contradictions qui caractérisent les positions prises actuellement par les adultes et la société sur l'enfant. Nous les résumerons ici de façon un peu schématique.

La diffusion des modes de contraception et la régulation des naissances ont limité singulièrement le nombre des enfants et mettent en danger le maintien du chiffre de la population. De ce fait, le surmoi collectif a édicté la règle selon laquelle tous les bébés doivent vivre et consent pour cela tous les frais impliqués par la néonatologie.

De tous les travaux des psychiatres, on a retenu la valeur irremplaçable de la relation mère-enfant, et la société veut bien consentir certains des frais qui permettent de la maintenir, mais en posant comme point de départ que toutes les mères se doivent d'aimer tous leurs enfants.

Bien entendu, ceci ne s'accorde pas avec l'autonomie de la femme, la diversité des intérêts qu'elle réclame, les limites financières d'une politique de suppléance maternelle ; ceci ne s'accorde pas non plus avec le fait que certains nouveau-nés n'intéressent pas leur mère. De tels enfants étaient autrefois condamnés, parce que les lois biologiques exigées pour leur survie n'étaient alors pas observées (non-allaitement, mauvais soins). Maintenant, ils survivent dans tous les cas, et le problème préventif actuel n'est plus d'assurer leur survie, mais d'envisager les moyens de connaître l'ambivalence maternelle non maîtrisée et de tenter une réconciliation de la mère avec son enfant ou d'apporter des modes d'aide substitutive.

C'est ici que se situe la réflexion récente sur la dépression maternelle. En effet, on découvre ce mode défensif des femmes confrontées à des situations insurmontables, dépression qui peut survenir pendant la grossesse, lors des semaines qui suivent la naissance ou plus tard, dépression manifeste, masquée ou latente.

On peut en retrouver deux modes selon la date d'apparition :

— le post-partum blue plus ou moins intense survenant dès les premiers jours. La confrontation du nouveau-né réel et de ses caractéristiques avec le nourrisson imaginaire fait vivre à la mère (bien entendu, en fonction de son histoire antérieure) des sentiments contradictoires violents dont elle se protège par la dépression, si défavorable à l'investissement du nourrisson, donc à son développement (Soulé, 1982) ;

— la dépression plus tardive qui établit une relation blanche et vide, à son tour néfaste pour l'enfant, et souvent à l'origine de troubles qui peuvent se structurer (Kreisler, 1981).

Quelles que soient ses formes cliniques et psychopathologiques, la dépression maternelle inflige au bébé ou au nourrisson un vécu en négatif. « Le syndrome de la mère morte » risque d'induire des désordres psychosomatiques à cause des difficultés de l'élaboration mentale (syndrome du « comportement vide », de la « névrose blanche », processus défensifs de la pensée opératoire. Désormais, dans différents syndromes précoces de l'enfant, notamment dans les maladies psychosomatiques, l'anamnèse des premiers mois de la vie, reconstitués patiemment, retrouve cette dépression maternelle pré ou post-natale.

La prévention la plus précoce dans le domaine de la psychogénèse passe par une réflexion sur les modes de détection de cette dépression (sans empiéter sur la liberté individuelle), l'intervention des techniques d'aides et l'information des personnels les mieux placés pour les dispenser : les sages-femmes, les puéricultrices à domicile, les pédiatres, et les travailleuses familiales intégrées à une équipe.

Ces femmes dont la dépression est souvent masquée (fatigue, maladie, agalactie) ne peuvent justement pas formuler une demande précise, sans qu'on comprenne trop pourquoi, et on doit aller au devant d'elles.

Dès lors qu'on n'attribue plus à un déterminisme organique ou constitutionnel les capacités de développement d'un nouveau-né, on en vient à considérer que la plupart des enfants ont, à la naissance, un potentiel de développement intellectuel quasi équivalent et une égalité des chances.

Un des buts essentiels de la prévention précoce est donc de préserver cette égalité, mais tous les travaux français et étrangers démontrent dans beaucoup de domaines l'impact précoce de divers facteurs dont les conséquences se traduisent très rapidement par une perte des chances de départ (Soulé, 1977).

C'est la rapidité avec laquelle s'instaure et se pérennise cette inégalité (fin de la première année de vie) qui peut faire croire à une prédétermination, à une prédestination constitutionnelle.

Colette Chiland a bien montré comment à six ans, à l'entrée en Cours préparatoire, c'est-à-dire au moment de l'apprentissage du symbolisme écrit, les chances pouvaient sembler déjà très inégalement réparties et l'avenir déjà malheureusement prévisible, l'école ensuite ne pouvant qu'accentuer cette inégalité des chances (Chiland, 1976).

Les principes égalitaristes en matière de travail social ou de pédagogie qui récusent le principe d'actions spécifiques à appliquer très tôt aux « moins chanceux » aggravent les inégalités des chances du départ.

Les indicateurs de risques et l'émergence de la demande masquée

La notion de situation de risque est désormais acceptée et sous-tend et justifie un certain nombre d'interventions. Il y a consensus pour dire qu'ignorer le « risque » peut entraîner des dommages ultérieurs. Il en est ainsi dès qu'une difficulté voit son étiologie reconnue tant dans la santé physique que dans la santé mentale. Par exemple, la carence prolongée de soins maternels, la multiplicité des placements et la carence éducative sont reconnues désormais sans critiques comme étant à l'origine de troubles sérieux dans le développement mental.

En revanche, cela n'est pas autant admis pour d'autres troubles et d'autres étiologies. En effet, ce ne sont pas les mêmes équipes, ni les mêmes personnels qui suivent un enfant de bout en bout et peuvent être convaincus de ce que telles situations données conduisent à telles défaillances ou difficultés données plus tard.

Autrement dit, la validation de certains symptômes d'alarme n'est pas encore établie pour tous les personnels, tous les intervenants sociaux. Il devient alors aisé de stigmatiser la notion même d'indicateurs de risques. Des expressions sont critiquées, telles que population « cible », « indicateurs » de risques.

Il faudra de longues réunions d'équipes intervenant à différents âges de la vie d'un enfant pour que se précisent en matière d'hygiène et d'intégrité mentale toutes les précautions à prendre très tôt, comme c'est désormais le cas pour la santé physique des enfants. Notamment, il est encore mal compris par les non-médecins que les « indicateurs » de risques sont des repères et non pas des symptômes de « pathologie ». Un seul indicateur n'a pas de valeur absolue ; toutefois, plusieurs indicateurs qui s'ajoutent au cours des périodes suivantes ou sont retrouvés dans le passé indiquent le risque de victimatisation de l'enfant ou de la famille et signalent qu'une aide précoce est sans doute demandée, et cela à divers moments, mais sous des formes masquées.

Cette notion de modalités d'émergence de la demande masquée vise à rendre compte du fait, que, derrière les demandes ponctuelles, apparaissent des situations ou des modes de comportement chez les parents ou les enfants. L'expérience montre que l'entourage de l'enfant éprouve des difficultés à intégrer à la fois les exigences de ce dernier, les siennes propres et les contraintes sociales. Il s'agit, en fait, de conduites inadéquates, ou conventionnelles, ou inadaptées. C'est en ce sens qu'elles ont valeur de « clignotants » ou « d'indicateurs » ou de ce que, derrière elles, se trouve une demande d'aide. Celle-ci ne peut être formulée dans les termes et sous la forme où le feraient d'autres familles qui ont :

— la notion qu'elles sont en difficulté ;

— la verbalisation et le vocabulaire pour l'exprimer ;

— des informations suffisantes pour définir ce qu'elles demandent.

C'est donc le rôle des intervenants sociaux de renoncer à attendre que des demandes explicites soient formulées, de s'attacher à reconnaître les multiples modalités selon lesquelles s'expriment une souffrance, un manque, une incapacité, un conflit, une plainte et d'en dégager la véritable signification. La demande réitérée d'une allocation exceptionnelle, même petite, ou d'un placement sont les formes habituelles – puisque conventionnelles – d'indiquer les difficultés à faire face aux besoins de l'enfant dans le contexte familial. Non reconnue, une demande masquée réapparaîtra avec insistance sous diverses modalités aux différentes étapes de la vie du très jeune enfant, étapes qui ont pour témoins des intervenants de toutes catégories, mais surtout dans les consultations prénatales, les maternités, les centres de Protection maternelle et infantile, les services de pédiatrie, les lieux d'accueil et la garde.

L'affirmation selon laquelle des mesures sont prises sur la foi d'un seul indicateur est tout à fait illégitime. La vérité réside dans la situation inverse : l'intervenant est sollicité à diverses étapes par des modalités de demandes dont il ne reconnaît pas la valeur et la signification, et c'est devant leur insistance et peu à peu leur multiplication qu'il est amené à constater les conséquences et dommages du fait qu'il n'a pas aperçu plus tôt la situation sous-jacente.

La formation des intervenants doit les rendre capables de rechercher et de discerner le besoin méconnu ou la demande qui ne peut pas se formuler et qui, sans cela, n'apparaîtrait que trop tard ou jamais dans les milieux les plus défavorisés.

Des intervenants sociaux de différentes disciplines, travaillant dans le cadre du 14e arrondissement de Paris, ont rassemblé au cours d'un travail de groupe les éléments de leur propre expérience et d'études antérieures. Ils ont précisé qu'il s'agit là de la prévention dite secondaire qui n'a d'efficacité réelle que si une politique sociale s'attache à promouvoir la prévention primaire. Nous donnons un extrait de ce travail qui concerne le classement des indicateurs de risques selon les moments de la vie de l'enfant (Soulé et Noël, 1977, 1985).

Tableau 1
Indicateurs de risques selon les moments de la vie de l'enfant

Période prénatale

Antécédents obstétricaux, avortements spontanés ou provoqués

Antécédents psychiatriques (tentative de suicide, drogue, alcoolisme, etc.)

Handicap physique

Antécédents personnels (famille dissociée, placement, Aide sociale à l'enfance)

Situation actuelle de la mère : isolée célibataire, ou en instance de divorce, ou en rupture avec ses parents

Âge de la mère

Pas de domicile fixe, ou hôtel ou mauvaises conditions de logement

Grossesses antérieures non suivies

Conditions de vie avec fatigue excessive (travail, trajet, etc.)

Antécédents de recueils temporaires (RT) ou autres placements pour d'autres enfants

Aucun projet d'avenir pour l'enfant à naître ni pour son mode de garde

Pas de sécurité sociale

Demande d'IVG non réalisée, soit du fait de la femme, soit du fait des médecins ou de difficultés pratiques

Séjour en maternité

Recherche et reprise en compte des « clignotants » de la période prénatale

Accouchement prématuré et « couveuse »

Accouchement mal vécu

Mauvaises relations d'emblée avec l'enfant

Dépression et psychose chez la femme puerpérale

Découverte d'éléments sociaux familiaux à risque (pas de domicile fixe, chômage, etc.)

Premier accouchement en France d'une femme récemment immigrée et isolée

Pas de visite

Non-préparation de la venue de l'enfant (layette, garde, etc.)

Accouchement sous X ou incertitude touchant à la reconnaissance légale de l'enfant

Sortie prématurée de maternité contre avis médical

Prolongement de séjour en maternité pour raisons sociales

Retour à la maison	Fin du congé maternité, garde de l'enfant	Hospitalisation de l'enfant
Reprise en compte des indicateurs de risques des périodes précédentes	Demande de garde tardive, en urgence ou de dépannage	Hospitalisation prolongée
Femme déprimée	Demande de placement en recueil temporaire	Hospitalisations répétées dans des services différents (d'où l'importance de la tenue et de la présentation du carnet de santé)
Femme délaissée depuis la naissance de son enfant	Demande de garde à plein temps avec secours en argent accompagnant un refus de placement en recueil temporaire	
Soins anarchiques à l'enfant		Hypotrophie, rachitisme, rhino-pharyngites à répétition
Enfant en mauvais état (troubles alimentaires, troubles du sommeil)	Instabilité de secours pour garde	Toxicoses
Hébergement en maison maternelle	Maladies à répétition de l'enfant	Troubles fonctionnels graves
Demande de placement de l'enfant (recueil temporaire ou pouponnière)	Prise régulière de calmants	Traces de mauvais traitements actuels ou passés
Demande de secours (allocation mensuelle) au Bureau d'aide sociale	Refus de présentation du carnet de santé	Négligences graves dans les soins
Désintérêt pour un enfant en service de néonatologie	Conflits entre parents et nourrices ou crèches	Demande de placement sanitaire ou social
Fratrie mal soignée ou multiplacée		Absences de visites
		Difficultés administratives (pas de sécurité sociale ou dossier incomplet)

Les modes d'intervention de tous les personnels qui doivent contribuer à l'action préventive et pensent y être efficaces, sont en voie de réévaluation critique et de redéfinition.

Actuellement, ces personnes, ces personnels et l'idéologie des services se situent entre deux positions extrêmes :

— La nécessité d'assurer la valeur préventive des services, nécessité qui, sans exiger peut-être d'imposer ces services, requiert au moins le souci constant de les proposer en entrant en contact avec les intéressés, à chaque opportunité, ou au moyen de visites à domicile ;

— Le souci de sauvegarder la liberté individuelle, de laisser les personnes libres de se déterminer à demander ou non de l'aide. Cela se traduit dans la pratique par des attitudes de stricte réponse aux demandes formulées ou par l'information des usagers en difficulté manifeste ; par exemple, l'information – sans plus – donnée à une mère célibataire qui se révèle, lors d'un accouchement, être isolée et démunie, sur les formules de placement à l'Aide sociale à l'enfance ou d'aides financières qu'elle est en droit de demander. Une démarche plus concrète se traduit cependant par la lettre dite de « mise à la disposition » qui indique aux femmes enceintes et aux accouchées les horaires de permanence du travailleur social qui peut les recevoir en cas de besoin.

La façon dont les différentes équipes d'intervenants se situent entre ces deux positions extrêmes (liberté/prévention) varie grandement selon les lieux, le type de situation et la catégorie professionnelle des personnels.

En dehors de tout enseignement théorique – qui ne peut entraîner de véritable évolution dans les modes de faire –, un consensus peut s'établir progressivement à partir du travail commun et de la réflexion commune d'équipes transdisciplinaires. Ce type de travail entraîne l'atténuation des oppositions conflictuelles de départ entre les différentes catégories d'intervenants. L'évidence d'intervenir à partir des « indicateurs de risques » qui justifient l'action peut alors s'imposer.

Ces réunions de techniciens différents permettent tout d'abord de définir celui d'entre eux qui peut le mieux répondre à la situation. Les différents intervenants, rendus attentifs aux indicateurs de risques, deviennent capables de repérer les « clignotants » et d'apprécier la signification des symptômes (il s'agit de tout autre chose que de « réunions de synthèse » où l'on se met à plusieurs pour trouver des solutions).

Une sage-femme à domicile, dont l'intervention est suscitée par une déclaration tardive de grossesse, peut reconnaître derrière les difficultés d'une fin de grossesse, s'accompagnant de différents autres signes de non-préparation de la venue de l'enfant, l'ambivalence de la jeune femme ou sa tentation plus ou moins consciente d'un abandon. La puéricultrice à domicile, dont l'intervention est suscitée par les soins à apporter au bébé d'une mère « incompétente », devient capable de dépister la dépression de la mère ou son rejet de l'enfant et de faire ressortir que, dans tel cas, le risque supposé se confirme ou que les dommages sont en voie d'installation.

Dans l'un et l'autre cas, l'étude de la prise en charge la plus adaptée devient possible et permet d'éviter, par exemple, la demande abrupte d'un placement justifié par des « raisons sociales » qui masque le rejet et prélude au délaissement progressif.

Les troubles fonctionnels précoces du nourrisson et les troubles de la relation mère-bébé

Les travaux de plusieurs d'entre nous, psychiatres du très jeune enfant, se sont attachés depuis une vingtaine d'années à la description clinique minutieuse des troubles fonctionnels et des maladies psychosomatiques du bébé (Kreisler, Fain et Soulé, 1974 ; Kreisler, 1981).

La validité de ces études, désormais classiques, a permis de les prendre comme des références de choix pour l'évaluatiion de l'interaction familiale du bébé.

Ainsi, par exemple, on a procédé à une étude épidémiologique avec mise en évidence des groupes à risque dans une cohorte d'enfants d'âge préscolaire.

Nous donnons une certaine importance à la réalisation du travail épidémiologique de M. Choquet et de F. Davidson (Choquet, Davidson, 1982), car il apporte plusieurs preuves au bien-fondé d'actions préventives basées sur les recherches cliniques récentes qui ont établi la psychopathologie – ou psychiatrie – du nourrisson, c'est-à-dire la clinique des troubles fonctionnels et psychosomatiques du premier âge (Kreisler, Fain et Soulé, 1974 ; Kreisler, 1981 ; Cramer, 1977).

L'échantillon étudié est composé de 415 enfants, nés en 1974 dans le 14e arrondissement de Paris ; les mères ont été contactées au 3e, 9e, 18e et 36e mois. L'étude socio-démographique des échantillons valide successivement leur représentativité. Le questionnaire porte à la fois sur l'enfant, son développement physique et psycho-affectif, son mode de garde, ses parents et leurs conditions d'existence. Il est complété par un psychologue au cours des entretiens avec la mère. L'enquête est longitudinale et non rétrospective.

Les données statistiques ont été organisées en deux ensembles de variables :

— D'une part, 23 « variables actives » qui servent à la classification des sujets ;

— D'autre part, des « variables illustratives » qui servent à caractériser les classes de sujets obtenues à partir des variables actives.

Grâce à l'application d'une méthode d'analyse typologique aux variables concernant la santé et le comportement de l'enfant de trois ans, trois groupes homogènes ont été identifiés.

La majorité des enfants (69 %) se retrouvent dans le groupe I, dont l'état est satisfaisant.

Dix pour cent constituent le groupe III et présentent une fréquence élevée de troubles qui incite à les considérer comme des sujets à hauts risques.

Le groupe II (21 %) peut être défini comme présentant de faibles risques.

L'enfant du groupe III (70 % de garçons) cumule dans 80 % des cas au moins six des caractéristiques suivantes :

— Se réveille souvent la nuit ;

— A le sommeil agité ;

— A le coucher et l'endormissement difficiles ;

— Fait des cauchemars la nuit ;

— Est, selon sa mère, en mauvaise santé ;

— Souffre d'asthme ;

— A fréquemment des rhinopharyngites ;

— A des bronchites à répétition ;

— A des otites à répétition ;

— A été hospitalisé pendant plus de trois jours entre 18 mois et trois ans ;

— Se met souvent en colère ;

— Est souvent mécontent ;

— A un appétit capricieux ;

— N'a pas d'objet transitionnel ;

— Ne joue jamais seul ;

— Reçoit des médicaments sédatifs ;

— A eu plusieurs accidents entre 18 mois et trois ans.

Certains regroupements de caractéristiques se retrouvent chez 50 et 60 des sujets.

Ainsi, des méthodes mathématiques – basées sur l'épidémiologie – ont permis d'identifier sans aucun a priori un groupe d'enfants présentant les caractéristiques médicales et psychologiques des sujets à hauts risques, tels qu'ils ont été définis cliniquement par les pédopsychiatres. Elles ont permis de quantifier ce groupe à haut risque au sein d'une population tout-venant (Choquet *et al.*, 1982).

Les parents des enfants à haut risque ont été plus souvent que les autres « placés » pendant leur enfance. Les mères se décrivent plus souvent comme des insomniaques, épuisées, énervées, déprimées et disent avoir des relations peu intimes et peu chaleureuses avec cet enfant-là.

On remarque dans ce groupe la relative rareté de l'apparition de troubles multiples après 18 mois ; mais, en revanche, sont tout à fait significatifs le cumul et la persistance de troubles (dans 35 cas sur 43).

Si, dans le groupe III, on retrouve le chiffre de 10 % d'enfants à hauts risques parmi les populations atteignables, l'avantage de la méthode de cette recherche est de permettre de façon simple et non intrusive le repérage des enfants de ce type, très tôt, dès le cours de la deuxième année, alors que les autres recherches ne le font qu'à un âge bien plus tardif et ne permettent donc qu'une prévention moins précoce : « même si des fluctuations individuelles sont parfois observées, dans la majorité des cas, le dépistage des enfants en difficulté pouvait être réalisé bien avant trois ans, en gardant bien en mémoire le fait que c'est le cumul et la persistance des troubles qui constituent les signes d'alarme et non l'existence à l'une des étapes de l'un ou même de deux des facteurs ». (Choquet *et al.*, 1982).

Le réexamen, à l'âge de huit ans, d'un pourcentage suffisant d'enfants de cette cohorte a permis la confirmation, de façon hautement significative, des classifications et pronostics établis à l'âge de trois ans.

Ceci démontre la valeur considérable de l'étude des troubles fonctionnels et psychosomatiques au cours de la première année de la vie : leur apparition précoce, leur durée et l'adjonction progressive d'autres signes constituent un des meilleurs signes d'alarme et justifient de ce fait qu'on ne se préoccupe pas de la situation de ces bébés à risque.

Les troubles psychosomatiques et les troubles fonctionnels ne sont pas les seuls modes d'expression des difficultés d'organisation du nourrisson. On sait maintenant que celles-ci peuvent s'exprimer selon plusieurs autres axes : moteur, développemental, mentalisé. Elles sont certes plus difficiles à percevoir par des personnes non spécialistes et à plus forte raison à évaluer par les familles elles-mêmes. Dans une étude complète de nourrisson par les pédiatres, les psychiatres et les professions affiliées, on doit penser à explorer ces quatre axes (motricité, développement, troubles psychosomatiques et troubles mentalisés) sur lesquels se situent les difficultés d'organisation du nourrisson.

HISTORIQUE DES ÉTAPES ET DE LA MISE EN PLACE DES ACTIVITÉS COORDONNÉES DE LA PRÉVENTION PRÉCOCE DANS LE 14e ARRONDISSEMENT DE PARIS[1]

Les étapes vers un Secteur unifié de l'enfance

La grande réforme sur laquelle repose encore en France l'organisation de l'action sociale remonte à 1964. Cette réforme précisait la mise en place au niveau de tous les départements[2] d'un service social unique, divisé en secteurs géographiques dont la responsabilité est assurée par une assistante sociale polyvalente. Dans la réforme était

---

1.   Cet arrondissement de 140 000 habitants comprend trois catégories de population :
      a) de jeunes cadres qui habitent dans des immeubles neufs ;
      b) de petits commerçants ;
      c) des îlots de très grande pauvreté avec des habitations de bas niveau, dont certaines sont en voie de rénovation.

2.   Le département est l'échelon administratif territorial le plus important en France. C'est sur lui que repose toute nouvelle loi de décentralisation. La France continentale est divisée en 95 départements et il y a 4 départements d'outre-mer.

aussi prévu que soient créées « les conditions favorables à la constitution d'un service unique de l'enfance ».

C'est cinq ans plus tard, en mai 1969, que sont données les directives pour l'organisation d'un tel service dont les buts sont bien précisés :

— Proposer une action globale en faveur de l'enfant considéré comme un tout biologique et psychologique ;

— Sauvegarder autant que possible le maintien de l'enfant dans son cadre naturel ;

— Suivre l'enfant sans rupture dans la continuité de son développement, de la période prénatale jusqu'à l'âge adulte ;

— Adapter les solutions à l'évolution de l'enfant.

Pour y parvenir, le texte indique deux réformes principales :

— La création au niveau de la direction départementale « d'une section de l'enfance » confiée à un responsable unique chargé d'animer l'ensemble des responsables des services intéressés à la protection de l'enfance ;

— La transformation de la circonscription de service social, premier niveau de coordination des secteurs, en une « circonscription sanitaire et sociale » où devrait être promue la collaboration entre les intervenants médico-sociaux.

Cette réforme voulait donc unifier les responsables par en haut, et les différents territoires d'actions par en bas, selon un état d'esprit qui conçoit que tout doit d'abord passer par la hiérarchie.

Devant le peu de succès de ces orientations qui ne sont pas suivies, le Ministère de la Santé revient trois ans plus tard, en mars 1972, sur l'intérêt d'un Service unifié de l'enfance au niveau de départements. Il insiste pour la première fois sur « la priorité de l'action préventive » que doit permettre un tel fonctionnement, et il l'associe clairement à la constitution d'équipes pluridisciplinaires, dont il demande l'installation à trois niveaux : la circonscription, le groupement de circonscriptions et le département.

En 1979, dans un célèbre rapport, deux hauts responsables du Ministère, MM. Bianco et Lamy, reviennent sur la question et se demandent pourquoi on a si peu progressé dans la réalisation d'une réforme dont l'intérêt est pourtant évident.

Pour ce faire, ils s'appuient sur les conclusions d'une Mission Service unifié de l'enfance qui a étudié son fonctionnement durant deux ans dans dix départements. L'erreur dans la stratégie de mise en place proposée jusque-là explique, selon eux, la rareté des services existants. Ils estiment que les directives antérieures étaient trop ambitieuses, peu réalistes et ne tenaient pas assez compte des résistances corporatives, du désordre des diverses sectorisations et du manque de conviction des directeurs départementaux.

Ils font ensuite de nouvelles propositions pour promouvoir enfin un fonctionnement unifié de la Protection de l'enfance. Ils insistent en particulier sur la nécessité de décentraliser le pouvoir de décision au niveau des circonscriptions qui ne peuvent devenir un lieu de concertation que si elles deviennent aussi un lieu de responsabilité.

Ces propositions sont reprises intégralement dans l'importante circulaire de janvier 1981 du Ministère, qui reste la référence principale de la politique actuelle en faveur de l'enfance.

Le secteur de psychiatrie infanto-juvénile

Parallèlement à cette évolution des services de l'enfance, s'établissait le fonctionnement de la politique d'hygiène mentale. Le texte principal en est même plus précoce, car c'est dès mars 1970 qu'est promulgué le programme d'organisation et de fonctionnement des départements en matière de lutte contre les maladies mentales. C'est ce texte qui décide la division du département en « un certain nombre de secteurs géographiques à l'intérieur de chacun desquels la même équipe médico-sociale devra assurer pour tous les malades, hommes et femmes, la continuité indispensable entre le dépistage, le traitement ambulatoire, les soins avec hospitalisation et, enfin, la surveillance en post-cure ». Dans ce programme la question des enfants n'est abordée que dans le chapitre de l'hospitalisation et à propos de leur place à l'hôpital psychiatrique.

C'est à partir de 1972 que le Ministère publie un programme analogue d'organisation et d'équipement pour les enfants et les adolescents, qui établissait le secteur de psychiatrie infanto-juvénile. Ce texte propose comme premier but au secteur l'ensemble des actions préventives. Il parle dans sa conclusion du Secteur unifié de l'enfance et propose à l'équipe de psychiatrie d'y occuper une position charnière.

La naissance du Secteur unifié de l'enfance du 14ᵉ arrondissement de Paris

La création du COPES (Centre d'orientation psychologique et sociale)

Dès 1952, Michel Soulé prend à l'hôpital Saint-Vincent-de-Paul de Paris la responsabilité d'une consultation de neuro-psychiatrie infantile. Cette consultation examine un très grand nombre d'enfants recueillis à l'Hospice tout proche. L'Hospice reçoit les enfants abandonnés ou confiés par les parents, les services sociaux et les juges à l'Assistance publique qui deviendra l'Aide sociale à l'enfance (ASE). De cette expérience naîtra une équipe, une compétence avec de nombreuses analyses et propositions sur les soins aux enfants et aux familles de l'ASE. Parallèlement, la même équipe s'installe progressivement dans le 14ᵉ arrondissement de Paris qui deviendra un secteur de psychiatrie infanto-juvénile.

Cette double expérience donnera naissance en 1969 à la proposition de création d'une consultation de secteur : le COPES, destiné aux travailleurs sociaux, aux familles clientes de l'ASE dont on sait combien elles fréquentent peu les consultations habituelles. Au niveau du COPES, toute l'organisation visait à faciliter les rencontres, les discussions, les réunions entre ces travailleurs avec ou sans leurs clients et l'équipe de psychiatrie. En ce même lieu seront organisés plusieurs séminaires sur la prévention, le placement familial, l'adoption, puis les cours sur les problèmes psychosociaux de l'enfant privé de milieu familial normal à partir de 1971.

C'est l'existence du COPES qui est utilisée comme premier argument quand il s'agit de convaincre les autorités de faire la première expérience d'un Secteur unifié de l'enfance à Paris.

La proposition de mise en place expérimentale d'un Secteur unifié de l'enfance dans le 14ᵉ arrondissement faite par le Préfet au Conseil de Paris en décembre 1975

La proposition justifie ce choix par deux autres arguments :

— la Communauté européenne a retenu comme expérience pilote le projet de lutte contre les effets de la pauvreté présenté par le COPES pour le 14ᵉ arrondissement ;

— Le secrétaire d'État auprès du ministre de la Santé chargé de l'Action sociale a souhaité saisir cette opportunité afin de réaliser en zone urbaine cette coordination désirée par les textes antérieurs.

Pour le fonctionnement de l'expérience, le texte institue un responsable unique du secteur chargé :

— Des décisions administratives en matière d'enfance prises jusque-là par les services de la DASS, en particulier :

a) — pour l'AES : octroi des secours et allocations mensuelles, décisions d'Assistance éducative en milieu ouvert (AEMO) ; dans le cadre de la prévention, envoi de travailleuses familiales à domicile, recrutement de familles d'accueil, admission des enfants recueillis temporairement (RT), placement des enfants RT et en garde ;

b) — pour la Protection maternelle et infantile (PMI) : agrément des Assistances maternelles, envoi de puéricultrices à domicile.

— de coordonner l'ensemble des services intervenant dans la protection de l'enfance (Service social familial, Bureau d'aide sociale, PMI, Santé scolaire, Services sociaux des hôpitaux et maternités, Services de prévention, Juges pour enfants, secteur de psychiatrie).

Pour le budget, les dépenses constituant l'enveloppe d'intervention du SUE recouvrent :

— Les secours et allocations mensuelles ;

— Les AEMO décidées par le responsable (et non celles ordonnées par le juge ;

— Les frais de placement des enfants RT.

C'est-à-dire que le responsable du SUE n'a pas un budget propre et global lui donnant autorité sur les dépenses générales de personnel et de fonctionnement des services.

Le Secteur unifié de l'enfance du 14ᵉ arrondissement de Paris

Après neuf ans d'existence, le SUE a acquis aujourd'hui un fonctionnement empirique complexe, imposé des bases théoriques et cliniques décrites plus haut. Le Secteur unifié de l'enfance vise, dans son action globale sur le terrain et à tous les niveaux, à responsabiliser au maximum les familles et à adapter aux besoins, le plus finement et le plus rapidement possible, les moyens dont dispose l'administration, qu'il s'agisse d'aides matérielles, éducatives ou de prises en charge physiques des enfants. De grands efforts sont déployés pour maintenir ceux-ci dans leur milieu, dans leur quartier (50 % des enfants placés le sont chez des assistantes maternelles du 14ᵉ).

Là où, au niveau du service central, il y a encore cloisonnement entre les différents services administratifs (Bureau de la prévention, des placements, de la PMI) – qui ne peuvent apporter qu'un seul type de réponse aux demandes – , la structure souple qu'est le SUE a les moyens d'adopter une politique d'ensemble plus cohérente concernant l'enfance sur le secteur géographique qu'est l'arrondissement et de décloisonner efficacement les services administratifs d'aide à l'enfance. Contrairement aux autres arrondissements où chacun de ces services en réfère à son « administration mère » pour son domaine de compétence, dans le 14e, le SUE constitue un interlocuteur unique qui traite de l'ensemble des problèmes de l'enfance quels qu'ils soient.

En effet, disposant de toutes les formes d'aides possibles, le responsable peut les adapter aux situations concrètes :

— Aux familles disposant de faibles ressources, il peut accorder des aides financières adaptées ;

— Pour les familles connaissant des problèmes d'ordre éducatif, il peut donner mandat à des services spécialisés (associatifs et publics) pour un soutien au domicile ;

— Dans les situations plus critiques, le justifiant, il peut décider du placement à temps partiel ou à temps complet, en fonction des difficultés de l'enfant et de la disponibilité des parents.

Bien entendu, il peut jouer ensemble ou successivement sur ces différentes formes d'aides, la structure du SUE permettant la plus grande souplesse dans l'utilisation des moyens.

Il y a ainsi dans cette recherche de la ou des meilleures solutions possibles une meilleure rentabilité de l'utilisation des ressources du service public.

Les modalités de fonctionnement assurent :

— la coordination des services de l'enfant ;

— la préservation du lien familial ;

— la rapidité des interventions :

- pour les allocations et secours,

- pour l'aide de travailleuses familiales,

- pour les actions éducatives en milieu familial ; et

— la cohérence dans le choix des modes de placements.

*Meilleure coordination des services médico psychosociaux
de l'enfance*

Les différents services de l'État, du département et de la Ville intervenant auprès des familles sont, notamment, le service familial, le service de PMI, celui de santé scolaire, de l'aide sociale à l'enfance, le service de psychiatrie infanto-juvénile, le Bureau d'aide sociale. Ces services, et surtout ceux de l'aide sociale à l'enfance, doivent naturellement être en relation suivie avec le juge des enfants et le juge d'instance.

Dans le système traditionnel, les agents de chaque service rendent aux familles les services relevant de leur propre compétence, sans toujours connaître l'activité de leurs collègues des autres services et sans se concerter régulièrement avec eux. De ce fait, les multiples contacts établis avec les familles par les médecins, les sages-femmes, les puéricultrices de PMI, les services sociaux n'aboutissent pas suffisamment vite à des interventions préventives (allocation, AEMO, envoi d'une travailleuse familiale, etc.). Les interventions sont en effet décidées par des services spécialisés plus ou moins éloignés de l'administré.

Les juges, qui, quant à eux, sont sectorisés géographiquement, se trouvent confrontés à des interlocuteurs multiples ayant chacun une connaissance fragmentaire des cas.

Dans le 14e arrondissement, la coordination de tous les intervenants de la Direction départementale des Affaires sanitaires et sociales et du Bureau d'aide sociale se fait par des réunions épisodiques ou périodiques au SUE, où les décisions d'intervention de toute nature sont prises immédiatement. Il en résulte une accélération importante et une amélioration qualitative des services rendus, en réduisant la dépense globale.

En effet, les différents acteurs sociaux et administratifs échangent les informations dont ils disposent de façon à assurer la cohérence et la continuité des prises en charge dans le cadre de commissions qui se réunissent à intervalles réguliers, suivant la nature des interventions.

À titre d'exemple, les résultats de cette action ont pu être chiffrés de la façon suivante : alors qu'en 1976, 60 % des cas soumis directement au SUE n'étaient pas connus des services sociaux, en 1979 ce pourcentage était tombé à 5 %; et en 1981 il était voisin de 1 %, car seules les familles nouvellement arrivées dans l'arrondissement ou sans domicile fixe peuvent ne pas être connues des services sociaux quand elles se présentent à l'équipe administrative du SUE.

Préservation du lien familial

Le principe qui est appliqué chaque fois que cela est possible est celui de la consultation des parents et des enfants. En outre, les familles en difficulté sont maintenant connues du SUE et, en règle générale, elles sont suivies très régulièrement. Celles qui sollicitent l'aide collective pour la première fois font l'objet d'une évaluation par le service social et les différentes aides qui peuvent leur être dispensées sont mises en œuvre rapidement.

Cette connaissance des familles est indispensable pour permettre de choisir les mesures les plus propres à favoriser le maintien de l'enfant dans sa famille.

Par ailleurs, les travailleurs sociaux, lorsqu'ils sont confrontés à la nécessité de retirer temporairement un enfant de sa famille, s'efforcent d'effectuer le placement à proximité du domicile, en accord étroit avec les parents, chez une assistante maternelle, afin d'éviter le changement d'école et la rupture avec le cadre de vie habituelle.

Les admissions d'enfants séparés momentanément de leur famille décroissent régulièrement. Dans une forte proportion (50 %), ils restent à Paris, en majorité dans l'arrondissement lui-même. Ainsi, l'enfant peut-il garder des liens avec ses parents, revenir temporairement dans sa famille naturelle, ce qui permet de préparer son retour définitif. Le SUE s'efforce d'ailleurs d'examiner régulièrement sa situation et celle de la famille, ce qui évite, autant que faire se peut, les placements de trop longue durée, dommageables psychologiquement et financièrement coûteux pour la collectivité.

Promptitude des interventions

Les dossiers sont tenus sur place et les informations sont rassemblées directement, sans transmissions administratives longues et génératrices de perte de temps. De ce fait, les décisions peuvent être prises rapidement, au contact des intéressés, car la taille réduite du SUE favorise un examen et un suivi attentif et personnalisé de la situation de chaque enfant, sans qu'elle soit isolée de celle de ses parents. C'est ainsi qu'on peut restaurer chez les parents la capacité de s'occuper de leur enfant.

En diversifiant les modes d'intervention et en étant apte à prendre, sur-le-champ, une décision adaptée à la situation de chaque famille, on a raccourci les délais qu'il s'agisse du versement d'une allocation ou de la mise en œuvre d'une action éducative (travailleuse familiale, puéricultrice, éducateur à domicile, etc.).

C'est ainsi que, à titre d'exemple, en ce qui concerne les allocations d'Aide sociale à l'enfance, à Paris, depuis un accord intervenu en 1973, les sections du Bureau d'aide sociale (BAS) reçoivent les demandeurs, instruisent les demandes et paient sur prédécision les secours et allocations (dans la limite de trois mois) en se référant à un barème. Le service central entérine ensuite la prédécision et éventuellement la prolonge, ce qui constitue donc deux étapes dans la prise de décision.

Au niveau du SUE, la décision est prise directement par l'équipe administrative en contact à la fois avec les services sociaux sectorisés et le BAS, où elle se rend deux matinées par semaine, pour examiner les dossiers instruits par les enquêteurs.

Les aides en argent sont attribuées après une analyse globale de la situation du demandeur avec lequel le travailleur social et le responsable établissent un projet d'ensemble. Les sommes versées peuvent être davantage modulées tant par leur montant que pour leur durée ou leur modalité de versement. Les bénéficiaires des aides sont très régulièrement suivis à intervalles rapprochés.

Enfin, ce qui est le plus important, c'est que l'évaluation de la situation peut conduire, en accord avec la famille, et si cela paraît utile, à une action socio-éducative d'une durée appropriée, ou bien (et le cas échéant en même temps), à l'intervention d'un médecin de PMI. Celui-ci peut agir au niveau de l'hôpital, de la crèche ou d'une consultation, de la recherche d'une assistance maternelle ou de l'envoi sur place d'une puéricultrice, avec toute la célérité et l'attention désirables.

Les familles ont souvent, en effet, au même moment, des difficultés de natures diverses dont les demandes d'aide financière sont de véritables « clignotants » ; le responsable du SUE, à partir de l'examen de ces demandes, est particulièrement à même d'y répondre en faisant mettre en œuvre les diverses aides relevant de sa compétence, sa décision pouvant être prise immédiatement sans intermédiaire ou sans référence au service central.

Ainsi, la structure Secteur unifié de l'enfance présente ce qui fait son originalité par rapport au fonctionnement des autres arrondissements, la triple particularité :

— de faire en sorte que, prise rapidement, cette décision soit néanmoins entourée des garanties que constitue l'intervention des travailleurs sociaux ;

— d'offrir très vite la possibilité de mobiliser les aides les plus adaptées à la situation étudiée, indépendamment des cloisonnements des services habituellement chargés de l'attribution de ces aides;

— d'offrir aux demandeurs un accueil plus spécialisé et une écoute qualifiée.

Meilleure cohérence dans le choix des modes de placements

Le choix d'un mode et d'un lieu de placement est chaque fois le résultat de l'analyse précise d'une situation particulière et la solution qui paraît la mieux adaptée au cas familial considéré. La commission ad hoc dans chaque secteur unifié est appelée à en délibérer à partir des informations fournies par les travailleurs sociaux et après entretien avec les parents.

Sont prises en considération à partir de l'ensemble des informations recueillies : la préférence des parents, celle de l'enfant, s'il est en âge de l'exprimer, les relations qu'il est souhaitable de maintenir, de renforcer ou au contraire de suspendre.

Les modes de placement sont traditionnellement de deux ordres, soit en famille d'accueil, soit en institution.

Si la décision est prise par un administratif, elle est avant tout l'aboutissement d'une réflexion collective à laquelle participe le responsable du SUE qui sera appelé à la mettre en œuvre.

Le placement fait l'objet d'une préparation dans la majorité des cas et il est ensuite suivi régulièrement par la même équipe, le plus souvent pluridisciplinaire. Il en est de même pour les enfants confiés au SUE par le juge pour les enfants ; leurs placements font, en général, l'objet d'une préparation et d'un suivi en concertation avec les services sociaux mandatés par lui.

Le retour de l'enfant dans sa famille est soigneusement préparé avec ses parents. Ce retour est assez fréquemment accompagné par une action socio-éducative et un soutien financier quand cela se révèle nécessaire pour favoriser la réinsertion.

L'évaluation

En guise d'évaluation, la comparaison des dépenses pour les aides financières entre le 14e arrondissement et l'ensemble des arrondissements montre que le rythme de ces dépenses y est beaucoup moins élevé : ainsi de 1980 à 1982, les dépenses du 14e ont augmenté de 70 %, l'ensemble des dépenses de Paris de 188 %.

En ce qui concerne les allocations d'aide sociale à l'enfance en France, la moyenne de croissance des dépenses courantes a été de 412 % pour l'ensemble de Paris de 1978 à 1982, alors qu'elle n'a été de 201 % dans le 14e arrondissement.

À noter également que les prêts sont beaucoup plus utilisés par le SUE que par le service central de la Direction départementale à l'Action sanitaire et sociale (DDASS). En 1982, le SUE a accordé 75 prêts, alors que les bureaux de la rue de la Collégiale en accordaient 30 pour les 19 autres arrondissements. Cette modalité d'aide est intéressante à tous égards si l'on sait que la plupart des emprunteurs tiennent leurs engagements.

La diminution des placements (recueil temporaire), bon témoin de l'efficacité de la coordination des autres formes d'aide, apparaît clairement dans le 14e arrondissement. Les recueils sont passés :

— pour l'ensemble de Paris y compris les 12e et 14e arrondissements, de 3 331 à 1 511 entre 1976 et 1981 ;

— pour le SUE du 14e, de 100 à 38 entre 1976 et 1981, soit une réduction de 70 %.

L'évolution année par année dans le 14e est la suivante :

1975	1976	1977	1978	1979	1980	1981	1982	1983
122	100	114	88	46	42	38	41	48

Dans 95 % des cas, le recueil d'un enfant dans le 14e arrondissement, qu'il s'agisse d'une décision administrative ou judiciaire, est une décision préparée. Le bureau central des admissions compétent pour les autres arrondissements se trouve encore, lui, affronté en 1983 à 25 % de recueils non préparés faute de contacts préalables avec la famille et les autres services.

Le service central de l'Aide sociale à l'enfance est chargé de la gestion de plus de 8 000 dossiers. Au SUE du 14e, la révision des 150 à 200 dossiers peut intervenir trois ou quatre fois par an.

Le SUE du 14e arrondissement a pu recruter 17 assistantes maternelles (accueillant 28 enfants) dans son secteur, un chiffre exceptionnel pour Paris où il a toujours été difficile de trouver des nourrices.

EN GUISE DE CONCLUSION :
La place de l'hygiène mentale infantile

Au cours des neuf ans de travail en secteur unifié, l'équipe de psychiatrie infanto-juvénile a conduit un important travail théorique dans la mesure où elle pouvait à la fois :

— prendre l'initiative de proposer aux autres services des recherches partagées dans un territoire commun ;

— conduire elle-même un travail clinique de première instance sur le terrain.

C'est ainsi qu'ont été élaborés et publiés les travaux sur les modes de garde, la prévention médico-psychosociale précoce et l'enquête épidémiologique sur la validité des signes de risques.

L'équipe du secteur d'hygiène mentale infantile participe, en effet, aux réunions régulières interdisciplinaires du SUE :

— La réunion mensuelle des responsables de service (SUE, ASE, PMI, Service social familial, Service social scolaire, Service de prévention, Juge des enfants, Hygiène mentale), réunion de coordination et d'information ;

— La réunion mensuelle du groupe de réflexion sur les placements, où on réfléchit aussi en commun sur les décisions importantes, tous les services présents conservant cependant clairement leur responsabilité ;

— Les synthèses communes sur les dossiers très difficiles.

L'équipe de psychiatrie joue enfin un rôle propre dans les pratiques d'actions préventives :

— Elle mène des actions préventives privilégiées dans les nombreux services de néonatologie du 14e arrondissement ;

— Elle participe à la mise en place de lieux de rencontres mères-nourrissons ;

— Les crèches, les assistantes maternelles, les consultations post-natales et de jeunes enfants bénéficient de la présence d'un psychologue en relation avec l'équipe d'Hygiène mentale ;

— À l'aide de numéros d'appel d'urgence, elle peut prévenir les mauvais traitements et prendre en charge les difficultés urgentes mères-bébés avec une équipe de bénévoles et de techniciens ;

— Le personnel PMI reçoit une information et une formation régulières (bandes vidéo, débats, études de cas, etc.) ;

— La permanence d'un membre de l'équipe d'Hygiène mentale infantile est assurée dans les locaux du SUE, pour discussion des situations aiguës (tout travailleur social peut s'y présenter avec ou sans les clients en cause).

BIBLIOGRAPHIE

CHILAND, C. (1976), *L'enfant de 6 ans et son avenir*, 3e édition, coll. Le fil rouge, Paris, PUF.

CHOQUET, M., FACY, F., LAURENT, F., DAVIDSON, F., *Les enfants à risque en âge préscolaire*, Mise en évidence pour analyse typologique, Archives françaises de Pédiatrie, Paris vol. 39, p. 185-192.

CRAMER, B. (1977), « Problèmes posés par la prévention des troubles psychiques des enfants d'âge préscolaire », *Médecine sociale et préventive*, n° 22, p. 27-32.

DIATKINE, R. (1973), « Réflexions sur l'hygiène mentale », *Psychiatrie de l'enfant*, vol. XVI, fasc. 1, Paris, PUF, p. 214-249.

KREISLER, L. (1981), *L'enfant du désordre psychosomatique*, coll. Éducateurs, Toulouse, Privat.

KREISLER, L., FAIN, M. et SOULÉ, M. (1974), *L'enfant et son corps*, coll. Le fil rouge, Paris, PUF.

LEBOVICI, S. et SOULÉ, M. (1977), « Le traumatisme pathogène et l'expérience vécue », *Connaissance de l'enfant par la psychanalyse*, 3ᵉ édition, 1 vol., coll. Le fil rouge, Paris, PUF, p. 42-50.

PERRON, R., MISES, R. (1984), Retards et perturbations psychologiques chez l'enfant. Facteurs et conditions d'apparition, modalités évolutives, repérage et prise en charge. Publication du C.T.N.E.R.H.I. – Série « Recherches », Paris, novembre 1984.

SOULÉ, M. (1973) « Aide sociale à l'enfance, hygiène mentale infantile et mesures préventives d'aide à la famille en difficulté », p. 109-126, *Pour une réforme de l'aide sociale à l'enfance*, Paris, ESF.

SOULÉ, M. (1977), « Pour une politique de prévention médicopsychosociale précoce en faveur de l'enfance », *Communication à la commission « Vie Sociale » du VIIᵉ Plan, Bulletin de l'U.N.I.O.P.S.*, n° 250, p. 12-13.

SOULÉ, M. (1982), « L'enfant dans la tête – l'enfant imaginaire », *La dynamique du nourrisson*, 9ᵉ journée du Centre de guidance infantile de l'Institut de Puériculture de Paris, 2ᵉ édition 1982, E.S.F., coll. La vie de l'enfant, Paris, ESE, p. 135-175.

SOULÉ, M., NOEL, J., et coll. (1977), *Rercherche active sur les modes de garde des jeunes enfants dans le XIVᵉ arrondissement de Paris*, Document dactylographié, COPES, 23, rue Lalande, Paris 14ᵉ.

SOULÉ, M. et NOEL, J. (1985), « La prévention médicopsychosociale précoce », *Traité de psychiatrie de l'enfant*, Paris, PUF, tome 3, p. 475-505.

Chapitre 3

LES ENFANTS PRÉMATURÉS EN TANT QUE GROUPE À RISQUE POUR UNE INTERVENTION DE PRÉVENTION

H. Russel Searight
Paul J. Handal

Une des tâches principales pour les individus qui s'intéressent à la prévention primaire a été d'identifier les groupes de personnes risquant de développer des troubles ultérieurs. En détectant ce facteur de risque le plus tôt possible, il est plus probable qu'une intervention préventive puisse avoir du succès. L'importance accrue accordée aux efforts de prévention a mené les psychologues de la communauté à s'intéresser à l'enfance comme domaine de recherche et d'efforts d'intervention (National Institute of Mental Health, 1979; Rappaport, 1977).

La prématurité est le plus étudié des facteurs posant un danger pour le développement. Les récents progrès dans le domaine médical ont augmenté d'une façon significative le taux de survie des enfants prématurés. La prématurité a été associée à une fréquence considérablement élevée de troubles, dont la mort de nouveau-nés, le retard staturo-pondéral, les enfants maltraités, les dysfonctions cérébrales minimales, les troubles d'apprentissage, les troubles d'élocution et du langage, les troubles auditifs, l'encéphalopathie et l'épilepsie. Aucune relation linéaire entre la prématurité et ces troubles n'a pu être établie, et il est peu probable qu'une suite causale puisse être démontrée d'une manière satisfaisante. Cependant, le fait que, du point de vue statistique, le nombre de prématurés soit élevé parmi les individus chez qui ces troubles ont été diagnostiqués suggère que la naissance prématurée est un indice avant-coureur de certains types de dysfonctions futures.

Ce compte rendu se concentre principalement sur des études associant la naissance prématurée au développement de dysfonctions physiques et psychologiques ultérieures, dont les enfants maltraités, la mort de nouveau-nés et le retard staturo-pondéral. Il présente également des recherches examinant les effets de la prématurité sur l'interaction parent-enfant et décrit des approches d'intervention préventive axées sur la réduction des séquelles psychologiques néfastes causées par la prématurité. De plus, une stratégie préventive pour réduire l'incidence de la naissance prématurée en soi est présentée.

Définition de la prématurité

La prématurité a été définie de plusieurs façons. Caputo et Mandell (1973) font remarquer que les termes « poids à la naissance peu élevé », « immaturité », « prématurité » et « grossesse incomplète » ont souvent été utilisés comme synonymes. Dans la discussion qui suit, la prématurité est définie par un poids à la naissance inférieur à 2 500 grammes.

Facteurs maternels associés à la naissance prématurée

D'après les statistiques du Health Department de 1976, 6,6 % des naissances sont des naissances prématurées. La race, l'âge et la situation socio-économique de la mère sont tous individuellement associés à la naissance prématurée malgré l'intercorrélation élevée entre ces variables. Le taux de base de la naissance prématurée est beaucoup plus élevé chez les Noires (12,1 %) que chez les Blanches (5,6 %) (US Health Department, 1976). Le taux est aussi plus élevé chez les adolescentes, avec 15,1 % pour les moins de 15 ans et 10,3 % pour les 15 à 18 ans (Chase, 1977). Il existe cependant un rapport inverse bien établi entre l'incidence de naissances prématurées et le niveau de revenu de la mère (Reed et Stanley, 1977).

La variable qui exerce la plus grande influence sur la naissance prématurée est la présence de soins prénatals. Chez les mères qui ne reçoivent pas de soins prénatals pendant toute la durée de la grossesse, l'incidence de naissances prématurées est de 18 % chez les Blanches et 25,6 % chez les Noires (Pratt, Janus et Sayal, 1977). Même si la présence de soins prénatals à n'importe quel stage de la grossesse réduit de façon considérable le taux de naissances prématurées, il semble y avoir un léger avantage, significatif du point de vue clinique, à recevoir des soins lors du premier trimestre (Pratt *et al.*, 1977).

Preuve d'un lien entre la prématurité et les troubles du développement

La plupart des premières preuves associant la prématurité au développement ultérieur de troubles physiques et affectifs ont été basées sur des analyses rétrospectives. En général, cette méthode compare le type de naissance d'un groupe important d'enfants atteints d'un état clinique particulier avec les données prénatales d'un groupe témoin apparié. La race, l'âge, le sexe, la situation socio-économique, l'hôpital et l'âge de la mère sont les variables qui sont habituellement examinées.

Les plus importantes études de ce genre ont été menées par Pasamanick et associés de 1956 à 1963 (Pasamanick et Knobloch, 1966). Sur les 12 états cliniques étudiés, neuf semblaient être beaucoup plus fréquents dans les cas de naissances prématurées. Il s'agit de l'encéphalopathie, l'épilepsie, la déficience mentale, les troubles de comportement, les troubles de lecture, l'autisme, les troubles auditifs, les accidents associés à l'impulsivité et au développement moteur inadéquat, et le strabisme (relié à la paralysie des muscles et au déséquilibre (Pasamanick et Knobloch, 1966)). Pour tous les troubles, le lien entre le problème cible et la prématurité était plus grand pour les non-Blancs et pour le sexe masculin. De plus, les différences entre les cas et les contrôles cliniques de la prématurité avaient tendance à être plus grandes pour les états plus graves, comme l'encéphalopathie et l'épilepsie, et à être moins apparentes pour les états plus bénins.

L'analyse rétrospective en tant que méthodologie a été très critiquée. Les lacunes de la méthodologie comprennent l'insuffisance des rapports sur les états cliniques de même que l'absence de pouvoir explicatif inhérent dans les concepts corrélationnels. La recherche longitudinale qui suit franchit quelques-unes des limites de l'approche rétrospective.

Évaluation longitudinale du fonctionnement cognitif, perceptif et comportemental

Plusieurs études ont évalué la compétence cognitive, perceptive et comportementale des enfants prématurés à différents stades de leur développement.

Dans une étude longitudinale de deux ans, Sigman et Parmelee (1979) ont tenté d'identifier, de façon empirique, les parties du fonctionnement des enfants prématurés qui prédisaient le mieux le développement ultérieur. Un ensemble de 16 mesures évaluant le développement médical, social, cognitif et moteur se sont révélées être reliées d'une façon significative à une situation « à risque » à l'âge de deux ans, le fonctionnement moteur étant l'indice le plus révélateur. Drillien (1972) a observé 300 enfants prématurés pendant trois ans après la naissance. Il a constaté qu'un grand nombre de ces enfants présentaient des « anomalies neurologiques transitoires » au cours de la première année. Ces signes neurologiques subtils ont été associés à une « hyperactivité marquée » à l'âge de deux et trois ans chez 33 % des enfants, et 20 % des enfants présentaient des lacunes au niveau de la motricité brute à l'âge de trois ans. Drillien (1972) a de plus constaté que ces signes neurologiques précoces, qu'elle a nommés « dystonie transitoire », étaient des indices évidents de difficultés futures.

Lorsque les enfants prématurés sont suivis jusqu'à l'âge scolaire, on remarque une fréquence accrue de troubles de langage, de développement, de comportement et de troubles cognitifs. DeHirsch, Jansky et Langford (1966) ont étudié un groupe d'enfants de six ans nés avant terme qui présentaient des lacunes significatives dans les secteurs d'habileté verbale suivants : le langage verbal, la lecture, l'écriture et l'orthographe. Lorsque ces enfants ont été réévalués à l'âge de huit ans, ces lacunes étaient toujours présentes. Caputo, Goldstein et Taub (1979) ont observé un groupe d'enfants nés avant terme et un groupe d'enfants nés à terme jusqu'à l'âge de neuf ans et demi, âge auquel on leur a administré l'échelle révisée d'intelligence de Wechsler pour enfants (WISC-R; Wechsler, 1974). Bien que la moyenne du quotient intellectuel verbal ait été semblable chez les deux groupes, les enfants nés avant terme ont démontré un quotient intellectuel non verbal et global plus bas. Ils ont également démontré des lacunes visuo-motrices sur le Gestalt de Bender. Dans l'ensemble, les résultats ont indiqué la présence de lacunes importantes au niveau des habiletés d'organisation perceptive et de la capacité de concentration chez les enfants nés avant terme.

Wiener, Rider, Oppel, Fischer et Harper (1968) ont administré le WISC, des tests de rendement scolaire et des mesures d'élocution et de langage, à un groupe d'enfants de dix ans nés avant terme. Comparativement à des groupes témoins d'enfants nés à terme, ces enfants ont démontré beaucoup plus de troubles d'élocution et de langage, dont des habiletés médiocres en lecture. Ils présentaient également des difficultés de concentration, comme l'on décrit Caputo *et al.* (1979). L'étude de cas la plus longue a été faite par Wiener *et al.* (1968) qui ont examiné la performance scolaire à l'âge de 13 ans. Ils ont constaté que les scores en lecture et en arithmétique étaient beaucoup plus faibles chez les adolescents nés avant terme.

Dans l'ensemble, ces études longitudinales suggèrent que les enfants nés avant terme, en tant que groupe, courent un grand risque de dysfonctions cognitive et scolaire pendant leur enfance. Il semblerait également que ces enfants soient plus susceptibles de développer des troubles d'élocution et de langage de même que des troubles d'attention.

Réaction parentale face aux enfants prématurés

Les recherches disponibles et les descriptions cliniques suggèrent toutes deux que la naissance prématurée a des effets négatifs importants sur le bien-être affectif de la mère de même que sur sa perception de l'enfant. La naissance prématurée d'un enfant a été comparée, en gravité, à une crise émotionnelle à la suite de la mort d'un proche (Kaplan et Mason, 1961).

À la suite d'entrevues avec des parents plusieurs mois après l'accouchement, Caplan (1961a) a remarqué un modèle fréquent de réactions face à la naissance prématurée d'un enfant. Il en a conclu qu'une réaction parentale saine était associée à un appui social solide, à une absence de conflits conjugaux avant la naissance et à une recherche active d'informations. De plus, la ventilation de sentiments négatifs, comme l'anxiété, la dépression et la culpabilité, a également donné un résultat positif. Dans une étude récente, Blumberg (1980) a étudié les effets de la naissance prématurée sur le fonctionnement affectif de la mère et sur sa perception de l'enfant. Ces mères ont manifesté une dépression puerpérale et une anxiété plus graves de même qu'une perception plus négative de leur enfant que les mères d'enfants nés à terme. La dépression, l'anxiété de la mère et sa perception négative de l'enfant étaient toutes en corrélation avec le degré de complications.

L'enfant prématuré a été décrit comme étant un individu difficile et ingrat avec lequel il faut interagir. On a constaté que les enfants prématurés étaient moins affectueux et alertes à leur sortie de l'Hôpital que les enfants nés à terme (DiVitto et Goldberg, 1979). De plus, ils sourient moins souvent, montrent moins d'attention visuelle et ont une coordination motrice moins développée que les enfants nés à terme (Als, Lester et Brazelton, 1979). Les parents d'enfants prématurés semblent réagir différemment des parents d'enfants normaux. Des études d'observation ont démontré que les parents d'un enfant prématuré ont moins de contacts physiques avec leur enfant (DiVitto et Goldberg, 1979), lui consacrent moins de temps (Klaus et Kennell, 1970), le touchent et lui parlent moins souvent (DiVitto et Goldberg, 1979).

Des études récentes, portant sur les modèles d'interactions parent-enfant, suggèrent que ces échanges sont décevants et apportent peu de gratifications à l'enfant et à ses parents. Les enfants prématurés réagissent aussi moins bien à la stimulation auditive et tactile (DiVitto et Goldberg, 1979). Par conséquent, leur mère semble être plus active et déploie plus d'efforts durant les interactions dyadiques que les mères d'enfants nés à terme. Cependant, l'enfant ne manifeste pas pour autant une plus grande réaction. Il présente au contraire une répugnance accentuée à soutenir les regards et des gazouillements réduits (Field, 1980).

Mort subite du nourrisson et prématurité

La mort subite du nourrisson (MSN), également appelée la mort au berceau, fait référence au décès inexpliqué d'un enfant habituellement entre l'âge de deux et cinq mois. Il est impossible d'identifier la cause exacte du décès lors de l'autopsie ou de l'étude du développement de l'enfant (Lipsitt, 1979). Le décès survient généralement durant le sommeil de l'enfant, qui cesse tout simplement de respirer. La MSN est la cause principale de mortalité chez les enfants âgés entre une semaine et un an ; on en compte 8 000 cas par année aux États-Unis (Valdes-Dapnea, 1970). Bien que les mécanismes précis de la MSN ne soient pas encore compris, tout porte à croire que des complications respiratoires sont en cause. Steinschneider (1972) a avancé que l'apnée (interruption spontanée de la respiration) est un mécanisme important dans la MSN.

Les enfants prématurés sont représentés en grand nombre parmi les cas de MSN (Lipsitt, Sturner et Burke, 1979). Des déficiences du développement respiratoire et des réflexes, toutes deux associées à la prématurité, ont été proposées comme étant des facteurs étiologiques importants dans la MSN (Lipsitt *et al.*, 1979). On a avancé que les enfants prématurés démontrent une faiblesse dans leur capacité innée aux adaptations respiratoires posturales nécessaires pour libérer les passages respiratoires bloqués par le mucus (Lipsitt, 1979). En raison des dysfonctions neurologiques associées à la prématurité, ces réflexes innés ne sont pas remplacés par des réflexes respiratoires volontaires qui se développent normalement vers l'âge de quatre mois (Lipsitt, 1979).

Retard staturo-pondéral et prématurité

Le retard staturo-pondéral implique l'échec d'un jeune enfant, en l'absence de troubles organiques, à atteindre un taux de croissance physique normal (Fischoff *et al.*, 1971). Ce problème est présent chez environ 3 % des enfants, et environ 5 % des admissions en pédiatrie sont attribuables à des troubles de retard staturo-pondéral (Rosen, 1977). Les enfants de moins de quatre mois atteints d'un retard staturo-pondéral sourient et gazouillent peu, et font preuve d'une vigilance inhabituelle. Entre quatre et dix mois, ces enfants ne manifestent pas l'anxiété habituelle devant les étrangers, ils démontrent un retard dans le gazouillement, ils ont des lacunes en ce qui concerne les habiletés motrices et ils sont extrêmement passifs (Fischboff *et al.*, 1971). Le retard staturo-pondéral est en général accompagné de problèmes d'alimentation (Lipsitt, 1979). Ces enfants mangent apparemment moins que les enfants normaux du même âge.

Les enfants atteints de retard staturo-pondéral ont un haut taux de naissance prématurée (Sinclair-Smith, Dinsdale et Emery, 1976). La représentation des enfants prématurés parmi les cas de retard staturo-pondéral varie entre 40 et 60 % (Sinclair-Smith *et al.*, 1976). Pasamanick et Knobloch (1966) ont posé comme principe que les enfants atteints de retard staturo-pondéral ont connu un traumatisme cérébral périnatal qui est, à son tour, aggravé par un environnement et des soins à l'enfant inadéquats. Ensemble, ces points entraînent un développement de comportement déficient et une croissance physique limitée (Sameroff et Chandler, 1975).

Enfants maltraités et prématurité

Il n'existe pas de définition des enfants maltraités sur laquelle tout le monde s'entend. Dans les études qui suivent, l'abus est défini comme un traumatisme squelettique, de graves meurtrissures, ou les deux, provenant d'une agression physique ou d'une négligence flagrante, et qui s'est produit en l'absence de maladies cliniques (Elmer et Gregg, 1967). Bien qu'il existe une grande variation dans les taux globaux, Gelles (1973) a évalué entre 3 et 5 % la fréquence générale des enfants maltraités.

Un certain nombre d'études ont montré que les enfants prématurés sont représentés en nombre considérable dans les cas d'enfants maltraités (Baldwin et Oliver, 1975 ; Klein et Stern, 1971). D'après ces recherches, environ 25 à 30 % des enfants maltraités sont nés avant terme. Baldwin et Oliver (1975) ont découvert qu'à l'intérieur d'un sous-groupe d'enfants gravement maltraités (c'est-à-dire ayant été l'objet de brutalités entraînant une fracture des os ou une hémorragie cérébrale), environ 40 % étaient nés avant terme.

Une enquête récente a été menée afin de découvrir pourquoi les enfants nés avant terme étaient plus susceptibles d'être maltraités. Belsky (1980) constate que ni le modèle psychiatrique, qui accentue les besoins de dépendance parentale, ni le modèle socio-culturel, qui implique des facteurs tels que le chômage, ne peuvent justifier le fait qu'un enfant soit spécifiquement choisi comme victime. La recherche de Frodi et Lamb (1978) suggère que les caractéristiques physiques et les pleurs bruyants des enfants prématurés sont plus désagréables aux parents que dans le cas d'enfants nés à terme. Les auteurs suggèrent également que, de façon générale, l'enfant prématuré est perçu comme un stimulus répulsif, qu'il pleure ou non. Cette perception parentale persiste après que les caractéristiques répulsives initiales ont été dépassées et peut justifier la brutalité accrue envers les enfants prématurés.

Programmes d'intervention

Il existe peu de rapports sur les programmes d'intervention spécifiquement axés sur les enfants prématurés. Les programmes actuels de prévention de la prématurité peuvent être classés en deux catégories. La première, ayant pour but de prévenir les problèmes cognitifs et de développement chez les prématurés, est la forme la plus courante d'intervention. La deuxième, ayant pour but de prévenir la prématurité en soi, fait l'objet de peu de recherches. Les deux catégories d'intervention sont expliquées ci-dessous.

Masi (1979) a revu un certain nombre d'études expérimentales de psychologie développementale sur les effets de la stimulation précoce chez les enfants prématurés. La plupart de ces études exposent les bienfaits apportés aux sujets qui reçoivent une stimulation tactile, kinesthésique, visuelle et auditive précoce. Ces bienfaits ont été observés sur la prise de poids, les mesures de maturation neurologique, les quotients de développement, la capacité de prêter attention à la stimulation visuelle et auditive et d'y réagir, et l'aptitude à apprendre une tâche de conditionnement. La stimulation tactile et kinesthésique semble être d'une utilité particulière pour faciliter la prise de poids et le développement moteur précoces des prématurés. Cependant, le traitement et ses bienfaits sont généralement de courte durée (Masi, 1979). Ces quelques études, qui comprenaient une période de suivi, suggèrent qu'une intervention intensive précoce auprès d'enfants prématurés est utile pour favoriser le développement moteur, cognitif et social.

Solkoff, Yaffe, Weintraub et Blase (1969) ont présenté un programme qui consiste en la manipulation régulière (cinq minutes par heure) d'enfants prématurés sur une période de dix jours peu après la naissance. Comparés avec les enfants d'un groupe témoin, les enfants qui ont reçu une stimulation tactile intense ont gagné plus de poids et ont manifesté un niveau d'activité plus élevé à la fin de la période de dix jours. Lors de l'évaluation du suivi de huit mois, le groupe expérimental a présenté un développement moteur supérieur à celui des enfants n'ayant pas bénéficié du traitement. Un ensemble de stimulations plus complexes comprenant des modalités visuelles, auditives et tactiles a été utilisé par Scarr-Salapatek et Williams (1973). En plus de recevoir ce programme pendant la période néonatale, les enfants prématurés ont reçu une stimulation continue au cours de l'année suivant la naissance. Le traitement était principalement prodigué par les mères, qui avaient reçu la visite hebdomadaire d'un travailleur social associé au programme. Après une année d'intervention, les enfants prématurés du groupe expérimental présentaient un meilleur développement cognitif et moteur que le groupe témoin apparié.

Minde, Shosenberg, Thompson et Murton (1982) ont axé leurs efforts d'intervention sur la relation parent-enfant. Le programme, d'une durée de sept à douze semaines, consistait en un travail en petit groupe avec les parents d'enfants prématurés environ 90 minutes chaque semaine. Le programme avait plusieurs objectifs, dont celui de permettre aux parents d'exposer leurs sentiments de culpabilité et de dépression associés à la naissance prématurée d'un enfant. De plus, une documentation pédagogique sur les besoins spéciaux de leur enfant de même que des renseignements sur les ressources communautaires utiles leur ont été fournis. Après le suivi d'un an, les enfants participant au programme ont manifesté une plus grande indépendance à se nourrir seul et ont présenté plus de comportements de jeu et sociaux que les enfants prématurés n'ayant pas suivi le programme. Les mères qui ont participé au programme étaient plus sensibles au rythme d'alimentation de leur enfant et le punissaient moins. Les résultats de ces études suggèrent que l'intervention au cours de la première année est utile pour favoriser le développement cognitif et moteur. Les études de Scarr-Salapatek et Williams (1973) et de Minde *et al.* (1982) semblent indiquer que les parents peuvent donner les traitements nécessaires si les méthodes de stimulation leur ont été enseignées.

Il y a très peu de rapports évaluatifs des programmes ayant pour but de réduire le taux de naissances prématurées. Tompkins et Wiehl (1954) ont mené une étude expérimentale sur une intervention alimentaire qui a réduit avec succès la fréquence de naissances prématurées. Ils ont donné différents types de suppléments alimentaires à un groupe de 1 500 femmes enceintes à revenu modique de Philadelphie. Avec un supplément complet de protéines et de vitamines, le taux de prématurité était de 3 %. Les taux variaient selon les suppléments donnés : protéines seulement, 4,3 % ; vitamines seulement, 5,6 % ; et aucun supplément alimentaire, 6,4 %. Si la mère était trop maigre au début de la grossesse et avait une prise de poids inférieure à la moyenne ou perdait du poids en cours de grossesse, le taux de prématurité était de 23,8 %. Ce taux a été réduit à moins de 2 % grâce aux suppléments de protéines et de vitamines donnés aux mères qui avaient une bonne alimentation avant la grossesse.

Conséquences des programmes de prévention

D'après les informations présentées, des lignes directrices pour les futurs programmes d'intervention préventive visant les enfants prématurés peuvent être tracées. Une structure de l'organisation utile pour cette discussion est la conceptualisation de Caplan (1961) de la nécessité de trois types de « ressources » (physique, psychologique et socio-culturelle) afin d'empêcher des troubles ultérieurs.

La recherche qui a été revue suggère que la naissance d'un enfant prématuré est une crise émotionnelle pour les parents. Afin de combattre la dépression, l'anxiété et la culpabilité qui en résultent, des ressources psychologiques, sous forme de soutien affectif et d'éducation, semblent jouer un rôle important. Il semble que le besoin d'un soutien affectif soit plus grand immédiatement après la naissance. Lorsque l'agitation affective intense s'est apaisée, les parents semblent tirer profit de l'information concernant les modèles de développement et les besoins spéciaux des enfants prématurés.

Bien que les recherches actuelles ne soient pas fermement concluantes, elles suggèrent tout de même que les ressources physiques, sous forme de stimulation précoce, encouragent le développement cognitif, perceptif et moteur de l'enfant prématuré. Idéalement, cette stimulation devrait débuter le plus tôt possible après la naissance et se poursuivre au moins pendant les 12 premiers mois. Les résultats des programmes menés par Scarr-Salapatek et Williams (1973) et par Minde *et al.*, (1982) suggèrent que les parents peuvent donner ces traitements si les méthodes de la stimulation leur ont été enseignées. On suggère également que les deux premiers jours suivant la naissance constituent une période cruciale du développement de l'attachement affectif entre l'enfant et ses parents (Klaus et Kennell, 1970). Quoique souvent découragé par les politiques en vigueur dans les hôpitaux en Amérique du Nord, le contact constant entre les parents et l'enfant pendant cette période a été associé à un taux inférieur d'enfants maltraités et à une meilleure réaction sociale entre les parents et l'enfant pendant les deux premières années comparativement aux parents et aux enfants recevant moins de contacts précoces (Kennell, 1983). En plus d'apprendre comment prendre soin de leur enfant et le fonctionnement de son développement, les parents devraient recevoir des instructions modelées sur l'interaction productive avec l'enfant prématuré. Comme il a été décrit auparavant, l'immaturité du développement de l'enfant prématuré semble le rendre une source moins puissante de renforcement social (Field, 1980). Les programmes revus suggèrent qu'après que la mère et l'enfant ont quitté l'hôpital, ces conseils peuvent être offerts par un travailleur social ou une infirmière à domicile. Als, Lester et Brazelton (1979) ont suggéré que bien que les enfants prématurés soient des partenaires sociaux plus « difficiles », ils peuvent manifester des réactions gratifiantes si les adultes sont sensibilisés à leurs tentatives de comportements sociaux.

La deuxième approche préventive vise la prématurité en soi. Cette approche met l'accent sur l'augmentation de ressources physiques, principalement des soins de santé. Comme nous l'avons précisé auparavant, les groupes à risque pour la prématurité sont les mères de moins de 20 ans, appartenant à la classe socio-économique inférieure. L'information disponible concernant les bienfaits des soins prénatals (Pratt *et al.*, 1977) et les suppléments alimentaires indique que ces interventions sont associées à une chute importante du taux de la prématurité (Blehar, 1980). Cependant, il a été prouvé qu'une plus grande disponibilité des services de soins de santé n'engendre pas nécessairement une utilisation accrue de ceux-ci (Stone, Cohen et Adler, 1980). Cette relation semble être particulièrement vraie pour le groupe à plus haut risque. Par conséquent, une approche active dans le but d'accroître l'emploi des soins prénatals semble tout indiquée. Les soins prénatals pourraient facilement être offerts aux jeunes femmes enceintes dans des institutions telles les écoles secondaires. Le démarquage des quartiers susceptibles de présenter un fort taux de naissances prématurées serait aussi une intervention importante. Cette méthode a été très efficace pour favoriser d'autres comportements de prévention des soins de santé, tels la détection et le contrôle de l'hypertension (Sackett, 1976). De plus, il peut être utile de fournir de l'aide financière en encourageant le suivi des recommandations alimentaires et d'autres soins prénatals. D'un point de vue économique, il revient moins cher de donner à une mère enceinte de revenu inférieur un montant de 60 dollars pour aller à une clinique prénatale (30 dollars pour la première visite et 10 dollars pour les trois visites suivantes) que les 150 à 200 dollars minimums que le gouvernement doit débourser pour les soins de santé.

Compte tenu des données qui indiquent que les soins prénatals réduisent de trois à cinq fois la fréquence de la prématurité, un programme d'aide financière est un bon investissement par rapport aux valeurs sociales et humanitaires pour promouvoir une bonne santé. Même si des programmes préventifs de ce genre étaient instaurés et largement utilisés, il y aurait encore un pourcentage de naissances prématurées. Par conséquent, une intervention ayant pour but de réduire les derniers effets de la prématurité serait encore nécessaire.

BIBLIOGRAPHIE

ALS, H., LESTER, B. et BRAZELTON, T. (1979) « Dynamics of the behavioral organization of the premature infant: A theoretical perspective » *Infants Born at Risk,* sous la dir. de T. Field, A. Sootek, S. Goldberg et H.H. Shuman, New York, Spectrum.

BALDWIN, J.A. et OLIVER, J.E. (1975), « Epidemiology and family characteristics of severely-abused children », *British Journal of Preventive and Social Medicine,* vol. 29, p. 205-221.

BELSKY, J. (1980), « Child maltreatment: An ecological perspective », *American Psychologist,* vol. 35, p. 320-335.

BLEHAR, M.C. (1980), *Development of Mental Health in Infancy,* Rockville, NIMH.

BLUMBERG, N. (1980), « Effects of neonatal risk, maternal attitude, and cognitive style on early postpartum adjustment », *Journal of Abnormal Psychology,* vol. 89, p. 139-150.

CAPLAN, G. (1961a), « Patterns of parental response to the crisis of premature birth », *Psychiatry,* p. 355-374.

CAPLAN, G. (1961b), *Prevention of Mental Disorders in Children: Initial Explorations,* New York, Basic Books.

CAPUTO, D., GOLDSTEIN, K. et TAUB, H. (1979), « The development of prematurely born children through middle childhood », *Infant Born at Risk*, sous la dir. de T. Field, A. Sosotek, S. Goldberg et H.H. Shuman, New York, Spectrum.

CAPUTO, D.V. et MANDELL, W. (1973), « Consequences of low birth weight », *Developmental Psychology*, vol. 3, p. 363-383.

CHASE, H. (1977), « Time trends in low birth weight in the United States, 1950-1974 », *Epidemiology of Prematurity*, sous la dir. de Ed Reed et F. Stanley, Baltimore, Urban and Schwarzenberg.

DEHIRSCH, K., JANSKY, J. et LANGFORD, W. (1966), « Comparisons between prematurely and maturely born children at three age levels », *American Journal of Orthopsychiatry*, vol. 36, p. 616-628.

DIVITTO, B. et GOLDBERG, S. (1979), « The development of early parent-infant interaction as a function of newborn medical status », *Infants Born at Risk*, sous la dir. de T. Field, A. Sostek, S. Goldberg et H.H. Shuman, Holliswood, New York, Spectrum.

DRILLIEN, C. (1972), « Abnormal neurologic signs in the first year of life in low birth weight infants: Possible prognostic significance », *Developmental Medicine and Chilhood Neurology*, vol. 14, p. 575-584.

ELMER, E. et GREGG, G. (1967), « Developmental characteristics of abused children », *Pediatrics*, vol. 40, p. 596-602.

FIELD, T.M. (1980), « Interaction of pre-term and term infants with their lower- and middle-class teenage and adult mothers », *High Risk Infants and Children*, sous la dir. de T. Field, New York, Academic.

FISCHHOFF, J., WHITTEN, C.F. et PETTIT, M.G. (1971), « A psychiatric study of mothers of infants with growth failure secondary to maternal deprivation », *Journal of Pediatrics*, vol. 79, p. 209-215.

FRODI, A. et LAMB, M. (1978), « Fathers' and mothers' responses to the faces and cries of normal and premature infants », *Developmental Psychology*, vol. 14, p. 480-495.

GELLES, R. (1973), « Child abuse as psychopathology: A sociological critique and reformulation », *American Journal of Orthopsychiatry*, vol. 43, p. 611-621.

KAPLAN, C. et MASON, E. (1961), « Maternal reactions to premature birth viewed as an emotional disorder », *American Journal of Orthopsychiatry*, vol. 30, p. 540-547.

KENNEL, J.H. et KLAUS, M.H. (1983), « Early events: Later effects on the infant », *Frontiers of infant psychiatry*, sous la dir. de J.D. Call, E. Galenson et R.L. Tyson, New York, Basic Books, p. 7-16.

KLAUS, M.H. ET KENNELL, J.H. (1970), « Mothers separated from their newborn infants », *Pediatric Clinics of North America*, vol. 17, p. 1015-1037.

KLEIN, M. et STERN, L. (1971), « Low birth weight and the battered child syndrome », *American Journal of Disease of Children*, vol. 122, p. 15-18.

LIPSITT, L. (1979), « Critical conditions in infancy: A psychological perspective », *American Psychologist*, vol. 34, p. 973-980.

LIPSITT, L., STURNER W. et BURKE P. (1979), « Perinatal indicators and subsequent crib death », *Infant Behavior and Development*, vol. 2, p. 325-328.

MASI, W. (1979), « Supplemental stimulation of the premature child », *Infants Born at Risk*, sous la dir. de T. Field, A. Sostek, S. Goldberg et H.H. Shuman, New York, Spectrum.

MINDE, K., SHOSENBERG I., THOMPSON J. et MURTON R. (1982), *Handbook of Infant Psychiatry*, New York, Brunner-Mazel.

NATIONAL INSTITUTE OF MENTAL HEALTH (1979), *Clinical Infant Intervention Research Programs*.

PASAMANICK, B. et KNOBLOCH, H. (1966), « Retrospective studies on the epidemiology of reproductive casualty: Old and new », *Merril-Palmer Quarterly*, vol. 23, p. 7-26.

PRATT, N., JANUS, Z. et SAYAL, N. (1977), « National variations in prematurity (1973 et 1974) », *Epidemiology of Prematurity*, Baltimore, Urban & Schwarzenberg.

RAPPAPORT, J. (1977), *Community Psychology: Values, Research, and Action*, New York, Holt, Rinehart & Winston.

REED, D.M. et STANLEY, F.J. (1977), *The epidemiology of Prematurity*, Baltimore, Urban & Schwarzenberg.

ROSEN, G. (1977) « Reversible growth and developmental retardation in the first year of life », *Clinical Proceedings, Children's Hospital National Medical Center*, vol. 33, p. 193-205.

SACKETT, D.L. (1976), *Compliance with Therapeutic Regimens*, Baltimore, Johns Hopkins University Press.

SAMEROFF, A. et CHANDLER, M. (1975), « Reproductive risk and the continuum of caretaking casualty », *Review of Child Development Research*, sous la dir. de F.F. Horowitz, M. Heltrerington, S. Scarr-Salapatek, et G. Siegel, Chicago, University of Chicago, vol. 4, p. 187-244.

SCARR-SALAPATEK, S. et WILLIAMS, M. (1973), « The effects of early stimulation on low-birth-weight infants », *Child Development*, vol. 44, p. 94-101.

SIGMAN, M. et PARMELEE, A.H. (1979), « Longitudinal evaluation of the high risk infant », *Infants Born at Risk*, sous la dir. de T. Field, A. Sostek, S. Goldberg et H.H. Shuman, New York, Spectrum.

SINCLAIR-SMITH, C., DINSDALE, F. et EMERY, J. (1976), « Evidence of duration and type of illness in children unexpectedly dead », *Archives of Disease in Childhood*, vol. 51, p. 424-429.

SOLKOFF, N., YAFFE, S., WEINTRAUB, D. et BLASE, B. (1969) « Effects of handling on the subsequent developments of premature infants », *Developmental Psychology*, vol. 1, p. 765-768.

STEINSCHNEIDERF, A. (1972), « Prolonged apnea and the sudden infant death syndrome: clinical and laboratory observations », *Pediatrics*, vol. 50, p. 646-654.

STONE, G.C., COHEN, F. et ADLER, N.E. (1980), *Health Psychology*, San Francisco, Jossey-Bass.

TOMPKINS, W.T. et WIEHL, D.G. (1954) « Maternal and newborn nutrition studies at Philadelphia lying-in hospital », *Maternal Studies II*, New York, Milbank Memorial Fund.

VALDES-DAPNEA, M.A. (1970), « Sudden and unexpected death in infancy: A review of the literature 1954-1966 », *Pediatrics*, vol. 39, p. 123-138.

WECHSLER, D. (1974), *Manual for the Wechsler Intelligence Scale for Children – Revised*, New York, The Psychological Corporation.

WIENER, G., RIDER, R., OPPEL, W., FISCHER, L. et HARPER, R. (1968), « Correlates of low birth weight: Psychological status at six to seven years of age », *Pediatrics*, vol. 34, p. 434-444.

Chapitre 4

D'UNE APPROCHE CURATIVE À UNE APPROCHE PRÉVENTIVE LORS DES VISITES POSTNATALES

Linda Lepage
Jérôme Guay

En juin 1972, entrait en vigueur au Québec la *Loi sur les services de santé et les services sociaux* qui visait la réorganisation de ces services et reposait sur la définition d'une politique globale (Blais, 1984). Cette Loi permettait la structuration du centre local de services communautaires (CLSC)

> « où on assure la communauté des services de prévention et d'action sanitaires et sociales, notamment en recevant ou visitant les personnes qui requièrent, pour elles ou leurs familles, des services de santé ou des services sociaux » (Blais, 1984, p. 31).

La phase d'implantation des CLSC, débutée en 1972, devait se terminer en 1987, aussi les services de santé devant être fournis par ces établissements ont été offerts de façon temporaire, durant la phase d'implantation, par les départements de santé communautaire (DSC), dont la création a été autorisée en janvier 1973.

Les infirmières visiteuses

Parmi les clientèles cibles visées, les DSC et les CLSC ont rapidement essayé de rejoindre les familles ayant donné naissance à un enfant, en offrant à cette population une visite à domicile effectuée par une infirmière et ce, dès les premières semaines suivant la naissance. Les buts visés par ces visites postnatales étaient de rejoindre la mère et l'enfant plus précocement qu'en utilisant uniquement la clinique de vaccination traditionnelle et d'établir un contact avec les autres membres de la famille.

Même si ces visites postnatales à domicile furent instaurées dans un but préventif, le grand nombre de familles à rejoindre et la formation des infirmières axée particulièrement sur le curatif ont rapidement influencé l'orientation du soin. Ainsi, le traitement de problèmes de santé chez l'enfant ou sa mère et le suivi des familles dont les problèmes économiques avaient des répercussions importantes sur l'enfant ont été pendant longtemps des éléments servant à identifier la population cible des visites postnatales.

La prévention primaire est pourtant à la portée de l'infirmière visiteuse en période postnatale et ce, pour plusieurs raisons. D'abord parce que l'infirmière intervient tout de suite après la naissance de l'enfant, soit à un moment propice pour prévenir le développement de problèmes de santé, d'adaptation au rôle parental, d'abus et de négligence, etc. L'infirmière visiteuse jouit donc d'une situation privilégiée car pour la majorité des autres intervenants en santé, les demandes de service de la clientèle leur parviennent alors que la situation familiale a eu le temps de se détériorer au point de provoquer un état de crise ou de dysfonctionnement grave.

De plus, à la différence des autres intervenants qui reçoivent la clientèle à leur bureau ou dans un établissement de santé, l'infirmière visiteuse se rend à domicile et peut recueillir des informations objectives et subjectives sur les conditions de vie de la famille et sur les facteurs de l'environnement physique et social qui affectent ces conditions de vie.

Lors des visites à domicile, l'infirmière a également l'occasion d'établir une relation avec les personnes vivant dans l'entourage de la famille, c'est-à-dire avec les membres du réseau de soutien social de la famille. Cette relation peut permettre de soutenir et de renforcer ces personnes avant qu'elles ne deviennent dépassées ou débordées par la situation familiale et qu'elles ne coupent leur contact avec la famille.

Enfin, les visites dans la communauté permettent à l'infirmière d'entrer en contact avec les personnes clés de cette communauté (la directrice d'école, le curé et autres) et de connaître les services offerts par les ressources communautaires.

Cependant, il semble que l'infirmière visiteuse ne sache pas toujours tirer profit des atouts dont elle dispose. Plusieurs décideurs, tant au niveau des DSC que des CLSC, considèrent que les infirmières visiteuses ne sont pas assez identifiées dans la communauté et désirent que ces infirmières se rapprochent du milieu de vie de leurs clientes et clients. Ces responsables rejoignent ainsi la notion de santé primaire « qui situe les problèmes de santé et leurs solutions dans le contexte de vie des gens » (Ordre des infirmières et infirmiers du Québec, 1983, p. 4).

C'est dans cette optique qu'un groupe de l'Université Laval a réalisé conjointement avec un DSC de la région de Québec une recherche visant à amener les infirmières visiteuses à utiliser les ressources des membres de la famille, de leur entourage et de la communauté, et ce, dans une perspective de partage de la responsabilité du soin avec la famille et son milieu de vie. Il s'agissait donc de modifier la pratique infirmière à partir d'une approche écologique et systémique permettant d'élargir la clientèle cible qui, antérieurement, se limitait à la mère et à l'enfant selon une approche davantage médico-technique.

Les moyens utilisés pour atteindre cet objectif se sont situés à deux niveaux, soit d'abord à un niveau cognitif puis à celui du soutien direct à l'action. Il semblait important que, dans une première étape, les infirmières acquièrent des connaissances générales tirées de la littérature traitant du réseau social, du réseau de soutien social, de l'aide naturelle, de la prévention des problèmes d'adaptation, d'abus et de négligence chez l'enfant, etc. Ce sont surtout les écrits de Belsky (1981), de Bouchard (1981, 1983), de Garbarino et de ses collaborateurs (1977, 1980, 1982) et de Pancoast (1980) qui ont orienté les activités de cette phase. Par la suite, les infirmières devaient augmenter leurs connaissances sur le milieu où elles pratiquaient leurs interventions. Pour ce faire, des quartiers du territoire du DSC furent choisis, et une étude socio-démographique et ethnographique respective à chacun de ces quartiers, réalisée selon les méthodes de Warren (1980) et de Bouchard (1981), a été remise aux infirmières.

En ce qui concerne le soutien à l'action, l'équipe de recherche élabora, avec les infirmières, une grille de collecte de données sur les dimensions écologiques de l'environnement social familial comprenant des éléments sur le réseau de soutien social de la famille et les ressources de la communauté. Par la suite, tout au long de la première année du projet, une personne-ressource, expérimentée dans le jumelage de mères et de bénévoles, a établi un contact hebdomadaire avec chaque infirmière. Cette personne-ressource avait comme mandat de stimuler l'implication des infirmières dans des interventions dites de réseau, de leur accorder le soutien instrumental et émotionnel nécessaire lors de l'apprentissage des nouveaux modes d'intervention et de s'assurer du suivi des familles. Cette personne-ressource rencontrait également de façon hebdomadaire les autres membres de l'équipe de recherche afin de discuter de l'analyse des données et du plan d'intervention pour chacune des familles. Les stratégies de soutien des infirmières faisaient également l'objet de cette rencontre, et les infirmières étaient informées, par l'entremise de la personne-ressource, de tous les éléments de réflexion et de discussion amenés par l'étude du dossier familial. Même avec ce mode de fonctionnement, l'infirmière et la famille demeuraient les responsables de décision par rapport à l'action à entreprendre afin de prévenir ou de solutionner tel ou tel problème, qu'il se soit agi de difficultés d'adaptation, de prévenir un surmenage chez la mère ou de déterminer quelle ressource familiale ou communautaire contacter.

Cette communication portera maintenant sur une description des nouveaux modes d'intervention axés sur l'utilisation de l'aide naturelle et développés par les infirmières. Par la suite, nous parlerons des facteurs ayant pu conduire à cette modification de la pratique infirmière.

Interventions axées sur l'utilisation de l'aide naturelle

Les modes d'interventions ont été classés en cinq catégories et définis par les membres de l'équipe de recherche au fur et à mesure de leur création et de leur utilisation par les infirmières.

L'une des cinq catégories d'intervention fut utilisée lorsqu'il y avait présence d'un réseau de soutien social, c'est-à-dire lorsqu'il y avait dans l'entourage de la famille des personnes qui soutenaient déjà, d'une façon ou d'une autre, l'un ou plusieurs des membres de l'unité familiale. Il s'agit de l'intervention nommée « soutien au réseau ». Cette intervention infirmière consistait à soutenir psychologiquement ou par rétroaction positive et par guidage un membre du réseau de soutien de la cliente. Ce membre pouvait être le conjoint, la grand-mère, une amie ou une autre personne. Cette intervention permettait de rencontrer le besoin de soutien de la cliente, mais par une stratégie d'action indirecte.

Il est à noter que cette intervention a été utilisée plus fréquemment en présence de familles monoparentales, c'est-à-dire où la cliente vivait sans conjoint. Dans ce type de situation, le contact cliente-infirmière est souvent plus difficile, car la cliente craint souvent que l'intervention de l'infirmière entraîne le placement de l'enfant ou fasse naître des conflits avec la personne de son réseau qui la soutient et qui peut avoir des valeurs différentes de celles de l'infirmière, surtout en ce qui a trait aux soins de l'enfant. Le soutien au réseau a permis d'établir un climat de confiance entre l'infirmière, la cliente et la personne soutenante dans son entourage, et a ainsi permis de diminuer la résistance face à l'intervention professionnelle de l'infirmière. Lorsqu'il s'agissait de familles où il y avait un conjoint, le soutien au réseau a surtout consisté à soutenir émotionnellement le conjoint, souvent à la suite d'une demande d'aide faite par le conjoint lui-même. Ce mode d'intervention permettait à l'infirmière de s'assurer d'une accessibilité en tout temps d'une source de soutien dans l'entourage de sa cliente.

Un autre mode d'intervention a été utilisé lorsque la cliente avait un réseau social, c'est-à-dire lorsque la cliente identifiait des personnes de son entourage qui lui étaient significatives mais dont le soutien était soit absent, soit insatisfaisant, selon la perception de la cliente. Cette intervention a été appelée stimulation à utiliser le réseau. Lors de cette intervention, l'infirmière essayait d'identifier avec la cliente les personnes de son réseau social qui pouvaient donner ou modifer leur soutien afin que la situation soit plus satisfaisante pour la cliente. Lors de l'entrevue, l'infirmière amenait la cliente à préciser son besoin d'aide, à identifier une personne de son entourage susceptible de lui fournir l'aide dont elle avait besoin et l'incitait ensuite à demander cette aide à la personne ressource identifiée.

Lors de situations où la cliente se disait isolée ou lorsque la cliente ne pouvait identifier dans son réseau social une source potentielle d'aide, l'intervention la plus couramment utilisée a été le jumelage entre clientes. C'est la réciprocité qui caractérisait ce jumelage, car les deux clientes partageaient un même vécu et s'aidaient mutuellement. En fait, c'est surtout l'isolement social qui caractérisait les clientes ainsi jumelées, lesquelles déclaraient n'avoir ni amies, ni voisines avec qui partager leur vécu tout en ayant le sentiment qu'elles seraient comprises. C'est parce qu'elles connaissaient personnellement les clientes qu'elles jumelaient que ce mode d'intervention a été préconisé par les infirmières à une fréquence plus élevée que d'autres stratégies d'utilisation de l'aide naturelle. Cette connaissance personnelle des individus en cause est un élément très important lorsqu'il s'agit de jumelage. En effet, les valeurs, surtout celles touchant le soin et le développement de l'enfant, les motivations d'implication et la situation familiale (cliente avec ou sans conjoint), entre autres, sont tous des éléments sur lesquels il faut vérifier l'affinité des clientes avant de procéder au jumelage.

Il y a eu jumelage avec une aidante naturelle lorsque la situation de la cliente était similaire à celle décrite pour le jumelage entre clientes, mais que le désir de partager l'expérience vécue était identifié par la cliente et l'infirmière comme un besoin de soutien moins important que celui d'avoir de l'information et d'être guidée par rapport aux soins de l'enfant et celui d'obtenir de la rétroaction positive sur les comportements de maternage. Ces besoins ont d'ailleurs clairement été identifiés dans une recherche sur le réseau social de nouveaux parents réalisée par Frenette (1983). L'aidante naturelle est une personne de la communauté qui se caractérise comme ayant une attitude naturelle d'aide et une grande motivation à aider l'autre. Ce qui différencie le jumelage avec une aidante naturelle et le jumelage entre clientes, c'est la réciprocité qui existe tant au niveau du vécu lors du jumelage que des attentes vis-à-vis de l'interrelation ; la cliente s'attend à être aidée tandis que l'aidante naturelle désire satisfaire aux besoins d'aide de la cliente. La démarche suggérée par Pancoast (1980) a servi à recruter les aidantes naturelles. Cette démarche consistait à faire une étude ethnographique de la communauté aux moyens de l'observation participante et de contacter les informateurs clés de cette communauté.

Les infirmières ont rencontré individuellement toutes les aidantes naturelles, préalablement au jumelage, afin d'évaluer leur motivation et leur potentiel à aider. Les difficultés rencontrées par les infirmières avec cette forme d'intervention étaient parfois liées aux conflits de valeurs entre l'aidante naturelle et la cliente mais surtout à l'énergie et à la période de temps exigées avant d'effectuer le jumelage. En effet, le processus demandait beaucoup de temps d'abord pour le recrutement, ensuite pour vérifier les compatibilités de tempéraments et de valeurs, et enfin pour s'assurer que le soutien apporté par l'aidante correspondait vraiment aux besoins exprimés par les clientes. Une fois le jumelage réalisé, l'infirmière devait fournir un support régulier à l'aidante naturelle afin de prévenir chez elle l'épuisement psychologique. C'était là une lourde tâche pour les infirmières qui commençaient un processus de modification de pratique. C'est pourquoi, lorsque le besoin de soutien de la cliente était un besoin de soutien émotionnel, les infirmières ont préféré réaliser un jumelage entre clientes, dont les stratégies d'application s'écartaient moins de leur pratique traditionnelle.

Le dernier mode d'intervention axé sur l'utilisation de l'aide naturelle ayant été expérimenté est l'implantation d'un groupe d'entraide. Le groupe d'entraide se caractérise des autres modes d'intervention par son aspect de rencontres d'un groupe de parents et parce qu'il s'agit d'une intervention plus formalisée et plus structurée. À la différence des rencontres informelles de voisines de palier qui se créent et se dénouent au gré des circonstances et dont l'objectif premier est l'échange social, le groupe d'entraide a réuni des personnes qui ne demeuraient pas nécessairement dans le même immeuble d'habitation ou dans le même îlot de maisons mais qui habitaient toutefois dans le même voisinage. Les membres impliqués se sont fixé ensemble des objectifs, se réunissaient régulièrement aux deux ou trois semaines et planifiaient ensemble des activités précises. Les difficultés liées à l'exploitation de cette forme d'intervention par les infirmières tiennent aux difficultés d'assurer l'assiduité des participants aux réunions du groupe et à une certaine forme d'impatience vis-à-vis des résultats d'action souvent non quantifiables ou qualifiables, ou ne se manifestant qu'après plusieurs semaines ou mois. L'absence de pouvoir sur les activités du groupe, après une grande implication personnelle et professionnelle lors de sa création, semble également un élément relié à la déprofessionnalisation de l'intervention et peu facile à justifier pour les infirmières, qui sont soumises à une évaluation souvent encore restreinte à une mesure de productivité. Ce dernier point amène à discuter des facteurs ayant influencé le passage d'une approche curative à une approche préventive lors de ce processus de modification de pratique.

Facteurs ayant entraîné la modification de pratique

À partir des variables relevées lors d'une recension des écrits portant sur la modification de pratique et en tenant compte du contexte particulier de cette expérience, divers facteurs ayant influencé l'implantation et le maintien de ce processus de changement de pratique ont été retenus.

Les données de cette évaluation qualitative proviennent de diverses sources : notes de terrain compilées tout au long du projet ; observations informelles lors des rencontres avec les diverses personnes impliquées ; commentaires et évaluations subjectives des membres de l'équipe de recherche ; commentaires et réflexions émis par les gestionnaires du DSC et par les infirmières lors de discussions de groupe ou lors de rencontres informelles.

Une fois la grille d'analyse élaborée et approuvée par l'équipe de recherche, l'évaluation s'est effectuée de la façon suivante: deux membres de l'équipe de recherche ont coté indépendamment les éléments qui allaient dans le sens de la modification de pratique, ces cotes ont par la suite été comparées et les éléments retenus après approbation des deux parties.

Il ressort de cette évaluation que plusieurs facteurs ont influencé positivement la modification de la pratique au cours de la première étape du projet, *la phase d'implantation*. Cette phase se rapporte à l'introduction du projet au niveau du DSC et à la structuration graduelle des éléments de base qui visent à favoriser l'acquisition des habiletés et attitudes liées à un mode d'intervention préventif.

Tout d'abord, la proposition de ce programme de modification de pratique a été réalisée à un moment opportun et critique pour les gestionnaires et les infirmières du DSC qui étaient impliqués dans la révision du programme de santé maternelle et infantile. C'est ce que David (1978) identifie comme « circonstances » et « timing » alors que pour Havelock (1969), il s'agit de la « proximity ».

Un autre facteur lié au contexte organisationnel est important. Selon David (1978), l'appui constant des responsables de décision constitue un élément critique dans un processus de changement. Dans ce sens, il apparaît important de souligner la grande coopération des responsables du DSC qui ont accordé, sans difficulté, tout le soutien matériel requis en termes de ressources, de conditions de travail et de remplacement du personnel. L'encadrement régulier fourni par la personne-ressource membre de l'équipe de recherche et le soutien constant et personnalisé fourni par toute l'équipe de recherche lors des rencontres individuelles et des rencontres de groupe plus formelles sont aussi des éléments ayant stimulé le processus de changement.

D'autres facteurs liés à la motivation et à l'affectivité sont à considérer en regard des forces mobilisées en faveur de l'innovation. Selon Kats (voir Havelock, 1969), l'individu est plus stimulé à changer lorsqu'il perçoit l'utilité du changement de pratique, c'est-à-dire lorsqu'il peut en percevoir une satisfaction ou des bénéfices. Or, les infirmières voyaient dans ce projet une occasion de mieux s'outiller face à des situations où les clientes exprimaient des émotions très intenses et étaient sensibilisées à la pertinence de mieux connaître les ressources du milieu en vue de les utiliser dans leur action. Cela souligne un autre élément de motivation de première importance : le besoin de changement (David, 1978). Par ailleurs, une perspective restreinte leur rendait difficile la compréhension de l'influence du réseau de soutien social sur l'acuité et la nature des problèmes vécus par la famille. Toutefois, l'ouverture au changement des infirmières s'est manifestée par beaucoup d'efforts et de temps consacré à la connaissance des ressources communautaires et à l'identification et aux contacts avec les ressources d'aide naturelle. Ce facteur, l'ouverture au changement, est identifié et défini par Havelock (1969) comme la capacité de s'adapter avec souplesse et flexibilité aux influences extérieures, en l'occurence la stimulation et le soutien de l'équipe de recherche.

D'autres facteurs caractérisent davantage la deuxième étape du projet, *la phase de maintien*. Dans cette deuxième phase, il s'agissait de voir si les intervenantes et le milieu pouvaient fonctionner de façon autonome en maintenant les changements acquis à la première phase et ce, malgré une absence quasi complète du soutien de l'équipe de recherche au cours de la deuxième phase.

C'est au cours de cette phase que les infirmières, ne bénéficiant plus d'une supervision régulière, ont eu à approfondir par elles-mêmes une réflexion sur leurs propres interventions. Il s'agit là de l'une des acquisitions principales durant la phase de maintien. L'encadrement moins directif fourni de façon irrégulière et ponctuelle par l'équipe de recherche et la nécessité de continuer à justifier le programme d'intervention auprès des gestionnaires du DSC sont sans doute parmi les facteurs qui ont pu favoriser le développement personnel d'un sens critique.

Enfin, le fait que les nouveaux éléments apportés par l'équipe de recherche étaient en concordance avec les valeurs et l'idéologie véhiculées dans l'institution semble avoir favorisé l'ouverture des infirmières à une modification de pratique et à adopter de nouvelles valeurs. L'adoption de ces nouvelles valeurs se reflète concrètement dans la pratique par un plus grand rapprochement du vécu de leurs clientes et des conditions affectant ce vécu, mais également par une attitude de recherche de solutions parmi un grand éventail de possibilités et surtout par une conscientisation aux rôles des membres du réseau de soutien dans la prévention d'une détérioration de la situation familiale.

C'est ainsi qu'à la suite de ce projet, un groupe d'infirmières s'est engagé dans l'implantation d'un groupe d'entraide pour les parents abusifs. Un autre groupe a mis sur pied des rencontres de cuisine en période prénatale, rencontres axées sur l'habileté de la cliente à identifier les membres de son réseau social qui pourraient lui donner du soutien en fonction des besoins susceptibles de se manifester chez elle après la naissance de l'enfant.

BIBLIOGRAPHIE

BELSKY, J. (1981), « Child maltreatment: An ecological inter-gration », *Annual Progress in Child Psychiatry & Child Development*, p. 637-665.

BLAIS, M. (1984), « L'évolution des services de santé au Québec », *L'infirmière canadienne*, vol. 26, n° 1, p. 29-31.

BOUCHARD, C. (1981), « Perspective écologique de la relation parent-enfant », *Apprentissage et socialisation*, vol. 4, n° 1, p. 4-23.

BOUCHARD, C. (1983), « L'intervention psychosociale et la violence envers les enfants : une réflexion critique sur la pratique québécoise », *Santé mentale au Québec*, vol. 8, n° 2, p. 140-146.

DAVID, H.R. (1978), « Management of innovation and change in mental health services », *Hospital and community psychiatry*, vol. 29, n° 10, p. 649-658.

FRENETTE, C. (1983), *Les réseaux sociaux de nouveaux parents*, thèse de maîtrise inédite, Université Laval.

GARBARINO, J. (1977), « The price of privacy in the social dynamics of child abuse », *Child welfare*, vol. 56, p. 565-575.

GARBARINO, J. et GILLIAM, G. (1980), « Becoming a parent and creating a family », *Understanding abusive families*, Toronto, Lexington Books, p. 51-65.

GARBARINO, J. et SHERMAN, D. (1980), « High-risk neighborhoods and high-risk families: the human ecology of child maltreatment, *Child development*, vol. 51, p. 188-198.

GARBARINO, J. et STOCKING, S.H. (1980), « The social context of child maltreatment », *Protecting children from abuse and neglect*, sous la dir. de J. Garbarino *et al.*, San Francisco, Jossey Bass, p. 1-14.

GARBARINO J. *et al.* (1982), *Children and families in the social environment*, New York, Aldin Publishing Company.

HAVELOCK, R.G. (1969), *Planning for innovation*, Ann Arbor, Institute for social research, University of Michigan.

ORDRE DES INFIRMIÈRES ET INFIRMIERS DU QUÉBEC (1983), *Éléments de planification du développement de la profession infirmière au Québec à la lumière de la philosophie des soins de santé primaires*, document provisoire inédit.

PANCOAST, J. (1980), « Finding, and enlisting neighbors to support families », *Protecting children from abuse and neglect*, sous la dir. de J. Garbarino *et al.*, San Francisco, Jossey Bass, p. 109-132.

WARREN, D.I. (1980), « Support systems in different types of neighborhoods », *Protecting children from abuse and neglect*, sous la dir. de J. Garbarino *et al.*, San Francisco, Jossey Bass, p. 61-109.

Chapitre 5

ÉTUDES SUR LE TEMPÉRAMENT : CONTRIBUTION À L'ÉTUDE DES FACTEURS DE RISQUE PSYCHOSOCIAUX CHEZ L'ENFANT

Michel Maziade

LE TEMPÉRAMENT

Les études longitudinales de New York (ÉLNY) (Thomas et Chess, 1977), qui ont débuté au milieu des années 50, constituent un apport majeur à la psychologie et à la psychiatrie de l'enfant. Les deux investigateurs Thomas et Chess ont développé le concept de tempérament de façon concomitante avec les recherches scientifiques, un fait plutôt rare pour les concepts présentement utilisés dans le domaine du développement de l'enfant. Ces chercheurs ont identifié, défini et mesuré d'une façon opérationnelle les différences individuelles et ce, dès les premiers mois de la vie (Thomas et Chess, 1968). Le tempérament se définit comme le style de comportement (« *how of behavior* »), il ne fait pas référence à ce que l'enfant fait (« *why of behavior* ») (Thomas et

Chess, 1977). Cette définition fondamentale du style de comportement, du « comment l'enfant réagit », est acceptée par tous les groupes de recherche même s'ils utilisent des modèles différents de celui de New York (Buss et Plomin, 1975, Rothbart et Derryberry, 1982).

Par définition, le tempérament est un style réactionnel inné, apparaissant vers l'âge de trois mois, constamment en interaction avec l'environnement et présentant une continuité dans le temps. Thomas et Chess ont décrit neuf traits de tempérament, qui sont :

— 1. L'activité ;

— 2. La « rythmicité » des fonctions physiologiques ;

— 3. L'adaptabilité ;

— 4. La réaction « d'approche ou de retrait » en face de nouveaux stimuli ;

— 5. Le seuil de sensibilité ;

— 6. L'intensité des réactions émotionnelles ;

— 7. L'humeur générale ;

— 8. La distractibilité ; et

— 9. La persistance.

Par la suite, Thomas et Chess ont observé que les enfants étudiés se caractérisaient par des regroupements de ces traits. Ils ont identifié trois profils qu'ils ont appelés simplement le profil de tempérament « difficile » (10 % de l'échantillon), le « facile » (40 %) et le « lent à se réchauffer » (15 %). (Voir le tableau 1.)

Tableau 1
Profils de tempérament suggérés par les ÉLNY

	Adaptabilité	Approche/ retrait	Humeur	Intensité	Rythmicité
1. Difficile					
2. Facile					
3. Lent à se réchauffer					

Dans les années 50 et 60, les courants psychanalytique et environnementaliste étaient fortement prédominants. On croyait que les enfants venaient au monde comme une tablette de cire et étaient entièrement soumis au façonnement des interactions familiales et particulièrement de celles de la mère. Chess et Thomas furent maintes fois accusés de vouloir nous ramener à une vue organiciste et rétrograde de la personnalité et du développement humain. Ils préconisaient en effet que les enfants venaient au monde avec un style réactionnel propre qui influence le cours de leur développement et qui entre très tôt en interaction active avec les forces environnementales. L'enfant devient un participant actif dans l'interaction avec ses parents dès les premiers mois de sa vie. De nombreuses études, depuis vingt ans, sont d'ailleurs venues démontrer que dès la première année de vie, les nourrissons ont une vie cognitive active, peuvent sélectionner les stimuli et y réagir d'une manière différentielle.

D'un point de vue clinique, le concept de tempérament offre plusieurs avantages. C'est un concept simple et positif, que les parents de tous les niveaux socio-économiques comprennent facilement. Il est compatible avec un modèle de santé mentale : même lorsqu'il est dit « difficile », il n'est pas considéré comme une maladie mais comme un exemple de la variabilité et de la complexité de la personnalité humaine. L'utilisation clinique du concept de tempérament a souvent pour effet de générer une énergie positive propre à relancer le processus thérapeutique. L'expérience thérapeutique et une de nos récentes études suggèrent que l'enfant de tempérament « difficile » qui présente un trouble clinique le fait surtout sous la forme de symptômes extravertis à la maison (Maziade *et al.*, 1985) et sous une forme mixte (extravertis et introvertis) à l'école (Maziade *et al.*, 1986d). Il est possible alors de dire aux parents qu'un enfant présentant des traits extrêmes de tempérament n'est ni malade, ni déviant, qu'il n'est pas un entêté, mais qu'il est né différent de ses frères et sœurs, et que dès le jeune âge, ils doivent adapter spécifiquement leurs attitudes au style propre de cet enfant. On peut leur expliquer que des attitudes éducatives qui ont bien fonctionné avec d'autres enfants ne fonctionnent pas nécessairement avec ce dernier. Ce type d'explication à partir du tempérament a souvent pour effet de désamorcer la situation dramatique autour de l'enfant, de déculpabiliser les parents sans les désengager du processus thérapeutique, car ils devront de toute façon changer leurs attitudes pour rétablir l'équilibre approprié (« *goodness of fit* »), si bien décrit par Thomas et Chess (1980), entre le tempérament et les attitudes parentales.

Le tempérament se définit de façon précise et opérationnelle. On peut donc le soumettre avec une bonne fiabilité aux techniques de mesure standardisées développées depuis une quinzaine d'années : 1. l'entrevue structurée ; 2. l'observation systématique en laboratoire ; et 3. les échelles-questionnaires. Une mesure fiable permet de reproduire les résultats déjà obtenus (stabilité) et de vérifier les hypothèses cliniques ou épidémiologiques émises au sujet du concept (validité).

Les bases empiriques du tempérament s'élargissent. Il existe maintenant des indices de la validité conceptuelle du tempérament, à différents âges et transculturellement. Dans une étude sur un échantillon aléatoire de 1 000 enfants de deuxième année (sept ans) de la ville de Québec (Maziade *et al.*, 1984b), avec un instrument de mesure utilisé dans notre population francophone, nous avons mis en évidence la principale typologie du tempérament de l'échantillon de New York. (Voir le tableau 2.)

Tableau 2

Typologies du tempérament tirées de l'analyse en composantes principales

Québec (1982)	New York (1968)	Suède (1982)	Québec (1983)
Enfants de 7 ans	Enfants de 3 et 4 ans	Enfants de 1 et 2 ans	Nourrissons de 4 et 8 mois
Facteur I Adaptabilité Approche /retrait	*Facteur A* Adaptabilité Approche /retrait	*Facteur I* Approche/retrait Adaptabilité	*Facteur I* Adaptabilité Approche/ retrait
Humeur	Humeur	Humeur	Humeur
Intensité	Intensité	Distractibilité	Distractibilité
Distractibilité			Intensité

Le premier facteur tiré de l'analyse en composantes principales, celui qui distinguait le plus fortement nos enfants, est la reproduction presque exacte du facteur A de Thomas et Chess et de l'axe « facile-difficile » (Thomas et Chess, 1968). Ce facteur décrit, sur le pôle difficile, des enfants peu adaptables, enclins à se retirer devant de nouveaux stimuli, d'humeur négative, intenses dans leur réaction émotive et peu distraits par les stimuli extérieurs. On sait que l'échantillon de New York provenait en majeure partie de la classe moyenne ou moyenne supérieure professionnelle. En Suède, Persson-Blennow (1982) reproduisait cette même typologie à l'âge de 1 et 2 ans. Récemment, dans une cohorte de 800 nourrissons (Maziade *et al.*, 1984a) de la population générale du Québec, nous avons de nouveau identifié dès l'âge de 4 mois, puis à l'âge de 8 mois, de façon fiable, exactement le même groupe typologique dominant que celui que nous avions trouvé à l'âge de 7 ans, et encore une fois similaire à celui de Thomas et Chess. Enfin, Wilson et Matheny (1983) ont trouvé une typologie assez semblable et une bonne concordance avec une mesure prise en laboratoire.

La relation du tempérament est assez constante avec des paramètres comme la classe sociale et le sexe (Maziade *et al.*, 1984b, 1984a, 1986b). Nos études, celles de Thomas et Chess (1977) et de Persson-Blennow (1982) révèlent une absence quasi totale d'association entre le tempérament et la classe sociale. Le tempérament ne semble davantage associé à des circonstances périnatales comme la technique d'accouchement ou la cohabitation (Maziade *et al.*, 1986a). Par ailleurs, plusieurs travaux suggèrent une base génétique pour le tempérament (Plomin et Rowe, 1977; Torgersen et Kringlen, 1978 ; Wilson, 1983).

Les données empiriques s'accumulent au sujet du tempérament comme facteur possible de risque de troubles psychiatriques. Dans les ÉLNY (Thomas et Chess, 1977 ; Cameron, 1978) en effet, les chercheurs avaient remarqué que les enfants présentant un tempérament dit « difficile » étaient en nombre supérieur dans le groupe de ceux qui consultaient ultérieurement pour des troubles du comportement. Certaines critiques méthodologiques ont été cependant apportées : les investigateurs des ÉLNY ne travaillaient pas à l'insu du tempérament des enfants et ils faisaient partie intégrante du système d'évaluation, ce qui peut susciter des biais importants. Graham *et al.*, (1973), avec une définition du tempérament quelque peu différente de celle des ÉLNY, trouvaient que les enfants présentant des traits défavorables développaient plus de troubles psychiatriques ; mais l'utilisation d'une population déjà « à risque », soit les parents souffrant d'un certain désordre psychopathologique, rend plus difficile la généralisation de leurs résultats. Nous avons effectué une étude de sous-groupes d'enfants tirés d'un grand échantillon aléatoire de la population générale ; cette étude longitudinale entre l'âge de 7 et 12 ans, avec groupe de comparaison et utilisation d'une méthodologie laissant les investigateurs et les parents à l'insu du tempérament évalué à 7 ans, nous a donné transculturellement des résultats similaires à l'étude de New York (Maziade *et al.*, 1985). Un enfant sur deux présentant un tempérament de type « difficile » à l'âge de 7 ans, selon le facteur transculturel déjà mentionné et nos points de coupure, présentait à l'âge de 12 ans un désordre clinique assez important pour perturber le fonctionnement familial.

Le tempérament de tous les enfants qui consultent à l'Hôtel-Dieu du Sacré-Cœur de Jésus de Québec est présentement évalué et les résultats préliminaires entre 3 et 12 ans (N = 400) montrent qu'il y a plus d'enfants présentant un tempérament « difficile » selon le facteur de Thomas et Chess que dans notre population générale (27 % contre 8 %). Tout ceci indique une association entre le tempérament « difficile » et les troubles cliniques, sans qu'il y ait cependant une équivalence.

Des données suggèrent aussi que le tempérament est un facteur rendant les garçons plus vulnérables que les filles aux stress psychosociaux. Nous avons trouvé dans un échantillon aléatoire (N = 1 000) de la population générale de la ville de Québec que le nombre de garçons était significativement plus élevé dans le groupe d'enfants extrêmement « difficiles » (Maziade *et al.*, 1984b), ce qui est compatible aussi avec le ratio de consultations en clinique externe de psychiatrie infantile au Québec de trois garçons pour une fille, un ratio similaire à celui observé ailleurs dans le monde occidental.

Nous étudions présentement l'influence longitudinale du tempérament « difficile » chez le nourrisson, à partir de notre cohorte de naissances de 1979, les sujets sont actuellement âgés de 4 ans et demi. Nous étudions, à l'insu du tempérament en bas âge, le statut clinique, le développement cognitif et le fonctionnement familial de trois sous-groupes d'enfants : un de tempérament « difficile » à l'âge de 4 et 8 mois, un de tempérament « facile » et un de tempérament « moyen » (Maziade *et al.*, 1987). Malgré ces données empiriques, plusieurs questions se posent quant au tempérament considéré comme facteur de risque et quant à son utilisation en prévention primaire.

Le tempérament se trouve empiriquement dans la même situation que les autres facteurs de risque dont plusieurs sont, jusqu'à un certain point, bien étayés scientifiquement. Nous ne sommes pas prêts, compte tenu de ses bases scientifiques, à utiliser le concept de tempérament à grande échelle dans un programme de prévention primaire. La force quantitative réelle de la valeur prédictive du tempérament « difficile » et son interaction avec les autres facteurs de risque restent encore à mesurer dans la population générale. En admettant que le tempérament « difficile », chez le nourrisson par exemple, ait une influence longitudinale propre, cela ne nous conduit pas immédiatement à employer des techniques de prévention efficaces. Nous ne pouvons pas utiliser le tempérament isolément des autres facteurs de risque, plusieurs données empiriques nous en empêchent. Détaillons davantage l'importance de ces derniers points et voyons le contexte des études de risque.

LES FACTEURS DE RISQUE

Il existe plusieurs facteurs de risque, reproduits et bien étayés scientifiquement. La vulnérabilité aux désordres psychosociaux ou psychiatriques peut être considérée selon deux origines : biologique et environnementale. Il est important cependant de noter qu'il s'agit de recherches qui montrent des associations corrélatives entre les troubles cliniques et les facteurs de risque, ce qui ne nous renseigne pas sur le processus causal, sur les interactions transversales ou longitudinales entre les facteurs de risque.

Facteurs de vulnérabilité biologique

1.   Sexe masculin : + + +
     (Rutter, 1970, 1983a ; Richman et al., 1982 ; Eme, 1979 ; Kellam et al., 1983)

2.   Tempérament « difficile » : + +
     (Thomas et Chess, 1977 ; Maziade et al., 1985 ; Cameron, 1978 ; Graham, 1973 ; Earls, 1983)

3.   Maladie mentale parentale : + + +
     (Orvaschel, 1983 ; Asarnow, 1983 ; Beardslee et al., 1983)

4.   Dommage cérébral : +
     (Rutter et al., 1980 ; Chadwick et al., 1981 ; Hertzig, 1982, 1983)

5.   Insuffisance de poids à la naissance : +
     (Slaughter, 1983 ; Caputo et al., Sameroff, 1979).

Facteurs de vulnérabilité environnementale

1.   Discorde maritale ou foyer désuni : + + + +
     (Rutter, 1977 ; Richman, 1977 ; Earls, 1980 ; Garmezy, 1983 ;

Power *et al.*, 1974 ; Block et Block, 1980 ; Chess *et al.*, 1983 ; Robins, 1978 ; Werner et Smith, 1977)

Il ne fait aucun doute que la discorde maritale est un facteur principal de risque lié à l'apparition de troubles du comportement chez l'enfant, et de symptômes antisociaux chez l'adolescent et l'adulte (Robins, 1978). Les études de Rutter ont été sans équivoque à ce sujet : dans les foyers désunis, ce n'est pas l'absence d'un parent qui fait problème mais bien le fait que les enfants ont subi pendant longtemps la discorde des parents.

2.   Dépression maternelle : + + +
      (Richman, 1982 ; Rutter, 1977b ; Sameroff, 1982)

3.   Famille surpeuplée : + +
      (Richman *et al.*, 1982 ; Earls, 1980 ; Werner et Smith, 1977 ; Rutter et Quinton, 1977 ; Sameroff *et al.*, 1982 ; Sigman et Parmelee, 1979)

4.   Criminalité paternelle : + +
      (Robins, 1978 ; Rutter et Quinton 1977)

5.   Père ayant un travail non spécialisé : +
      (Richman *et al.*, 1977 ; Earls, 1980 ; Werner et Smith, 1977 ; Rutter et Quinton, 1977 ; Sameroff *et al.*, 1982)

6.   Enfant ayant été placé : +
      (Garmezy, 1983 ; Rutter et Quinton, 1977)

7.   Dysfonction familiale du contrôle du comportement : +
      (Maziade *et al.*, 1985 ; Baumrind, 1971 ; White et Watts, 1973 ; Rutter, 1979)

8.   Effet scolaire : + +
      (Rutter, 1980)
      Rutter et Quinton (1977) ont bien indiqué que des facteurs intrinsèques à certaines écoles seulement augmentaient le risque de troubles psychiatriques.

Un seul facteur de risque n'augmente pas la prévalence des désordres psychiatriques. Il faut l'addition de plusieurs facteurs pour augmenter cette prévalence (Richman, 1977 ; Richman *et al.*, 1982 ; Werner et Smith, 1977 ; Sameroff et Chandler, 1976 ; Sameroff *et al.*, 1982 ; Sigman et Parmelee, 1979 ; Rutter, 1979). Les données suggèrent (Richman *et al.*, 1982 ; Rutter, 1979) qu'un seul parmi les facteurs de risque environnementaux mentionnés précédemment n'augmente pas l'apparition de déviations du développement ou de troubles psychosociaux. L'association de deux facteurs de risque, par contre, multiplie par quatre le risque de désordres psychiatriques, et l'addition de stress supplémentaires continue d'avoir un effet potentialisateur. Ceci illustre la complexité de l'interaction entre les facteurs de risque. Sameroff *et al.*, (1982), en étudiant longitudinalement un grand échantillon de rejetons ayant un parent schizophrène, a également démontré que le processus causal implique une chaîne de circonstances parmi lesquelles aucun événement ou expérience unique n'a pu être identifié de façon consistante comme la cause du trouble clinique. Ce n'est pas la présence d'un parent schizophrène qui prédit le mieux les problèmes de comportement mais la combinaison du degré de perturbation émotionnelle du parent, de l'instabilité de la famille et de la pauvreté. Il est vrai qu'avoir un parent schizophrène augmente de 10 à 15 fois le risque pour un enfant de le devenir, mais 90 % des adultes souffrant de cette maladie n'ont pas de schizophrénie dans leur famille (Asarnow, 1983). De la même façon, la pauvreté ou la classe sociale seule, malgré la croyance populaire établie, n'a pas de relation épidémiologique unique ou automatique avec les difficultés de comportement émotionnelles (Graham, 1978), comme l'ont montré aussi Rutter (1970) et Richman (1977). Les troubles psychiatriques de l'enfant sont distribués de façon homogène dans les classes sociales. Cependant la pauvreté potentialise et augmente ainsi le risque lorsqu'elle s'associe à d'autres facteurs d'adversité.

Nous manquons de données empiriques pour déterminer si le tempérament « difficile » à lui seul augmente la prévalence des désordres psychiatriques. Notre étude sur l'influence longitudinale du tempérament difficile entre 7 et 12 ans suggère qu'il est au moins un facteur de prédiction aussi puissant qu'une dysfonction familiale liée au consensus des parents et aux normes de discipline mesurées lorsque les sujets sont âgés de 12 ans. De plus, l'association d'une dysfonction au niveau du contrôle des comportements (consensus, consistance et fermeté) et du tempérament « difficile » augmente significativement le risque de troubles psychosociaux à 12 ans. Par contre, nous avons observé qu'une famille maîtrisant de façon exceptionnelle les habiletés liées au contrôle des comportements de ses enfants éliminait presque entièrement l'effet de risque associé au tempérament « difficile » (Maziade *et al.*, 1985).

Que les facteurs de risque soient en interaction serrée et qu'un seul n'augmente pas la prévalence des désordres psychiatriques nous ramène à une conception systémique ou multicausale des phénomènes comportementaux et cliniques, conception maintenant largement acceptée en psychiatrie (Maziade, 1980 ; Thomas et Chess, 1980 ; Sigman et Parmelee, 1979 ; Sameroff et Chandler, 1976 ; Marmor, 1983 ; Werner, 1982 ; American Psychiatric Association, 1984).

Absence de données empiriques sur les interactions entre les facteurs de risque

Cette carence vient du manque de recherches longitudinales, moyen par excellence d'étudier le processus causal, les mécanismes d'action et les interactions entre les agents de risque. Les études corrélatives ne mettent en évidence que des associations qui ne disent presque rien sur le processus causal. Nous en connaissons donc assez peu sur l'additivité des risques, la force pondérée ou quantitative de chacun des facteurs de risque dans des situations particulières, leur synergie et surtout sur leur antagonisme avec les facteurs de protection ou d'invulnérabilité. Les facteurs de risque agissent probablement de façon différente selon la période du développement où ils surviennent (Rutter, 1985 ; Chess et al., 1983). Il a été suggéré par exemple que leur impact est plus accentué dans la petite enfance ou dans l'adolescence. Le temps d'exposition à des stress qui est nécessaire pour voir apparaître le problème est encore inconnu (Rutter, 1981).

Nous savons qu'en région urbaine, les facteurs de risque n'agissent pas de la même façon sur l'enfant qu'en région rurale (Rutter et al., 1975). Les enfants qui vivent dans les régions urbaines à forte densité sont plus enclins à développer des troubles du comportement que ceux des régions rurales ou de banlieue, mais par contre les enfants des centres-villes qui ne vivent pas d'adversité familiale ne présentent pas un risque accru. L'effet de la vie dans les régions fortement urbanisées semble médiatisé par les parents pour agir ensuite sur l'enfant : par exemple, il y a davantage de mères dépressives dans les centres-villes que dans les régions rurales (Rutter et al., 1975 ; Brown et Harris, 1978). La complexité des interactions et de l'addition des facteurs de risque est également bien illustrée par les résultats de Richman et al. (1982) sur la persistance dans la population générale des troubles de comportement entre l'âge de 3 et 8 ans. Ces résultats montrent qu'un enfant qui présente un problème à 3 ans et qui vit dans une famille perturbée n'a pas un pronostic plus sombre que celui qui présente un problème clinique et vit dans une famille fonctionnelle. Par ailleurs, les enfants présentant un trouble clinique à 3 ans et qui vivent dans une famille perturbée ne se sont pas améliorés cliniquement, même si le fonctionnement familial est devenu plus sain. Enfin, la majorité des enfants sans problème particulier à 3 ans sont devenus perturbés lorsqu'ils étaient dans une famille dysfonctionnelle. Ceci montre la nécessité d'étudier davantage les processus de causalité longitudinale.

Par ailleurs, la complexité des interactions et la multicausalité des phénomènes comportementaux ne doivent pas servir de prétexte et de principe fourre-tout pour cacher notre ignorance ou notre manque d'approches méthodiques des phénomènes. L'existence actuelle de meilleurs moyens de mesure et de techniques plus raffinées permet d'évaluer systématiquement l'effet interactionnel des facteurs de risque, des facteurs de protection et des processus de causalité. Cette évaluation constituera l'objet de l'effort scientifique de la prochaine décennie.

Interactions entre les facteurs de risque et les facteurs de protection ou d'invulnérabilité

En raison de la tendance naturelle à porter attention aux déviants pathologiques de notre société, il n'y a pas ou peu de recherche sur les raisons de l'invulnérabilité de certains enfants. L'expérience clinique montre en effet que plusieurs enfants se sortent merveilleusement du pire des marasmes environnementaux (Rutter, 1983a ; Werner, 1982 ; Kauffman et al., 1979 ; Garmezy, 1983). Les études démontrent qu'environ 15 % des enfants ayant un parent schizophrène deviennent schizophrènes, la majorité ne présentent donc pas cette maladie malgré leur vulnérabilité biologique et environnementale. Cinquante pour cent dont les parents souffrent de psychose maniaco-dépressive présentent des désordres psychopathologiques alors que l'autre moitié fonctionne normalement (Beardslee et al., 1983). Dans une étude épidémiologique britannique (Wedge et Prosser, 1973), on conclut qu'un enfant sur six parmi les enfants de l'échantillon vivait dans des conditions extrêmes de désavantage social, caractérisées par une pauvreté ou une perturbation familiale graves, que la moitié de ces enfants étaient bien ajustés et qu'un enfant sur sept présentait certaines habiletés exceptionnelles. Même dans les quartiers miséreux et exposés à la criminalité, aux mauvaises conditions de la pauvreté de familles surpeuplées, il est inhabituel que l'enfant devienne criminel ou antisocial. Certains enfants y développent même des qualités exceptionnelles. Nous sommes au balbutiement de la recherche sur ces enfants invulnérables à des stress qui font succomber leurs frères, leurs sœurs ou leurs voisins.

L'étude des agents d'invulnérabilité nous aidera à comprendre ce qui fait défaut chez les enfants vulnérables. Elle a des chances de conduire plus vite à des moyens pratiques en prévention primaire. Car deux façons complémentaires existent dans l'approche de la prévention primaire : 1. éliminer ou éloigner l'agent nuisible, tenter de réduire directement son effet ; ou 2. renforcer les habilités du sujet pour faire face aux stress ou introduire des facteurs de protection. Étant donné la force des déterminants socio-économiques, politiques et écologiques de la pauvreté, penser à éliminer la pauvreté comme élément de risque est sans conteste au-delà du pouvoir d'intervention des professionnels de la santé. La deuxième partie de l'alternative est celle que nous devons considérer comme réaliste et vers laquelle nous devons diriger nos efforts de recherche dans l'espoir de développer des techniques d'intervention pratiques et efficaces pour améliorer les capacités à faire face au stress de la pauvreté.

Même s'il est impensable de créer un tempérament « facile », une voie d'intervention prometteuse réside cependant dans la tentative d'atténuer l'effet de risque associé au tempérament « difficile » en favorisant un facteur de protection : l'amélioration des attitudes parentales de contrôle des comportements de la famille au niveau du consensus, de la consistance et de la fermeté dans les limites et les exigences.

Les traits favorables de tempérament ou le profil de tempérament dit « facile » pourraient être un facteur d'invulnérabilité. Il s'agit d'une hypothèse à vérifier scientifiquement. Les recherches sur le tempérament ont suivi la tendance des autres recherches de risque : on a étudié davantage l'effet négatif du tempérament « difficile » mais non l'effet possible de protection du tempérament « facile » ou des traits favorables du tempérament.

Notre étude longitudinale entre 4 mois et 4 ans et demi, où un sous-groupe de nourrissons ayant un tempérament « facile » sera comparé à un groupe de tempérament « moyen », nous aidera probablement à évaluer les qualités du tempérament « facile » comme facteur de protection.

La recherche sur les facteurs de protection ou d'invulnérabilité en est à ses tout débuts. Les facteurs déjà identifiés sont :

1.   L'effet scolaire : +
      (Rutter, 1979)

2.   Le tempérament « facile » : +

3.   Les normes, exigences et limites fermes et consistantes dans la famille : +
(Baumrind, 1971 ; White et Watts, 1973 ; Wilson, 1974)

4.   Un père impliqué : +
(Brown *et al.*, 1975)

5.   Un QI élevé : +
(Rutter, 1983a ; Werner, 1982)

6.   Une relation étroite avec un parent : +
(Rutter, 1979 ; Werner, 1982)

7.   Une relation étroite avec une personne de l'extérieur : +
(Brown et Harris, 1978 ; Kauffman *et al.*, 1979)

La question n'est pas seulement de reproduire ou de confirmer ces facteurs de protection, mais de chercher à connaître dans quelle mesure et comment ils protègent dans les cas d'adversité familiale ou environnementale sérieuse.

Les facteurs de risque influent différemment sur l'enfant selon sa vulnérabilité

Beaucoup d'enfants sortent indemnes d'un milieu à risque grave. Le tempérament est peut-être un des facteurs biologiques qui crée la différence. Le tempérament « difficile » ou les traits défavorables de tempérament augmentent la vulnérabilité en rendant l'enfant plus sensible à l'effet nuisible des stress environnementaux. Certaines études (Rutter, 1978) suggèrent que l'enfant « difficile » est plus susceptible d'être le sujet de critiques de ses parents et donc de devenir le bouc émissaire d'une dysfonction familiale. Enfin, l'enfant de tempérament « difficile » assimile peut-être moins bien les facteurs positifs et les occasions de la vie en raison de ses traits réactionnels. Nous sommes ici aussi devant des hypothèses qu'il sera profitable de vérifier dans les prochaines années.

Les facteurs de risque et la prévention

Identifier un facteur de risque n'équivaut pas à savoir comment prévenir son effet (Slaughter, 1983 ; Rutter, 1982 ; Graham, 1977 ; Denhoff, 1981 ; Halpern, 1984 ; Simeonsson *et al.*, 1982). Nous constatons de nouveau le manque de recherche évaluative à long terme sur l'effet préventif d'une intervention standardisée avec utilisation de groupes témoins ou de groupes contrastes. On retrouve dans la littérature la forte conviction que seules les études longitudinales à long terme donneront des réponses précises et solides au sujet de l'efficacité des interventions de prévention (Slaughter, 1983 ; Denhoff, 1981 ; Halpern, 1984 ; Simeonsson *et al.*, 1982).

La revue de la littérature nous montre que la plupart des études longitudinales se sont déroulées dans la toute première enfance, soit des suivis de seulement un, deux ou trois ans. Cette période est trop courte pour connaître l'effet réel à long terme des techniques de prévention et le rapport coût-bénéfice des programmes. Les programmes les mieux étudiés sont ceux qui ont touché les problèmes de vulnérabilité biologique, des programmes spécifiques sur le syndrome de Down ou la paralysie cérébrale, et qui focalisent sur le développement moteur ou des changements de comportement précis. L'efficacité de ces programmes a été démontrée (Denhoff, 1981 ; Simeonsson *et al.*, 1982) à court terme. Nous ne savons pas cependant si ces programmes sont efficaces lorsque la vulnérabilité biologique est associée aux stress environnementaux multiples. Dans une revue de la littérature, Halpern (1984) fait bien ressortir les problèmes méthodologiques importants des études des quinze dernières années : les suivis portent sur des périodes trop courtes ; l'échantillonnage fait souvent problème (taux de réponse trop faible, perte de sujets au cours de l'étude, absence de groupes témoins, etc.) ; les instruments de mesure sont différents d'une étude à l'autre, ce qui rend les comparaisons presque impossibles ; les mesures variées des différents aspects du développement sont absentes ou presque.

La discorde maritale est le facteur de risque le mieux reproduit et étayé scientifiquement. Les données empiriques démontrant comment agir de façon efficace et à grande échelle sur la discorde maritale sont inexistantes. Quel sera le degré d'efficacité de l'élimination ou de l'amélioration de la discorde maritale sur la prévalence des désordres psychiatriques à 15 ou 18 ans ? Quels sont les cas où une séparation d'avec la famille pour négligence ou abus offrirait un meilleur pronostic à 18 ans ? Nous n'avons encore aucune idée du rapport coût-bénéfice des interventions de prévention visant les problèmes associés à la discorde maritale.

La dépression maternelle, elle aussi, est bien étayée scientifiquement comme facteur de risque : nous ne savons pas si la dépression maternelle est elle-même une cause fondamentale des désordres de l'enfance ou si elle est seulement un symptôme d'une autre cause extérieure et plus fondamentale des désordres psychosociaux. Quelle est la meilleure intervention à grande échelle sur la dépression maternelle ? Nous savons tous que, pour influencer le développement de l'enfant, il faut produire un changement environnemental durable et non pas un changement temporaire. La suppression ou l'adoucissement des symptômes de la dépression maternelle réduira-t-il la prévalence des troubles infantiles ? La discussion pourrait continuer ainsi pour les autres facteurs de risque bien identifiés épidémiologiquement, y compris le tempérament. En effet, nous avons remarqué dans notre étude longitudinale entre 7 et 12 ans, qu'une dysfonction des normes de contrôle des comportements dans la famille augmentait significativement le risque chez les enfants de tempérament « difficile » ; d'autre part, la présence très bien orchestrée de fermeté, de consistance et de consensus des parents élimine presque entièrement le risque associé au tempérament « difficile » (Maziade *et al.*, 1985). La dysfonction des limites et des exigences dans la famille origine-t-elle de l'effet de la discorde maritale ? Quelle serait la meilleure façon d'intervenir à grande échelle sur les normes de discipline et de contrôle des comportements dans la famille des enfants « difficiles », afin d'améliorer leur pronostic à l'adolescence ? Et si nous réussissons à améliorer le contrôle des comportements dans la famille, quel serait notre pourcentage d'efficacité à réduire les problèmes à la maison et à l'école ?

En plus du temps et de l'investissement économique qu'elles demandent, les recherches longitudinales avec manipulation expérimentale soulèvent immédiatement une question d'éthique qu'amène d'ailleurs tout programme de prévention. L'expérience indique que beaucoup de familles et de parents qui sont identifiés comme potentiellement à risque ne veulent pas admettre les problèmes ni se soumettre aux mesures de traitement ou de prévention. Nous, les cliniciens, connaissons bien le problème de l'abandon de traitement ou le refus de consulter alors que les problèmes de l'enfant sont flagrants. La célèbre étude de l'île de Wight (Rutter et Graham, 1966) a bien mis en évidence que chez les parents d'enfants qui présentaient un désordre clinique à 10 et 11 ans, seulement un parent sur six affirmait de façon claire qu'il voulait de l'aide ; 50 % selon les chercheurs, n'accepteraient pas d'aide même si elle était disponible.

Si on se fie à ces données, le dépistage pur et simple à grande échelle ne récolterait qu'un faible pourcentage des familles à risque (ou présentant un cas clinique) qui accepterait avec facilité nos techniques d'intervention.

Il n'est pas éliminé non plus que plusieurs types d'intervention de prévention puissent être nuisibles. Quel serait l'effet d'identifier un nombre important d'enfants, très tôt dans la vie, comme présentant un tempérament dit « difficile » ? On ne peut éliminer pour l'instant que ce dépistage précoce puisse avoir un effet néfaste à long terme sur l'enfant ou la famille, à plus forte raison si les parents n'acceptent pas par la suite les interventions de prévention. Cette situation est d'autant plus délicate au point de vue éthique que nous n'avons pas encore démontré scientifiquement que nous pouvions prévenir l'effet nuisible du tempérament « difficile » avec des interventions efficaces.

Les troubles du comportement de l'enfant d'âge préscolaire ne sont pas transitoires (Richman *et al.*, 1982 ; Werner et Smith, 1977 ; Graham, 1980). Contrairement à ce que l'on a longtemps pensé, les troubles du comportement de l'enfant d'âge préscolaire ne sont pas évanescents mais sont un important facteur de prédiction des troubles du comportement de l'enfant plus âgé, de l'adolescent et parfois de l'adulte. Richman *et al.* (1982) a montré que 61 % des enfants qui présentent un trouble clinique à 3 ans présentent encore des problèmes à 8 ans ; même les problèmes considérés comme légers à 3 ans augmentent le risque de troubles cliniques à un âge plus avancé. Robins (1966, 1978) a démontré que les troubles antisociaux de l'adolescence ont déjà leur source dans des troubles antisociaux ou des symptômes de type extraverti en bas âge. Werner et Smith, dans leur étude de l'île de Kauai, observèrent que 75 % des enfants ayant un trouble clinique extraverti à 9 ans l'ont encore à 18 ans. Par contre, les symptômes de type introverti à 10 ans, là comme dans d'autres études, ont un meilleur pronostic.

En effet, de façon intéressante, la qualité des troubles cliniques en bas âge donne également des éléments de continuité. Une différenciation de la symptomatologie souvent reproduite et que l'on retrouve transculturellement est la séparation entre les symptômes introvertis (émotionnels ou névrotiques) et les symptômes extravertis (passage à l'acte ou antisocial, opposition, hyperactivité). Bien que cette distinction soit peu spécifique sur le plan nosologique, nous avons trouvé cette même dichotomie à Québec chez 1 000 enfants de deuxième année (Thivierge *et al.*, 1988) ; Rutter, en Angleterre, et plusieurs autres chercheurs américains l'ont aussi décrite. Cette différenciation apparaît de façon constante transculturellement, à différents âges, et semble valide, c'est-à-dire présenter de la stabilité dans le temps. Le pronostic des deux symptomatologies, par contre, est différent. Les symptômes émotionnels donnent de meilleurs pronostics. Les symptômes de type extraverti ou de désordre de la conduite ont une plus longue durée, un pronostic plus incertain et sont reconnus comme répondant moins bien au traitement. Richman *et al.*, (1982) montre que les enfants qui présentaient des symptômes introvertis ou de type extraverti à 3 ans présentent la même symptomatologie à 8 ans. Ces données empiriques suggèrent fortement que les troubles cliniques de l'enfant en bas âge, en plus d'être un « prédicteur » des troubles cliniques ultérieurs, conservent un degré de continuité dans la qualité des symptômes. Sous cet aspect, il semble au premier abord rationnel d'instaurer un dépistage généralisé des désordres cliniques à l'âge préscolaire de même qu'à l'âge scolaire afin d'identifier le plus tôt possible ces enfants à risque de troubles ultérieurs. Par contre, le dépistage généralisé n'est pas encore justifié en dehors d'un programme expérimental ; d'une part, seule une faible partie des parents à risque accepteraient les interventions et, d'autre part surtout, nous ne connaissons pas encore de techniques éprouvées pour améliorer et prévenir à grande échelle les troubles cliniques.

L'ÉVALUATION DES PROGRAMMES DE PRÉVENTION

Aucun programme de prévention généralisé ne doit être entrepris sans un investissement dans la recherche évaluative du programme (Slaughter, 1983 ; Garmezy, 1983 ; Robins, 1978, 1983 ; Sigman et Parmelee, 1979 ; Rutter, 1978 ; Graham, 1977 ; Denhoff, 1981 ; Halpern, 1984 ; Simeonsson *et al.*, 1982 ; Moffitt *et al.*, 1983 ; Segal, 1983 ; Baert, 1981 ; Eisenberg, 1981 ; Tarter, 1983 ; Wald *et al.*, 1983 ; Zigler, 1980 ; Kadushin, 1981 ; Weissman et Klerman, 1978 ; Leighton, 1979). Pour les raisons énoncées précédemment, l'opinion de la communauté scientifique de l'épidémiologie psychiatrique est claire à ce sujet. Nous manquons de données empiriques sur l'efficacité à long terme des méthodes préventives de désordres psychosociaux de l'enfant. Même devant un problème aussi grave que celui des enfants négligés ou battus, et bien que nous connaissions certaines associations et corrélations dans les études sur les parents qui ont tendance à maltraiter les enfants (Wald *et al.*, 1983 ; Kadushin et Martin, 1982), on en arrive à la conclusion qu'il reste beaucoup de choses à connaître sur la meilleure façon de prévenir les effets du syndrome de l'enfant battu et négligé, et sur la façon d'empêcher les parents de négliger leur enfant (Denhoff, 1981 ; Zigler, 1980 ; Weissman et Klerman 1978 ; Leighton, 1979).

Plusieurs grands programmes sociaux dans les vingt dernières années ont été entrepris sous l'impulsion de désirs nobles et humanitaires, ou sous l'effet d'idéologies courantes sur la santé mentale, sans que ces programmes soient basés sur des données scientifiques valables et surtout sans qu'on ait pris le soin de prévoir au départ

l'évaluation du programme. Leighton (1979) citait la désinstitutionna-
lisation des malades mentaux depuis vingt ans, phénomène qui pourrait avoir causé plus de tort que de bien, entre autres aux États-Unis.
Mais nous ne pourrons jamais être en mesure de juger des effets positifs ou néfastes de cette démarche en raison du manque de recherche
évaluative associée. Étant donné le développement des instruments de
mesure depuis une quinzaine d'années et les changements économiques de nos sociétés dans les années récentes, nous en sommes à un
point où la noblesse du but ne peut plus motiver à elle seule les grands
investissements en ressources humaines et financières. Mais la question demeure : quelle est l'origine de cette carence de recherches et de
données empiriques ? Disons d'abord que la psychiatrie et la psychologie de l'enfant et les sciences du comportement sont des domaines
jeunes. L'influence de courants qui ont donné trop d'importance aux
fantasmes dans la détermination du développement humain et à la
relation mère-enfant dans la première année de la vie a peut-être
monopolisé les intérêts des cliniciens. Malheureusement, le modèle
psychanalytique se prête difficilement à une mesure méthodique et
systématique. Même le mythe que « tout se joue avant deux ans ou
avant cinq ans » a probablement ralenti le départ de recherches méthodiques et contrôlées sur la prévention à long terme des désordres psychosociaux de l'enfant.

Troisièmement, plus que dans d'autres domaines, nous
sommes dans des spécialités où il est émotionnellement plus acceptable d'agir sur les autres selon ses croyances personnelles, sans avoir
peur des conséquences immédiates nuisibles ou négatives. En effet,
dans les sciences dites « dures », la chirurgie cardiaque par exemple,
on hésite davantage à mettre en action sur autrui ses opinions personnelles de peur de mettre en jeu immédiatement la vie du patient. Le
risque paraît immédiat et freine l'intervenant dans son action, s'il ne
prend pas toutes les précautions nécessaires. Dans le domaine des
sciences du comportement, plusieurs ont leur petite idée personnelle
et ont un peu l'impression que de toute façon « on ne peut pas nuire ».
Qu'on ne puisse pas nuire est certainement un mythe ; quelques travaux suggèrent la possibilité que certains groupes de patients traités
avaient un pronostic équivalent ou pire que ceux qui ne l'étaient pas
(Rutter, 1982). Nous pensons que le temps joue pour nous, que nous
pourrons toujours reprendre une erreur, ce qui est probablement aussi
un mythe ; nous n'avons aucunement éliminé scientifiquement la possibilité suivante par exemple : provoquer un divorce trop vite, ou le ralentir quand il devrait se faire, a des répercussions énormes sur la vie
et la santé mentale et sociale des parents, et comporte des risques pour
les enfants, leur futur parentage, pour les enfants des enfants et les

générations subséquentes. D'un point de vue scientifique et longitudinal, il est prématuré de penser qu'un agent psychologique que
nous introduisons dans la vie familiale et personnelle des gens ne peut
être fortement nuisible à moyen et à long terme, comme une mauvaise
prothèse valvulaire peut avoir des effets désastreux en chirurgie
cardiaque.

Quatrièmement, les organismes qui versent les subventions
sont toujours plus « prudents » avant de s'engager dans des études
longitudinales qui coûtent cher, qui prendront beaucoup de temps et
d'argent.

Cinquièmement, l'apparition d'instruments de mesure (plus
fiables et valides) de l'environnement et des sous-systèmes psychiatriques intrinsèques à l'enfant est toute récente.

CONCLUSION : L'AVENIR DE LA PRÉVENTION EN SANTÉ MENTALE

Quelle devrait être notre orientation pour le futur, à partir de
ce que nous savons et de ce que nous ne savons pas ?

— Nous devrions favoriser une méthodologie épidémiologique
   longitudinale, à long terme, avec manipulation expérimentale
   et utilisation de groupes témoins ou de groupes de contraste
   (Rutter, 1978, 1981 ; Moffitt *et al.*, 1983 ; Tarter, 1983 ; Wald *et
   al.*, 1983). L'emphase doit maintenant passer du court terme au
   long terme. Ces tendances seront également favorisées dans
   les dix prochaines années non seulement en prévention primaire mais aussi pour l'étude de l'effet des traitements en prévention secondaire (Rutter, 1983b).

La question n'est pas seulement de savoir si nous pouvons
vraiment développer des techniques de prévention efficaces mais aussi
de savoir laquelle parmi ces interventions sera la plus efficace et pourquoi.

— Nous pouvons bénéficier, au Québec par exemple, de réseaux
   de services de santé communautaire qui nous mettent dans
   une position privilégiée pour favoriser un ensemble de programmes expérimentaux à petite échelle associés à un programme de recherche évaluative.

Ces programmes devraient être complémentaires, utilisant différentes techniques d'intervention, afin d'évaluer comparativement les effets des programmes.

— Nous devrons standardiser et définir précisément et opérationnellement nos interventions, ce qui permettra de déterminer l'élément essentiel de la technique d'intervention qui est associée à son efficacité. Quelle est la période de temps optimale pendant laquelle l'intervention devra s'échelonner pour obtenir un résultat ?

— Il existe depuis quelques années une forte opinion dans la communauté scientifique selon laquelle il faut utiliser les bons instruments de mesure déjà existants, plutôt que de créer ses propres instruments (Halpern, 1984 ; Links, 1983 ; Achenbach, 1980). Cela rendra plus faciles les comparaisons entre les études complémentaires et favorisera également les comparaisons transculturelles.

— Les organismes qui versent les subventions devront prendre plus de risques sur des études à long terme qui tiennent compte déjà de paramètres bien étayés scientifiquement.

— Nous devrons établir les programmes expérimentaux non pas sur un seul facteur, comme le tempérament, mais en tenant compte de l'ensemble des facteurs de risque qui sont bien étayés scientifiquement. Ceci permettra d'étudier comparativement diverses populations cibles selon la qualité et la quantité des facteurs de risque. Ces méthodes permettraient de connaître, avec les années, quels sont les sujets les plus influencés par les différentes techniques d'intervention.

— Compte tenu de ce que nous savons de l'addition des facteurs de risque, nous devrons focaliser les interventions sur les enfants chargés de facteurs de risque connus, ce qui nous confrontera nécessairement au problème de non-collaboration des parents de familles à risque. Plusieurs méthodes pourront être étudiées pour contrecarrer cette absence de motivation ; comme le fait de payer les parents à risque pour qu'ils acceptent les interventions dans un programme expérimental, comparé à un groupe non payé.

— Tout programme expérimental devrait étudier le rapport coût-bénéfice des interventions à long terme (Rutter, 1982 ; WHO, 1977).

— Compte tenu de ce que nous savons sur la persistance des désordres cliniques de l'âge préscolaire, du pronostic plus sombre des symptômes de type extraverti (opposition, hyperactivité, troubles de la conduite), nous devrons focaliser sur les symptômes antisociaux et les symptômes extravertis en bas âge.

— Étant donné la plus grande vulnérabilité démontrée des garçons aux stress psychosociaux, nous devrons dans les études porter une attention particulière aux garçons qui sont surchargés de facteurs de risque connus, afin de maximiser les chances de démontrer ou une efficacité ou des résultats expérimentaux davantage interprétables.

— Il nous faut formuler des questions de recherche claires qui sont pertinentes à l'installation de politiques sociales (Wald *et al.*, 1983), ce qui n'a pas été le cas dans le passé à travers le monde.

— Nous devrions mettre l'emphase sur les facteurs de protection et d'invulnérabilité, ce qui nous aidera à comprendre les processus de vulnérabilité et nous conduira plus rapidement à l'application de méthodes efficaces pour contrer les facteurs de risque (Garmezy, 1983 ; Rutter, 1978). Cela irait de pair avec les études systématiques des événements stressants de la vie, qui en sont encore à leur début : comment les enfants invulnérables font-ils face et ont-ils développé des habiletés exceptionnelles pour contrecarrer ces stress quotidiens (Robins, 1978) ?

Jusqu'ici, la contribution de la recherche scientifique à l'établissement de politiques sociales de santé mentale a été pauvre à travers le monde. Nous sommes certainement fautifs pour plusieurs raisons. Dans le passé, nos questions de recherche ont été mal formulées et n'ont pas assez collé de façon significative à la réalité des problèmes cliniques et sociaux. Les performances de recherche ont été souvent pauvres en raison de faiblesses méthodologiques inévitables à ce moment-là. Les personnes de l'extérieur et les politiques se sont attendues à des résultats probants, trop vite, des recherches sur le développement de l'enfant ; il est probable que les chercheurs n'aient pas été assez clairs et assez convaincants sur la nature des difficultés relatives aux recherches épidémiologiques longitudinales nécessaires pour comprendre le développement de l'enfant et les déviations du développement.

Mais grâce aux pionniers-investigateurs du développement de l'enfant, grâce à la mise au point des récents outils de mesure, la psychiatrie infantile et les autres professions de la santé mentale sont maintenant prêtes à assoir leur démarche sur une base scientifique, à utiliser cette même base pour tenter de motiver ou de changer les politiques sociales. Les professions de la santé mentale ont compris que la noblesse de leur but ne suffit plus pour motiver l'investissement massif de fonds et les changements de politiques sociales, mais que c'est en développant une mentalité et une approche méthodique et systématique que la crédibilité de la psychiatrie et des professions de la santé mentale se consolidera.

Entre 7 et 15 % de nos enfants, selon les études menées à travers le monde occidental (Richman *et al.*, 1982 ; Earls, 1983 ; Links, 1983 ; Graham et Rutter, 1977), sont en difficulté d'adaptation ou de développement entre l'âge préscolaire et l'adolescence. Ces enfants ont besoin de notre aide et de notre engagement ; ce sont eux qui nous motivent à continuer de défendre l'importance d'un développement humain optimal.

Dans les prochaines décennies, la prévention en santé mentale se développera selon deux axes : elle s'auto-évaluera systématiquement et elle sera plus méthodique, standardisée et focalisée dans ses interventions. Au lieu de penser éliminer la maladie mentale ou éliminer les facteurs de risque, qui le plus souvent ont une origine sociale ou écologique profondément enracinée, elle tentera de fournir à l'individu de nouvelles habiletés pour faire face à ces agents stressants. À première vue, le but paraît plus modeste, mais il n'en est pas moins noble et audacieux.

BIBLIOGRAPHIE

ARCHENBACH, T.M. (1980), « What is child psychiatric epidemiology the epidemiology of ? », *Monographs in psychosocial epidemiology*. I. Studies of children, sous la dir. de F. Earls, New York, Prodist, p. 96-116.

AMERICAN PSYCHIATRIC ASSOCIATION (1984), *Family therapy and psychiatry. A report of the Task Force on Family therapy and psychiatry.*

ASARNOW, R. (1983), « Schizophrenia », *The child at psychiatric risk*, sous la dir. de R.E. Tarter, New York, Oxford University Press, p. 150-194.

BAERT, A.E. (1981), « Place of longitudinal research in the WHO European region long term program on mental health », *Prospective longitudinal research : An empirical basis for the primary prevention of psychosocial disorders*, sous la dir. de S.A. Mednick, New York, Oxford University, Press, p. 3-5.

BAUMRIND, D. (1971) « Current patterns of parental authority », *Developmental Psychology*, vol. 4, p. 1-103.

BEARDSLEE, W.R., BEMPORAD, J., KELLER, M.B., et KLER-MAN, G.L. (1983), « Children of parents with major affective disorder : A review », *American Journal of Psychiatry*, vol. 140, p. 825-832.

BLOCK, J.R. ET BLOCK J. (1980) « The role of ego-control and ego resiliency in the organization of behavior », *Development of cognition, affect, and social relations*, sous la dir. de W.S. Collins, The Minnesota Symposia on Child Psychology, Hillsdale, Lawrence Erlbaum Associates, p. 39-101.

BROWN, G.W., BHROLCHAIN, M.N. et HARRIS, T. (1975), « Social class and psychiatric disturbance among women in an urban population », *Sociology*, vol. 9, p. 225-254.

BROWN, G.W. et HARRIS, T. (1978), *Social origins of depression: A study of psychiatric disorder in women*, London, Tavistock Publications.

BUSS, A.H. et PLOMIN, R. (1975), *A temperament theory of personality development*, New York, John Wiley & Sons.

CAMERON, J.R. (1978) « Parental treatment, children's temperament, and the risk of childhood behavioral problems. 2. Initial temperament, parental attitudes, and the incidence and form of behavioral problems », *American Journal of Orthopsychiatry*, vol. 48, p. 140-147.

CAPUTO, D.V., GOLDSTEIN, K.M. et TAUB, H.B. (1979), « The development of prematurely born children through middle childhood », *Infants born at risk. Behavior and development*, sous la dir. de T.M. Field, A.M. Sostek, S. Goldberg et H.H. Shuman, New York, SP Medical & Scientific Books, p. 219-247.

CHADWICK, O., RUTTER, M., BROWN, G., SHAFFER, D. et TRAUD, M. (1981), « A prospective study of children with head injuries. II. Cognitive sequelae », *Psychological Medicine*, vol. 11, p. 49-61.

CHESS, S., THOMAS, A., KORN, S., MITTELMAN, M. et CO-HEN, J. (1983), « Early parental attitudes, divorce and separation, and young adult outcome: findings of a longitudinal study », *Journal of the American Academy of Child Psychiatry*, vol. 22, p. 47-51.

DENHOFF, E. (1981) « Current status of infant stimulation or enrichment programs for children with developmental disabilities », *Pediatrics*, vol. 67, p. 32-37.

EARLS, F. (1980), « The impact of family stress on the behavior adjustment of preschool children », *Massachusetts Journal of Community Health*, vol. 1, p. 7-11.

EARLS, F.J. (1983), « An epidemiological approach to the study of behavior problems in very young children », *Childhood psychopathology and development*, sous la dir. de S.b. Guze, F.J. Earls et J.E. Barnett, New York, Raven Press, p. 1-15.

EISENBERG, L. (1981), « A research framework for evaluating the promotion of mental health and prevention of mental illness », *Public Health Reports*, vol. 98, p. 3-19.

EME, R.F. (1979), « Sex differences in childhood psychopathology: A review », *Psychological Bulletin*, vol. 86, p. 574-595.

GARMEZY, N. (1983), « Stressors of childhood », *Stress, coping and development in children*, sous la dir. de N. Garmezy et M. Rutter, New York, McGraw-Hill, p. 43-84.

GRAHAM, P.J. (1977), « Possibilities for prevention », *Epidemiological approaches in child psychiatry*, sous la dir. de P.J. Graham, New York, Academic Press, p. 377-397.

GRAHAM, P. (1978), « Epidemiologic perspective on maladaptation in children. Neurological, familial, and social factors », *Journal of the American Academic of Child Psychiatry*, vol. 17, p. 197-208.

GRAHAM, P. (1980), « Primary health care in child psychiatry », *Acta Psychiatrica Scandinavia*, vol. 62, suppl. 285, p. 48-53.

GRAHAM, P. et RUTTER, M. (1977), « Adolescent disorders », *Child psychiatry. Modern approaches*, sous la dir. de M. Rutter et L. Hersov, Oxford, Blackwell Scientific Publications, p. 407-427.

GRAHAM, P., RUTTER, M. et GEORGES, S. (1973), « Temperamental characteristics as predictors of behavior disorders in children », *American Journal of Orthopsychiatry*, vol. 43, p. 328-339.

HALPERN, R. (1984), « Lack of effects for home-based early intervention ? Some possible explanations », *American Journal of Orthopsychiatry*, vol. 54, p. 33-42.

HERTZIG, M.E. (1982), « Neurological "Soft" signs in low-birth-weight children », *Annual progress in child psychiatry and child development*, sous la dir. de S. Chess et A. Thomas, New York, Brunner-Mazel, p. 509-524.

HERTZIG, M.E. (1983), « Temperament and neurological status », *Developmental neuropsychiatry*, sous la dir. de M. Rutter, New York, The Guilford Press, p. 164-180.

KADUSHIN, A. et MARTIN, J.A. (1981), *Child abuse: An international event*, New York, Columbia University Press.

KAUFFMAN, C., GRUNEBAUM, H., COHLER, B. et GAMER, E. 1979), « Superkids: competent children of psychotic mothers », *American Journal of Psychiatry*, vol. 136, p. 1398-1402.

KELLAM, S.G., BROWN, H., RUBIN, B.R. et ENSMINGER, M.E. (1983), « Paths leading to teenage psychiatric symptoms and substance use: developmental epidemiological studies in Woodlawn », *Childhood psychopathology and development*, sous la dir. de S.B. Guze, F.J. Earls, et J.E. Barnett, New York, Raven Press, p. 17-51.

LEIGHTON, A.H. (1979), « Research directions in psychiatric epidemiology », *Psychological Medicine*, vol. 9, p. 235-247.

LINKS, P.S. (1983), « Community surveys of the prevalence of childhood psychiatric disorders: A review », *Child development*, vol. 54, p. 531-548.

MARMOR, J. (1983), « Systems thinking in psychiatry: some theoretical and clinical implications », *American Journal of Psychiatry*, vol. 140, p. 833-838.

MAZIADE, M. (1980), « Les bases théoriques de la thérapie familiale », *Neuropsychiatrie de l'Enfance*, vol. 28, p. 253-258.

MAZIADE, M., BOUDREAULT, M., COTE, R. et THIVIERGE, J. (1986a), « The influence of gentle birth delivery procedures and other perinatal circumstances on infant temperament : developmental and social implications », *Journal of Pediatrics*, vol. 108, p. 134-136.

MAZIADE, M., BOUDREAULT, M., THIVIERGE, J., CAPERAA, P. et COTE, R. (1984a), « Infant temperament : SES and gender differences and reliability of measurement in a large Quebec sample », *Merrill-Palmer Quarterly*, vol. 30, p. 213-226.

MAZIADE, M., BOUTIN, P., COTE, R. et THIVIERGE, J. (1986b), « Empirical characteristics of the NYLS temperament in middle childhood: congruities and incongruities with other studies », *Child Psychiatry and Human Development*, vol. 1, p. 38-52.

MAZIADE, M., CAPERAA, P., LAPLANTE, B., BOUDREAULT, M., THIVIERGE, J. et COTE, R. (1985), « Value of difficult temperament among 7-year-olds in the general population for predicting psychiatric diagnosis at age 12 », *American Journal of Psychiatry*, vol. 142, p. 943-946.

MAZIADE, M., COTE, R., BOUDREAULT, M., THIVIERGE, J. et CAPERAA, P. (1984b), « The NYLS model of temperament : gender differences and demographic correlates in French-speaking population », *Journal of the American Academy of Child Psychiatry*, vol. 23, p. 582-587.

MAZIADE, M., COTE, R., BOUTIN, P., BERNIER, H. et THI-VIERGE, J. (1987), « Temperament and intellectual development: A longitudinal study from infancy to 4 years », *American Journal of Psychiatry*, vol. 144, p. 144-150.

MAZIADE, M., COTE, R., BOUTIN, P., BOUDREAULT, M. et THIVIERGE, J. (1986d), « The effect of temperament on longitudinal academic achievement in primary school », *Journal of the American Academy of Child Psychiatry*, vol. 25, p. 692-696.

MOFFITT, T.E., MEDNICK, S.A. et CUDECK, R. (1983), « Methodology of high risk research: longitudinal approaches », *The child at psychiatric risk*, sous la dir. de R.E. Tarter, New York, Oxford University Press, p. 54-79.

ORVASCHEL, H. (1983), « Parental depression and child psychopathology », *Childhood psychopathology and development*, sous la dir. de S.B. Guze, F.J. Earls et J.E. Barnett, New York, Raven Press, p. 53-66.

PERSSON-BLENNOW, I. et McNEIL, T.F. (1982), « Factor analysis of temperament characteristics in children at 6 months, 1 year and 2 years of age », *British Journal of Educational Psychology*, vol. 52, p. 51-57.

PLOMIN, R. et ROWE, D.C. (1977), « A twin study of temperament in young children », *Journal of Psychology*, vol. 97, p. 107-113.

POWER, M.J., ASH, P.M., SCHOENBERG, E. et SOREY, E.C. (1974), « Delinquency and the family », *British Journal of Social Work*, vol. 4, p. 13-38.

RICHMAN, N. (1977), « Behaviour problems in preschool children: family and social factors », *British Journal of Psychiatry*, vol. 131, p. 523-527.

RICHMAN, N., STEVENSON, J. et GRAHAM, P.J. (1982), *Preschool to school : A behavioural study*, New York, Academic Press.

ROBINS, L.N. (1966), *Deviant children grown up*, Baltimore, Williams & Wilkins.

ROBINS, L.N. (1978), « *Psychiatric epidemiology* », *Archives of General Psychiatry*, vol. 35, p. 697-702.

ROBINS, L.N. (1983), « Some methodological problems and research directions in the study of the effects of stress on children »,

Stress, coping and development in children, sous la dir. de N. Garmezy et M. Rutter, New York, McGraw-Hill, p. 335-346.

ROTHBART, M. et DERRYBERRY, D. (1982), « Theoretical issues in temperament », *Developmental disabilities: theory, assessment and intervention,* sous la dir. de M. Lewis, New York, Spectrum Publications, p. 383-400.

RUTTER, M. (1970), « *Proceedings of the Royal Society of Medicine* », vol. 59, p. 382-387.

RUTTER, M. (1977), « Separation, loss and family relationship », *Child psychiatry. Modern approaches,* sous la dir. de M. Rutter et L. Hersov, Oxford, Blackwell, Scientific Publications, p. 47-73.

RUTTER, M. (1978), « Early sources of security and competence », *Human growth and development,* sous la dir. de J.S. Brunner et A. Garton, Oxford, Clarendon Press, p. 33-61.

RUTTER, M. (1979), « Protective factors in children's responses to stress and disadvantage », *Annals of the Academy of Medicine,* vol. 8, p. 324-338.

RUTTER, M. (1980), « School influences on children's behaviour and development : the 1979 Kenneth Blackfan lecture, Children's Hospital Medical Center, Boston », *Pediatrics,* vol. 65, p. 208-220.

RUTTER, M. (1981), « Longitudinal studies: A psychiatric perspective », *Prospective longitudinal research : An empirical basis for the prevention of psychosocial disorders,* sous la dir. de S.A. Mednick, New York, Oxford University Press, p. 326-336.

RUTTER, M. (1982), « Prevention of children's psychological disorders : myth and substance », *Pediatrics,* vol. 70, p. 883-894.

RUTTER, M. (1983a), « Stress, coping, and development: some issues and some questions », *Stress, coping, and development in children,* sous la dir. de N. Garmezy et M. Rutter, New York, McGraw-Hill, p. 1-41.

RUTTER, M. (1983b), « Psychological therapies : issues and prospects », *Childhood psychopathology and development,* sous la dir. de S.B. Guze, F.J. Earls et J.E. Barnett, New York, Raven Press, p. 139-164.

RUTTER, M., CHADWICK, O., SHAFFER, D. et BROWN, G. (1980), « A prospective study of children with head injuries, I. Design and methods », *Psychological medicine,* vol. 10, p. 633-645.

RUTTER, M. et GRAHAM, P. (1966), « Psychiatric disorder in 10 and 11 year old children », *Proceedings of the Royal Society of Medicine*, vol. 59, p. 382-387.

RUTTER, M. et QUINTON, D. (1977), « Psychiatric disorder – ecological factors and concepts of causation », *Ecological factors in human development*, sous la dir. de H.M. Gurk, New York, North Holland, Publishing Co., p. 173-187.

RUTTER, M., YULE, B., QUINTON, D., ROWLANDS, O., YULE, W. et BERGER, M. (1975), « Attainment and adjustment in two geographical areas. III. Some factors accounting for area differences », *British Journal of Psychiatry*, vol. 126, p. 520-533.

SAMEROFF, A. (1979), « The etiology of cognitive competence: A systems perspective », *Infants at risk: assessment of cognitive functioning*, sous la dir. de R. Kearsley et L. Siegel, New York, John Wiley & Sons, p. 115-151.

SAMEROFF, A.J. et CHANDLER, M.J. (1976), « Reproductive risk and the continuum of caretaking casualty », *Review of child development research*, sous la dir. de F.D. Horowitz, M. Hetherington, S. Scan-Salapatek et G. Siegels, Chicago, The University of Chicago Press, p. 187-244.

SAMEROFF, A.J. SEIFER, R. et ZAX, M. (1982), *Early development of children at risk for research in child development*, Monographs of the Society for Research in Child Development, 47, Chicago, University of Chicago Press.

SEGAL, J. (1983), « Utilization of stress and coping research: issues of public education and public policy », *Stress, coping, and development in children*, sous la dir. de N. Garmezy et M. Rutter, New York, McGraw-Hill, p. 303-334.

SIGMAN, M. et PARMELEE, A.H. (1979), « Longitudinal evaluation of the preterm infant », *Infants born at risk. Behavior and development*, New York, SP Medical & Scientific Books, p. 193-217.

SIMEONSSON, R.J., COOPER, D.H. et SCHEINER, A.P. (1982), « A review and analysis of the effectiveness of early intervention programs », *Pediatrics*, vol. 69, p. 635-641.

SLAUGHTER, D.T. (1983), *Early intervention and its effects on maternal and child development*, Chicago, Monographs of the Society for Research in Child Development, 48, University of Chicago Press.

TARTER, R.E. (1983), « Vulnerability and risk: assessment of prediction of outcome », *The child at psychiatric risk,* sous la dir. de R.E. Tarter, New York, Oxford University Press, p. 3-14.

THIVIERGE, J., BOUDREAULT, M. et MAZIADE, M. (1988) « Reliability and principal component analysis (PCA) of the Conners teacher questionnaire (CTQ) », *Attention deficit disorder: new research in attention, treatment and psychopharmacology,* sous la dir. de L.M. Bloomingdale, Oxford, Pergamon Press, p. 161-173.

THOMAS, A. et CHESS, S. (1968), *Temperament and behavior disorders in children,* New York, New York University Press.

THOMAS A. et CHESS, S. (1977), *Temperament and development,* New York, Brunner-Mazel.

THOMAS, A. et CHESS, S. (1980), *The dynamics of psychological development,* New York, Brunner-Mazel.

TORGERSEN, A.M. et KRINGLEN, E. (1978), « Genetic aspects of temperamental differences in infants: A study of same-sexed twins », *Journal of the American Academy of Child Psychiatry,* vol. 17, p. 433-445.

WALD, M., CARLSMITH, M. LEIDERMAN, P.H. et SMITH, C. (1983), *Intervention to protect abused and neglected children,* Minnesota Symposia Chemical, vol. 16, p. 207-231.

WEDGE, P. et PROSSER, H. (1973), *Born to fail ?,* London, Arrow Books in association with the National Children's Bureau.

WEISSMAN, M.M. et KLERMAN, G.L. (1978), « Epidemiology of mental disorders. Emerging trends in the United States », *Archives of General Psychiatry,* vol. 38, p. 705-712.

WERNER, E.E. (1982), « Significant discriminators between resilient children and youth, and peers with coping problems », *Vulnerable but invincible. A longitudinal study of resilient children and youth,* sous la dir. de E.E. Werner et R.S. Smith, New York, McGraw-Hill, p. 119-136.

WERNER, E.E. et SMITH, R.S. (1977), *Kauai's children come of age,* Honolulu, The University of Hawaii.

WHITE, B. et WATTS, J. (1973), *Experience and environment : major influences upon the development of the young child,* New York, Prentice-Hall.

WHO (1977), *Expert committee on mental health: report on the second session 1951,* Geneva, World Health Organization.

WILSON, H. (1974), « Parenting in poverty », *British Journal of Social Work*, vol. 4, p. 241-254.

WILSON, R. (1983), « The Louisville twin study : developmental synchronies in behavior », *Child Development*, vol. 54, p. 298-316.

WILSON, R.S. et MATHENY, A.P. (1983), « Assessment of temperament in infant twins », *Developmental Psychology*, vol. 19, p. 172-183.

ZIGLER, E. (1980), « Controlling child abuse : do we have the knowledge and/or the will ? », *Child abuse: An agenda for action*, sous la dir. de G. Gerbner, C. Ross et E. Zigler, New York, Oxford University Press.

Chapitre 6

LE PROGRAMME PARENT-ENFANT « À VOS MARQUES. SOYEZ PRÊTS. PARTEZ » : UNE INTERVENTION PSYCHOLOGIQUE PRÉVENTIVE EN ACTION

Jeffrey L. Derevensky

Bien que l'ensemble de la société reconnaisse volontiers les avantages dont bénéficient les individus possédant un caractère psychologique sain, si on accepte les résultats du President's Commission on Mental Health (1978) qui a évalué à 35 millions le nombre d'Américains souffrant de graves troubles émotionnels, les professionnels de la santé mentale ont une tâche énorme à accomplir. Avec l'état actuel de la politique, des changements de pouvoir et sociaux, tous les dirigeants et tous les meilleurs professionnels de la santé mentale devront utiliser toutes les ressources disponibles afin d'empêcher les troubles psychopathologiques de se propager (Albee, 1982).

La structure conceptuelle de la « révolution » de la prévention (Goldston, 1986) dans le domaine de la santé mentale semble avoir fait son apparition avec le début du Vermont Conference on the Primary

Prevention of Psychopathology de 1975, et avec la série de débats sub-séquents (Albee et Joffe, 1977) de même qu'avec la convocation de la première conférence importante sur la prévention organisée par le National Institute of Mental Health (Klein et Goldston, 1977).

Au cours de ces premières années, un certain nombre de principes pour l'élaboration de programmes de prévention ont été établis. Voici les secteurs cliniques et de recherches qui ont été introduits : le développement de la compétence, l'apprentissage de l'impuissance, les interactions réciproques entre les interactions mère-enfant, le potentiel des groupes d'efforts mutuels et personnels, les effets de l'environnement sur le comportement, la discorde conjugale et la réconciliation familiale comme facteur de stress psychopathologique, la dysfonction communautaire comme facteur dans la santé mentale de même que de nombreux événements de la vie et leurs effets ultérieurs sur le comportement.

Dans une des premières discussions détaillées sur la prévention primaire dans le *Annual Review of Psychology*, Kessler et Albee (1975) ont indiqué quelques-uns des secteurs à considérer :

> « Au cours de la dernière année, nous écrivions sans cesse des références et des idées sur des bouts de papier et nous vidions chaque jour nos poches de notes sur la pertinence de la prévention primaire dans les maisons de groupe d'enfants, la peinture de titane, l'efficacité de la formation des parents, la prise de conscience, *Zoom, Sesame Street*, le salaire annuel assuré, l'avortement légal, l'intégration scolaire, les limitations aux cartels internationaux, le riz non raffiné, les cliniques prénatales gratuites, les lois antipollution, un régime à base de yogourt et de légumes, les cliniques gratuites traitant les MTS et plusieurs autres sujets. Presque tout, semble-t-il, a des conséquences sur la prévention primaire, la réduction des troubles émotifs et sur la nécessité d'améliorer et d'encourager la santé mentale (p. 560). » (Traduction libre.)

Bien que les programmes et la recherche dans les divers domaines de la prévention primaire aient fait des progrès considérables depuis les dix dernières années, ces programmes en sont encore à leur phase préliminaire. Pour une meilleure perspective et analyse historique sur l'orientation future que devraient suivre ces programmes, le lecteur intéressé devrait consulter Goldston (1986).

Néanmoins, malgré l'existence d'un appui important accordé à l'objectif général des programmes de prévention primaire, un sérieux désaccord s'est créé sur la définition du concept de prévention primaire (Kessler et Albee, 1975 ; Cowen, 1978 ; Szasz, 1981). Zax et Cowen (1976) ont observé trois éléments importants, qui semblent avoir été généralement acceptés, pour définir la prévention primaire : 1. réduire les nouvelles instances d'un trouble précis; 2. réduire et minimiser les irritants d'une dysfonction avant qu'il ne soit trop tard; et 3. développer une santé et un bien-être psychologique. Étant donné les différences conceptuelles et les différences dans les définitions opérationnelles, ces trois éléments devraient être insérés autant que possible dans tout modèle thérapeutique de prévention.

L'importance des premières influences de l'environnement sur le développement des êtres humains a depuis longtemps été reconnue par les médecins, les psychologues et les éducateurs. L'importance d'une intervention précoce comme modèle préventif a également été reconnue (Derevensky, 1981). Les premières études psychologiques (Skeels et Dye, 1939), de concert avec les études de Piaget (1952), Hunt (1961), Bloom (1964) et Fowler (1975), appuient fortement l'importance de la période de l'enfance. Le travail sur la première stimulation révisé par Bronfenbrenner (1968, 1974) et les recherches soulignant la plasticité remarquable du système nerveux central pendant la période de l'enfance (Isaacson, 1976 ; Lipton, 1976 ; Papura, 1976) ont donné la poussée essentielle au développement du mouvement de prévention.

Il y a plus de dix ans, Bronfenbrenner (1974), dans sa monographie très citée, a révisé et analysé les recherches et l'efficacité potentielle des programmes d'intervention pour les jeunes enfants « à haut risque » (ceux potentiellement en danger) et « à risque » (les handicapés). Alors que les analyses se concentrent principalement sur les effets longitudinaux qu'ont les programmes d'intervention sur le développement intellectuel, sur la question de savoir si une intervention précoce est qualitativement meilleure qu'une intervention tardive et sur quels programmes d'intervention semblent être bénéfiques à quels types d'enfants, de nombreux politiciens, administrateurs, chercheurs et cliniciens mettent encore en doute l'efficacité d'une intervention précoce. Meisels (1985) a récemment cherché à savoir pourquoi, après dix ans de recherches additionnelles qui appuient les premières conclusions de Bronfenbrenner (1974), la question de l'efficacité des programmes de prévention dès la première enfance est encore soulevée. Il en a déduit qu'il existe toujours un doute quant à l'efficacité clinique de ces programmes, même si l'on tient compte des conclusions du Consortium for Longitudinal Studies (1983). Le Consortium a de nouveau analysé les données complémentaires, recueillies sur plus de 1 000 enfants, indiquant que les programmes d'intervention précoce avaient en fait un effet permanent sur les résultats de rendement en lecture et en mathématiques, les mesures de concept de soi, la participation sur le marché du travail et les stages dans des classes d'éducation spécialisée ou de rattrapage. Des évaluations méthodologiques sérieuses de programmes expérimentaux d'intervention offerts durant les trois premières années de la vie d'un enfant apportent un appui additionnel (Abidin, 1980 ; Cass et Thomas, 1979 ; Derevensky et Baron, 1986 ; Derevensky et Wasser-Kastner, 1984 ; Fewell, 1985 ; Field, Goldberg, Stern et Sootek, 1980 ; Fine, 1980 ; Meisels, 1979 ; Ramey, Bryant, Sparling et Wasik, 1985 ; Ramey et Haskins, 1981 ; Sander, 1983 ; Tamir, 1986 ; Tjossem, 1976a).

Meisels (1985) a conclu que le manque fondamental de consensus est toujours présent parce que la question d'efficacité n'est pas qu'une seule question et qu'elle peut être traitée en plusieurs questions discrètes. Selon lui, le paradoxe provient de ce que l'on tire des conclusions sur l'efficacité sans tenir compte de la consistance interne des hypothèses sous-jacentes à ces programmes, à la fois à l'intérieur d'un même programme ou entre plusieurs. Il a noté quatre hypothèses sur lesquelles les programmes d'intervention doivent s'attarder : 1. la théorie fondamentale absolue du développement ; 2. la conceptualisation d'une intervention précise ; 3. la méthodologie et les instruments employés dans l'évaluation des changements du développement; et 4. les stratégies employées dans la sélection des participants aux programmes. Meisels a déduit que si les chercheurs et les cliniciens peuvent identifier ces quatre secteurs, alors un appui différentiel substantiel pourra être offert à l'efficacité de ces programmes en particulier et à la question d'efficacité en général.

Étant donné la nécessité d'analyser différents genres de programmes d'intervention, ayant des populations et des hypothèses différentes, il est important de différencier les programmes destinés aux familles ou aux enfants à haut risque et ceux destinés aux enfants ne présentant pas d'anormalités apparentes. Bien que ces deux genres de programmes puissent être préventifs, cette différenciation est essentielle puisque l'orientation d'un programme variera selon la nature des désordres psychopathologiques du parent ou de l'enfant.

Tjossem (1976b), dans un effort pour identifier les jeunes enfants vulnérables ou à haut risque ayant besoin d'une intervention précoce spéciale afin de leur assurer un développement cognitif et social optimal, a fait la différence entre : 1. les jeunes enfants dont le développement anormal apparent précoce est relié à des troubles médicaux d'étiologie connue avec un *risque antérieurement établi* de développement différé ; 2. les jeunes enfants à *risque environnemental* résultant de la privation d'expériences de vie ; et 3. les jeunes enfants avec un *risque biologique* en raison d'une blessure biologique et avec une probabilité accrue d'un retard du développement ou d'un développement anormal. Ces catégories « d'enfants à risque » ne sont pas nécessairement réciproquement exclusives ; plusieurs interactions se produisent et affectent par la suite le genre, la probabilité et la gravité des anormalités du développement. De plus, les parents présentant un risque établi, des lacunes intellectuelles et des problèmes psychopathologiques offrent souvent au jeune enfant vulnérable un environnement inadéquat, ce qui oblige à classer ces enfants dans la catégorie « à haut risque ». Des programmes d'intervention précis ont donc été créés et utilisés selon les facteurs étiologiques des parents et des enfants.

Une révision générale des programmes d'éducation parentale et de développement de l'enfant a démontré quelques points communs entre ceux-ci. La plupart des programmes sont basés sur certains modèles conceptuels, philosophiques et psychologiques, et offrent aux participants de l'information, une prise de conscience et des habiletés reliées au fait d'être parent. Ils visent à faciliter la compréhension des parents quant au développement de l'enfant de même qu'à incorporer et à montrer diverses techniques et méthodologies favorisant un développement optimal. Ces programmes peuvent avoir lieu dans un centre ou à la maison, varier en durée et en fréquence, utiliser une approche d'atelier, didactique ou multimédia et être destinés exclusivement aux parents, aux enfants ou aux deux. D'autres approches tentent d'atteindre une clientèle toujours grandissante à l'aide de stratégies d'intervention (Derevensky, 1981). Tel est le cas des émissions télévisées de Burton White, *First Three Years of Life et Pre-school and Infant Parenting Service* (PIPS, Los Angeles), des tribunes téléphoniques qui offrent aux parents des conseils non médicaux sur les problèmes d'éducation des enfants.

Des stratégies d'intervention, conçues pour prévenir ou améliorer les lacunes de développement persistantes chez les enfants à haut risque, ont tenté de manipuler les premières expériences de l'enfant en améliorant la compréhension des parents en ce qui concerne le développement physique, psychologique, cognitif, social et affectif de l'enfant. Un environnement adapté de ce genre qui, par sa vraie nature, crée un environnement d'apprentissage adéquat, est réputé entraîner finalement des niveaux fonctionnels améliorés du comportement cognitif et adaptatif pour l'enfant à haut risque (Derevensky et Wasser-Kastner, 1984 ; Derevensky et Baron, 1986).

Description du programme

Le projet d'enseignement aux parents et d'enrichissement de l'enfant « À vos marques. Soyez prêts. Partez » a été conçu à partir d'un modèle de prévention primaire psychothérapique. Basé sur un modèle de développement cognitif et faisant appel à une équipe multidisciplinaire, le programme a été établi au département de psychologie scolaire et de counseling de l'Université McGill en 1977. Le programme a été créé pour aider les parents à atteindre leur potentiel individuel en tant qu'éducateurs de leur enfant et pour accroître le développement des compétences cognitives et sociales des jeunes enfants. En donnant aux parents de jeunes enfants une grande variété d'informations sur le développement des enfants, le programme tente de faciliter la compréhension des processus de développement et des techniques d'éducation afin que les parents et les enfants puissent en bénéficier.

Le programme utilise les services, la recherche et la formation comme principes de base ; les objectifs représentent donc un grand éventail du domaine de la psychologie appliquée du développement. Des groupes à haut risque et non à haut risque sont visés par le programme d'intervention. Ce dernier consiste principalement en des sessions hebdomadaires de trois heures entre les mois de septembre et avril, pour un total de 20 sessions. Tous les enfants sont accompagnés d'au moins un parent afin que le personnel puisse travailler avec le parent et l'enfant, observer l'exécution des suggestions spécifiques et afin que les parents puissent observer les autres interactions parent-enfant. La première heure est principalement consacrée à la stimulation des enfants. Les mères, avec l'aide du personnel interdisciplinaire (psychologues, pédiatres, orthophonistes, ergothérapeutes, éducateurs de la première enfance et personnel-ressource) font faire à leur enfant (de la naissance à trois ans) des exercices et des activités conçus pour faciliter le développement cognitif, verbal, moteur, social et affectif. Les couples mère-enfant sont souvent placés à l'intérieur de petits groupes homogènes selon le niveau de développement, ce qui permet au personnel de mieux se concentrer sur des problèmes de développement spécifiques. Une période de questions et de discussion accompagne chaque activité, expliquant ainsi aux mères les principes précis et les raisons fondamentales de cette activité particulière.

La deuxième heure du programme est réservée exclusivement à l'éducation des parents lors d'un séminaire en classe auquel participent les mères. Pendant ce temps, les enfants sont laissés entre les mains d'un éducateur. À l'intérieur de ce cadre, les parents vivent l'impact de l'élément « éducatif » de l'intervention. Un psychologue, un pédiatre, un ergothérapeute, un orthophoniste et un nutritionniste donnent des conférences et mènent des discussions sur des sujets touchant les domaines du développement cognitif, moteur, verbal, physique, social et affectif. Des cassettes vidéo, des films et d'autres techniques audio-visuelles sont souvent utilisés. L'enseignement par équipe, des discussions de groupe et des conférences sur des sujets précis sont incorporés. Chaque parent reçoit un manuel formé de textes traitant de domaines pertinents au développement de l'enfant, d'une bibliographie annotée de livres sur l'éducation des enfants et d'une documentation additionnelle sur le sujet discuté.

Le programme présente une vaste gamme de sujets : le développement cognitif (l'ordre du développement du comportement, le concept d'objet, l'initiation, la manipulation, la pensée quantitative, les aspects de la théorie du développement de Piaget) ; le développement moteur (la pertinence des jouets et des jeux, et leur à-propos quant à l'âge en ce qui concerne le développement moteur brut et fin, et les stades de développement brut et fin) ; le développement du langage (aperçu des mécanismes par lesquels les enfants apprennent à parler et les stades de l'acquisition du langage) ; la nutrition et son lien avec le développement cognitif ; le développement physique (fait connaître aux parents les événements marquants du développement, les maladies infantiles, les examens pédiatriques types et les techniques de protection et de sécurité de l'enfant) ; le développement social (le comportement de jeu, l'apprentissage à la propreté, l'indépendance et l'anxiété de séparation) ; et comment prendre soin d'un enfant (les troubles du sommeil, les problèmes d'alimentation, les limitations). Des sujets basés sur les besoins des parents et de l'enfant (au plan psychologique ou simplement selon le stade de développement) sont également inclus. Le contenu des programmes destinés aux groupes à haut risque peut être différent de celui des programmes destinés aux groupes non à haut risque.

La dernière demi-heure du programme est consacrée à la consultation individuelle. Les parents ayant des problèmes sont alors pris à part par le professionnel qualifié. Un élément important du programme est l'occasion qu'ont les mères de partager leurs expériences avec d'autres mères vivant des situations semblables. Les méthodes de résolution des problèmes sont fortement encouragées, modelées et utilisées dans le but d'attirer l'attention des parents sur la généralisation des nombreux problèmes de développement auxquels ils font face chaque jour. Tous les membres de l'équipe sont présents pendant toute la durée de la session pour offrir des informations professionnelles et des consultations aux parents. Un quatrième élément du programme est l'inclusion de plusieurs soirées parentales pour permettre aux pères de participer à cette expérience d'apprentissage. Le programme d'étude est semblable à celui décrit plus haut et comprend des discussions et des ateliers en classe.

À la fin du programme, des ateliers de suivi (optionnels) sont offerts. Ces ateliers, destinés aux parents, peuvent toucher divers sujets, comme la lecture aux enfants d'âge préscolaire, la littérature pour enfants, la musique, l'artisanat, la nutrition pour les jeunes enfants, l'acquisition d'une langue seconde, etc. Ces ateliers optionnels, qui sont en général très populaires, donnent aux parents des informations continues provenant d'une variété de professionnels communautaires.

Les parents qui participent au programme fournissent un dossier médical complet, et les données biographiques concernant la grossesse, la naissance et les méthodes d'éducation des enfants sont établies à l'aide d'entrevues cliniques et de divers instruments. Les parents participent à tous les aspects du programme de recherche. Tous les enfants passent une batterie de tests sur l'âge réel du développement, tests qui évaluent le développement cognitif, moteur et verbal, et ils participent également à des sessions périodiques d'enregistrement vidéo. L'enregistrement est incorporé au programme de recherche dans le but de faciliter d'une manière clinique l'acquisition par les parents des stratégies d'enseignement, d'accroître leur compréhension des processus du développement, de soutenir les concepts de base discutés dans les programmes d'éducation parentale et d'aider les parents à se concentrer sur les problèmes inquiétants. Les attitudes des parents face à l'éducation des enfants sont évaluées au plan clinique et une nouvelle attitude est développée. Dans le cas où un enfant ou une famille particulière auraient besoin d'une intervention intensive, de counseling ou de psychothérapie supplémentaire, on peut les adresser à la ressource appropriée ; ils continuent à être suivis de près par les psychologues de l'équipe. Des rencontres du personnel sont organisées pour discuter des décisions du programme d'études, des progrès du développement de chaque enfant et des problèmes spécifiques rencontrés. Il n'est pas rare que le médecin de famille soit consulté. Des étudiants diplômés en psychologie de l'enfant, en ergothérapie, en orthophonie et en travail social choisissent souvent le centre pour faire leur internat.

Effets du programme

Une question importante concernant le programme d'intervention a trait à l'inclusion de groupes apparemment non à haut risque. Il existe présentement peu de programmes psychothérapiques de prévention primaire pour les parents d'enfants « normaux » de moins de trois ans. Alors qu'il existe actuellement plusieurs programmes parentaux populaires pour les parents éprouvant des difficultés à faire face aux problèmes de développement normaux (Berne, 1964 ; Ginott, 1965 ; 1969 ; Gordon, 1970), les enfants cibles pour ces programmes sont beaucoup plus âgés. L'utilisation d'un personnel multidisciplinaire semble être capitale à la réussite du programme. Des données de développement obtenues en utilisant le test de développement de Denver, les échelles ordinales du développement psychologique de Hunt-Uzgiris, les échelles du développement de l'enfant de Bayley et le Stanford-Binet indiquent clairement que, comparativement à un groupe témoin et une fois qu'on a établi la covariance selon l'âge, les enfants qui participent au programme montrent à la fin de la première année un développement cognitif, moteur et verbal accéléré (Derevensky et Wasser-Kastner, 1984). Aussi, un suivi de trois ans des groupes initiaux indique des signes évidents de développement accéléré du fonctionnement cognitif, moteur et verbal chez les participants (Derevensky et Baron, 1986).

Bien que les données du programme soient échelonnées sur trois ans et qu'il y ait un besoin urgent de données longitudinales supplémentaires avant de tirer d'autres conclusions définitives, les données viennent appuyer l'idée que les gains initiaux sont conservés. Les données cliniques suggèrent que ces enfants recherchent plus d'interactions sociales avec les autres enfants et les adultes, démontrent moins d'anxiété de séparation et développent moins de troubles d'apprentissage et de comportement. Sur le plan clinique, les mères sont devenues des éducatrices plus efficaces et plus compétentes pour leur jeune enfant. Les parents ont démontré une connaissance accrue des stades et des processus du développement, une meilleure compréhension des interactions parent-enfant, une amélioration des habiletés de communication efficace ainsi que plus de plaisir et moins d'anxiété face à l'éducation de leur enfant. Tous ces facteurs ont engendré un accroissement des systèmes de soutien et une meilleure estime de soi des parents.

Ces conclusions, concomitantes avec les compétences parentales accrues, semblent essentielles dans la tentative de fournir un modèle psychothérapique préventif efficace dans le but de réduire les désordres psychopathologiques (Albee, 1982). Alors que l'enfance est considérée, d'une manière conceptuelle, comme étant une période de développement rapide pouvant produire une croissance cognitive iné-gale (King et Seegmiller, 1973), et que les tests de développement sont souvent de mauvais indicateurs de la croissance et du rendement cognitif futurs, la présente recherche fournit certaines preuves que les gains à court terme sont maintenus. D'autres facteurs doivent être ex-plorés avant de déterminer les véritables effets cliniques d'un tel pro-gramme d'intervention. Les parents et les enfants sont toujours très coopératifs, et on recueille toujours des données longitudinales.

Alors que des programmes d'intervention préventive ont visé soit le parent, soit l'enfant, le programme actuel se concentre sur le couple mère-enfant. Compte tenu du « General Systems Theory Model » proposé par Ramey, MacPhee et Yeates (1982) et tel qu'appliqué au concept de retardement du développement de Ramey et MacPhee (1986) et Ramey, Bryant, Sparling et Wasik (1985), qui avancent que le développppement est un processus qui change continuellement à tra-vers les interactions du génotype de l'enfant avec l'environnement en changement, le programme « À vos marques. Soyez prêts. Partez » se veut un programme qui met l'accent sur le modèle de système de sou-tien pour acquérir les habiletés à être parent et à faire face aux problèmes.

Comme Cowen (1978) l'a vivement constaté, la prévention pri-maire n'est ni simple, ni directe. Les tentatives de formation des com-pétences sont complexes et en sont à leur stade préliminaire, et il reste encore de nombreuses questions à éclaircir. Nos programmes chan-gent continuellement dans un effort pour satisfaire les besoins des pa-rents et des enfants, et une demande toujours grandissante de services.

BIBLIOGRAPHIE

ABIDIN, R. (1980), *Parent education and intervention handbook*, Illinois, sous la direction de Charles C. Thomas.

ALBEE, G.W. (1982), « Politics, power, prevention and social change », *Prevention through political action and social change*, sous la dir. de J. M. Joffe et G. W. Albee, Vermont, University Press of New England.

ALBEE, G.W. (1982), « Preventing psychopathology and promoting human potential », *American Psychologist*, vol. 37, p. 1043-1050.

ALBEE, G.W. et JOFFE, J.M. (1977), *Primary prevention of psychopathology, Vol. 1, The issues*, sous la dir. de, Hanover, New Hampshire, University Press of New England.

BERNE, E. (1964), *Games people play*, New York, Grove Press.

BLOOM, B.S. (1964), *Stability and change in human characteristics*, New York, John Wiley & Sons.

BRONFENBRENNER, U. (1968), « Early deprivation: A cross species analysis », *Early experience in behavior*, sous la dir. de S. Levine et G. Newton, Illinois, Charles C. Thomas.

BRONFENBRENNER, U. (1974), *Is early intervention effective? A report on longitudinal evaluations of preschool programs* (vol. 2), Department of Health, Education, and Welfare, Office of Child Development, Washington, D.C., U.S. Government Printing Office.

CASS, L.K. et THOMAS, C.B. (1979), *Childhood pathology and later adjustment*, New York, Wiley.

COWEN, E.L. (1978), « Demystifying primary prevention », *Primary Prevention of Psychopathology Vol. II: Environmental Influences*, sous la dir. de D. G. Forgays, Hanover, New Hampshire, University Press of New England.

DEREVENSKY, J. (1981), « Infant intervention and parent education: the necessity for an interdisciplinary approach », *Journal of Education*, vol. 163, p. 275-281.

DEREVENSKY, J. et BARON, C. (1986), « An examination of the effects of a two year infant stimulation-parent education programme upon infant development », *Stimulation and Intervention in Infant Development*, sous la dir. de D. Tamir, Londres, Freund Publications, p. 223-235.

DEREVENSKY, J. et WASSER-KASTNER, E. (1984), « The effects of a one year interdisciplinary infant stimulation-parent education intervention programme upon infant development », *Infant Mental Health*, vol. 1, p. 3-14.

FEWELL, R. (1985), « Efficacy studies: programs for young handicapped children », *Topics in Early Childhood Special Education*, sous la dir. de, vol. 5, n° 2.

FIELD, T, GOLDBERG, S., STERN et D., SOOTEK, A. (1980), *High risk infants and children*, sous la dir. de, New York, Academic Press.

FINE, M. (1980), *Handbook on parent education*, sous la dir. de, New York, Academic Press.

FOWLER, W. (1975), « A developmental learning approach to infant care in a group setting », *Exceptional infant*, sous la dir. de Friedlander, B.Z. et Kirk G.E., vol. 3, New York, Brunner/Mazel.

FRAIBERG, S. (1977), *Insight from the blind*, New York, Basic Books.

GINOTT, H. (1965), *Between parent and child*, New York, MacMillan.

GINOTT, H. (1969), *Between parent and teenager*, New York, MacMillan.

GOLDSTON, S.E. (1986), « Primary prevention: Historical perspective and a blueprint for action », *American Psychologist*, vol. 41, p. 453-460.

GORDON, T. (1970), *Parent effectiveness training*, New York, Peter H. Wyden.

HUNT, J. McV. (1961), *Intelligence and Experience*, New York, Ronald Press.

ISAACSON, R.L. (1976), « Recovery «?» from early brain damage », *Intervention strategies for high risk infants and young children*, sous la dir. de T. Tjossem, Baltimore, University Park Press.

KESSLER, M. et ALBEE, G.W. (1975), « Primary Prevention », *Annual Review of Psychology*, sous la dir. de M.R. Rosenzweig et L.C. Porter, vol. 26, p. 557-591.

KING, W. et SEEGMILLER, B. (1973), « Performance of 14 to 22 month old black first born male infants on two tests of cognitive development: the Bayley Scales and the Infant Psychological developmental scale », *Development Psychology*, vol. 8, p. 317-326.

KLEIN, D. et GOLDSTON, S. (1977), « Primary prevention : An idea whose time has come », DHEW Publication no ADM77-447, Washington, D.C., U.S. Government Printing Office.

LIPTON, M.A. (1976), « Early experience and plasticity in the central nervous system », *Intervention strategies for high risk infants and young children*, sous la dir. de T. Tjossem, Baltimore, University Park Press.

MEISELS, S.J. (1979), *Special education and development: Perspectives on young children with special needs*, sous la dir. de, Austin, Texas, PRO-ED.

MEISELS, S.J. (1985), « The efficacy of early intervention: why are we still asking this question », *Topics in Early Childhood Special Education*, vol. 5, p. 1-11.

PAPURA, D.P. (1976), « Discussant's Comments », *Intervention strategies for high risk infants and young children*, sous la dir. de T. Tjossem, Baltimore, University Park Press.

PIAGET, J. (1952), *The origins of intelligence in children*, U.S., International Universities Press.

President's Commission on Mental Health (1978), *Report to the President*, vol. 1, Washington, D.C., U.S. Government Printing Office.

RAMEY, C.T. et BRYANT, D.M. (1983), « Early intervention », *Handbook of mental retardation*, sous la dir. de J.L. Matson et J.A. Mulick, New York, Pergamon.

RAMEY, C.T., BRYANT, D.M., SPARLING, J. et WASIK, B. (1985), « Project Care : a comparison of two early intervention strategies to prevent retarded development », *Topics in Early Childhood Special Education*, vol. 5, p. 12-25.

RAMEY, C. T. et HASKINS, R. (1981), « The modification of intelligence through early experience », *Intelligence*, vol. 5, p. 5-19.

RAMEY, C.T. et MACPHEE, D. (1986) « Developmental retardation among the poor: A system theory perspective on risk and prevention », *Risk in intellectual and psychosocial development*, sous la dir. de D.C. Farran et J.D. Mckinney, New York, Academic Press, sous presse.

RAMEY, C.T., MACPHEE, D. et YEATES, K.O. (1982), « Preventing developmental retardation: A general systems model », *Facilitating infant and early childhood development*, sous la dir. de L.A. Bond et J.M. Joffee, Hanover, New Hampshire, University Press of New England.

SANDER, L.W. (1983), « A twenty-five year follow-up of the Pavenstedt Longitudinal Research Project », *Frontiers of infant psychiatry*, sous la dir. de J.d. Call, E. Galenson et R.L. Tyson, New York, Basic Books.

SKEELS, H. et DYE, H. (1939), « A study of the effects of differential exposure on mentally retarded Children », *Proceedings of the American Association for Mental Deficiency*, vol. 44, p. 114-136.

SZASZ, T. (1981), « On preventing psychopathology: A libertarian analysis », *Prevention Through Political Action and Social Change*, sous la dir. de J. Joffe et G. W. Albee, Vermont, University Press of New England.

TAMIR, D. (1986), *Stimulation and intervention in Infant Development*, sous la dir. de, Angleterre, Freund Publishing.

TJOSSEM, T.D. (1976a), *Intervention strategies for high risk infants and children*, sous la dir. de, Baltimore, University Park Press.

TJOSSEM, T.D. (1976b), « Early intervention: Issues and approaches », dans T. Tjossem (éd.), *Intervention strategies for high risk infants and young children,* sous la dir. de, Baltimore, University Park Press.

ZAX, M. et COWEN, P.L. (1976), *Abnormal Psychology: Changing conceptions,* 2e édition, New York, Holt, Rinehart and Winston.

Chapitre 7

LA RÉVERSIBILITÉ DES EFFETS DES CARENCES SOCIO-FAMILIALES PRÉCOCES : UNE ÉTUDE D'ENFANTS ADOPTÉS TARDIVEMENT

M. Duyme
A. Dumaret

Les psychiatres, les psychologues et les travailleurs sociaux ont depuis longtemps constaté que, parmi les adolescents ou adultes présentant des performances cognitives faibles ou des troubles du comportement, certains avaient vécu durant leur prime enfance dans des milieux socio-familiaux carencés. Ces constats ont contribué au développement de la prévention médico-psychosociale précoce.

Les effets des carences socio-familiales posent encore des questions non résolues (Rutter, 1982 ; Clarke, 1984). On peut citer notamment la caractérisation des types de carences, de leurs effets différentiels, à court et à long terme, sur l'efficience intellectuelle et sur les comportements sociaux, en fonction de l'âge où elles surviennent. Il est également nécessaire de savoir s'il s'agit d'effets de carences au cours d'une période donnée ou de carences continues tout au long de l'enfance et de l'adolescence, etc. Parmi ces nombreuses questions, il en est une que nous avons voulu étudier plus particulièrement : celle de la réversibilité des effets de ces carences.

La réponse à une telle question suppose que soit mis fin aux conditions socio-familiales éducatives carencées. Les psychothérapies et les interventions psychosociales traditionnelles ne permettant pas une transformation radicale des conditions de vie des enfants, il nous est apparu que la population la plus pertinente pour étudier cette question était celle d'enfants adoptés tardivement (après l'âge de quatre ans).

Dans un livre datant d'une dizaine d'années, Clarke et Clarke (1976) indiquaient la possibilité d'une telle réversibilité à des âges tardifs. Plus récemment A. Clarke (1982) et M. Duyme (1983) ont fait une nouvelle analyse des études d'enfants adoptés tardivement. Kadushin (1970) a étudié une centaine d'enfants adoptés tardivement. Selon cet auteur, plusieurs années après l'adoption, ces enfants ont un bon développement et une bonne socialisation ; cependant, aucun n'avait un QI inférieur à 80 avant l'adoption. Cette étude ne peut ainsi réellement évaluer la réversibilité des effets des carences socio-familiales précoces.

Tizard et Hodges (1978) ont suivi des enfants ayant vécu en établissements spécialisés et ayant été adoptés après l'âge de deux ans. Plusieurs années après leur adoption, les enfants présentent un QI supérieur à la moyenne, mais ils présentent aussi des troubles du comportement plus nombreux que les enfants du groupe témoin. Triseliotis et Russel (1984) ont étudié des adultes ayant été adoptés tardivement. Ils concluent à une bonne adaptation sociale de ces sujets. Cependant, dans la dernière étude, l'état psychologique de ces enfants avant l'adoption (aspects cognitifs et socialisation) est peu ou mal indiqué et ne permet pas réellement d'étudier la réversibilité des carences mais plutôt les effets à long terme d'un changement de milieu socio-familial. L'étude de la réversibilité suppose l'évaluation avant l'adoption du type de carence, du déficit intellectuel ou des troubles du comportement.

L'étude de Koluchova (1976) peut répondre à cette question. Elle ne porte que sur deux sujets. En effet, Koluchova a suivi une paire de jumeaux ayant vécu jusqu'à l'âge de sept ans dans des conditions de maltraitement très graves. Avant leur placement adoptif, vers l'âge de sept ans, ils présentaient un QI très faible (dans la zone inférieure de l'intelligence subnormale) et, entre autres, de sérieuses difficultés d'adaptation sociale. Plusieurs années après, leurs performances cognitives étaient supérieures à la normale et ils avaient une bonne adaptation sociale.

Objectifs

Le but de cette recherche était d'étudier, par la méthode des adoptions tardives, plusieurs points importants. Quel degré peut atteindre la réversibilité d'un faible QI dû à des carences socio-familiales ? Peut-elle être totale ou partielle ? Ces carences peuvent-elles avoir une incidence à long terme sur l'adaptation sociale ?

Concernant le QI, trois hypothèses étaient formulées :

–1. Celle d'une augmentation significative du QI entre une évaluation pratiquée avant l'adoption et une réévaluation faite au moins 5 ans après l'adoption ;

–2. Celle d'une corrélation positive significative entre les QI de ces deux évaluations. Sur le plan théorique cette hypothèse suppose que le gain ultérieur est fonction des performances de l'enfant avant l'adoption ;

–3. Dans le cas où la réversibilité ne serait pas complète, celle d'une différence significative entre le groupe expérimental d'enfants adoptés et le groupe de référence d'enfants élevés par leurs parents biologiques (groupes appariés en fonction du milieu socio-culturel, de l'âge, du sexe, de l'école).

Procédure et éthique

La procédure utilisée a été la même que pour la première recherche française de type expérimental, effectuée sur des adoptés (Schiff et coll, 1978, 1981, 1982). Elle comportait les étapes suivantes :

– Recensement dans plusieurs agences publiques d'abandon et d'adoption de tous les enfants abandonnés au cours des années concernées par l'étude ;

– Sélection des enfants adoptés ;

– Consultation des dossiers des enfants adoptés et sélection des sujets en fonction des critères imposés par les hypothèses de l'étude en question ;

- Localisation de l'école fréquentée par les sujets au moment de l'enquête ;

- Examen collectif de toute la classe, puis examen individuel de deux ou trois enfants (dont le sujet cible : l'enfant adopté). On explique aux élèves ainsi qu'à l'enseignant que le choix a été fait en fonction de critères d'âge, de sexe, etc.

Les enseignants remplissent pour chacun des deux ou trois enfants un questionnaire sur le niveau des connaissances et les comportements sociaux dans le cadre scolaire.

Plusieurs principes déontologiques ont été établis pour préserver au mieux l'intérêt des enfants et des familles (adoptives, biologiques et témoins) : 1. les enfants et leurs familles ne doivent pas être singularisées ; 2. les proches des enfants (enseignants, directeurs d'écoles, etc.) ne doivent pas savoir que l'étude porte sur des enfants adoptés, ce qui permet d'avoir des informations plus objectives dans les évaluations par questionnaire.

L'application du principe de non-singularisation des sujets dans les écoles entraîne des efforts continus et coûteux (une classe entière est testée afin de recueillir les données sur l'enfant adopté et un ou deux sujets témoins). Les psychologues et les assistants de recherche ne connaissent pas les particularités des deux ou trois enfants à tester en individuel, si ce ne sont les critères de choix (sexe, âge, niveau socio-économique des parents).

Population

Les sujets ont été sélectionnés dans sept agences publiques d'adoption situées dans autant de régions métropolitaines françaises. Pour être inclus dans l'échantillon d'étude, les sujets devaient répondre aux critères suivants :

- Être placés en vue d'adoption entre 1970 et 1978 ;

- Être placés en vue d'adoption entre quatre et six ans ;

- Avoir subi des examens psychométriques dans l'année précédant le placement ;

- Avoir eu alors un QI inférieur ou égal à 85.
  Dans les sept agences, environ 5 000 enfants avaient été placés en vue d'adoption, dont environ 650 après l'âge de quatre ans. Le nombre d'enfants correspondant aux critères d'étude était inférieur à 80.

Données psychométriques et psychologiques avant l'adoption

Avant l'adoption, les enfants ont été testés pour la plupart à l'aide du test de Terman-Merrill ; la moyenne du QI était de 77, celle des enfants placés était de 72. La différence des moyennes de QI entre enfants placés en famille d'accueil et enfants adoptés n'est statistiquement pas significative.

Le nombre de déplacements subis avant l'adoption a été au moins de quatre, sans compter les hospitalisations. Il semble que ce chiffre soit en réalité très sous-estimé malgré nos efforts pour retrouver tous les documents sur les enfants avant leur adoption. Tous les examens psychologiques réalisés avant l'adoption ont été analysés : une codification systématique de toutes les données psychologiques contenues dans les rapports des psychologues a été effectuée. Les troubles ou retards du développement signalés le plus fréquemment concernent le langage et le développement intellectuel. Les écarts significatifs notés entre les enfants adoptés et ceux placés en famille d'accueil relèvent peut-être davantage d'une manière différente de nommer les difficultés des enfants que de symptômes différents. Ainsi les enfants placés en famille d'accueil sont plus souvent mentionnés comme débiles et les enfants adoptés, comme présentant un retard intellectuel ou une intelligence subnormale.

Résultats

Il ne s'agit ici que de résultats préliminaires portant sur 62 enfants adoptés.

Évolution du QI : « une réversibilité limitée »

Les résultats préliminaires mettent en évidence chez les enfants adoptés une augmentation significative de 13 points de QI. Leur QI moyen est de 90,5 ($p < 0,001$). Chez les enfants placés en famille d'accueil, cette augmentation est plus faible et n'est pas statistiquement significative : leur QI moyen est de 75.

Si l'on considère comme normal un QI égal à 100 – ce qui est la moyenne traditionnelle –, pour un peu plus d'un quart des adoptés il y a réversibilité « totale » ; mais pour environ un autre quart, le QI demeure inférieur à 80. Pour les enfants en famille d'accueil, les taux sont respectivement d'environ 10 % et 50 %. Notons toutefois qu'avant le placement, le QI moyen des enfants placés en famille d'accueil était légèrement plus faible que celui des enfants adoptés.

Par ailleurs, la corrélation entre QI avant le placement adoptif et QI au moment de l'enquête est significative. Elle indique en d'autres termes que le gain de QI est en partie fonction du QI antérieur.

Situation scolaire

La situation scolaire des enfants adoptés a été évaluée à deux stades importants de la scolarité : le premier étant celui de l'apprentissage des acquisitions scolaires à l'âge de sept ans après une première année (en cours préparatoire) dans l'enseignement primaire, le second étant l'entrée dans l'enseignement secondaire (entrée en 6e), en principe à l'âge de 11 ans en France, soit après cinq ans passés dans le cycle primaire. Que ce soit dans le primaire à l'entrée au cours élémentaire (CE1) ou dans le secondaire, à l'entrée en 6e, la différence est significative entre les enfants adoptés et un groupe de référence représentatif des enfants de la population générale et de même milieu social que la famille adoptive : les enfants adoptés sont plus souvent en retard. Pour le groupe des enfants placés en famille d'accueil, le retard scolaire est le lot de la quasi-totalité des sujets.

Comportements sociaux (échelle de Rutter)

Les enfants adoptés ont plus de troubles du comportement que les enfants testés dans les mêmes classes. On rappellera que ces enfants nés et élevés par leurs propres parents sont supposés ne pas avoir subi ce qu'ont vécu les enfants adoptés pendant les quatre premières années de leur vie. On ne trouve pas de différence significative entre les enfants adoptés et les enfants placés en famille d'accueil.

Ces résultats sont compatibles avec ceux des études de Tizard et Hodges (1978) et de Duyme (1981, 1985), portant sur les enfants adoptés après l'âge de 18 mois. De plus, dans l'étude de Schiff et al. (1978, 1981, 1982), complétée par A. Dumaret (1982, 1985), les enfants adoptés avant l'âge de sept mois ont un score moyen plus faible que celui des enfants adoptés de la présente étude.

Discussion

Un premier point concerne la définition de ce que nous avons appelé « carences socio-familiales » caractérisées par des placements multiples. L'analyse des dossiers de ces enfants montre qu'ils ont également eu d'importants problèmes médicaux pré et postnataux. L'importance et la fréquence de ces problèmes de santé nous incitent à jeter un regard critique sur l'ensemble de la littérature portant sur les effets des carences psycho-affectives, où le poids de ces facteurs n'est pas suffisamment pris en compte.

Un second point concerne l'interprétation des résultats. Rappelons que l'objectif de l'étude était de mesurer la réversibilité d'un faible QI : seuls ont été sélectionnés les enfants présentant un faible QI. De nombreux autres enfants adoptés après l'âge de quatre ans ne présentaient pas de tels déficits malgré les carences subies antérieurement. Il serait intéressant d'étudier pourquoi certains enfants sont moins vulnérables. Rappelons toutefois que d'après plusieurs études françaises, le QI moyen des enfants placés à l'Aide sociale à l'enfance se situe entre 80 et 90.

Nous avons constaté un lien statistiquement significatif entre les carences subies durant la prime enfance et les troubles du comportement. Cette liaison se manifeste malgré les conditions de vie plus favorables offertes par le milieu adoptif. Il est cependant difficile d'établir une causalité directe et univoque entre ces deux variables. Une situation adoptive est une situation composite, et certains facteurs autres que les carences subies antérieurement peuvent contribuer à expliquer ce lien : par exemple, les rejets ou les images négatives véhiculées par le voisinage et l'école envers ces enfants. Quoi qu'il en soit, rappelons que près de la moitié des sujets ne présentent pas de troubles graves du comportement.

Enfin, l'étude a clairement démontré que sur le plan des performances cognitives (évaluation du QI et de la situation scolaire dans l'enseignement secondaire), une réversibilité importante existait pour un quart des sujets. Il reste à comprendre comment s'opère cette réversibilité, comment elle pourrait être plus importante pour tous les enfants et dans quelles conditions environnementales ou thérapeutiques elle peut avoir lieu chez des enfants demeurant dans leur famille biologique.

Sur le plan de la prévention médico-psychosociale précoce, les difficultés d'adaptation que continuent à éprouver certains de ces enfants adoptés tardivement confirment la nécessité de développer les interventions préventives au cours de la prime enfance. Cependant, la bonne adaptation ultérieure d'une grande partie de ces enfants indique que tout n'est pas « joué avant six ans ».

BLIBLIOGRAPHIE

CLARKE, A.M. et CLARKE, A.D.B. (1976), *Early experience: myth and evidence*, New York, Open books.

CLARKE, A.D., CLARKE, Ann M. (1982) « Sleeper effects» in development: fact or artifact? Annual Progress child psychiatry and child development, p. 94-112.

CLARKE, A.M. et CLARKE, A.D.B. (1984a) « Constancy and change in the growth of human characteristics » *Journal of Child Psychology and Psychiatry*, vol. 25, p. 191-210.

CLARKE, A.M. (1984b), *Early experience and cognitive development*, sous la direction de E.W. Gordon, Review of research in education, p. 125-127.

DUMARET, A. (1982), « Analyse des effets différentiels du milieu sur le développement intellectuel et social : étude de la descendance de femmes d'origine sociale défavorisée », *Psychiatrie de l'enfant*, vol. 2, p. 319-368.

DUMARET, A. (1985), « IQ scholastic performances and behavior of sibs raised in contrasting environments » *Journal of Child Psychology and Psychiatry*, vol. 26, p. 553-580.

DUYME, M. (1981), *Les enfants abandonnés : rôle des familles adoptives et des assistantes maternelles.* Paris, CNRS, p. 152.

DUYME, M. (1983), « Échecs scolaires, mythes et réalités » *L'intellectuel, l'intelligentsia et les manuels,* sous la dir. de J. Belkhir, Paris, Anthropos.

DUYME, M. (1985), « Scholastic achievement as a function of parental social class: an adoption study », *Developmental Psychology,* Elsevier Science Publishers, vol. 6, p. 319-325.

KADUSHIN, A. (1970), *Adopting older children,* New York, Columbia University Press.

KOLUCHOVA, J. (1976), « A report on the further development of twins after severe and prolonged deprivation », *Early experience: myth and evidence,* London.

RUTTER, M. (1967), « A children's behaviour questionnaire for completion by teachers: preliminary findings », *Journal of Child Psychology and Psychiatry and Allied Disciplines,* vol. 8, p. 1-11.

RUTTER, M. (1982), Prevention of Childrens' disorders: Myth and substance, Pediatrics, dec; 70 (6): p. 883-894.

SCHIFF, M., DUYME, M., DUMARET, A., STEWART, J., TOMKIEWICZ, S. et FEINGOLD J. (1978), « Intellectual status of working-class children adopted early into upper-middle-class families », *Science,* vol. 200, p. 1503, 1504.

SCHIFF, M., DUYME, M., DUMARET, A., et TOMKIEWICZ, S. (1981), *Enfants de travailleurs manuels adoptés par des cadres : effets d'un changement de catégorie sociale sur le cursus scolaire et les notes de QI,* Paris, P.U.F., p. 147.

SCHIFF, M., DUYME, M., DUMARET, A., et TOMKIEWICZ, S. (1982), « How much could we boost scholastic achievement and I.Q. scores? A direct answer from a French adoption study », *Cognition,* vol. 12, p. 165-196.

TIZARD, B. et HODGES, J. (1978), « The effects of institutional rearing on the development of eight year old children », *Journal of Child Psychology and Psychiatry,* vol. 19, p. 99-119.

TREMBLAY, R.E., et DESMARAIS-GERVAIS, L. (1985), *Le questionnaire d'évaluation des comportements au préscolaire (QECP) : Manuel d'utilisation,* École de psycho-éducation, Université de Montréal.

TRISELIOTIS, J. et RUSSEL, J. (1984), *Hard to place: the outcome of late adoptions and residential care,* London, Heineman.

Chapitre 8

« *APPRENDRE POUR VIVRE* » : *UN PROGRAMME DE PROMOTION DE LA SANTÉ MENTALE EN MILIEU SCOLAIRE*

Ikuko H. Webster
Joan Heyland
Jane Legg

Raison d'être du programme

La prévention primaire des dysfonctions socio-affectives vise à réduire l'incidence de nouveaux cas dans la population en créant des milieux moins tendus et en apprenant aux individus à vaincre les tensions qu'ils éprouveront sans doute (Report of the Panel on Prevention, 1978 ; Albee, 1979).

La prévention primaire et la promotion de la santé mentale chez les enfants sont les principales questions sur lesquelles se penche le présent rapport. Le choix de l'école comme lieu d'intervention est justifié pour deux raisons. D'abord, si l'on accepte la théorie que l'environnement joue un rôle de premier plan en ce qui a trait à la santé mentale des individus (Schmuck and Schmuck, 1974), l'école est l'institution qui affecte le plus la santé mentale des enfants, après la famille. Rutter, Maughan, Mortimore et Ouston (1979) ont souligné le fait que le milieu scolaire, comme les compétences du personnel, la pertinence du programme scolaire, les valeurs et attitudes véhiculées, l'exemple que donnent les enseignants et la réaction des enfants peuvent modifier sensiblement les résultats scolaires, le comportement et les attitudes des enfants. Couchman (1980) a avancé l'idée que tous celles et ceux qui s'intéressent aux enfants devraient se fixer comme objectif fondamental de créer un environnement humain au sein du système scolaire qui favorise la croissance affective et intellectuelle des jeunes. Ensuite, si l'on accepte l'idée que la prévention primaire peut prendre la forme d'un enseignement aux individus sur la façon de vaincre leurs tensions et de modifier leur environnement, il apparaît d'autant plus évident que l'école constitue le cadre le plus logique pour ce type d'intervention.

Le présent rapport présente une description d'un nouveau professionnel de la santé mentale, la « praticienne en santé mentale ». Affectée à une école, cette dernière aide les enfants à acquérir les compétences et la confiance en soi nécessaires pour faire face aux problèmes affectifs et sociaux de la vie de tous les jours. De plus, en travaillant en étroite collaboration avec le personnel de l'école, la famille et la communauté, elle s'efforce de créer un milieu propice à la santé mentale des enfants.

Description du programme

Le programme a été conçu et mis à l'essai à l'école Regina d'Ottawa de 1975 à 1980. Il est actuellement en cours dans deux écoles élémentaires (de la maternelle à la 6ième année), du conseil scolaire d'Ottawa.

Les praticiennes en santé mentale sont affectées à une seule école afin de favoriser leur participation aux activités sociales et communautaires. Elles travaillent au moins trois jours par semaine.

Ce qui suit a pour but de décrire les divers éléments du programme et les qualifications que requiert le travail de la praticienne en santé mentale.

Le programme comprend quatre éléments de base qui sont essentiels à son bon fonctionnement. Il s'agit de l'éducation, du counseling, de la consultation et des projets spéciaux.

L'éducation

L'éducation fait référence aux activités, généralement de nature préventive, qui sont menées avec un petit groupe d'enfants, une classe entière, l'ensemble des élèves d'une école ou un groupe d'employés. Ces activités ont pour objectif de munir les enfants des aptitudes nécessaires pour vaincre ou résoudre les problèmes auxquels ils devront faire face dans la vie. On y arrive par voie de discussions en classe menées par une praticienne en santé mentale, par des séances de travail avec les enseignants ou au moyen de la dissémination au sein de l'école de matériel éducatif traitant de santé mentale. Cette dissémination peut prendre la forme d'un kiosque d'information ou de la distribution de publications tirées de la bibliothèque personnelle de la praticienne en santé mentale.

Chaque trimestre, la praticienne en santé mentale prévoit environ dix séances hebdomadaires avec de petits groupes de huit à dix enfants. Tous les enfants de l'école prendront éventuellement part à un groupe de discussion. La discussion de sujets tels que la compréhension des sentiments, la résolution de conflits et l'intégration au sein d'un groupe est stimulée par des contes, des films ou des activités. Les praticiennes utilisent les ressources qu'elles ont sous la main. Ces discussions permettent aux enfants d'enrichir leurs connaissances sur la vie sans avoir à divulguer directement des renseignements personnels. Toutefois, si un enfant désire parler d'un sujet personnel, il peut rencontrer la praticienne en santé mentale individuellement à des fins de counseling.

Le counseling

Axé sur l'enfant, le counseling se concentre sur la discussion d'un problème précis et des solutions possibles. Dans cette phase du programme, la praticienne en santé mentale travaille sur une base individuelle ou en petits groupes avec les enfants. Elle aide chaque enfant à : 1. identifier et catégoriser le problème ; 2. étudier les solutions possibles et à augmenter son répertoire de réponses ; 3. évaluer les solutions possibles ; et 4. décider soit de s'engager à suivre un plan d'action particulier, soit de se rendre à l'évidence qu'il n'y a pas de solution possible.

Fait à noter, les préoccupations soulevées au cours des séances de counseling sont différentes de celles qui se manifestent dans le cadre des discussions de groupe ou de classe. Ce ne sont pas tant les sujets qui sont différents mais l'importance en termes de signification que l'enfant y accorde.

Pour remplir ses fonctions, la praticienne en santé mentale utilise des méthodes éclectiques. Pour certains enfants, une approche développementale axée sur les rapports est appropriée alors que, pour d'autres, une approche behavioriste axée sur les problèmes est préférable.

Les enfants de quatrième, cinquième et sixième année peuvent se diriger eux-mêmes vers les conseillers, et c'est ce qu'ils font. Les problèmes qu'ils y abordent sont généralement de nature sociale, mais ils discutent également d'autres préoccupations, telles que leurs peurs, leur comportement en classe et leur problèmes familiaux. Parfois, les enfants ont seulement besoin de quelqu'un à qui parler. D'autres ont été dirigés vers les conseillers par leurs professeurs, le directeur ou leurs parents.

La consultation

Les consultations ont lieu sur une base « pluridisciplinaire ». Les parents, le personnel de l'école, les psychologues, les travailleurs sociaux, le personnel de l'éducation spéciale et le personnel d'agences externes, telles que les hôpitaux, la Children's Aid Society, le Family Service et le Youth Service Bureau, peuvent être appelés à y prendre part. Pour eux, la praticienne en santé mentale fait office de personne-ressource et d'agent de soutien et de liaison. La praticienne en santé mentale leur fait part des problèmes que l'enfant éprouve et de l'aide disponible tant au sein du milieu scolaire qu'à l'extérieur de celui-ci. De plus, elle les aide à mettre au point des méthodes pour résoudre les problèmes identifiés et suivre les progrès réalisés.

Le counseling et la consultation sont des domaines qui se recoupent. D'une part, la praticienne en santé mentale juge souvent utile ou nécessaire, après avoir rencontré un enfant, de faire part de certains renseignements à son professeur ou à ses parents afin d'aider ces adultes à aider l'enfant. On veille toujours à respecter la nature confidentielle de l'information. D'autre part, une consultation avec un enseignant ou un parent peut mener à des séances de counseling avec l'enfant.

Les projets spéciaux

La praticienne en santé mentale participe à la mise au point de programmes qui répondront aux besoins précis de l'école et de la communauté. En voici quelques exemples : – Mise sur pied d'une bibliothèque de jouets qui amène régulièrement les parents et leurs enfants d'âge préscolaire à l'école pour emprunter des jouets, bavarder entre eux et se familiariser avec l'école ; – Coordination de projets, tels que des groupes de parents bénévoles, afin de réunir parents et membres de la communauté à l'école ; – Organisation de programmes d'élèves bénévoles et établissement de prix de citoyenneté ; – Maintien d'une bibliothèque de référence à l'intention des parents et des enseignants ; et – Coordination de cours pour les parents.

Outre ces éléments de base, le programme comprend de nombreuses activités complémentaires telles que les relations publiques, les réunions, la formation professionnelle, les rapports informels et la recherche.

Compétences de la praticienne en santé mentale

Au cours des premières années du programme, on a constaté que certaines qualifications de la praticienne en santé mentale de l'école ont contribué grandement au succès du programme. Ces qualifications sont devenues les critères sur lesquels on s'est basé pour choisir la seconde praticienne en santé mentale.

La praticienne en santé mentale doit : 1. être titulaire d'une maîtrise dans le domaine de l'enseignement, de la psychologie ou du travail social, posséder un minimum de trois années d'expérience pertinente avec des enfants d'âge élémentaire ou avoir une combinaison équivalente de formation et d'expérience ; et 2. faire preuve de maturité, de sensibilité et d'enthousiasme.

Vue d'ensemble de l'évaluation

Au cours des trois années qui allaient de septembre 1980 à septembre 1983, le programme a été évalué (Webster & Heyland, 1984) à partir de trois catégories de variables.

Les *variables de fond* ont été étudiées afin de surveiller les changements se produisant au sein des communautés et des écoles qui prenaient part au programme de façon qu'une comparaison extérieure et une généralisation des résultats de l'évaluation puissent être effectuées.

Le but de l'étude des *variables d'entrée* était d'obtenir des données systématiques et précises au sujet de l'intervention tout au long de la période d'évaluation. Le journal tenu quotidiennement par chaque praticienne en santé mentale pour rendre compte de ses activités toutes les 15 minutes de sa période de travail a servi de source principale d'information.

Les *variables de sortie* ont été étudiées afin de déterminer si le programme avait produit les effets escomptés sur les indicateurs de la santé mentale des enfants et sur les conditions favorisant la santé mentale des enfants.

Le tableau 1 illustre les sous-catégories et les méthodes de rassemblement des données pour chaque catégorie de variables.

Tableau 1

Sous-catégories en méthodes de collecte des données pour chaque catégorie de variables étudiées

Catégorie	Sous-catégorie	Méthode de collecte des données

Variables de fond	Communauté scolaire
	    Caractéristiques physiques
	    Caractéristiques sociales
	    Caractéristiques politiques
	École
	    Personnel
	    Programmes et services
	    Population étudiante
		Archives

Variables d'entrée	Emploi du temps de la praticienne Contacts des directeurs avec le programme Études de cas	Notes

Variables de sortie discrètes	Enfants
	    Présences
	    Mesures de réussite
		Archives

Envoi	Transfert dans un programme enrichi à des services spéciaux Communication maison-école Participation des bénévoles à l'école	

Tableau 1 (suite)

Sous-catégories en méthodes de collecte des données
pour chaque catégorie de variables étudiées

Catégorie	Sous-catégorie	Méthode de collecte des données

Variables de sortie pertinentes	Emplacement de l'école
	  Modèles d'interaction entre le personnel de l'école, les étudiants et les spécialistes
	  Lignes directrices et pratiques à l'égard du comportement des étudiants participants aux projets et spécialistes de l'école
	  Attentes et évaluations
	  Perception de la santé mentale des enfants
		Entrevues avec les directeurs et les travailleurs de la santé mentale

	Enseignants
	  Pratiques en classe
	  Contribution des élèves
	  Indépendance des élèves
	  Récompenses et punitions
	  Méthode de réaction
	  Autres variables influant sur l'atmosphère sociale et d'apprentissage
		Entrevues

	Contact avec le programme Évaluation du programme	Notes Questionnaire

	Enfants
	  Adaptation à la classe
	  Utilisation des services
	  Évaluation du programme
		Évaluation de l'enseignant (ÉÉAC)
		Notes
		Questionnaire
		Évaluation, discussion de groupe

	Parents
	  Contact avec le programme
	  Évaluation du programme
		Questionnaire

Changements dans la perception du rôle de la praticienne

Des entrevues structurées ont été tenues avec les personnes associées au projet au début et à la fin de l'évaluation (septembre 1980 et juin 1983). Ces entrevues ont fourni les données relatives aux perceptions et aux attentes individuelles des participants.

Les praticiennes en santé mentale ont noté des changements dans la perception de leur rôle. Au début, dans les deux écoles (Regina en 1975-1976 et Charles Hulse en 1980-1981), la praticienne était perçue par le personnel comme une personne qui résoudrait tous les problèmes à l'aide de sa « baguette magique ». Le directeur de chaque école avait tendance à percevoir la praticienne comme une personne qui pourrait contribuer à la résolution des problèmes individuels et de discipline.

Grâce aux séances d'orientation et de formation tenues dans chaque école, le personnel et le directeur en sont venus à considérer la praticienne comme une personne-ressource et un soutien, et comme un membre d'une équipe vouée à résoudre conjointement les problèmes.

Au début de l'évaluation à l'école Regina, le rôle de la praticienne en santé mentale était perçu comme plus innovateur et axé sur la communauté, surtout sur les aspects de prévention primaire du programme. Vers la fin de l'évaluation, des changements du même ordre ont commencé à apparaître à l'école Charles Hulse.

Changement de l'allocation du temps des praticiennes

Nous avons décrit plus haut les quatre éléments de base du programme ainsi que les activités complémentaires. Nous avons pu connaître l'allocation du temps de la praticienne pour chaque activité grâce au journal qu'elle tenait quotidiennement pour chacune des activités. Cet horaire figure au tableau 2.

Certaines activités étaient axées sur la prévention primaire et la promotion de la santé mentale alors que d'autres visaient l'intervention pour résoudre les problèmes. Les projets spéciaux et l'enseignement en petits groupes ont été classés dans la catégorie « promotion de la santé mentale », c'est-à-dire le travail en groupe aux fins d'éducation et de perfectionnement des aptitudes. Les activités de counseling et de consultation ont été regroupées ensemble sous la catégorie « intervention », c'est-à-dire les contacts individuels axés sur les problèmes précis des individus.

Tableau 2

Pourcentage du temps consacré à chaque activité par la praticienne en santé mentale dans chaque école

1975-1976 et 1980-1983

Activité	École Regina				École Charles Hulse		
	75-76	80-81	81-82	82-83	80-81	81-82	82-83
Counseling	30,2	8,2	7,4	5,8	23,3	11,6	12,4
Consultation	23,5	15,0	12,7	15,1	19,3	17,6	20,8
Éducation	18,1	12,6	17,0	14,5	13,6	14,5	12,7
Projets spéciaux	6,0	30,5	20,9	23,6	9,4	18,7	20,4
Activités supplémentaires*	22,2	33,7	47,0	41,0	34,4	37,6	33,7

* Comprend les relations publiques, les réunions, la formation professionnelle, les contacts informels et la recherche.

Les chiffres démontrent que les praticiennes ont sensiblement modifié leur emploi du temps au cours de l'élaboration du programme dans chaque école : on y note un déplacement marqué de l'intervention vers la promotion de la santé mentale.

Au cours de la première année du programme à l'école Regina (1975-1976), les praticiennes ont consacré environ 54 % de leur temps à l'intervention et 24 % à la promotion. Cependant, lorsque l'évaluation a débuté en 1980, le rôle de la praticienne s'était stabilisé selon un schéma bien différent. Au cours de chacune des trois années de l'évaluation, la praticienne a consacré environ 40 % de son temps à des activités orientées vers la promotion. Seulement 20 % du temps de la praticienne a été accordé à l'intervention.

Pour ce qui est de l'école Charles Hulse, la praticienne a, au cours de la première année, consacré 43 % de son temps à l'intervention et 23 % à la promotion. Dès la deuxième année (1981-1982), on a constaté un revirement. En effet, le temps accordé à l'intervention avait fléchi de 14 % alors que le temps accordé à la promotion avait augmenté de 10 %. L'emploi du temps de la praticienne est demeuré relativement inchangé au cours de l'année scolaire 1982-1983, à l'exception d'une légère augmentation du temps accordé à l'intervention. Ce changement est sans doute attribuable à la demande plus importante en matière de consultation de la part des parents et des enseignants, demande engendrée par les absences plus fréquentes du directeur, qui assumait d'autres responsabilités à l'extérieur de l'école.

L'étude du tableau 2 révèle également que les attentes en ce qui concerne l'emploi du temps au sein de l'école Charles Hulse se situeraient entre tendances observées au début du programme et celles observées au cours de la période d'évaluation à l'école Regina. D'une part, le modèle du programme, en dépit de sa flexibilité, avait déjà été établi, ce qui facilitait la mise sur pied d'activités axées sur la promotion. D'autre part, l'école Charles Hulse avait des besoins précis qui découlaient des particularités de la communauté qu'elle dessert, notamment le manque de cohésion et un profil révélant des conditions socio-économiques moins avantageuses qu'à l'école Regina. Malgré ce changement d'orientation marqué vers la promotion pendant la période d'évaluation, il est évident que le programme de l'école Charles Hulse n'a pas atteint le stade développemental observé à l'école Regina pour la même période. Comme en fait foi une section ultérieure, l'intervention est demeurée d'une importance capitale jusqu'à la fin de la période d'évaluation à l'école Charles Hulse.

Expansion des activités de promotion de santé mentale

Le tableau 2 fait référence à deux aspects de la promotion de la santé mentale : l'éducation et les projets spéciaux.

Si l'on se rapporte au tableau, on constate que dès le début, les deux écoles ont accordé une certaine importance à l'éducation. Les activités prenaient la forme de discussions en petits groupes avec les enfants, de sensibilisation du personnel et de promotion générale de la santé mentale par le truchement de kiosques d'information et de publications. Dans les deux écoles la proportion du temps accordée à la sensibilisation est demeurée stable, c'est-à-dire entre 13 et 18 %.

L'augmentation marquée de l'importance accordée aux activités de promotion de la santé mentale est attribuable à la plus grande proportion du temps consacrée par la praticienne aux projets spéciaux. Au cours de la période comprise entre 1975-1976 et 1980-1981, cette proportion est passée de 6 à 31 %. De nombreuses activités de nature promotionnelle amorcées et développées au cours de cette période sont à l'origine de cette forte hausse. La praticienne en santé mentale a coordonné la mise sur pied d'un programme de bénévolat à l'intention des adultes et des étudiants, et a ouvert une bibliothèque de jouets pour les parents et leurs enfants d'âge préscolaire. De plus, la participation de la communauté a augmenté grâce à des activités spéciales telles qu'un barbecue familial et un goûter pour personnes âgées. Des cours de formation pour les parents et des soirées d'information faisaient partie du programme de la praticienne. Au cours des deux dernières années de l'évaluation, la proportion du temps allouée aux projets spéciaux avait diminué pour se situer entre 21 et 24 %. La majorité des projets spéciaux mis sur pied étaient alors menés par des bénévoles. La praticienne jouait plutôt un rôle de coordinatrice. À l'école Charles Hulse, celle-ci n'allouait que 9 % de son temps à des projets spéciaux de ce genre. Dès la deuxième et troisième année cependant, elle y consacrait près de 20 % de son temps. Au cours de ces années, elle a principalement travaillé à des cours de formation pour les parents, à une bibliothèque de jouets et à un programme d'orientation pour les élèves de maternelle, elle a réactivé le comité consultatif des parents et a organisé des événements spéciaux tels qu'une vente de pâtisseries, des journées hot dogs et un marché aux puces.

Counseling et consultation

Pour chaque année scolaire qu'a duré l'évaluation, un dossier de données a été compilé pour tout enfant inscrit dans chacune des deux écoles prenant part au programme. Les variables à cette section sont énumérées ci-dessous :

1. Temps consacré à l'enfant (TCE) : Le nombre d'unités de 15 minutes passées en counseling avec l'enfant ;

2. Fréquence des contacts avec les parents (FCP) : La fréquence avec laquelle les parents de l'enfant consultaient la praticienne ;

3. Échelle d'évaluation de l'adaptation en classe-total (ÉÉAC – T) : L'évaluation de l'enseignant quant aux problèmes d'adaptation de l'enfant en classe, déterminée d'après l'échelle d'évaluation d'adaptation en classe (Lorion, Cowen et Caldwell, 1975). Cette évaluation a été effectuée deux mois après le début de chaque année scolaire. Pour l'analyse, on a utilisé les résultats standards de chaque évaluateur en raison de la grande variation d'un évaluateur à l'autre ;

4. Difficulté à aimer (DAA) : L'évaluation de l'enseignant dans l'ÉÉAC de sa difficulté à aimer l'enfant. Bien que limitée par sa subjectivité et sa nature unilatérale, cette variable mesure les problèmes interpersonnels entre l'enseignant et l'enfant. Pour les raisons susmentionnées, on a utilisé les résultats standards de chaque évaluateur ;

5. Problèmes familiaux (PF) : Un indice composé obtenu des six articles de ÉÉAC qui traitent des problèmes à la maison et qui, selon les enseignants, étaient reliés aux problèmes d'adaptation de l'enfant ;

6. Indice des services spéciaux (ISS) : Une mesure de recours de l'enfant aux services sociaux et aux services de psychologie et de l'éducation spéciale du Conseil scolaire d'Ottawa. Ces données indiquaient que l'enfant avait des problèmes assez graves ;

7. Sexe : L'analyse de ces données a permis une étude approfondie de l'utilisation faite du counseling et de la consultation, et a répondu à certaines questions, soit de savoir dans quelle mesure ces services étaient utilisés, quelle était l'ampleur des contacts et quelles étaient les caractéristiques des enfants qui ont eu recours à ces services.

Les résultats de l'analyse de l'utilisation de la consultation étaient analogues à ceux de l'utilisation du counseling. Par conséquent, nous ne relatons ici que les résultats de cette dernière catégorie.

Le tableau 3 renferme un sommaire des statistiques de la variable (TCE). La proportion des enfants qui ont reçu des services de counseling à l'école Regina dépassait à peine les 10 % alors qu'à l'école Charles Hulse, elle se chiffrait à 30 % au cours de la première année et à un peu moins de 20 % au cours des deux années suivantes. Ces observations confirment les différences entre les deux écoles et le changement observé d'année en année dans l'emploi du temps de la praticienne, comme il a été décrit plus haut.

Bien que la différence ne soit pas importante au niveau des tests statistiques nonparamétriques, la moyenne et la proportion du TCE étaient toujours plus élevées pour l'école Charles Hulse que pour l'école Regina. Il semble que certains enfants de l'école Charles Hulse aient éprouvé des problèmes plus persistants que ceux de l'école Regina.

La question s'est posée ensuite de savoir quelles étaient les caractéristiques des enfants qui ont eu recours à des services de counseling. Parmi les variables indépendantes liées à chaque enfant, les plus pertinentes sont:

Tableau 3

Temps consacré à l'enfant (TCE) pour les enfants qui ont eu recours aux services de counseling dans les deux écoles, 1980-1983

École et année	Nombre d'enfants conseillés	Pourcentage d'inscription	Moyenne TCE*	Écart du TCE
REGINA				
1980-1981	25	10,3	5,7	1-20
1981-1982	26	10,6	5,1	1-24
1982-1983	29	11,5	4,3	1-17
CHARLES HULSE				
1980-1981	93	30,3	6,3	1-36
1981-1982	57	17,5	5,5	1-58
1982-1983	63	19,6	5,0	1-27

* TCE total (nombre d'unités de 15 minutes/nombre d'enfants conseillés).

- La fréquence des contacts avec les parents ;
- L'échelle d'évaluation d'adaptation en classe-total ;
- La difficulté à aimer ;
- Les problèmes familiaux ;
- L'indice de services spéciaux ;
- Et le sexe.

Fait à noter, toutes ces variables, à l'exception du sexe, signalaient des problèmes majeurs identifiés par les adultes.

Les corrélations simples observées entre le TCE et les cinq variables retenues pour chaque année scolaire sont présentées au tableau 4. Au cours des deux premières années de l'évaluation à l'école Regina, le TCE présentait une corrélation importante avec les variables « fréquence des contacts avec les parents, problèmes familiaux, difficulté à aimer et ÉÉAC-TOTAL ». Autrement dit, les enfants qui avaient recours à des services de counseling avaient plus souvent des parents qui rencontraient la praticienne, présentaient des problèmes à la maison plus importants, étaient considérés comme plus difficiles à aimer et moins bien adaptés par les enseignants. Cependant, si l'on en croit la faible corrélation négative entre l'indice de services spéciaux et le TCE, il est évident que la praticienne ne traitait aucun cas grave en ce qui a trait à la psychologie, aux services sociaux et à l'éducation spéciale.

Tableau 4

**Coefficient de corrélation entre le temps consacré à l'enfant (TCE)
et les 5 variables des enfants dans les deux écoles, 1980-1983**

Corrélation avec TCE

Variable*	Regina			Charles Hulse		
	1980-81	1981-82	1982-83	1980-81	1981-82	1982-83
FCP	0,339***	0,231***	0,081	0,554***	0,286***	0,609***
PF	0,196***	0,123**	0,228***	0,132**	0,156***	0,278***
DAA	0,173***	0,123**	0,136**	0,262***	0,111**	0,265***
ÉÉAC-T	0,167***	0,213***	0,226***	0,298***	0,204***	0,273***
ISS	-0,004	-0,030	0,223***	0,171***	0,201***	0,265***
Nombre de cas	307	326	320	307	326	330

*   Abréviation des variables

    FCP   Fréquence des contacts avec les parents
    PF   Problèmes familiaux
    DAA   Difficulté à aimer
    ÉÉAC-T   Score total ÉÉAC
    ISS   Indice des services spéciaux
    **   Corrélation significative, p 0,05
    *** Corrélation significative, p 0,01

Des changements intéressants ont été observés dans le modèle des rapports entre ces variables durant l'année scolaire 1982-1983 à l'école Regina. En effet, la corrélation importante entre le TCE et la variable fréquence des contacts avec les parents avait disparu. En d'autres mots, le counseling et la consultation desservaient deux types d'enfants différents. De plus, les corrélations avec l'indice de services spéciaux étaient devenues importantes du côté positif, c'est-à-dire que la praticienne traitait alors des enfants éprouvant des problèmes assez graves. Il s'agit d'un renversement remarquable par rapport aux deux années précédentes, renversement qui confirmait que la praticienne était devenue une personne qui règle les conflits. Fait à noter, l'école Regina a connu de nombreux changements importants au cours de l'année scolaire 1982-1983. En effet, elle a engagé un nouveau directeur, a connu un roulement important de professeurs et, selon les résultats de l'ÉÉAC, a dénombré un plus grand nombre d'enfants éprouvant des difficultés d'adaptation.

Par ailleurs, la corrélation entre le TCE et l'indice des services spéciaux à l'école Charles Hulse a été très importante chaque année, ce qui indique que la praticienne a traité des cas graves au cours des trois années de l'évaluation. La fréquence des contacts avec les parents, l'ÉÉAC – total, la difficulté à aimer et les problèmes familiaux présentaient également une corrélation importante avec le TCE chaque année.

Les résultats des analyses de régression multiple, en utilisant comme variable dépendante le TCE et comme variables indépendantes les six variables individuelles de l'enfant pour chaque année scolaire, sont résumés au tableau 5.

Fait à noter, la variable Fréquence des contacts avec les parents a toujours joué un rôle important en tant que dernière variable, à l'exception de la dernière année à l'école Regina.

De plus, l'ÉÉAC – total, la difficulté à aimer et les troubles familiaux ont contribué grandement en tant que dernières variables bien qu'elles aient présenté une corrélation importante avec la variable dépendante TCE (voir le tableau 3). Ceci est vraisemblablement attribuable au degré élevé de corrélation entre les variables ÉÉAC.

Lorsque l'on observe le coefficient R2 du tableau 5, on constate que les variables indépendantes représentaient un faible pourcentage (9 à 15 %) de la variance du TCE à l'école Regina. En d'autres mots, les facteurs qui avaient un impact réel sur le TCE sont demeurés inexploités.

Par contre, le coefficient R2 était beaucoup plus élevé à l'école Charles Hulse, à l'exception de l'année scolaire 1981-1982. Il importe de rappeler ici que ces variables indépendantes signalaient des problèmes majeurs identifiés par les adultes, c'est-à-dire le recours à des services spéciaux, la consultation avec les parents, les problèmes enseignant-enfant et les difficultés d'adaptation scolaire.

Tableau 5

Résumé de l'analyse de régression multiple du temps consacré à l'enfant (TCE) dans les deux écoles du projet, 1980-1983

Variable*	École Regina			École Charles Hulse		
	1980-81	1981-82	1982-83	1980-81	1981-82	1982-83
Test de F						
FCP	22,69***	15,46***	0,01	97,66**	15,32***	146,54***
SEXE	0,01	4,01**	0,55	6,27**	4,48**	0,18
PF	3,39	0,05	4,34**	0,00	1,33	5,81
DAA	1,08	0,07	0,02	3,35	0,05	9,04***
ÉÉAC-T	0,22	9,09***	3,42	4,41**	2,24	0,00
ISS	1,59	3,94**	4,00**	0,16	0,98	1,13
R	0,383	0,354	0,305	0,584	0,351	0,648
R 2	0,147	0,125	0,093	0,342	0,123	0,420
Nombre de cas	240	252	253	307	236	320

* Voir le tableau 4 pour les abréviations des variables.

Le test de F a été utilisé pour tester la signification de la contribution de la variable en tant que dernière variable pour tenir compte de la variance du TCE :

** p 0,05
*** p 0,01

On peut conclure que ces problèmes ont joué un rôle de premier plan dans l'utilisation des services de counseling à l'école Charles Hulse tout au long de la période d'évaluation alors qu'à l'école Regina, ils ont joué un rôle de second plan.

La question qui vient évidemment à l'esprit est la suivante : que faisait-on pour aider les enfants qui éprouvaient ces difficultés à l'école Regina ? Les résultats ÉÉAC indiquent clairement que ces problèmes existaient également dans cette école. Les deux praticiennes ont fait une observation qui peut faire la lumière sur cette question. À mesure que le programme prenait de l'expansion, les praticiennes ont cessé d'être considérées comme des « déchiffreuses de problèmes ». Elles étaient plutôt perçues comme des personnes-ressources et des soutiens pour le personnel scolaire, et comme des membres d'une équipe vouée à résoudre conjointement les problèmes. Cependant, il semble que l'école Charles Hulse ait accusé un certain retard dans ce domaine par rapport à l'école Regina, même à la fin de la période d'évaluation.

Résumé et conclusion

Le programme a été conçu de façon à être flexible et adaptable aux besoins de chaque école et communauté. Les preuves à l'appui de cette affirmation sont indéniables.

À l'école Regina, l'importance croissante accordée à la prévention primaire et à la promotion par rapport au counseling et à la consultation a été retenue comme étant le changement le plus important.

Lorsque le praticienne a amorcé son travail dans l'école, on prévoyait qu'elle s'occuperait de nombreux enfants par le biais du counseling et de la consultation. Elle a en effet passé une grande partie de son temps à cette tâche. Cependant, à mesure que le programme prenait de l'expansion, son rôle a changé aux yeux du personnel de l'école, et elle en est venue à être perçue comme membre d'une équipe vouée à résoudre conjointement les problèmes. Elle a accordé moins de temps au counseling et à la consultation, et a concentré la majorité de ses efforts sur les activités de promotion de la santé mentale telles que l'enseignement et les projets spéciaux. Les enfants dont elle s'occupait ne semblaient pas éprouver de problèmes majeurs.

Au cours des trois premières années à l'école Charles Hulse, une tendance semblable vers une plus grande emphase sur la promotion de la santé mentale a été observée. Cependant, le modèle de l'emploi du temps de la praticienne à Charles Hulse tout au long de cette période se situe entre les premières et dernières tendances observées à l'école Regina. Les analyses des caractéristiques de celles et ceux qui avaient recours aux services de counseling et de consultation ont révélé que la praticienne s'est occupée des enfants ayant des problèmes majeurs sur une base continue.

En dernier lieu, on se doit de souligner que l'évaluation a déterminé que tous les éléments décrits étaient à la fois nécessaires et suffisants à la représentation adéquate des activités de la praticienne. Il est fortement suggéré d'inclure ces quatre éléments pour bénéficier d'un programme « Apprendre pour vivre » efficace.

BIBLIOGRAPHIE

ALBEE, G.W. (1979), « The Next Revolution : Primary prevention of psychopathology », *Clinical Psychologist*, vol. 32, p. 16-23.

COUCHMAN, R. (1980), « The unrealized ressource : Impact
of the school on children's mental health », *The School Guidance Worker*,
vol. 35, p. 12-18.

LORION, R.P., COWEN, E.L. et CALDWELL, R.A. (1975),
« Normative and parametric analyses of school maladjustment », *American Journal of Community Psychology*, vol. 3, p. 291-301.

REPORT OF THE TASK PANEL ON PREVENTION, PRESI-
DENT'S COMMISSION ON MENTAL HEALTH (1978), Washington,
United States Government Printing Office, p. 1822-1863.

RUTTER, M., MAUGHAN, B., MORTIMORE, P. et OUSTON,
J. (1979), *Fifteen Thousand Hours : Secondary schools and their effects on
children*, Londres, Open Books.

SCHMUCK, R.A. et SCHMUCK, P.A. (1974), *A Humanistic psychology of education : Making the school everybody's house*, Palo Alto, National Press Books.

WEBSTER, I. et HEYLAND, J. (1984), *Evaluation Report : Elementary School Mental Health Project*, Ottawa, Ottawa Board of Education.

Chapitre 9

QUELQUES RÉFLEXIONS
SUR LA PROMOTION DE LA SANTÉ MENTALE
DES JEUNES

Laurent Houde

Lors du colloque international sur la prévention, une trentaine de communications ont traité de divers aspects du champ de la prévention en relation plus directe avec l'enfance. La diversité des points de vue traités est reflétée par les textes qui constituent cette partie du présent ouvrage. Si on a beaucoup parlé et discuté de facteurs et conditions de risque, et de programmes destinés à des populations dites à risque, il a été néanmoins question à plusieurs reprises de la promotion de la santé et du développement des compétences nécessaires à un bon fonctionnement humain. Discuter de la promotion de la santé évoque des approches destinées à des ensembles de populations et est susceptible de nous entraîner dans des considérations idéologiques et politiques, sinon utopiques. Cette perspective s'ouvre sur le champ des valeurs et des cultures et, bien qu'elle ne puisse être ignorée, peut en rebuter plusieurs qui préfèrent, de façon « réaliste », consacrer leurs énergies à la solution de problématiques individuelles porteuses de souffrance actuelle ou potentielle.

L'ÉCOLE ET DE LA SANTÉ MENTALE

Quoi qu'il en soit de l'impact des choix de société sur la santé mentale des populations et de nos efforts, en tant qu'intervenants, pour honnêtement tenter de mieux orienter ces choix, nos milieux possèdent des institutions destinées à fournir aux enfants, dans la mesure du possible, les apports psychosociaux nécessaires à un sain développement humain et à ce qu'on peut considérer comme la promotion de la santé mentale. L'un des objectifs de l'action préventive n'est-il pas d'abord de faire en sorte que ceux qui sont vulnérables pour diverses raisons puissent tirer profit, au même titre que les autres, des ressources et avantages qu'un milieu sain met à la disposition de ses membres pour assurer leur épanouissement et fonctionnement optimal.

Dans son exposé, Bower (1985) souligne à juste titre le rôle clé de l'école comme système d'intégration sociale. Il indique comment la qualité de ce système repose sur les valeurs qui le guident, les moyens dont il dispose et sa compétence à actualiser l'usage de ressources disponibles en accord avec les besoins de l'enfant. Rutter (1979) a pu démontrer que l'école comme milieu a une influence importante sur la santé mentale des jeunes et que cette influence est reliée aux caractéristiques de l'école en tant qu'institution sociale. Soulignant l'effet cumulatif d'un ensemble de facteurs, il fait ressortir à quel point compte le climat de l'école. Celui-ci résulte des valeurs, attitudes et comportements caractéristiques retrouvés chez le personnel scolaire et de l'équilibre maintenu entre le nombre d'enfants doués et ceux qui présentent des déficiences intellectuelles et cognitives.

Dans son étude sur l'état de la question de la santé mentale en milieu scolaire, Baulu (1985) tire des conclusions semblables pour décrire l'école de qualité. Cette école de qualité est celle où il existe des valeurs cohérentes et clairement identifiées, où les élèves se sentent acceptés et respectés, et où ils perçoivent qu'on s'intéresse à eux. La direction y a vraiment l'élève comme premier intérêt et elle est capable d'assurer un leadership moral et pédagogique qui permet de transformer cet intérêt en réalité dans toute la vie de l'école.

Il est tentant pour les professionnels de la santé mentale de souhaiter influencer la transformation des écoles de façon que les enseignants qui s'y trouvent et les directions qui les encadrent adoptent des mentalités, des attitudes et des comportements qui feraient de l'action éducative une action plus psycho-éducative. Dans cette perspective de nombreux éléments des services sociaux et de santé apportent au réseau scolaire un soutien et des moyens qui peuvent permettre aux écoles de mieux comprendre leur dynamique propre et de développer un environnement plus propice à la santé mentale. Le texte de Webster, Heyland et Legg présente un exemple de ce genre de collaboration.

Des objectifs pour l'enseignant : lesquels ?

Le désir d'aider, la conviction de posséder de précieuses connaissances dans le domaine de la santé mentale ne doivent cependant pas empêcher une attitude de saine critique des moyens qui, dans le cadre scolaire, peuvent le mieux servir la cause de la santé mentale des enfants. Une leçon intéressante est à tirer à cet égard de l'évaluation d'une opération en milieu socio-scolaire défavorisé, opération particulièrement importante par son ampleur, sa durée, ses résultats et les renseignements qu'on en a tirés.

Cette opération Renouveau, présentée par Goulet et Potier (1985), est en cours depuis 15 ans et s'est adressée à 30 000 enfants et 2 000 enseignants. Elle comporte un processus continu d'évaluation dont les résultats sont utilisés périodiquement pour la réorienter, ce qui a permis de repréciser ses objectifs à quelques reprises et de retenir les mesures qui, au cours des ans, ont fait le mieux la preuve de leur efficacité.

Nous retenons de l'histoire de cette opération ce qui touche l'implication des enseignants dans le rôle qui leur a été dévolu. Dans ses premières phases, l'opération avait, entre autres objectifs, outre d'améliorer l'apprentissage scolaire des enfants, de développer chez ceux-ci l'estime de soi ; les enseignants étaient incités à participer ou à s'intéresser à des programmes ou activités à cet effet.

Il est intéressant de noter que dans le dernier plan triennal de l'opération, on s'est donné comme nouvel objectif prioritaire de concentrer les efforts sur le développement de la langue maternelle et des mathématiques, un objectif non atteint de façon satisfaisante antérieurement. Il y a là, à première vue, de quoi surprendre des spécialistes de la santé mentale et de la psychologie, pour qui l'estime de soi est perçue comme un facteur motivant l'apprentissage. Les cibles du nouveau programme sont les enfants du 1er cycle de l'élémentaire et ceux des maternelles de 4 et 5 ans. Le plus tôt possible tout est mis en œuvre pour développer les capacités cognitives qui permettent le succès des apprentissages. Les stratégies sont élaborées au niveau de l'école et impliquent les parents dès le départ et de façon continue. L'ensemble du réseau scolaire a consenti à ces écoles et à leurs enseignants les ressources et moyens qu'ils jugent utiles d'utiliser.

La nouvelle approche centrée sur le développement des apprentissages de la langue et des mathématiques produit déjà une diminution significative des écarts de rendement entre les élèves défavorisés et les autres.

Mais ce qui nous frappe dans ceci, c'est le changement rapporté dans le sentiment de confiance et d'estime de soi que les enseignants paraissent avoir développé à l'égard de leur rôle propre quand, en apparence du moins, ce rôle a été ramené à enseigner. Nous sommes porté à croire que le sentiment de maîtriser un rôle qu'ils perçoivent comme étant véritablement le leur a accru, de façon notable, leur sentiment de pouvoir l'exercer avec succès, ce qui se traduirait dans des actions et attitudes mieux intégrées. Le tout a un effet d'entraînement accroissant l'efficacité des messages des enseignants et de leurs rapports avec les enfants, les parents, les ressources scolaires et celles du milieu.

Nous n'avons rapporté ici qu'une vision bien simplifiée et partielle de cette opération, qui illustre cependant la nécessité de permettre à ceux que nous souhaitons faire monter dans le train de la prévention d'y prendre la place qui leur convient vraiment.

Les études écologiques nous ont appris que, parfois, des problèmes qu'on veut corriger ont des sources éloignées tant chronologiquement que géographiquement et découlent d'un enchaînement de réactions dont les dernières et plus visibles ne sont pas nécessairement celles sur lesquelles il faut se concentrer. Il en va souvent de même quand on aborde la prévention primaire en santé mentale. L'action préventive la plus susceptible d'être efficace n'est pas, comme dans l'exemple donné plus haut, toujours celle qui vient d'abord à l'esprit.

Soutenir les intervenants de première ligne et tenter d'orienter leur action mérite donc réflexion ; dans le cas de l'école, les professionnels de la santé mentale ont tout intérêt à bien comprendre des dynamismes où les forces agissantes peuvent se présenter d'une façon différente de celle à laquelle ils sont habitués.

UTILISER LES FORCES NATURELLES DU MILIEU

Les forces du milieu et les ressources des environnements au service de la personne sont dans la pratique sinon sous-estimées du moins souvent mal connues par les aidants professionnels. Ceux-ci ont reçu une formation qui les a amenés à développer le sentiment ou la conviction qu'ils peuvent, de par leur savoir et leur expérience, orienter les personnes aux prises avec des situations difficiles vers la résolution de leurs problèmes. Ce pouvoir peut être réel, on ne peut le nier. Son exercice présente le danger, comme on le constate de plus en plus, d'entraîner la dépendance, à moins qu'il ne vise, par le moyen de modalités spéciales, à susciter chez les individus et les groupes la mise en œuvre des capacités d'autonomie.

La formation pour le faire

Les infirmières responsables de programmes de périnatalité, surtout lorsqu'elles font affaire avec les parents d'un premier enfant ou avec des familles démunies au plan éducatif et à maints autres égards, peuvent facilement faire face à des personnes chez qui la tâche d'adaptation à la venue d'un bébé engendre incertitude et insécurité. Ces états sont très susceptibles de mener à des sentiments d'incompétence relative et à des attitudes de dépendance à l'égard des professionnels, dont les connaissances et les capacités sont perçues comme supérieures. Les infirmières, comme bien d'autres intervenants dans des circonstances analogues, peuvent se sentir réconfortées de la confiance qu'on place en elles. Conscientes des limites de leur rôle, elles sont cependant de plus en plus sensibilisées à la nécessité de stimuler chez les populations qu'elles desservent une capacité autonome de bien prendre en charge leurs propres besoins. C'est là que réside la difficulté. La formation traditionnelle des professionnels de la santé axée sur le développement de la relation d'aide individuelle ne rend pas en soi apte à connaître de façon pratique les éléments des réseaux naturels, l'appréciation de leurs dynamismes et surtout les processus à utiliser pour les mobiliser de façon économique et efficace.

La connaissance d'un milieu et d'un contexte est une tâche difficile, et passer de l'approche individuelle à l'approche familiale, de groupe ou de réseau ne va pas de soi, loin de là. Pourtant certains pratiquent cette seconde approche spontanément et avec succès ; on n'a qu'à penser à ceux qui croient en une cause et qui savent comment mobiliser les personnes, les intérêts, les activités pour la servir. La cause dont il s'agit ici, c'est d'activer à l'occasion de périodes perçues comme difficiles où on cherche de l'aide des processus efficaces de résolution de difficulté utilisant les ressources naturelles du milieu et capables de s'autoperpétuer. Le modèle de formation présenté dans le présent ouvrage par Lepage et Guay et destiné aux infirmières responsables des programmes de périnatalité vise justement à les rendre plus aptes à faire usage de l'aide naturelle dans leurs modes d'intervention. La formation est axée sur le développement de nouvelles grilles de collecte des données, sur une aide à la connaissance des milieux et sur la compréhension du concept d'aide naturelle.

On ne saurait trop insister sur le soutien dont les intervenants des services sociaux et de santé communautaire ont besoin pour développer ces approches qui mobilisent les « clientèles », en vue d'une responsabilisation accrue face à leurs besoins sociaux et sanitaires. Il faut être capable de voir loin et large pour adopter les rôles nouveaux que ceci peut exiger ; les résultats ne sont pas toujours immédiats, les cibles choisies ne sont pas toujours les bonnes, les effets obtenus sont parfois inquiétants, le doute peut s'installer et le but visé s'effacer.

COMPRENDRE LE CONTEXTE

Ces considérations sur les moyens d'impliquer les ressources du milieu en soulignant le besoin de formation et de soutien des intervenants de première ligne ne doivent pas faire penser que l'approche communautaire repose uniquement sur des méthodes et des techniques de communication et d'organisation. La connaissance de modèles concrets d'action applicables aux genres de situations où on évolue naturellement peut certes, avec la maîtrise de ces nouveaux moyens, susciter des interventions novatrices mieux adaptées aux besoins et plus efficaces. Il faut cependant plus aux intervenants et responsables de services pour qu'à long terme leurs activités se conjuguent vraiment et puissent avoir un impact véritable sur la promotion de la santé mentale d'une population.

Selon les critères communément admis, dans un milieu socioculturel donné, le niveau de santé mentale d'une communauté se reconnaît à la présence de divers indicateurs. Ainsi un nombre élevé, dans une communauté, d'actes criminels et de violence, d'absentéisme scolaire et au travail, de maladies psychosomatiques sont, entre autres, des indicateurs d'états négatifs de santé mentale. Par contre, le nombre très peu élevé des mêmes situations, la participation élevée à des activités communautaires, la facilité avec laquelle les divers éléments d'un milieu communiquent entre eux et se regroupent autour de causes communes sont des indicateurs de compétence associés à un bon état de santé mentale.

L'étude des communautés qu'on peut juger plus saines que d'autres révèle habituellement la présence d'un tissu social bien organisé et cohérent, où les citoyens partagent un important noyau de valeurs et d'objectifs. On y retrouve des citoyens actifs dans l'action civique ou communautaire ou facilement mobilisables et, ce, en nombre suffisant pour atteindre des objectifs qui correspondent aux désirs de l'ensemble. Dans un tel contexte, les valeurs humaines et le désir de leur épanouissement collectif rallient des intérêts non équivoques. Le rôle des services sociaux et de santé destinés à promouvoir, protéger et soutenir la santé mentale est alors moins important et il est plus facilement complémentaire.

Si ces communautés représentent un modèle ou un idéal comme lieu de promotion de la santé mentale, elles n'existent cependant pas toujours à l'état pur et un trop grand nombre d'autres communautés manifestent des lacunes entraînant des risques importants pour la santé mentale de leurs membres. Dans ces cas le rôle complémentaire des services socio-sanitaires devient plus important et il leur arrive de prendre un caractère supplétif. L'un des dangers qui guette alors l'ensemble de ces services, c'est que, dans une certaine mesure, ils soient à l'image des milieux qu'ils desservent et manquent de ces qualités de cohérence dans le partage des valeurs et des objectifs, et de concertation et d'unité dans le choix et la poursuite des actions susceptibles de vraiment renforcer la compétence des individus et des groupes à s'autodévelopper et à faire progresser les ressources de leur milieu.

Quelques qualités nécessaires à l'action préventive

On peut penser que la structure des services permet le type d'action nécessaire à la prévention. La création au Québec des centres locaux de service communautaire (CLSC) et des départements de santé communautaire (DSC) est certes un pas en avant parce que la prévention est un objectif officiel de ces organismes et que ce sont des lieux où des programmes de santé mentale peuvent s'élaborer, être mis en œuvre, poursuivis et éventuellement évalués. Les structures peuvent faciliter ; elles n'ont pas la force active des attitudes de base qui soustendent l'action préventive. Dans son avis sur la santé mentale des enfants et adolescents (Houde *et al.*, 1985), le Comité de la santé mentale du Québec souligne certains traits et attitudes qui caractérisent l'approche préventive :

1. Elle repose sur la capacité d'envisager des situations et questions dans une perspective d'ensemble. Elle suppose qu'on soit conscient des différentes dimensions d'une question et de la multiplicité et de la diversité des facteurs qui sont en cause pour l'expliquer ;

2. Dans une perspective communautaire, elle implique d'agir en concertation pour :

    – identifier et évaluer les situations,

    – apprécier les facteurs qui les expliquent,

    – déterminer les actions qu'elles nécessitent,

    – mettre en place et poursuivre ces actions,

    – vérifier leur efficacité ;

3. Elle exige de ceux qui s'y engagent d'être capables d'accepter et d'intégrer des points de vue variés et différents, d'avoir une attitude permettant la continuité des engagements malgré les compromis nécessaires à l'établissement de consensus de base ;

4. Chez les responsables de services et les intervenants, elle requiert une véritable capacité d'accepter que les populations et les communautés puissent être les mieux placées pour assumer la responsabilité de ce qui touche à leur santé mentale. De la part des services et des professionnels, ceci implique l'examen et le développement de rôles nouveaux ;

5. Elle nécessite pour la cause de la prévention, autant que pour les autres causes jugées valables et importantes, des engagements caractérisés par la persévérance et la continuité dans les actions, par la créativité dans la recherche des moyens et par l'adaptation réaliste dans la poursuite des objectifs ;

6. Elle ne peut s'accomplir sans l'investissement des efforts voulus de diverse nature. Là où les risques sont élevés, les efforts requis pour en prévenir les effets devront souvent être nombreux, importants, soutenus, bien coordonnés et à long terme ;

7. Elle a le plus de chances d'être utile quand elle oriente ses actions vers la création d'états positifs capables de s'auto-perpétuer.

Comment faire progresser et se généraliser de telles attitudes ? Une formation des futurs intervenants et des intervenants en exercice leur démontrant ce que peut apporter l'approche préventive et visant à développer chez eux les capacités dont il a été question dans cet exposé est certes une nécessité. À cet égard, il faut souligner combien, dans la formation des futurs professionnels des sciences humaines, l'enseignement universitaire touchant la prévention en santé mentale est peu développé et appuyé. Cet enseignement demeure, dans les universités québécoises comme ailleurs, semble-t-il, le fait de quelques professeurs isolés ; très rarement est-il dispensé par de solides équipes et tout aussi rarement est-il identifié de façon propre dans un titre de cours (Moisan, 1984).

La persévérance au service de la prévention

Tableman (1984) faisait remarquer que, dans un État, rien d'important ne se passe vraiment en prévention à moins qu'une « organisation » forte, reconnue, résolument engagée dans sa promotion n'en surveille et n'en épaule le développement de façon continue. Au niveau local les DSC et les CLSC constituent, comme on l'a vu, des structures où l'action préventive en santé mentale devient possible. Encore faut-il que, dans le cadre de ces structures, la prévention dont nous parlons ait un nom respecté et puisse faire valoir son leadership.

L'exemple rapporté par Soulé dans cet ouvrage contient des enseignements précieux sur ce qui peut assurer le succès du développement d'un large programme d'actions préventives en faveur des jeunes enfants et de leurs familles. Ce texte cependant ne dit pas ou pas assez clairement un certain nombre de choses fort importantes que nous avons pu constater lors d'une visite de certains des services à l'enfance du 14e arrondissement de Paris. À l'occasion de rencontres dans ces services et d'échanges avec des cliniciens de diverses disciplines et des administrateurs de programmes variés, nous avons été frappé de constater que tous nos interlocuteurs parlaient un langage commun rattaché à la connaissance pratique de notions fondamentales sur les facteurs reliés à la santé mentale. Les objectifs d'ensemble pour promouvoir la santé mentale des jeunes enfants de l'arrondissement nous étaient énoncés spontanément d'un endroit à l'autre, ce qui témoigne d'un partage bien assimilé des idées et des faits. Les divers intervenants connaissaient bien leur territoire, ses ressources et les activités et possibilités des autres services. Un tel état de fait s'explique, entre autres, par la stabilité de plusieurs personnes dans le réseau et par l'action d'information, d'enseignement et de formation mandé par un petit groupe ayant développé, précisé et raffiné, avec persistance et continuité durant plus de 20 ans, une approche de la santé mentale des enfants devenue de plus en plus communautaire et globale.

Au plan communautaire, le développement des actions préventives se joue dans le quotidien et, au plan des services, il est très lié aux interventions éclairées par une connaissance élargie des facteurs en cause dans les situations et par la capacité de bien situer sa propre intervention dans la perspective d'autres dynamismes avec lesquels on ne peut éviter de se concerter. Les structures n'ont pas d'idées. Les personnes en ont et quand les personnes changent trop souvent dans les services, l'idée de la prévention risque de ne jamais s'articuler suffisamment pour prendre force, étendre son influence et engendrer des progrès durables. La prévention en santé mentale exige des intervenants qui voient large tout en état capables d'utiliser cette vision pour orienter leur action quotidienne et ce, jour après jour. La chose leur est difficile quand ils sont encadrés d'un soutien administratif et professionnel non préparé et non apte à envisager le même type de perspective. D'où le besoin d'une information et de formation à ces autres niveaux qui fassent valoir également ce que la prévention peut accomplir et comment elle peut le faire.

Évolution de l'action préventive

Il y a trente ans, vers la fin des années 50, l'actualisation du concept de prévention en santé mentale se traduisait au Canada par la mise sur pied de centres de guidance infantile (cliniques d'hygiène mentale, cliniques de pédopsychiatrie, centres médico ou psychosociaux). S'attaquer aux problèmes de santé mentale des enfants avait alors comme objectifs non seulement de soulager une souffrance réelle mais de prévenir sa persistance ou sa transformation en véritable maladie mentale à l'âge adulte. L'accent était mis sur ce qu'on appelle aujourd'hui la prévention secondaire. Au cours des années 60, le mouvement fit boule de neige ; les cliniques se multiplièrent tandis que, dans les milieux scolaires, on accordait une attention de plus en plus grande aux enfants dits exceptionnels ou inadaptés. L'école par ses nouveaux services voulait empêcher que les élèves en difficulté pour diverses raisons ne le demeurent de façon persistante et ne soient incapables d'atteindre un état de saine autonomie à l'âge adulte.

Un peu plus tard, en 1973, reflétant les connaissances du temps, le Comité de la santé mentale du Québec (1973) insistait sur la notion de promotion de la santé mentale et notait que celle-ci « devrait normalement résulter de diverses interventions conjuguées pour une action globale auprès des milieux où évolue la personne humaine ». Il constatait que « d'une façon générale, les services qui ont la charge du secteur de la santé mentale sont plus conscients de la maladie mentale et on ne retrouve dans leurs programmes que peu d'activités qui soient nommément présentées comme préventives ».

À peu de choses près, le CSMQ identifiait alors un registre d'interventions de prévention primaire en santé mentale qui en 1985 demeurent toujours d'actualité. Douze ans plus tard, le même comité, dans un autre document plus étoffé sur le sujet (Houde et coll, 1985) tout en l'abordant de façon plus approfondie et en l'illustrant de nombreux exemples, prend le soin de situer l'approche préventive dans le cadre plus large d'une approche globale qu'il reste à mieux définir.

En soulignant à plusieurs reprises l'importance de développer la formation des intervenants en action préventive, le CSMQ démontre par ailleurs dans ses récents avis (Corin et coll, 1985 ; Lavoie et coll, 1985) combien le domaine des connaissances à transmettre en vue de cette formation est en évolution. L'action préventive, ou l'approche plus globale des questions de santé mentale, ne peut ignorer l'apport des sciences centrées sur le développement individuel et relationnel pas plus qu'elle ne peut se passer des données et moyens que la sociologie et l'écologie fournissent pour apprécier le rôle du contexte comme facteur de santé mentale.

Conclusion

Dans la transmission des nouvelles connaissances, la difficulté demeure toujours de faire la part des données qui ont subi l'épreuve de la vérification objective et de donner un sens pratique et efficace à une certaine synthèse de ces diverses approches sur lesquelles repose l'action préventive. Les études sur le tempérament rapportées par Maziade constituent un exemple des nuances qu'il convient d'apporter dans l'évaluation des facteurs qui conditionnent le développement de la santé mentale. Ces études démontrent combien les facteurs individuels de vulnérabilité ne peuvent vraiment être appréciés à leur juste valeur que dans le cadre d'un contexte environnemental. À son tour, cette dimension contextuelle immédiate est étroitement reliée à celle du contexte sociétal plus large, qui est balayé et transformé par des réorientations et réaménagements de valeurs, d'idéologies, de structures socio-écologiques et de conditions économiques qui forcent les individus et les groupes à trouver de nouveaux modes d'adaptation. Il est facile de comprendre que l'ouverture de ces multiples perspectives puisse parfois avoir un certain effet paralysant sur les intervenants professionnels ou autres que les concepteurs de l'approche communautaire, ingrédient essentiel de la prévention, veulent pousser dans cette direction. Adopter une perspective aussi globale rend en effet difficile le choix de l'action rapide, et trop de connaissances mal intégrées empêchent de saisir la réalité des milieux à comprendre.

Il est peu probable qu'en santé mentale la prévention primaire, où l'aspect de promotion est si important, progresse beaucoup grâce à de grands programmes comme ceux qu'on applique à l'égard de la santé physique. Néanmoins, l'éclairage apporté aux intervenants par les connaissances nouvelles évoquées ici est susceptible de leur permettre une meilleure observation de leur milieu et surtout des forces qui s'y trouvent et des processus aptes à les mobiliser.

BIBLIOGRAPHIE

BAULU, Pierre (1985), *L'école et la santé mentale ; état de la question de la santé mentale en milieu scolaire*, annexe à l'avis du Comité de la santé mentale du Québec sur la protection et le développement de la santé mentale des jeunes, Québec, ministère des Affaires sociales.

BOWER, Eli M. (1990) « The promotion of healthy functionning », dans le présent ouvrage.

COMITÉ DE LA SANTÉ MENTALE DU QUÉBEC (1973), *La prévention dans le domaine de la santé mentale*, Québec, ministère des Affaires sociales.

CORIN, Ellen, GRUNBERG, Frédéric, SÉGUIN-TREMBLAY, Guylaine et TESSIER, Lise (1985), *La santé mentale ; de la biologie à la culture*, avis du Comité de la santé mentale sur la notion de santé mentale, Québec, ministère des Affaires sociales.

GOULET, Gilles et POTIER, Micheline (1985), *L'opération Renouveau*, communication au colloque international sur la prévention, Montréal, mai.

HOUDE, Laurent, SÉGUIN-TREMBLAY, Guylaine, FITZGE-RALD, Michelle, ROY, Maurice et LAJOIE, Mireille (1985), *La santé mentale des enfants et des adolescents ; vers une approche plus globale*, avis du Comité de la santé mentale du Québec sur la protection et le développement de la santé mentale des jeunes, Québec, ministère des Affaires sociales.

LAVOIE, Francine, TESSIER, Lise et LAMONTAGNE, Yves (1985), *La santé mentale ; prévenir, traiter et réadapter efficacement. 2. L'efficacité de la prévention*, avis du Comité de la santé mentale sur l'efficacité des interventions en santé mentale, Québec, ministère des Affaires sociales.

MOISAN, Caroline (1984), *La formation à la prévention en santé mentale au Québec*, document de travail, Québec, ministère des Affaires sociales.

RUTTER, Michael (1979), *Fifteen thousand hours : secondary schools and their effects on children*, Cambridge, University Press.

TABLEMAN, Betty (1984), *State-wide prevention programs: the politics of the possible*, présentation à la Vermont Conference on the Primary Prevention of Psychopathology, Burlington, juin.

Deuxième partie

ADOLESCENCE

INTRODUCTION

La deuxième partie de ce volume contient sept textes consacrés à la prévention chez l'adolescent. Les auteurs proviennent de trois pays différents (Canada, États-Unis et France), mais des populations d'au moins cinq cultures différentes sont représentées (Américains anglophones et hispanophones, Canadiens francophones et anglophones, Francais). La majorité des textes (cinq) traitent de la prévention de comportements « antisociaux » chez les adolescents : abus de drogue et d'alcool, agressivité et délinquance générale. Les deux autres s'intéressent à l'adaptation scolaire et à l'adaptation au monde du travail. Si ces sept textes représentent bien les préoccupations des sociétés occidentales en ce qui concerne la prévention à l'adolescence, il est clair que les comportements interdits par la Loi sont une préoccupation majeure.

Le lecteur remarquera qu'il existe une très grande variété de lieux d'intervention, de types d'intervenants et de méthodes d'intervention. L'école semble un lieu privilégié. Toutes les mesures d'intervention présentées impliquent une participation du milieu scolaire. Il n'est donc pas surprenant de voir que l'on fait maintes fois référence aux enseignants, mais, à une exception près, ces derniers ne sont pas les principaux intervenants. L'initiative des interventions semble plutôt venir des professionnels en intervention sociale : travailleurs sociaux, psychologues, éducateurs spécialisés.

Les méthodes d'intervention se regroupent en trois grandes catégories. La première peut être qualifiée de « modification d'attitudes ». Les intervenants essaient de modifier les attitudes des adolescents à l'égard de l'alcool, de la drogue ou de l'école par l'utilisation des médias aussi bien que par l'utilisation des parents, des enseignants ou du groupe de pairs. La deuxième catégorie d'interventions est centrée sur la « modification de comportements » par l'apprentissage de compétences sociales. Les intervenants cherchent à entraîner les adolescents à refuser l'offre de consommer des drogues aussi bien qu'à postuler un emploi. La troisième catégorie d'interventions fait appel aux arts martiaux japonais pour améliorer le « concept de soi » de l'adolescent.

Il est à noter que les textes utilisent deux styles de présentation très différents. Certains textes constituent des descriptions d'expériences de prévention. Les auteurs présentent les interventions et leur contexte. Les autres présentent l'intervention mais également l'évaluation de son efficacité. Dans deux cas, il s'agit d'expérimentations réelles (ou essais thérapeutiques) impliquant l'utilisation de groupes témoins et créés au hasard (textes 15 et 16). Ces différences de contenu nous rappellent que s'il est important de mettre au point de nouvelles méthodes d'intervention, il est aussi important de connaître leur efficacité.

Chapitre 10

LA RÉORGANISATION DES POLITIQUES DE PRÉVENTION EN FRANCE. LE CAS DES DISPOSITIFS « ÉTÉ-JEUNES » ET DES CONSEILS COMMUNAUX DE PRÉVENTION DE LA DÉLINQUANCE

Dominique Duprez

La prévention de la délinquance est au centre des discours sur les jeunes depuis les années 70. Au Québec, la Loi 24 sur la protection de la jeunesse (L. Q. 1977, cha. 20) est entrée en vigueur le 15 janvier 1979. En fait, elle fut le résultat de travaux de réforme entrepris depuis 1972 dont le sens général était de « déjudiciariser » les petits délits commis par les jeunes. Deux chercheurs québécois, Bernard et Lapierre (1984), écrivent à ce sujet : « En tant que moteur de la réforme socio-judiciaire mise de l'avant par la Loi 24, la déjudiciarisation préfigurait l'émergence de pratiques alternatives à caractère préventif » (p. 31). Nous reviendrons ultérieurement sur la situation québécoise. Mais c'est à partir de la situation en France, qui a été l'objet de nos travaux les plus récents, que nous proposons quelques schémas d'analyse des politiques de prévention de la délinquance.

Les stratégies d'encadrement de la jeunesse

Si les travaux de Philippe Ariès (1973) indiquent que la promotion de l'adolescence comme catégorisation d'un cycle de vie se produit en France au XVIIIe siècle, il faut attendre le XIXe pour que l'objet jeunesse devienne un champ d'interventions sociales. Ce sont surtout les catholiques qui promouvront, simultanément à la « question sociale », la création d'institutions orientées vers les jeunes (le Sillon de Marc Sangnier, condamné en 1910 par Pie X ; l'Association catholique de la jeunesse française (ACJF) créée en 1886 ; et, enfin, la Jeunesse ouvrière chrétienne (JOC) qui n'apparaît qu'en 1926.

Mais c'est surtout dans la période de l'entre-deux-guerres (1920-1940) que se développent les interventions en direction des jeunes. Une conception positive de la jeunesse semble être alors dominante (on repère dans les discours surtout des termes comme « salut », « idéal », « élan », « enthousiasme », etc. L'analyse de cette période montre clairement que la jeunesse n'a pas toujours été perçue comme un phénomène social qui devrait nécessiter des interventions en termes de prévention, d'intégration ou d'insertion.

Jusqu'à la Seconde Guerre mondiale, la jeunesse est appréhendée comme une force qui prépare l'avenir de la société : en ce sens, la conception pétainiste de la jeunesse, pendant la guerre, n'est qu'un renforcement des représentations du début de ce siècle, même si elle y ajoute la nécessité d'une mobilisation par de saines expériences collectives (Paxton, 1974) et un encadrement des institutions de jeunesse (création en 1943 du Commissariat général de la jeunesse et des inspecteurs généraux de la jeunesse).

À partir de 1945, les discours politiques sur la jeunesse s'alimentent de faits liés au contexte de l'après-guerre pour avancer la nécessité d'une politique de prévention de la délinquance, fortement connotée en objectifs moralisateurs, et glissent progressivement vers une législation pour « protéger la jeunesse ». La Loi du 16 juillet 1949 constitue un premier pas dans l'établissement d'un nouvel ordre moral : l'article 2 établit une censure sur les publications destinées aux jeunes.

Avec les années 1950, initiatives privées et incitations publiques sont étroitement imbriquées dans la définition d'une « politique de la jeunesse » qui s'orientera moins vers le traitement de « problèmes sociaux » qu'en direction d'une stratégie de prévention de la délinquance.

Ces interventions sont dominées par une idéologie. L'établissement de rapports de confiance entre les jeunes et les intervenants ne peut se réaliser par l'intervention directe des pouvoirs publics. La prévention est donc à ses débuts la tâche de bénévoles qui entrent en contact avec des bandes de jeunes afin de provoquer des changements d'orientation des groupes de jeunes tout en prônant de ne pas les démanteler.

L'influence de Fernand Deligny (1975) sur les premiers clubs est indéniable. Venu de l'hôpital psychiatrique, il encourage la participation de cadres issus du milieu ouvrier :

> « Pour lui, il s'agissait de susciter dans les quartiers populeux un état d'esprit tel que le sauvetage social des enfants difficiles détermine une œuvre collective à base de solidarité ouvrière, de greffer cette préoccupation de l'enfance sur toutes les associations, groupements et cercles de quartier » (Moreau, 1978, p. 73).

L'idée fut ensuite reprise par d'autres : l'internat, les structures asilaires ne sont pas une bonne réponse aux problèmes de jeunes de « milieu défavorisé », il faut promouvoir des actions en milieu ouvert. Leur objectif est de prévenir l'évolution des jeunes vers la délinquance en agissant sur les relations des groupes à leur environnement tout en privilégiant le rapport direct jeune-adulte.

La prévention et la protection de la jeunesse

Il faut cependant attendre 1972 pour voir fixer par arrêté (4 juillet) les conditions d'agrément des clubs de prévention. Deux variables sont centrales dans l'institutionnalisation de cette stratégie préventive : la première contextualise l'intervention dans un secteur géographique marqué par un niveau élevé de délinquance, la seconde indique que la cible de l'intervention est une population jeune, délinquante ou susceptible de le devenir. L'objet n'est pas de faire ici un historique de la prévention spécialisée (Muel-Dreyfus, 1980) mais d'analyser les enjeux des réorientations des politiques de prévention en cours.

L'effet de l'institutionnalisation fut double : l'introduction d'une logique de professionnalisation, un contrôle de fait par les pouvoirs publics des interventions par la procédure des agréments et par une tutelle administrative.

La professionnalisation de la prévention s'est assise presqu'exclusivement sur le métier d'éducateur spécialisé. La transplantation des internats dans la rue a donc été aussi le transfert d'une profession vers un nouveau champ d'intervention. C'est peut-être la raison pour laquelle la connotation de l'intervention reste marquée par la notion de handicap, qui connaît bien entendu une extension de sens conduisant à la thématique de l'inadapté et du marginal. Cette extrême professionnalisation s'est traduite par un système de valeurs et de représentations relativement unifié qui a permis l'adoption d'un code déontologique qui s'appuie sur l'initiative privée et qui s'oppose à des stratégies de municipalisation de la prévention et du contrôle de l'État.

L'hypothèse centrale que développait Francine Muel-Dreyfus (1980) sur le champ de l'enfance inadaptée semble pouvoir être reprise pour le sous-secteur spécifique que constitue la prévention de la délinquance. Si la rencontre entre l'initiative privée, le « terrain » de l'éducation spécialisée et un métier, celui d'éducateur spécialisé, a pu se produire, c'est parce que ce secteur professionnel a permis

> « la rencontre entre des systèmes d'aspirations récemment produits et la logique de développement des anciennes institutions pour « déshérités » qui ont une longue histoire derrière elles. Elle est à l'origine de ces multiples changements de sens qui transmuent, par exemple, le territoire hérité de l'ancienne philanthropie en terrain d'aventure. » (Muel-Dreyfus, 1980).

Le noyau dur des éducateurs spécialisés est constitué par les membres des classes moyennes en situation d'échec scolaire[1] qui trouvent là un terrain propice à la redéfinition d'un profil de poste qui permet de maintenir la représentation d'une profession où on est son « propre patron », où les hiérarchies sont floues, voire inexistantes, et où l'agent assure un travail important de représentant attitré des appareils locaux.

Cette rencontre entre un type très spécifique de professionnels de l'action sociale que sont les éducateurs spécialisés de prévention et un réseau associatif qui tient pour beaucoup des anciens patronages

---

1.   À partir d'une enquête du SEIS (ministère de l'éducation nationale), sur 16 écoles d'éducateurs de province en 1973-1974, F. Muel-Dreyfus relève environ 45 % d'étudiants dont le père appartient à la petite bourgeoisie. Il faut signaler que le baccalauréat n'est pas exigé à l'entrée de la formation d'éducateur et que les processus de sélection reposent plus sur les « qualités humaines » que sur les connaissances.

d'une part, des traditions charitables d'autre part, permit à l'initiative privée de définir d'une manière autonome ses besoins, donc de garder son indépendance tant vis-à-vis des municipalités que des incitations étatiques.

On retrouve dans d'autres pays des expériences de prévention qui vont dans le même sens. Vers 1975, le gouvernement fédéral canadien avait mis en place le programme « Juvénile Diversion Project ». Il s'agissait d'un vaste réseau d'expérimentation de « pratiques de règlement de conflits ». Par leurs programmes de prévention, des organismes à vocation communautaire proposent aux jeunes en difficulté d'adaptation sociale des formes « alternatives » d'engagement. Ainsi le projet « Mini-moto » s'articulait autour d'activités cyclomotrices offertes à des « jeunes qui ont présenté des troubles de comportement reliés à la délinquance » (Bernard et Lapierre, 1984, p. 31).

Mais alors que dans le cadre canadien, l'objectif était de régler des conflits en dehors du système judiciaire, l'idéologie du non-mandat a toujours dominé la prévention spécialisée dans le contexte français. Ce champ s'est toujours situé totalement en dehors de l'intervention judiciaire, y compris dans ses dimensions éducatives (éducation surveillée).

En France, la structuration de la prévention de la délinquance autour de la prévention spécialisée a donc donné une unité à ce secteur spécifique de l'action sociale plus grande que dans d'autres pays où les programmes ont souvent été conjoncturels.

Les nouveaux dispositifs de prévention de la délinquance

La prévention de la délinquance telle qu'elle s'était structurée au tournant des années 70 subit des critiques tant des pouvoirs publics que de certaines fractions de sa « clientèle ». Les opérations « été-jeunes », souvent appelées opérations « Anti-été-chaud » dans les médias, sont particulièrement typiques des nouvelles stratégies préventives des années 80.

Les événements de l'été 81 vont conduire à des réorganisations des pratiques et des stratégies de prévention. L'affrontement de jeunes et de la police dans la banlieue est de Lyon avait conduit à des saccages et à des courses poursuites avec des voitures volées qui étaient bien souvent brûlées à l'issue des rodéos. Cette violence gratuite a été expliquée par l'oisiveté des jeunes durant la période des vacances et renvoyait au fonctionnement des institutions. Il est apparu comme inadmissible que les structures soient fermées et les personnels en congé à une période où les jeunes ont particulièrement besoin de lieux de loisirs et d'animateurs pour les encadrer.

En 1982, le dispositif national de prévention mis en place durant l'été consistait à mobiliser les ressources existantes, tant humaines qu'administratives, sur une action conjoncturelle pour compenser l'inertie habituelle du travail social de prévention durant les vacances estivales.

Cette interpellation de travail social par un dispositif interministériel tient aussi au caractère expérimental de l'opération « Été 82 » qui non seulement suggère de nouvelles formes d'intervention mais contribue à révéler ce qui serait de l'ordre d'un néo-travail social. C'est ainsi qu'une association à logique militante telle que le Service civil international (objecteurs de conscience) est reconnue, en 1982, dans le travail « alternatif » qu'elle mène depuis plusieurs années dans des quartiers populaires de Lille. D'autres protagonistes apparaissent dans le champ de l'animation : des militaires, des policiers interviennent auprès des jeunes, avec une efficacité que leur envient beaucoup de spécialistes.

L'été 82 est donc marqué par un investissement du champ de la prévention de la délinquance par de nouveaux intervenants (animateurs issus des quartiers populaires, militaires, policiers, bénévoles) tandis que les lourdes structures de l'animation et du social sont, temporairement, mises hors circuit par la rapidité de la mise en œuvre de l'opération.

En 1983, la situation est modifiée : le succès de l'opération « Été 82 » conduit les travailleurs sociaux à participer – avec des implications variables – à la définition de projets subventionnés dans le cadre des opérations « prévention-été ».

Les autorités administratives imposent cependant une logique de concertation : les initiatives doivent être coordonnées par les différents partenaires de l'action éducative et culturelle au niveau des quartiers. Cette logique de concertation est une réponse à des critiques souvent portées au travail social, précisément à ce cloisonnement qui fait que jamais les divers intervenants ne se rencontrent et n'échangent à partir de leurs pratiques (Dubet *et al.*, 1986).

Les conseils communaux de prévention de la délinquance mis en place après le rapport de la commission des maires sur la sécurité (1982) visent à systématiser cette concertation à l'échelon communal sur les questions de sécurité et de prévention de la délinquance.

Le discours de Gilbert Bonnemaison prononcé lors de l'installation du Conseil national de prévention de la délinquance[2] (CNPD), le 21 juillet 1983 pointe deux cibles. La première est la police. Sans remettre en cause la maîtrise par l'État de la police et donc de l'autorité du commissaire à l'échelon communal, Bonnemaison dit que le « contenu et les objectifs de l'action policière nécessitent la coopération d'autres intervenants » et, un peu plus loin, « se demande si on peut continuer à employer des forces de police méconnaissant les particularismes d'un quartier, d'une population, les actions engagées par d'autres intervenants ». La seconde cible est le travail social : il ne doit pas y avoir de

> « séparation entre ceux qui assumeraient la répression et ceux qui bénéficieraient d'un mandat du corps social pour accomplir une mission noble. L'îlotier et l'éducateur de rue doivent dans le respect de leur mission spécifique se rencontrer, pour harmoniser leur action. Nous combattrons toujours les a priori excluant le dialogue. »

Ce qui caractérise essentiellement les nouveaux dispositifs de prévention, c'est le renforcement d'une gestion décentralisée et l'appel à l'initiative locale. Depuis 1982, la décentralisation aidant, les élus locaux ont fait une entrée en force dans le champ de la prévention de la délinquance, lequel était traditionnellement occupé par les acteurs du travail social. Ces derniers, sans être aucunement mis à l'écart, voient leurs compétences remises en cause dans une mise en concurrence avec des non-professionnels et dans une collaboration jusque-là presque impensable avec des instances répressives. Leur crainte : une mise en tutelle, la transformation de certaines initiatives en enjeux politiques et la déstabilisation de la prévention au profit de la répression.

Il semble, en fait, que l'objectif des nouveaux dispositifs vise une interpénétration des stratégies sécuritaires et des politiques de prévention, le tout orchestré par le pouvoir local.

Il ne s'agit pas, dans les nouveaux dispositifs, de mettre de l'avant ou de choisir une voie ou une autre. Par contre, il s'agit de mettre en concordance des politiques répressives et préventives, d'apporter aux instances de répression une légitimité plus grande et de montrer comment la prévention participe aussi d'une politique sécuritaire.

---

2.   Structure interministèrielle placée sous l'autorité directe du premier ministre qui finance les projets par les conseils communaux de prévention de la délinquance.

Cette redéfinition des politiques locales face à la délinquance et à l'insécurité ne se fait pas de façon uniforme. En fonction de leurs stratégies, des dispositifs qu'elles privilégient, des acteurs qu'elles sollicitent, les collectivités locales en arrivent à une redéfinition de leur politique face à la délinquance et à l'insécurité, même si cette politique n'est pas toujours, dès le départ, pensée dans sa globalité.

La multiplication des dispositifs doit entraîner, pour donner des résultats, l'implication du plus grand nombre d'instances possible dans un objectif d'interpartenariat et une mobilisation de la population par l'intermédiaire d'agents du terrain, susceptibles de devenir des leaders et des porteurs de projets.

Cependant, la collaboration effective d'un plus grand nombre de partenaires (policiers, magistrats, éducateurs, animateurs, enseignants) amène à mettre surtout l'accent sur les aspects consensuels, généraux et à éviter les sujets problématiques. C'est ainsi que les décisions prises par les conseils communaux de prévention de la délinquance n'induisent généralement pas de réorganisation fondamentale mais portent plutôt sur des améliorations telles que l'informatisation d'un commissariat, l'achat de matériel de transmission, l'éclairage public, etc. Il s'agit bien là d'une logique de « coups » et non d'une refonte des politiques d'action sociale et de sécurité.

De plus, les acteurs mis en présence sont rarement représentatifs de l'ensemble du champ. Pour certaines instances en particulier, ce ne sont pas les agents les plus proches du terrain qui sont sollicités mais plutôt les membres de la hiérarchie. Ce qui marque le plus les nouveaux dispositifs, c'est la rencontre d'acteurs qui, travaillant dans un même secteur et traitant de problèmes voisins, voire identiques, n'avaient jusque-là presque aucun contact les uns avec les autres.

Le rassemblement d'un grand nombre d'agents peut donc être perçu comme un élément de progrès. En souhaitant décloisonner les interventions, en cherchant à les coordonner, en amenant les uns et les autres à préciser les objectifs et les moyens, on peut légitimement prétendre à une meilleure efficacité. Encore faut-il que le malaise introduit chez les professionnels par la volonté de rationalisation et, donc, d'évaluation n'entraîne pas une simple justification de leurs actions et la présentation d'une vitrine (Duprez *et al.*, 1986 ; Duprez et Lamarche, 1986).

La prévention de la délinquance
et le sentiment d'insécurité

Le succès d'une politique ne se mesure pas seulement à l'aune de la résolution de problèmes réels. Il a aussi à voir avec l'imaginaire qui, en l'occurence, a un nom : le sentiment d'insécurité.

La prévention de la délinquance pose aussi un épineux problème de communication. Paradoxalement, un dispositif de type conseil communal de prévention de la délinquance peut contribuer à nourrir un sentiment d'insécurité.

Une campagne publicitaire menée par la police pour amener les automobilistes à mieux se protéger du vol n'a pas toujours des effets visibles. Ceux-ci peuvent même être pervers dans des communes peu touchées par la délinquance.

De même, une action d'animation peut être analysée de façon contradictoire suivant le point de vue d'où on se place. Pour un élu, un festival de rock ou un équipement de quartier doivent permettre de satisfaire les besoins des jeunes et, donc, d'éviter des actes de délinquance. Des habitants, des policiers peuvent tout aussi légitimement évoquer le rôle perturbateur pour l'ordre public d'une présence massive de jeunes. Toute intervention éducative peut être contestée selon le système de représentations et de valeurs dans lequel se place le locuteur.

Une lecture de l'émergence du sentiment d'insécurité renvoie à place de l'État, qui a dans les sociétés modernes le monopole de la violence légitime comme résultante de la garantie des biens et des personnes. La thèse de P. Robert (1985) est que les institutions répressives de l'État ne parviennent tendanciellement pas à jouer le rôle qu'on en attend : la poursuite de relations sociales conformes à une éthique réaffirmée à l'origine de leurs interventions.

> « Il n'est donc ni aléatoire, ni gratuit de voir cette béance dessinée par l'actuelle gestion des délinquances servir de niche à la cristallisatiion de toute une série de peurs, de préoccupations, de sentiments d'insécurité qui (n') ont en commun (que) de concerner la place et le rôle de l'État » (P. Robert, 1985).

On ne peut que lier cette idée à la représentation du rôle de l'État chez certaines catégories d'acteurs sociaux. L'État garant de la sécurité publique doit être associé à l'État-providence. Ce généreux dispensateur d'assistance n'est plus en mesure aujourd'hui d'assurer cette mission dans les mêmes termes que par les années 60. Que le sentiment d'insécurité soit particulièrement repérable chez les personnes à la recherche de garanties et de protections sociales n'a donc rien de bien surprenant. Derrière la peur du crime se dessine en pointillés la peur du risque, d'autant que ce sont les atteintes au patrimoine qui prédominent largement dans les actes de délinquance.

Prévenir la délinquance équivaudrait à non seulement susciter des actions en direction d'une population repérée comme dans le cas des opérations « été-jeunes », mais également à agir sur les représentations. C'est d'ailleurs pourquoi toute une série d'actions encouragées par le CNPD visent à tranquilliser les populations sans pour autant, comme dans le cas du Québec, encourager une forme d'autodéfense civile organisée et appuyée par les services de police des municipalités (Bernard et Lapierre, 1984, p. 31).

Dans la région montréalaise, les opérations « Tandem », « Prévol » (ville de Laval) portent sur la protection des résidences privées par une surveillance accrue de la part des résidents eux-mêmes. Promue sous le vocable de « prévention contre le crime », cette action cherche à susciter une certaine vigilance chez les victimes d'acte déviant. On peut se demander si cette forme de « prévention » n'entraîne pas une montée de sentiment d'insécurité eu égard à l'exposition réelle à être victime d'un délit.

La nécessité de prévenir la délinquance apparaît aujourd'hui indéniable, mais son contenu pose encore problème. Dans les nouveaux dispositifs de prévention mis en place en France depuis 1982, il s'agit de mettre en concordance les politiques répressives et préventives, de montrer à la population comment la prévention participe aussi d'une politique d'ordre public.

BIBLIOGRAPHIE

ARIÈS, Philippe (1973), *L'enfant et la vie familiale sous l'Ancien Régime*, Paris, Seuil.

BERNARD, Léonel et LAPIERRE, André (1984), « Loi 24 : délinquance juvénile et pratiques préventives », *Revue internationale d'action communautaire*, nº 11\51, p. 31.

BONNEMAISON, Gilbert (1983), Discours prononcé le 21 juillet 1983, en présence du Président de la République française et diffusé dans La Presse.

DELIGNY, Fernand (1975), *Vagabonds efficaces*, Paris, Maspéro, (réédition de l'ouvrage paru en 1947).

DUBET, F., DUPÉ, DUPREZ, D., JAZOULI, A., LAPEYRONNIE, D., LEFEBVRE, B., PITAUD, P. et PORTET, F. (1986), *Les opérations « été-jeunes »*, Paris, Publications CNTERHI, PUF.

DUPREZ, D., DUPÉ, M., HESS, R., et LAMARCHE, C. (1986), *La gestion de la délinquance, représentations de la jeunesse et politiques locales*, Lille.

DUPREZ, D., et LAMARCHE, D. (1986), « Redéfinition des politiques locales face à la délinquance et à l'insécurité », nº 8.

MOREAU, Pierre-François (1978), Fernand Deligny et les idéologies de l'enfance, Retz, Paris, p. 73, cité par Dupé M. et Lamarche C. (1986), « Graine d'éducateur... Le jeune leader : une nouvelle idéologie du travail social », *Contractions*, n° 47.

MUEL-DREYFUS, Francine (1980), « L'initiative privée, le « terrain » de l'Éducation Spécialisée », *Actes de la recherche en sciences sociales*, n° 32.

ROBERT, Philippe (1985), « Insécurité, opinion publique et politique criminelle », *L'année sociologique*, p. 219.

Chapitre 11

LES EFFORTS DE LA NOUVELLE-ANGLETERRE POUR COMBATTRE L'ABUS D'ALCOOL CHEZ LES ADOLESCENTS

Amy Claire Barkin

Au cours des dix dernières années, la surconsommation d'alcool chez les jeunes de 12 à 17 ans est devenue un problème social majeur aux États-Unis :

— Environ 10 000 jeunes âgés de 16 à 24 ans meurent chaque année dans des accidents de la route causés par la conduite en état d'ébriété, la cause principale de mortalité dans ce groupe d'âge.

— Près de trois millions de jeunes de 14 à 17 ans ont des problèmes de consommation d'alcool.

— Un étudiant sur quatre entre la 10e et la 12e année scolaire consomme de l'alcool au moins une fois par semaine. Quinze pour cent en consomment beaucoup une fois par semaine et 6 % des étudiants de 12e année en consomment beaucoup régulièrement.

— De nos jours, beaucoup plus d'étudiants du secondaire consomment de l'alcool que n'importe quelle autre drogue psychoactive, et l'usage de nombreuses drogues est courant.

Le nouveau défi lancé par l'abus d'alcool chez les adolescents a conduit les gouvernements des États à créer des programmes pour combattre ce problème. Les six États de la Nouvelle-Angleterre s'intéressent depuis longtemps à la prévention des problèmes d'abus d'alcool, principalement chez les jeunes, et ils tentent d'y remédier. Ce document présente un résumé des efforts faits par la Nouvelle-Angleterre pour enrayer ce fléau.

Au cours des dernières années, les États de la Nouvelle-Angleterre ont élargi leurs connaissances des problèmes à la suite du lancement d'une campagne de prévention efficace et ils ont identifié certains points critiques à considérer.

Le premier point est la collaboration interagences. Plusieurs agences s'occupent de trouver des solutions à l'abus d'alcool chez les adolescents. La collaboration interagences et intergroupes est essentielle à la réussite de tout programme de traitement et de prévention. Au niveau de l'État, cet objectif nécessite la création de relations de travail et de stratégies conjointes entre les différentes agences et leurs sous-composantes partout dans l'État. L'effort actuel de la Nouvelle-Angleterre pour enrayer l'abus d'alcool chez les adolescents démontre l'importance d'un appui administratif et législatif pour de telles activités conjointes.

Les six États de la Nouvelle-Angleterre possèdent des groupes de coordination actifs sur l'ensemble de leur territoire qui répondent aux besoins de la population. Le Vermont emploie cinq coordinateurs régionaux qui surveillent les activités de leur région respective. Le Massachusetts dirige huit centres de prévention qui offrent des services à cette clientèle. Le Maine travaille conjointement avec ses cinq conseils régionaux et le Maine Chapter of the National Council for Alcoholism afin d'assurer le bon fonctionnement des services et des efforts de prévention. Tous les services offerts au Connecticut sont coordonnés par le State Alcohol and Drug Abuse Commission. Le Rhode Island Advisory Council on Substance Abuse établit les priorités des services, et le New Hampshire Central Office, de concert avec les coordinateurs régionaux, prépare les programmes d'État.

La participation des divisions d'État des agences nationales et bénévoles, engagées dans les services offerts aux enfants et aux jeunes, ainsi que des médias est tout aussi importante. Les citoyens préoccupés par ce problème de l'abus d'alcool chez les jeunes sont présents pour rappeler à l'ensemble de la communauté qu'il est important d'offrir son appui.

En 1982, le gouvernement fédéral a joué un rôle important dans le lancement d'un Secretarial Initiative on Teenage Alcohol Abuse Prevention pour attirer l'attention du pays sur les conséquences tragiques de l'abus d'alcool sur la santé et la vie sociale des adolescents. Cette initiative a demandé au secteur privé ainsi qu'à trois départements fédéraux (Éducation, Transport et Services de santé et de bien-être) de fournir un effort national concerté afin de prévenir et de traiter l'abus d'alcool chez les jeunes.

L'organisation bénévole Mothers Against Drunk Driving (MADD) exerce des pressions pour exiger des changements dans la législation fédérale et d'État en ce qui concerne la conduite en état d'ébriété. MADD aide également les individus qui ont été blessés dans des accidents causés par des conducteurs ivres de même que les familles des victimes. Son but à long terme est d'éduquer le public et d'attirer son attention sur les conséquences de la conduite en état d'ébriété. On retrouve plusieurs divisions de MADD partout en Nouvelle-Angleterre.

Les écoles publiques, paroissiales et privées ont un rôle crucial à jouer. En raison de l'autonomie relative des directeurs d'école et des districts, un effort spécial est nécessaire pour obtenir leur appui et leur participation. Certains directeurs d'école mettent sur pied des règlements précis sur la consommation d'alcool à l'école et à l'extérieur. Ces règlements s'attardent sur des questions telles que la mise en vigueur d'un programme de prévention de l'abus d'alcool, l'opportunité de diriger quelqu'un vers un traitement lorsque c'est nécessaire et l'élaboration des programmes scolaires sur la drogue et l'alcool.

Afin d'assurer une collaboration efficace, il conviendrait de susciter la participation de comités et de coalitions de représentants du secteur de l'éducation, de centres de réadaptation pour les alcooliques, de départements de la sécurité routière, de fournisseurs en boissons alcoolisées et de groupes de parents et de jeunes qui agiraient réciproquement avec l'ensemble de la communauté. La Coalition to Reduce Drunken Driving (CORDD) au Massachusetts en est un bon exemple.

Le deuxième point important est la prévention. Un changement significatif s'est produit dans ce domaine : on met maintenant plus d'emphase sur la prévention plutôt que le traitement. Ce changement est attribuable, en partie, aux pressions du public demandant qu'une action sur les conducteurs ivres soit entreprise. Les efforts de prévention se veulent en accord avec la conscience accrue du public sur l'importance de la promotion de la santé. La prévention donne de meilleurs résultats que le traitement. Appliquer des sanctions pour la conduite en état d'ébriété et augmenter l'âge légal pour consommer de l'alcool sont quelques exemples concrets de stratégies de prévention. Au Massachusetts, on est sur le point d'adopter un projet de loi dans le but de pénaliser les jeunes qui violent les lois de l'État sur la consommation de boissons alcoolisées. Cette loi obligerait les jeunes reconnus coupables à accomplir des heures de service communautaire comme sanction.

Le besoin d'une prise de conscience le plus tôt possible a conduit plusieurs parents à participer aux efforts de prévention. Des organisations parentales travaillent étroitement avec les administrateurs scolaires afin d'éliminer ce problème et elles participent aux bals des finissants et aux événements spéciaux.

Project Graduation, fondé dans le Maine en 1980, est un concept de bals de finissants où on ne sert aucune boisson alcoolisée. C'est une façon de célébrer un des événements les plus importants dans la vie d'un adolescent tout en restant sobre. Les gens consacrent temps, argent et efforts pour imaginer, planifier et mener à bien les cérémonies de remise des diplômes. Les commerces de la communauté apportent leur appui financier, et les médias locaux font la promotion de l'événement. Toute la communauté prend donc conscience des problèmes et apporte ainsi un soutien important au programme. Pendant la période de remise des diplômes au Rhode Island, les commerces de location de smokings insèrent une carte dans la poche du veston portant l'inscription « Prenez conscience de vos limites » à l'intention des jeunes.

Les activités des adolescents et la reconnaissance des rôles importants qu'ils jouent auprès de leurs pairs, dans des comités consultatifs de jeunes et lors des événements scolaires spéciaux, sont étroitement reliées à cette participation parentale. Un résultat tangible est l'augmentation de programmes mis sur pied et maintenus par les adolescents tels que le Students Against Driving Drunk (SADD). SADD a été fondé en 1981 à Wayland, au Massachusetts, par des étudiants inspirés par un cours sur l'éducation à la santé. Ce cours s'adressait aux conducteurs débutants et présentait les dangers de la conduite en état d'ébriété sous forme de mises en situation. SADD a quatre objectifs : réduire au minimum le nombre de conducteurs ivres et ainsi sauver des vies ; sensibiliser les étudiants aux dangers de la conduite en état d'ébriété ; organiser des programmes communautaires de la prise de conscience face à l'alcool ; et organiser des programmes de counseling par des pairs afin d'aider les étudiants aux prises avec des problèmes de consommation d'alcool. Afin de s'assurer de la participation des parents, SAAD a conçu un contrat signé par l'adolescent et ses parents pour assurer un autre moyen de transport au jeune qui aurait consommé de l'alcool. Ce programme est en cours dans des écoles de la Nouvelle-Angleterre ainsi que dans d'autres régions des États-Unis.

Un autre programme, le Cambridge and Somerville Program for Alcoholism Rehabilitation (CASPAR), a vu le jour à Somerville, au Massachusetts, au début des années 1970. Au plan philosophique, le programme considère qu'un changement d'attitude envers la consommation excessive d'alcool est aussi important que l'acquisition de connaissances sur l'alcool pour un changement global à long terme. L'objectif du programme CASPAR est de prévenir ou de réduire les problèmes causés par l'alcool en enseignant aux jeunes et aux adultes à prendre des décisions responsables sur la consommation ou la non-consommation d'alcool. Le programme comprend cinq composantes :

1. Surveiller la formation des enseignants afin que ces derniers puissent atteindre les jeunes ;

2. Mettre sur pied un programme scolaire pour les niveaux de la 3e à la 12e année appelé «Decisions About Drinking» mettant l'accent sur la participation des étudiants ;

3. Organiser des rencontres de groupes après l'école pour discuter de l'alcoolisme, de ses effets sur la famille et sur les relations des jeunes avec les autres, et des façons de faire face quotidiennement à un parent alcoolique ;

4. Former la communauté et éveiller sa conscience ;

5. Évaluer toutes les activités.

Le projet Brookline Alcohol Safety Education (projet BASE) a été fondé en 1981 à l'école secondaire Brookline, au Massachusetts. Ce projet offre une approche dans toute l'école sur l'alcool et la sécurité routière à l'aide de méthodes intensives telles que la formation des enseignants et du personnel ainsi que la formation et la participation d'animateurs de groupe. Le projet crée une atmosphère qui encourage les décisions responsables, dissuade les décisions irresponsables sur la consommation d'alcool et fait de la non-consommation une attitude permanente. Les programmes SADD, CASPAR et le projet BASE ont été approuvés par les agences fédérales et servent maintenant de programmes de démonstration partout aux États-Unis.

Safe Rides, créé au Connecticut, est un programme conçu afin de procurer aux étudiants n'étant pas en état de conduire, ou à leurs passagers, un retour à la maison gratuit et confidentiel en toute sécurité. Ce programme est très prometteur pour changer l'attitude des jeunes sur la conduite en état d'ébriété. Les collèges et les universités d'État encouragent les étudiants à prendre de bonnes habitudes concernant la consommation d'alcool.

Les médias peuvent exercer une influence extrêmement positive ou négative. On peut les encourager à diminuer l'attrait de l'alcool et à fournir des informations exactes et actuelles. En établissant de bonnes relations de travail avec les médias, on peut apporter des changements aux politiques éditoriales et aux reportages. Une façon d'encourager la participation des médias est de décerner des prix aux personnalités de la radio et de la télévision, et aux reporters qui couvrent les problèmes de l'abus d'alcool. Plusieurs journaux locaux de la Nouvelle-Angleterre publient régulièrement les noms de personnes arrêtées ou reconnues coupables pour conduite en état d'ébriété. On peut juger l'importance de ces listes par le fait que les gens tentent en vain d'en faire rayer leur nom et que de plus en plus de journaux envisagent d'adopter ce procédé. En 1983, le Rhode Island lançait une campagne dont le thème était « Au Rhode Island les conducteurs ivres sont arrêtés » et beaucoup d'États de la Nouvelle-Angleterre adoptent le thème du Federal Department of Transportation, « Ne laissez pas vos amis conduire en état d'ébriété ».

Une partie importante de la prévention est l'éducation. L'éducation des gens sur l'alcool (ce qu'est l'alcool, ses effets et pourquoi les gens en consomment) doit débuter le plus tôt possible et être axée sur le rôle de l'alcool dans notre société. Il est important de souligner qu'apprendre à boire fait partie intégrante de l'apprentissage du comportement social adulte aux États-Unis. Par conséquent, l'éducation sur l'alcool est devenue un sujet familier dans plusieurs écoles de la Nouvelle-Angleterre. En effet, quelques écoles traitent ce problème à partir de la 2e et de la 3e année puisque les statistiques indiquent que 34 % des jeunes Américains âgés de 11 ans ont été en état d'ébriété au moins une fois.

L'enseignant est une source vitale d'informations et d'attitudes sur la consommation et la surconsommation d'alcool. Les enseignants possédant une formation en « éducation sur l'alcool » sont grandement en demande. On reconnaît donc de plus en plus le besoin de mettre l'emphase sur la formation des enseignants. Par conséquent, afin d'influencer le comportement des jeunes, les enseignants et le personnel doivent être à l'aise avec leurs propres habitudes de consommation, renseignés sur les réalités de l'alcool et ne pas porter de jugement sur les étudiants ou les familles qui pourraient avoir des problèmes reliés à l'alcool. Les administrateurs scolaires doivent croire à la nécessité de telles formations pour que les enseignants aient une influence positive sur les étudiants.

L'importance de l'école comme point de départ pour la prévention engendre deux questions fondamentales. La première concerne l'autonomie des districts scolaires locaux et l'autorité restreinte du State Department of Education. Certaines lois d'État exigent que tous les enfants reçoivent chaque année des informations sur les effets négatifs de l'alcool, des drogues et du tabac. Le State Board of Education en Nouvelle-Angleterre octroie des subventions aux districts scolaires locaux afin d'appuyer ces efforts. Il fait connaître les lignes directrices des programmes scolaires pour l'éducation sur l'alcool. Cependant, les décisions de règlements, surtout pour les questions controversées, sont laissées aux soins des comités scolaires locaux et des directeurs. Par conséquent, une meilleure collaboration entre les agences d'État et les autorités locales est essentielle au succès de la réalisation de programmes de prévention.

La deuxième question soulevée est une question philosophique qui rappelle les problèmes épineux causés par les cours d'éducation sexuelle. Les règlements, souvent obscurs, mettent en danger le débat ouvert sur l'existence des programmes de prévention. Ils dépendent tous de points de vue différents sur la question d'abstinence contre la consommation « raisonnable » d'alcool. Chaque communauté doit faire face à ce problème de façon à enrayer les problèmes d'alcool chez les adolescents.

Un autre secteur est l'information disponible pour les jeunes conducteurs. Les descriptions des effets de la consommation d'alcool sur la conduite, que l'on retrouve dans les manuels de conduite automobile de la Nouvelle-Angleterre, manquent d'uniformité. Puisque la consommation abusive d'alcool est la cause principale de mortalités et de blessures sur la route, la conduite en état d'ébriété devrait faire l'objet d'une attention spéciale dans l'obtention du permis de conduire, autant au moment de la formation que de l'évaluation. Plusieurs nouveaux postulants de permis de conduire n'ont pas reçu d'éducation ou n'ont pas eu accès à des renseignements appropriés sur les effets de l'alcool sur le comportement. Plusieurs raisons expliquent cette situation. Il y a des jeunes qui ont abandonné leurs études, des diplômés d'écoles où les cours de conduite n'étaient pas offerts ou ne comprenaient pas de partie sur l'alcool. Les State Alcohol Authorities de la Nouvelle-Angleterre travaillent conjointement avec le Registry of Motor Vehicles pour élaborer une partie détaillée, éducative et informationnelle sur l'alcool qui sera incluse dans tous les manuels de conduite automobile à l'intention des nouveaux et des anciens conducteurs. Cette partie pourrait être reprise lors du renouvellement du permis de conduire.

L'âge légal pour consommer de l'alcool est une question d'actualité en Nouvelle-Angleterre. On s'est livré à des études poussées pour déterminer quels effets sur la prévention des pertes de vie et des blessures aurait un relèvement à 21 ans de l'âge légal pour consommer de l'alcool. L'argument principal contre ce changement est qu'à 18 ans un individu est considéré majeur et peut voter et s'engager dans l'armée. Par contre, le Presidential Commission Report on Drunk Driving appuie ce changement. Le très grand intérêt actuellement porté au problème de la conduite en état d'ébriété laisse supposer qu'on fixera probablement et de façon uniforme à 21 ans l'âge légal pour consommer de l'alcool. En Nouvelle-Angleterre, l'âge légal pour consommer de l'alcool varie entre 18 ans au Vermont et 20 ans au Connecticut et au Massachusetts.

On multiplie les actions visant un plus grand respect de la loi, telles que des barrages routiers fréquents et la suspension du permis pour conduite en état d'ébriété. De plus, le New Hampshire et le Massachusetts projettent un accord réciproque stipulant que l'État de résidence retirerait le permis aux adolescents arrêtés pour conduite en état d'ébrité dans l'autre État. Le Maine a adopté une approche sévère en retirant leur permis aux adolescents conduisant avec un taux d'alcool dans le sang de 0,02.

Le rôle de la famille est primordial. Les adultes de la famille sont les principaux modèles dans le développement d'attitudes et de comportements face à l'alcool. Beaucoup d'étudiants d'écoles secondaires consommant de l'alcool proviennent de foyers où on consomme l'alcool. Le comportement de consommation des parents et des adolescents est généralement similaire. L'intérêt des parents et leur influence constituent les armes les plus efficaces contre l'alcoolisme chez les adolescents.

Les adolescents doivent faire face à de sérieux problèmes pour atteindre la maturité dans le monde actuel. Ils méritent certainement notre appui, et nous nous devons de les faire bénéficier de notre expérience afin qu'ils puissent éviter les dangers de l'abus d'alcool. Nous partageons notre expérience avec cœur dans l'espoir que plusieurs communautés adoptent des mesures préventives prometteuses et efficaces pour sauver et aider les jeunes.

Chapitre 12

LA DROGUE ET LES JEUNES, LA PRÉVENTION, LE PROGRAMME JADE

Jean-François Saucier

L'usage des drogues psychotropes est un phénomène qu'on retrouve à travers les siècles et les cultures sur toute la planète (Inglis, 1975), mais ce phénomène a toujours été, dans la plupart des cas, contrôlé par la coutume ou diverses institutions, à des fins religieuses ou mystiques, guerrières ou initiatiques.

Une rupture de cet équilibre traditionnel s'est produite au cours des trente dernières années, à la suite du développement, à l'échelle de la planète, de réseaux d'échanges de substances psychotropes naturelles (et de leur utilisation, sans normes ni protection, par des populations non initiées) et aussi à la suite de l'apparition de produits psychochimiques de synthèse à action spécifique.

Cet article décrira en détail les premières étapes d'un long cheminement d'éducateurs et de consultants montréalais au sujet de la consommation des drogues par les jeunes et d'une stratégie d'intervention à développer à son endroit. C'est au cours de ce cheminement que le programme JADE (jeunes, adultes, drogue, éducation) a vu le jour à la Commission des écoles catholiques de Montréal (CÉCM), grâce à la collaboration du Centre de réadaptation Alternatives, d'une équipe du Bureau de ressources en développement pédagogique et en consultation personnelle de la même commission, de l'Office national du film du Canada et grâce à une subvention du ministère de la Santé et du Bien-être social.

Une première partie sera consacrée à l'information sur le phénomène de consommation des drogues, une deuxième à la réflexion sur ce sujet, une troisième à une démarche d'intervention modelée sur le processus du choix éclairé et responsable, une quatrième à l'activité d'implantation du programme auprès des enseignants et, enfin, une dernière à l'évaluation du programme.

Information sur le phénomène de consommation de drogues

Une série d'enquêtes faites au Québec entre 1976 et 1984 (Bourgault *et al*, 1981 ; Crespo et Poissant, 1976a et b ; CSS Saguenay – Lac St-Jean – Chibougamau, 1981 ; Desranleau, 1984, 1985 ; Houle *et al*., 1984 ; Langlois, 1982 *et al*., et Théberge *et al*., 1978) révèlent que le phénomène drogue ne peut pas être considéré comme marginal, que le pourcentage de consommateurs n'offre pas de très larges écarts entre les diverses régions du Québec (quelle que soit la drogue utilisée), que les jeunes consomment maintenant autant de drogues traditionnelles (alcool, tabac) que de drogues nouvelles (canabis, etc.), et que le pourcentage des consommateurs est beaucoup moins élevé pour les drogues fortes (tranquillisants, mescaline, cocaïne, etc.).

En résumé, on observe que la consommation occasionnelle de drogues touche environ la moitié des jeunes et que la consommation régulière (au moins une fois par semaine) touche de 20 à 25 % d'entre eux. Enfin, entre 1976 et 1984, on observe une baisse, sauf pour la cigarette et la cocaïne, du pourcentage des consommateurs réguliers de drogues, mais le pourcentage plus bas de 1984 ne semble pas signifier la disparition prochaine du phénomène.

Ce profil de la consommation révèle qu'en 1984, à Montréal, il n'y a pas de différence significative selon le sexe ; d'autre part, plus l'âge est élevé, plus la consommation est élevée. Le type d'école ne semble pas influencer la consommation : celle-ci n'est pas plus élevée dans les polyvalentes que dans les autres écoles.

Au sujet des variables familiales, le plus haut taux de consommation est observé chez les jeunes vivant dans une famille monopa-
rentale où seul le père est présent, alors que le plus bas taux se
retrouve dans les familles où les deux parents sont présents. Par ailleurs, ni le degré de scolarité et ni l'occupation des parents, pas plus
que l'état de chômage, n'influencent le niveau de consommation.

En ce qui regarde les aspirations éducationnelles, les consommateurs de drogues ont des aspirations plus limitées que les
non-consommateurs, perçoivent moins d'encouragement à poursuivre
leurs études de la part de leurs parents et ont des amis qui eux aussi
ont des aspirations plus limitées. Il n'y a pas de différence entre
consommateurs et non-consommateurs au sujet du nombre d'heures
consacrées aux activités parascolaires, mais les consommateurs semblent moins actifs en ce qui a trait à la participation à des groupes
organisés.

En conclusion, on s'aperçoit qu'il n'y a pas actuellement chez
les jeunes une omniprésence du cannabis ; en fait l'alcool prend une
place aussi importante que ce dernier, autant chez les consommateurs
occasionnels que réguliers.

Pourquoi des jeunes décident-ils de consommer des drogues ?
L'enquête faite au Saguenay (1981) a demandé aux répondants les raisons de leur consommation dans le passé et au moment présent, et a
répertorié huit raisons principales de consommation. *(Tableau 1.)*

On constate qu'avec l'âge la curiosité devient beaucoup moins
importante (de 29,6 à 7,1 %) et qu'inversement c'est le plaisir, la réaction et l'émotion qui deviennent la principale motivation (de 27,5 à
41,9 %). La réduction de la gêne est par contre un facteur important et
stable, quel que soit l'âge, (19,5 et 22,3 %). Les cinq dernières raisons
sont moins fréquentes et restent stables.

Enfin, une autre raison importante de la consommation de
drogues a été mise en relief par Bibeau et Tremblay (1983) dans leur
étude sur le tabagisme chez les jeunes ; d'après ces auteurs (et cela
peut être étendu aux premières expériences avec les autres drogues),
« le tabac constitue, pour une proportion importante des pré-adolescents, la matière même d'un rituel initiatique ». Il semble en outre que
« l'apprentissage du tabac constituerait pour les pré-adolescents une
expérience de nature subjective qui leur permet de ressentir intensé-
ment leur corps et de le vivre comme une réaction bien à eux ».

Tableau 1

Fonctions attribuées à la consommation (en pourcentage*)

FONCTIONS	PÉRIODE	
	Dans le passé	Actuellement
La satisfaction d'une curiosité, du désir d'en faire l'expérience	29,6 %	7,1 %
Le plaisir, la réaction, l'émotion	27,5 %	41,9 %
La réduction de la gêne	19,5 %	22,3 %
L'expérience de nouvelles sensations	12,0 %	12,3 %
La conformité au groupe des amies et amis	11,2 %	9,7 %
L'oubli des chicanes de famille	6,2 %	4,3 %
Le dépassement de l'ennui	5,0 %	7,2 %
L'oubli des échecs scolaires	3,3 %	3,4 %

* Ne totalise pas 100 %, en raison de la possibilité de plusieurs choix.

Réflexion

Ces quelques résultats soulèvent à eux seuls toute la question de l'efficacité d'une intervention orientée exclusivement sur l'interdit et l'abstinence. En effet, si l'usage du tabac est considéré par les pré-adolescents comme un rituel initiatique, parler d'abstinence dans ce contexte, c'est évoquer la nécessité d'offrir aux jeunes d'autres rituels de passage ; cela questionne l'ensemble de la société.

Retombée d'une recherche, ce questionnement rejoint celui proposé par les jeunes dans leur identification des rôles que joue pour eux la consommation de drogues. Tant la voie des jeunes que la voie de la recherche invitent à situer le phénomène de consommation dans un contexte global qui propose la nécessaire solidarité des jeunes et des adultes.

L'influence du phénomène de consommation de drogues chez les jeunes sur les relations entre jeunes et adultes figure rarement en tête de liste dans la série des réflexions que nous nous imposons sur le phénomène drogue. Et pourtant, cette influence existe. Dans le film *L'émotion dissonante*, un des jeunes exprime en peu de mots comment l'usage des drogues influence la perception que les adultes ont des jeunes : « On est des drogués, dit-il, oui, c'est ça, rien que des drogués ». Se sentant ainsi réduit à un rôle de consommateur de drogues, comment le jeune peut-il entrevoir la possibilité de relations franches et valorisantes avec les adultes ? Par ailleurs, l'adulte, dont les énergies sont orientées vers le seul objectif de cessation de cette consommation, est-il en mesure d'entrer en relation véritable avec le jeune ?

Les jeunes qui consomment ne se sentent pas tous perçus comme étant uniquement des drogués ; les adultes ne portent pas tous, sur les jeunes, un regard qui ne va pas au-delà de la consommation. Il s'agit là de points limites entre lesquels se dispersent les perceptions qui, dans notre société, définissent le phénomène drogue ; ces perceptions participent à l'élaboration des relations qui se construisent entre les jeunes et les adultes.

Les éducateurs qui œuvrent auprès des jeunes ont tous été, un jour ou l'autre, témoins de ces brisures, ruptures, rejets, malentendus, silences et incompréhensions introduits dans les relations parents-enfants et dans les relations professeurs-élèves, par des situations de consommation réelle ou présumée.

Sans ajouter au discours déjà inflationniste sur la crise de l'adolescence, il faut reconnaître que le jeune adolescent, éprouvant déjà des difficultés à négocier avec lui-même, se sent quelquefois à bout de ressources dans ses négociations avec les autres, spécialement avec les adultes. L'adolescent avance dans l'inconnu, recherche des expériences et sensations nouvelles ; il se cherche, il s'invente, il se modèle. L'adulte, lui, dispose d'un riche capital de connu et de valeurs, et il aborde habituellement l'inconnu avec la force et les indications de son expérience.

Les relations jeunes-adultes se situent au carrefour de ces deux contextes de vie, d'action et d'expérimentation, et, si elles doivent permettre aux adultes l'expression de la richesse de leur expérience, elles doivent aussi libérer du territoire pour les jeunes afin qu'ils arrivent à faire l'expérience de leurs richesses. Dans le développement de leurs valeurs personnelles, dans la quête et l'affirmation de leur identité, les adolescents ont besoin de cette aire de liberté ; c'est là qu'ils vivent des expériences nouvelles grâce auxquelles émerge et se consolide l'image de soi. Cela ne va pas sans inquiéter et insécuriser l'adulte, et l'insécurité est d'autant plus forte que les adolescents, dans leur démarche d'expérimentation, adoptent des attitudes et des comportements étrangers aux attentes des adultes. Le phénomène de consommation de drogues chez les jeunes fait partie de ces comportements particuliers que les adultes ont du mal à admettre, à estimer et à saisir.

Face à ce phénomène de consommation de drogues, et particulièrement face à la consommation de drogues illicites, les adultes ne trouvent pas dans leur « statut d'adulte » toutes les références susceptibles de favoriser leur compréhension du phénomène et de guider avec netteté leur action. Ils ne disposent pas non plus de modèles d'intervention solidement éprouvés. Aussi, l'approche du phénomène impose-t-elle à chacun la recherche de « sentiers neufs ».

Cette exigence génère de l'insécurité et occasionne souvent des maladresses ; ne sachant pas trop comment réagir face à la consommation de drogues, les adultes privilégient la réponse la plus hâtive, celle de l'interdiction, se privant ainsi des retombées fertiles du dialogue. Les adultes portent souvent un regard sévère sur la consommation de drogues, et les jeunes, ainsi marginalisés, tentent de se soustraire à ce regard.

Les enquêtes révèlent que la plupart des jeunes taisent leur consommation de drogues illicites aux adultes qui les entourent. C'est entre jeunes que l'on discute du phénomène, s'épargnant ainsi les jugements rapides des adultes ; c'est aussi entre jeunes que l'on consomme des drogues illicites, à l'abri du regard des adultes, des exclusions du foyer ou de l'école, des rejets et des interdictions, loin aussi de l'assistance des adultes. Le silence s'installe entre adultes et jeunes, et il est éloquent ; il nous dit entre autres choses que les « sentiers neufs » où chemineraient de façon fructueuse la réflexion des jeunes et celle des adultes ne sont pas encore défrichés. « Les jeunes sont jeunes dans un monde que personne ne connaît » (Mead, 1971), aussi devient-il plus impérieux que jamais que jeunes et adultes entretiennent des relations qui leur permettent de se connaître. Pour y arriver, le silence et ses zones d'ombre ne sont pas indiqués.

Les études théoriques permettant de saisir, de mesurer et de qualifier la nature de cette influence du phénomène de consommation sur le réseau des relations, entre jeunes et adultes, sont rarissimes. C'est par une quête méthodique des éléments de l'expérience que nous pouvons, dans le contexte actuel, arriver à rendre plus vives notre connaissance et notre conscience du rôle que joue le phénomène de consommation dans les relations qui s'établissent entre les jeunes et les adultes.

DES MODÈLES EXPLICATIFS DE LA TOXICOMANIE À L'INTERVENTION PRÉVENTIVE

Selon Helen Nowlis (1980), il y a quatre façons principales d'envisager l'utilisation de la drogue et ses trois éléments interagissants (la substance, l'utilisateur, le contexte) :

— Le modèle traditionnel juridico-moral ;

— Le modèle médical ou de la santé publique ;

— Le modèle psychosocial ;

— Le modèle socioculturel.

Selon le point de vue adopté, les hypothèses formulées sur la drogue, sur l'homme, sur le contexte socioculturel, la nature et l'importance relative de chacun de ces éléments seront différentes. Au risque de s'implifier à l'excès, et tout en admettant que chacune de ces façons d'appréhender le problème présente de nombreuses variantes, on peut dire que ces conceptions témoignent de la diversité des hypothèses formulées sur la drogue, sur l'homme et sur la société. Mais chacune de ces hypothèses a des incidences sur l'action sociale, l'éducation, la prévention, le traitement, la législation et la définition de la politique à suivre.

Le modèle juridico-moral

Adopter l'attitude juridico-morale traditionnelle signifie qu'on accorde à la drogue une très grande importance. Les drogues sont classées en deux catégories, inoffensives ou dangereuses ; la drogue inoffensive étant celle qui n'est pas étiquetée comme dangereuse ou qui n'est pas socialement ou juridiquement interdite. L'objectif principal revient en définitive à mettre certaines drogues hors d'atteinte du public. Dans ce modèle, la drogue a la place la plus importante, elle est l'agent actif dans l'équation drogue-individu-contexte. Les victimes qui ne sont pas informées, qui résistent ou s'écartent de la voie normale et qu'il convient de protéger par une réglementation officielle de la culture, de la transformation, de la fabrication, de la distribution, de la vente, du partage ou de la détention des substances en cause, réglementation applicable même, dans certains cas, à la détention du matériel ou des instruments d'utilisation. Dans ces cas-là, on estime que, pour freiner l'utilisation de la drogue, il faut principalement réglementer sa présence sur le marché, relever son prix, appliquer ou faire craindre des sanctions et faire savoir que l'utilisation de la drogue cause de graves dommages sur le plan physique, psychologique et social. On souligne surtout, pour décourager l'utilisateur, les effets dangereux de la drogue, et les programmes éducatifs conçus dans cette optique consistent souvent essentiellement à informer des dangers que présentent certaines drogues dont l'utilisation inquiète, à dire comment la loi les considère et quelles sanctions encourent ceux qui les vendent, les utilisent ou les détiennent. De même que les drogues font l'objet d'une dichotomie – elles sont licites ou illicites –, de même les individus sont classés en utilisateurs et non-utilisateurs, quels que soient le type de drogue consommé et le mode d'utilisation. On fait bien parfois une distinction entre drogues « douces » et drogues « dures », mais, dans l'ensemble, les drogues sont réparties, comme les individus, en deux catégories : licites ou illicites, médicales ou non médicales.

Le modèle médical ou de la santé publique

Dans ce modèle dit de la santé publique, qu'on a tendance de plus en plus à substituer au modèle juridico-moral, la drogue, l'individu et le contexte respectivement sont considérés comme l'agent, l'hôte et le contexte, suivant le schéma de la maladie infectieuse. Les différences entre ces modèles paraîtront peut-être subtiles, mais elles ont une grande influence sur la nature des mesures qu'il est recommandé de prendre. Par définition, l'agent est actif et, dans ce modèle-ci, c'est la drogue, en tant qu'agent, qui joue, comme dans le modèle précédent, le rôle majeur parmi les trois éléments fondamentaux.

Les drogues qui inquiètent sont définies ici comme engendrant une dépendance et non pas comme simplement dangereuses, ce qui était le cas avec le modèle juridico-moral ; mais ces deux modèles donnent tous deux la plus grande place à la drogue ou à la substance en tant qu'agent actif. Il y a une différence sensible, toutefois, en ce sens que si l'on adopte la perspective de la santé publique, on ne fait pas de distinction entre le licite et l'illicite et, par conséquent, on fait souvent figurer l'alcool, la nicotine et la caféine parmi les drogues engendrant une dépendance, en fonction des variables contextuelles (sociales) correspondant au fait que ces drogues sont acceptables sur le plan social, qu'elles sont faciles à obtenir et largement utilisées. Restreindre l'acceptation sociale et relever le prix des substances engendrant une dépendance peut donc devenir un moyen de limiter l'utilisation de ces drogues ou d'en rendre l'obtention plus difficile.

L'individu (l'hôte) est considéré comme vulnérable ou non vulnérable, comme infecté ou infectieux. Comme on est loin de pouvoir identifier avec une parfaite certitude les individus vulnérables, on fait des tentatives de « vaccination » en proposant toute une gamme de mesures, depuis l'absorption d' « antagonistes » (substances antitoxicomagènes) jusqu'à l'établissement de programmes éducatifs de type préventif, visant surtout à renseigner sur les risques que l'on court en commençant à consommer telle ou telle substance, et sur le dommage personnel et social causé par un état de dépendance à l'égard de ces substances.

Sans doute, les partisans du modèle dit de la santé publique qui ont une grande expérience des modes d'utilisation de la drogue et des utilisateurs de drogue reconnaissent-ils que le modèle souffre de certaines insuffisances et sont-ils de plus en plus enclins à adopter un modèle psychosocial. Mais ce modèle médical correspond encore à la conception fondamentale qu'ils ont de la nature et de l'importance relative de la drogue, de l'individu et du contexte, et c'est ce modèle qui détermine, dans une large mesure, la façon dont ils réagissent aux problèmes liés à l'usage de la drogue. Les utilisateurs doivent être traités et guéris comme s'ils posaient un problème de santé. Et il faut organiser la prévention de l'usage de la drogue exactement comme s'il s'agissait de n'importe quelle maladie infectieuse, car il s'agit bien d'un problème de santé publique.

Le modèle psychosocial

Ici, c'est à l'individu qu'on tend à donner la place la plus importante d'agent actif dans l'équation drogue-individu-contexte. C'est l'emploi de la drogue et l'utilisateur plutôt que les substances pharmacologiques qui constituent le facteur complexe, dynamique, et c'est surtout à leur égard qu'il convient d'intervenir. On s'intéresse ici à la signification et à la fonction de l'usage de la drogue pour l'individu, l'usage de la drogue étant un comportement qui, comme tout autre comportement, ne persisterait pas s'il ne remplissait pas une certaine fonction pour l'individu. On établit donc des distinctions suivant la quantité consommée, la fréquence d'utilisation, les modalités d'utilisation de la drogue, la fonction remplie par l'usage de la drogue, les effets différents produits par différents modes d'utilisation chez des individus différents.

On s'intéresse ici au contexte du point de vue de l'influence exercée par les attitudes et le comportement d'autres personnes, tels qu'ils sont perçus par l'utilisateur, qu'il s'agisse d'individus ou de groupes sociaux comme la famille, basée sur les affinités, la collectivité. On considère ici que le contexte favorise à la fois l'utilisation de la drogue et les problèmes liés à cette utilisation par le biais de la définition qui est donnée de l'utilisation de la drogue et des utilisateurs de drogue, et de la réaction qu'utilisation et utilisateurs suscitent dans l'univers relationnel. Vu l'importance accordée ici à l'individu et à son comportement, ainsi qu'au rôle des facteurs sociaux, les tenants de ce modèle recommandent souvent d'appliquer à l'utilisation de la drogue des solutions qui ne sont pas spécifiques à la drogue et qui se révèlent également applicables à d'autres comportements destructeurs ou déviants.

Le modèle socioculturel

Tous ceux qui envisagent l'utilisation de la drogue et les problèmes qui s'y rattachent du point de vue socioculturel ont tendance à faire valoir et à reconnaître, dans la combinaison drogue-individu-contexte, la complexité et la variabilité de l'élément contexte. Telle ou telle drogue tire son sens et son importance, non pas tant de ses propriétés pharmacologiques, que de la façon dont une société donnée définit son utilisation et ses utilisateurs, et réagit à cette utilisation et à la présence d'utilisateurs. L'usage d'une drogue interdite par la société est avant tout considéré comme un comportement déviant qu'il faut envisager et traiter comme tout autre comportement déviant ou, s'il est excessif, destructeur. Et comme il en est de tous les comportements déviants, l'individu peut subir un dommage imputable soit au comportement lui-même, soit à la réaction de la société à laquelle il appartient devant ce comportement. On reconnaît ici que ce comportement varie forcément d'une culture à une autre, d'une sous-culture à une autre. On va au-delà des éléments sociaux et psychologiques tenus pour importants dans le modèle psychosocial pour faire apparaître dans la situation socio-économique et dans l'environnement de l'individu les raisons d'un « stress » psychologique sur lesquelles il faudra donc nécessairement, sinon essentiellement, faire porter l'intervention. La misère, les mauvaises conditions de logement, la discrimination dont l'individu est l'objet, l'absence de débouchés, l'industrialisation, l'urbanisation favorisent l'apparition des éléments plus personnels que ce modèle psychosocial met en vedette, tels que le foyer désuni, l'absence de toute orientation assurée par les parents, des établissements d'enseignement et des lieux de travail très vastes et impersonnels, la disparition de tous les freins sociaux, etc.

Mais on reconnaît également ici que, malgré la tendance à toujours voir dans un comportement répréhensible le produit de ce qui est répréhensible dans le système social, une bonne partie de ce qui est critiqué se rattache initialement à des éléments jugés bons et valables. La conformité, la compétition, la réussite, la productivité sont parfois des armes à double tranchant.

Ces différents modèles témoignent de la multitude des perceptions individuelles et collectives du phénomène de consommation des drogues. Tout en nous aidant à situer notre propre perception du phénomène de consommation des drogues, la connaissance de ces modèles facilite la compréhension des approches adoptées par nos sociétés vis-à-vis de l'intervention.

Une démarche d'intervention modelée sur le processus du choix éclairé et responsable

Pour mettre en évidence la particularité de la démarche proposée plus bas tant au plan des valeurs qu'elle privilégie qu'au plan de la méthodologie qu'elle adopte, il convient de jeter un regard sur les modèles d'intervention les plus couramment utilisés auprès des consommateurs et des surconsommateurs.

Brotman et Suffet (1975) présentent quelques-uns de ces modèles ; les brèves définitions reproduites ci-dessous décrivent la cible de chaque intervention et l'angle sous lequel chacune d'elle appréhende le phénomène drogue :

— *La contrainte.* Cette approche place le consommateur ou le surconsommateur de psychotropes sous le coup de sanctions administratives sévères, allant de son renvoi temporaire de l'école jusqu'à sa remise entre les mains de la justice ;

— *La persuasion.* Cette approche fondée sur une information alarmiste vise essentiellement à éloigner le jeune de la consommation ou de la surconsommation des psychotropes ;

— *Le redressement des valeurs.* C'est l'approche qui, en amenant le jeune à une identification ou à une clarification de ses valeurs, permet d'espérer que, le temps venu, le jeune agira de façon conséquente, c'est-à-dire en conformité avec les valeurs dominantes de la société ;

— L' « *alternative* ». Cette approche propose au jeune des expériences signifiantes lui permettant de s'impliquer dans son milieu ; certains intervenants, estimant que les usagers de drogues recherchent des états de conscience modifiés, recommandent plutôt des activités comme le yoga, la méditation, etc.

Ces différentes approches, bien qu'aboutissant à des résultats vérifiables, ont toutefois le désavantage de s'appuyer sur un certain nombre d'a priori qui laissent peu de place au cheminement personnel initiateur de choix éclairés et responsables.

Par contre, notre démarche préventive et éducative basée sur le processus du choix, qui n'a rien d'une formule miracle, ne prétend pas régler l'ensemble des problèmes reliés au phénomène de la consommation et de la surconsommation des psychotropes. Elle n'éclipse pas les autres programmes de prévention offerts aux jeunes. Elle s'y ajoute avec ses mérites propres et s'y intègre dans un cadre de complémentarité où chaque programme, selon sa pertinence, participe à une démarche globale visant l'agir du jeune.

Proprement éducative, la démarche proposée collabore au développement de la personne ; d'une part, elle appelle à une meilleure connaissance du phénomène drogue et, d'autre part, privilégie l'exercice et l'aptitude à poser des choix conscients et volontaires. Ce recours au processus du « choix personnel » dans l'élaboration des relations que le sujet décide d'entretenir avec la drogue constitue le fondement de la démarche, en légitime à la fois les objectifs, la méthodologie et les attentes.

Dans la poursuite de l'objectif de prévention de la consommation, les moyens adoptés visent à préparer le jeune à vivre ses premières sollicitations à consommer des psychotropes. Une information objective de qualité, intégrée à l'apprentissage, est un des préalables à l'exercice du choix lucide et responsable. La connaissance de soi, de son milieu, de son environnement immédiat est un autre moyen privilégié : en amenant le jeune à une conscience plus vive de « ce qui est », la démarche contribue à l'équiper pour une négociation plus harmonieuse du présent et favorise du même coup l'émergence d'une situation d'équilibre propice à l'intégration du « devenir ». Certaines activités proposent au jeune d'anticiper quelques éléments possibles du devenir en l'amenant à identifier des lieux, des modèles, des circonstances ou des événements comportant plus de risques que d'autres. Elles l'invitent à se positionner face à des situations éventuelles reliées à la consommation de psychotropes.

Une information objective sur les psychotropes, une quête rigoureuse de connaissance de soi, de son milieu, une perception claire de ses attitudes et de ses comportements, plus une évaluation de ses réactions face à des situations éventuelles, voilà les composantes de la démarche en matière de prévention de la consommation.

Pour ce qui est de la prévention de l'abus, la démarche vise à permettre au jeune de porter un regard critique sur les fonctions qu'occupent les psychotropes dans sa vie et, le cas échéant, à poser une action réaliste et volontaire modifiant aussi bien le contexte entourant sa consommation que ses comportements de consommation. L'approche aide non seulement le jeune à percevoir les risques reliés à une consommation excessive, mais aussi à évaluer lucidement les risques liés à différents types de consommation (injection, inhalation, etc.). Il lui est aussi demandé d'examiner les risques (cycle de l'assuétude) à consommer des psychotropes en leur accordant des fonctions de substitution ou en les investissant d'un pouvoir magique permettant d'échapper au réel.

L'analyse de sa situation de surconsommation et l'évaluation de la gravité de celle-ci constituent la démarche de base à laquelle le surconsommateur est convié. Parallèlement, l'intervention aide le jeune à développer, à améliorer son estime de soi : le surconsommateur doit en arriver à se considérer suffisamment important pour travailler à la maîtrise progressive de ses problèmes, soit par des actions directes sur ses problèmes si cela est possible, soit par une réorientation des modes de relations qu'il entretient avec eux.

L'école ne peut, à elle seule, fournir toute la gamme des services que requiert l'intervention auprès des surconsommateurs. Par contre, elle est en mesure de favoriser cette intervention en établissant des liens étroits avec les organismes dont les services répondent de façon spécifique aux besoins particuliers de ces surconsommateurs.

Par cette collaboration école-organismes, les surconsommateurs profitent d'une structure et d'un encadrement susceptibles de les aider à identifier leur comportement de consommation abusive et à s'impliquer activement dans la réorganisation de leur temps, de leurs activités, de leur vie.

Les considérations qui précèdent présentent les objectifs généraux de la démarche proposée. La poursuite de ces objectifs doit permettre au consommateur et au non-consommateur de réaliser les objectifs terminaux suivants :

— S'informer sur le phénomène drogue ;

— Porter un regard critique sur sa consommation ou sur sa non-consommation de psychotropes ;

— Développer des attitudes susceptibles de le conduire à des choix éclairés et responsables.

En conséquence, cette démarche offre aux jeunes un outil qui sert :

— À recueillir et à traiter l'information ;

— À explorer les ressources de l'environnement ;

— À cerner le phénomène de la consommation ;

— À poser une action concrète en conformité avec leurs valeurs personnelles ;

— À évaluer cette action et, le cas échéant, à la réorienter.

Inspirée des propos tenus par Smith (1980), la démarche propose à l'intervenant de faire appel à « l'orientation temporelle du jeune vers le futur » comme facteur d'influence dans la relation que le jeune développe avec l'usage des psychotropes.

> « La probabilité de cessation de l'usage d'un psychotrope s'accroît lorsque l'orientation temporelle du consommateur n'est plus uniquement axée sur le présent ou lorsque celui-ci devient capable de refuser au profit de satisfactions ultérieures plus importantes. » (Smith, 1980.)

Utile vis-à-vis la cessation de l'usage, l'orientation temporelle vers le futur peut raisonnablement faire partie d'une démarche de prévention de la consommation. La démarche proposée invite le jeune à jeter un regard plus ou moins lointain sur son avenir. Bien que l'adolescent trace avec hésitation les contours de son devenir, il met déjà dans cette vision d'avenir certaines valeurs et certains espoirs. Du rapprochement qu'il opère entre les données pourtant variantes de son présent et les projets qu'il nourrit quant à son avenir, l'adolescent dégage progressivement un éclairage sur le temps qu'il vit et sur le temps qui vient. À l'intérieur d'une démarche de prévention de la consommation, cet aller-retour présent-devenir peut générer des retombées fertiles.

Cette démarche éducative préventive, basée sur le postulat fondamental que le jeune est capable d'apprendre à choisir, vise le développement des habiletés aptes à soutenir cet apprentissage du choix.

Ces objectifs de développement personnel concernent :

— l'habileté à se comprendre, ce qui permet d'avoir accès à ce qui se passe en soi (aux plans émotif, corporel et cognitif ainsi qu'à celui des valeurs), puis d'orienter ces données dans une perspective signifiante ;

— l'habileté à s'estimer, celle par laquelle la personne développe un sentiment favorable à l'égard d'elle-même comme à l'égard des actes qu'elle pose ;

— l'habileté à comprendre et à estimer autrui, ce qui implique le développement, à l'égard des autres, d'attitudes semblables à celles qui se manifestent lorsque la personne est capable de se comprendre et de s'estimer ;

— l'habileté à s'engager, c'est-à-dire à mener à terme une action correspondant à ses valeurs, à ses objectifs et à sa compréhension de la liberté.

Le développement du jeune au niveau de ces habiletés de compréhension, d'estime de soi, d'estime des autres et d'engagement, tout en étant directement lié à l'objectif même de la démarche, rejoint l'objectif général de formation de la personne, tel que poursuivi par la famille et par l'école. En ce sens, la démarche de prévention proposée est essentiellement éducative.

La reconnaissance de la complexité du phénomène drogue amène à réfléchir sur les exigences profondes de l'intervention. Pour entreprendre avec confiance la démarche d'intervention proposée, l'intervenant doit évaluer avec précision les exigences de l'intervention, puis se préparer en conséquence.

L'assise de cette préparation demeure la démarche de positionnement de l'intervenant par rapport au phénomène drogue. L'intervenant doit questionner ses valeurs et ses attitudes face à l'usage des drogues, et établir avec clarté sa perception de cet usage et le rôle qu'il entend remplir comme intervenant auprès des jeunes.

À cela s'ajoute la nécessité d'une solide connaissance de la réalité « adolescence », tant à l'égard des composantes particulières de cet âge de la vie que de la culture des adolescents d'aujourd'hui.

L'intervenant doit aussi posséder l'information nécessaire à cette action auprès des jeunes ; il doit maîtriser les connaissances de base sur les psychotropes : leurs effets, les différents modes de relation que les jeunes entretiennent avec les psychotropes, etc. La cohérence entre les différentes interventions de même que les exigences de complémentarité des services offerts au jeune supposent que l'intervenant connaisse l'ensemble des ressources que le milieu offre au regard de l'usage des psychotropes.

Connaissance de soi, connaissance des jeunes, connaissance du phénomène, voilà trois volets d'une préparation adéquate à l'intervention. La mise en route de cette intervention appelle la pédagogie de la démarche, pédagogie avec laquelle l'intervenant doit être très familier. Modelée sur le processus habituel de la prise de décision, la démarche d'intervention en épouse les différentes phases : information, exploration, action et évaluation. Ces quatre temps de la démarche s'appellent mutuellement ; éléments moteurs de la prise de décision, l'information et l'exploration sont, à leur tour, éclairées par les retombées de l'action et de l'évaluation.

Chacune des phases du cheminement proposé au jeune lui permet de rejoindre un objectif essentiel à l'exercice de sa faculté de choisir.

Dans la phase de l'information, on amène le participant à cerner son expérience face au phénomène de consommation des psychotropes ; dans un cadre d'échange spontané, les participants se communiquent leurs connaissances, leurs sentiments et leurs opinions. L'information complémentaire apportée par l'intervenant permet au jeune d'ajouter à ses connaissances. Dans la phase de l'exploration, le participant précise ce qui est important pour lui, ce qu'il aimerait approfondir concernant l'usage des psychotropes. La phase de l'action aide le jeune qui souhaite entreprendre une action susceptible de modifier un élément quelconque de sa réalité personnelle ou environnementale. Dans la phase de l'évaluation, le participant mesure les retombées de son action, exprime le degré de satisfaction qu'il en tire, et, s'il le juge nécessaire, réoriente son action.

Chacune des quatre phases se subdivise en trois étapes ; les objectifs de chaque étape sont explicités et à chacun de ces objectifs correspondent des activités.

Le caractère systématique de la démarche est au service de l'objectif de l'intervention : si, en cours de route, à cause de circonstances spéciales, les jeunes se heurtent à une des composantes de la démarche, l'intervenant introduit des ajustements, en considérant l'esprit de la démarche plutôt que la démarche elle-même. Si une des activités proposées ne répond pas aux attentes précises d'un groupe, le recours momentané soit à un élément déclencheur, soit à un élément de soutien peut contribuer à redonner du « sens » à la démarche et faciliter ainsi sa poursuite.

Pour que l'ensemble de cette démarche trouve tout son sens et produise les retombées attendues, il faut élargir son domaine d'action. Utile au plan de l'intervention quant à l'usage des psychotropes, cette démarche est applicable à l'ensemble des choix que le jeune est amené à poser. C'est dans un cadre de vie où l'on fait appel à l'exercice de la liberté du jeune que la démarche acquiert toute sa signification et qu'elle s'intègre à l'approche éducative globale.

Activité d'implantation du programme : la formation du personnel enseignant

Pour favoriser l'implantation d'interventions préventives dans ses écoles, la CÉCM a élaboré en collaboration avec l'Université de Montréal un programme de formation en intervention préventive au regard du phénomène de consommation de drogues chez les jeunes.

Ce programme, offert dans le cadre du certificat en toxicomanie, comprend un enseignement de 15 heures sur le phénomène de consommation chez les jeunes et sur la prévention, un enseignement de 15 heures sur les psychotropes (classification, effets à risques), ainsi qu'un atelier de 15 heures portant sur le modèle d'intervention développé par le programme JADE.

Pour donner suite à la formation théorique, les enseignants ont la possibilité d'appliquer, dans leur milieu, auprès de leurs élèves, un petit programme d'intervention préventive sous la supervision conjointe de l'Université et de la CÉCM.

Jusqu'à ce jour une vingtaine d'enseignants ont suivi ces cours et plusieurs d'entre eux ont réalisé des travaux pratiques en prévention auprès de leurs élèves.

Évaluation

La démarche d'intervention serait incomplète si elle n'était pas suivie d'une évaluation de l'efficacité du programme et de la pertinence des outils.

À court terme, l'évaluation s'adressera aux éducateurs qui utilisent JADE comme démarche pédagogique ; cette évaluation se veut davantage un reflet de leur vécu et de leur apprentissage ainsi qu'un aperçu de l'utilisation future de JADE par ces éducateurs. L'évaluation portera aussi sur deux instruments de JADE : les films *L'émotion dissonante* et *L'après-cours.*

Dans le cas de *L'émotion dissonante,* une étude des réactions au film des parents, des enseignants et des cadres pédagogiques permettra de donner des indications précises quant à l'utilisation de cet instrument pédagogique.

Pour le film *L'après-cours*, l'évaluation devra rendre compte de la pertinence de cet instrument pédagogique en fonction des trois objectifs qu'il vise :

— Informer ;

— Déclencher un questionnement ;

— Favoriser l'expression des jeunes et des éducateurs.

À plus long terme, l'évaluation portera sur le degré d'atteinte des objectifs éducatifs de JADE auprès des jeunes.

Note 1

L'auteur de ce texte n'a pas participé à ce programme; il en fait une synthèse à partir des productions de ce programme (voir note nº 2) et grâce aussi à l'aide de Thérèse Robitaille, conseillère pédagogique et membre du Bureau de ressources mentionné plus haut.

Note 2
Productions du programme JADE

— Desrochers, C.A. (1986)
Programme de formation des éducateurs : Cahier du formateur ; 139 pages.

— Desrochers, C.A. et Delfosse, J. (1986)
Guide pédagogique ; 32 pages.

— Desrochers, C.A. et Delfosse, J. (1986)
Les activités d'apprentissage ; 75 pages.

— Desrochers, C.A. et Delfosse, J. (1986)
Mon cahier de bord ; 24 pages.

— Desrochers, C.A. et Delfosse, J. (1986)
Ma démarche personnelle au regard du phénomène drogue. Cahier de bord ; 24 pages.

— Desrochers, C.A. (1986)
Guide d'animation du film *L'émotion dissonante* ; 24 pages.

— L'émotion dissonante : long métrage

— L'Après-cours : court métrage

— Les substances psychotropes : vidéo

N.B. Ces productions sont disponibles au Bureau de ressources en développement pédagogique et en consultation personnelle de la Commission des Écoles Catholiques de Montréal.

BIBLIOGRAPHIE

BIBEAU, G. et TREMBLAY, J. (1983), « Les mécanismes d'initiation au tabac chez les jeunes du Québec : une approche socioculturelle ». *Psychotropes*, n° 1, p. 50-55.

BOURGAULT, D. *et al.* (1981), *Étude sur la consommation de drogues et d'alcool à la polyvalente de Charlesbourg pour 1979*, Charlesbourg, Commission scolaire régionale Jean-Talon.

BROTMAN, R. et SUFFET, F. (1975), « The concept of prevention and its limitations », *Annals of the American Academy of Political and Social Science*, vol. 417, p. 53-65.

CRESPO, M. et POISSANT, I. (1976a), *La consommation des drogues chez les jeunes du secondaire*, Service des études, Division des services spéciaux, CÉCM, juin.

CRESPO, M. et POISSANT, I. (1976b), *Synthèse d'une recherche sur la consommation des drogues chez les jeunes du secondaire*, Service des études, Division des services spéciaux, CÉCM.

CSS SAGUENAY – LAC ST-JEAN – CHIBOUGAMAU (1981), *La consommation des drogues chez les étudiants de onze écoles secondaires de la région Saguenay – Lac St-Jean – Chibougamau*, rapport de recherche.

DESRANLEAU, C. (1984), *Synthèse d'une recherche sur la consommation de drogues chez les jeunes du secondaire en 1984*, Bureau de ressources en développement pédagogique et en consultation personnelle, CÉCM.

DESRANLEAU, C. (1985), *La consommation de drogues chez les jeunes du secondaire en 1984*, Bureau de ressources en développement pédagogique et en consultation personnelle, CÉCM.

HOULE, O. *et al.* (1984), *Sondage sur l'usage de la drogue et de l'alcool*, Pavillon Saint-Louis, secteur polyvalent de Loretteville.

INGLIS, B. (1975), *The forbidden game*, Londres, Scribner and Sons.

LANGLOIS, D. (1982), *Le phénomène « drogue et alcool » chez les jeunes, guide d'actions préventives à l'intention des éducateurs*, Québec, Commission scolaire régionale Chauveau.

MEAD, M. (1971), *Le fossé des générations*, Paris, Denoël/Gauthier, collection Médiations.

NOWLIS, H. (1980), *La drogue démythifiée*, 2ᵉ édition, Paris, Les Presses de l'Unesco.

SMITH, G.M. (1980), « Perceived effects of substance use: a general theory » in : *Theories on drug abuse : selected contemporary perspectives*, Washington, NID, A Research Monograph series, nº 30, p. 50-58.

THÉBERGE, L. *et al.* (1978), *Consommation d'alcool chez les jeunes de 15 à 20 ans*, Québec, Sobriété du Canada.

Chapitre 13

UN PROGRAMME PILOTE INTERAGENCES DE PRÉVENTION EN SANTÉ MENTALE DANS DEUX ÉCOLES SECONDAIRES

Marge Reitsma-Street
Alice Guy
Coco Johnson

Introduction

La proportion des jeunes qui éprouvent des troubles affectifs et de comportement varie de un sur vingt à un sur huit, selon la définition du besoin, des sources de perception et des antécédents socio-économiques (Wedge et Prosser, 1973 ; Links, 1983). La vaste majorité de ces jeunes dans le besoin n'ont pas recours à des services de santé mentale ou d'aide sociale, surtout si les parents n'ont pas connaissance des besoins du jeune (CELDIC, 1970 ; Nader *et al.*, 1981 ; Offord *et al.*, 1984).

Les programmes de prévention visent à réduire la fréquence des dysfonctions et la gravité des problèmes identifiés ainsi qu'à promouvoir une qualité de vie optimale (Rae-Grant, 1979 ; Eisenberg, 1981). L'un des aspects de la prévention consiste à choisir une population de jeunes à risque. Ce groupe peut être choisi en fonction de caractéristiques personnelles, telles que le faible poids à la naissance, ou de caractéristiques environnementales, telles que la séparation des parents ou le changement d'école (Rutter, 1982). On s'attend à ce que les facteurs de risque exigent des habiletés de résistance au-delà de la normale de la part du jeune, ce qui a pour effet d'augmenter le stress et les problèmes de santé mentale. Les programmes de prévention ont pour but de développer les habiletés de résistance des jeunes à risque et de réduire leur niveau de stress.

Un deuxième aspect consiste à offrir des services au sein des milieux familiers pour les adolescents tels que l'école ou les groupes de pairs plutôt que dans des milieux étrangers tels que les centres de santé mentale et les rencontres individuelles avec des professionnels (Comer, 1980 ; Golner, 1983). Les environnements familiers encouragent les adolescents à se confier, ce qui les aide dans leurs troubles de santé mentale, quelle qu'en soit l'importance.

Le dernier aspect de la prévention est sa vaste portée : plutôt que d'accorder une attention spéciale à la résolution des problèmes du jeune, la prévention est axée vers la création de milieux qui promeuvent la santé et l'apprentissage, et ce, tant au sein de petits groupes de jeunes que de grandes écoles (Kolvin et al., 1981 ; Rutter, 1983).

Cet article présente une intervention primaire conçue, menée et évaluée conjointement par un centre de santé mentale pour enfants et un conseil scolaire du sud de l'Ontario. Les groupes cibles étaient :

— les étudiants de 9e et 10e année de deux écoles secondaires urbaines considérés à risque en raison du stress relié à l'adaptation au milieu non familier et impersonnel de l'école du niveau secondaire (Felner et al., 1982), et qui ont demandé de l'aide avant même que leurs problèmes n'exigent une attention spéciale (Rustad et Rogers, 1975) ;

— le personnel enseignant et de santé mentale, qui croit qu'une plus grande sensibilisation aux besoins d'apprentissage et de santé mentale pourrait favoriser l'instauration de meilleurs milieux d'apprentissage et de services de santé mentale (Kolvin et al., 1981 ; Joyce et al., 1983). On a choisi la thérapie de groupe comme méthode d'intervention directe pour le groupe cible d'étudiants. Les sessions ont été tenues à l'école pendant les heures de cours (Stewart et al., 1976 ; Byles, 1979 ; Bry, 1982 ; Carpenter et Surgrue, 1984). Le mode d'intervention choisi pour le personnel de l'école a pris la forme de consultations indirectes au cours de réunions officielles et non-officielles appelées « révision par les pairs » où l'on discutait du cas particulier d'un jeune ou des besoins généraux en matière de santé mentale (Caplan, 1970 ; Andolfi *et al.*, 1977).

Afin de pouvoir lancer des programmes de prévention à vaste portée à l'intention d'adolescents à risque dans un milieu familier, les diverses agences responsables de combler les besoins des adolescents doivent collaborer (Ringers, 1976 ; Meyers, 1979 ; Caplan, 1970). Selon Bennis *et al.*, (1961), il y a au cœur d'une relation de coopération inter-agences une série complexe d'attentes et de rencontres qui nécessitent des efforts conjugués, c'est-à-dire l'établissement mutuel d'objectifs, l'esprit de recherche et la fiabilité de données partagées publiquement. Il s'agit d'une relation volontaire entre conseillers et personnes conseillées qui peut prendre fin à la demande de l'une ou l'autre des parties après une collaboration commune. Cette relation tient compte d'une distribution des pouvoirs, chacun des partenaires pouvant exercer à peu près la même influence sur l'autre. La coopération est une réussite en soi plutôt qu'un simple critère d'intervention préventive (Bennis *et al.*, 1961). Par conséquent, sans compter le travail direct avec les étudiants et le travail indirect avec le personnel, la capacité de coopérer est devenue un autre des objectifs du projet pilote de prévention.

Le projet a débuté en 1982 lorsque les services spéciaux du conseil scolaire ont rencontré le centre d'admission et l'équipe pour adolescents en clinique externe du centre de santé mentale. L'équipe du projet se composait d'un planificateur de programme, d'un recherchiste du conseil scolaire, et de deux planificateurs de programme et d'un recherchiste du centre de santé mentale. La première phase du projet a été lancée à l'automne de 1982 et s'est poursuivie jusqu'en août 1983. Les besoins et les méthodes d'intervention ont été étudiés au cours de cette première phase. La deuxième phase consistait à implanter des méthodes d'intervention dans deux écoles appelées école ouest et école est. Les interventions ont cessé en juin 1984, et l'analyse des données de recherche était terminée dès décembre 1984.

Cadre de recherche active

Puisque ce projet complexe a été le premier à être monté conjointement par deux agences depuis un bon moment, l'équipe du projet a décidé qu'un cadre de recherche active était nécessaire pour guider les interventions, la coopération et les méthodes de recherche

(Weiss, 1979 ; Quinn et Patton, 1978). Ceci signifiait que nous acceptions la nature exploratoire du projet *et* que nous nous soumettions à la documentation systématique et à l'examen minutieux de tous les aspects du projet.

Selon un document de travail daté du 8 septembre 1983,

> « nous désirons suivre de près le processus d'implantation et d'évaluation des groupes d'étudiants et des révisions par les pairs afin de déterminer leur potentiel de réussite et la valeur de la coopération ».

De plus, nous voulions préparer la voie à de futurs projets de coopération approfondis reposant sur des conceptions de recherche plus rigoureuses. Par conséquent, nous avons consacré du temps et de l'énergie à discuter et à réfléchir non seulement avec les membres de l'équipe du projet mais également avec tous les participants, y compris les chefs d'équipe et les administrateurs des deux agences. Ainsi, trois réunions d'une demi-journée (dîner compris) ont été organisées pour faire part des progrès réalisés et des changements apportés au projet.

Dans la recherche active, les méthodes conçues pour évaluer les interventions et la coopération n'échappent pas à l'examen minutieux ou au changement. Par exemple, nous avons tenté de répartir au hasard les étudiants dans le groupe de traitement et dans le groupe témoin. Cette démarche est une caractéristique essentielle de tout projet expérimental sérieux qu'on utilise pour maximiser le résultat de la recherche finale. En effet, les similitudes et les différences peuvent être attribuées au traitement et non à une erreur d'échantillonnage. La répartition au hasard s'insère difficilement dans un projet de recherche en sciences sociales pour des raisons d'ordre éthique et financier. Cependant, nous cherchions à déterminer s'il était possible d'implanter une répartition au hasard et à étudier les façons de le faire.

La répartition au hasard à un groupe d'étudiants ou à une liste d'attente a été approuvée par les administrateurs, les comités de recherche et les chefs d'équipe. Ces derniers avaient pour responsabilité de choisir la méthode d'affectation et de la mener à bien. Ils ont tiré les participants à la courte paille. Cependant, seulement 28 jeunes des deux écoles ont obtenu la permission écrite de leurs parents de se joindre à ces groupes, nombre suffisant pour former un groupe dans l'école est et deux dans l'école ouest. Il a été impossible de procéder par répartition au hasard dans l'école est en raison du faible nombre d'étudiants. Les administrateurs et chefs d'équipe de l'école ouest ont décidé d'offrir deux groupes à leurs étudiants afin de maintenir la crédibilité du projet. En effet, deux groupes avaient été promis lors de la campagne publicitaire entourant le projet. De plus, l'école se sentait obligée envers les étudiants qui avaient manifesté un besoin et elle ne voulait pas les placer sur une liste d'attente. Les 20 étudiants ont par conséquent été affectés à deux groupes de traitement. Les chefs ont affecté les étudiants à l'une des deux équipes en tirant à la courte paille. Personne n'a été placé sur la liste d'attente.

En raison de la méthode de recherche active adoptée, nous étions d'accord pour réviser le processus d'intervention et de recherche et en tirer des leçons. Par conséquent, nous avons décidé de demander des contrôles volontaires. Les administrateurs des deux écoles ont adressé une lettre à tous les étudiants de 9e et de 10e année et à leurs parents. Cela a pris du temps, mais 33 étudiants se sont finalement portés volontaires pour participer aux pré et post-tests.

Nous avons pris une autre décision qui met en évidence la recherche active : l'implantation d'un groupe de jeunes dirigés par l'école, implantation qui n'était pas réellement d'orientation préventive. L'objectif de l'intervention auprès des étudiants consistait à offrir des groupes aux étudiants qui se présentaient d'eux-mêmes, autodirigés, parce qu'ils éprouvaient des difficultés ou voulaient les prévenir. Cependant, l'une des écoles a demandé ouvertement une aide pour certains jeunes qui manifestaient des problèmes de comportement particuliers. Pour préserver la nature coopérative du projet, il a été nécessaire d'implanter un autre type d'intervention directe pour ces adolescents dirigés par l'école.

MÉTHODES D'ÉVALUATION

Évaluation des groupes d'étudiants

Échantillon. – L'évaluation a pris la forme d'un contrôle pré et post-test. Parmi les 70 étudiants qui ont pris part au projet, 28 s'y sont présentés d'eux-mêmes (autodirigés), 9 ont été dirigés par l'école et 33 se sont portés volontaires à titre de témoins pour remplir le questionnaire avant et après l'évaluation. Le tableau 1 résume les nombres d'échantillons disponibles.

Intégrité du programme. – Les interventions des groupes d'étudiants ont été suivies par le biais de notes et de réunions hebdomadaires avec les chefs d'équipe du groupe de santé mentale. À la fin de l'intervention, les chefs de l'équipe de santé mentale ont rempli un questionnaire semi-structuré de 20 pages portant sur les présences, les activités, les objectifs de chaque jeune et, pour chaque session, les méthodes utilisées et les changements observés.

Tableau 1

Caractéristiques des échantillons d'étudiants

Type d'échantillon	Participants	Prétestés	Pré et post-testés
Autodirigés	28	27	19
Adressés	9	7	4
Témoins	33	32	22
TOTAL	70	66	45

Outils et leurs sources. – L'objectif de l'intervention directe des étudiants était d'améliorer l'image de soi, les compétences de résolution des problèmes, le contrôle interne sur le comportement et de réduire les préoccupations affectives et la mésadaptation potentielle. On a avancé l'hypothèse selon laquelle ces concepts seraient liés à la santé mentale, à la satisfaction de vie, au type de comportement acceptable et aux réussites scolaires.

L'échelle « *Tennessee Self-Concept* » (Fitts, 1965) a été choisie pour son indicateur d'ensemble de l'image de soi de même que pour ses estimations de névrose et de mésadapation générale. L'estimation des contrôles internes a été tirée de l'échelle « *Locus of Control* » (Nowicki et Strickland, 1973 ; Lefcourt, 1981). Le sondage « Autorapport du jeune » de l'unité d'épidémiologie pédiatrique de Hamilton[1] renfermait les estimations de troubles de comportement et de névroses ainsi que les indicateurs de contact avec la police, des préoccupations affectives et des domaines de compétence tels que l'entente avec les amis et

---

1.   On peut se renseigner sur l'outil « Autorapport de l'adolescent » en écrivant au DR. R. Offord, directeur de la recherche de l'unité d'épidémiologie infantile et chef de la psychiatrie des enfants, Chedoke McMaster Hospitals, M.P.O. Box 2000, Hamilton, Ontario L8N 3Z5.

le nombre de confidents. Ces instruments normalisés ont été choisis en fonction de leur fiabilité, de leur validité, de la disponibilité de normes sur la population générale et de la facilité de les administrer et de les noter. Ces trois outils ont servi à l'évaluation des groupes expérimental et témoin de jeunes par les chercheurs avant et après la fin des interventions. Au cours des post-tests, on a posé 11 questions aux étudiants sur la satisfaction du consommateur. Les questions portaient sur les présences, le plaisir et l'influence du programme en utilisant des échelles de cinq points. Nous leur avons également demandé des commentaires.

En plus d'utiliser l'autorapport en tant que source de données, nous avons également étudié les observations des enseignants à propos des compétences et des changements des jeunes. Le questionnaire « Perception du personnel à l'égard des étudiants » a été conçu pour cette étude. On a demandé aux professeurs d'évaluer les jeunes des groupes expérimental et témoin à l'aide de sept échelles de cinq points portant sur la réussite scolaire, le comportement et les troubles affectifs. En moyenne, cinq enseignants ont répondu au questionnaire pour *chaque* étudiant au cours du prétest et quatre au cours du post-test.

Nous avons utilisé la moyenne des scores des enseignants pour l'analyse.

Analyses. – La fréquence des indicateurs choisis a été calculée pour les jeunes autodirigés, les jeunes dirigés par l'école et les témoins au cours du prétest. Les écarts par rapport aux populations normales ont été calculés d'après les étendues normales fournies par les manuels pour les trois instruments normalisés. Des données complètes pour les pré et post-tests étaient disponibles au sujet des 23 adolescents du groupe expérimental et des 22 adolescents du groupe témoin. Le test des pairs appareillés a été choisi pour analyser l'importance statistique des changements chez les adolescents (Siegal, 1956). test a été choisi pour établir les effets de l'attrition et les différences entre les jeunes du groupe expérimental et ceux du groupe témoin lors du prétest. Il permet également d'obtenir un maximum de renseignements sur les changements observés pour chaque adolescent. Plutôt que d'utiliser le niveau de signification 0,05, nous en avons utilisé un de 0,30 puisque les décisions relatives à la continuité ou à la cessation d'un projet pilote doivent considérer tant les résultats statistiques que les résultats cliniques (Kronick, 1982).

Évaluation de la coopération et de la révision des camarades

Nous avons utilisé comme source première d'information le procès-verbal de toutes les réunions, rédigées par un membre de l'équipe du projet. Comme autre source, nous avons utilisé le « Journal du groupe de planification » qui renfermait les plans, tâches, décisions, actions, changements et remarques inscrits par chaque membre de l'équipe responsable d'un aspect du projet. L'auteur principal s'est chargé de réunir les notes dans des rapports dactylographiés faisant état des progrès. Comme troisième source, nous avons utilisé un questionnaire sur la satisfaction du consommateur. Le personnel qui avait pris part à au moins deux réunions de planification ou révisions des camarades a répondu à 15 questions, une valeur de trois ou cinq points étant attachée à chacune. Ces questions traitaient de la participation, du temps consacré au projet, de l'influence de ce dernier et des recommandations.

LA PARTICIPATION ET LES INTERVENTIONS

Groupes d'étudiants autodirigés

Nous avons commencé à recruter les adolescents pour les groupes des écoles est et ouest en décembre 1983. Les membres de l'équipe du projet ont fait part de leurs intentions au personnel de chaque école. Les chefs d'équipe ont ensuite rencontré environ 750 étudiants de 9e et 10e année dans le but de discuter du projet. Les élèves des classes d'art ont dessiné des affiches publicitaires, des messages ont été diffusés par l'interphone de l'école, les journaux locaux ont publié trois articles sur le projet. Ce dernier avait même un nom évocateur : « C'est pas facile – groupe de résolution des problèmes ».

Par suite de la campagne publicitaire, 20 adolescents de l'école ouest et 8 de l'école est ont manifesté un intérêt envers le projet et ont obtenu la permission de leurs parents d'y participer. À l'école est, les étudiants n'ont formé qu'un seul groupe tandis que dans l'école ouest, les chefs d'équipe ont affecté au hasard les étudiants à l'un des deux groupes.

Sur les 5 garçons et 15 filles de l'école ouest, 65 % étaient en 10ᵉ année. Au départ, les chefs d'équipe et les enseignants les considéraient comme des étudiants bien adaptés tant sur le plan social que sur le plan scolaire. Tous suivaient des cours d'anglais ordinaires. Avec le temps cependant, on s'est rendu à l'évidence que ces adolescents n'étaient pas aussi équilibrés qu'ils avaient semblé l'être au départ. Tous les membres d'un groupe étaient des enfants aînés qui se sentaient accablés par ce qu'ils considéraient comme leurs responsabilités. Ils réussissaient très bien à l'école mais avaient peu de contacts avec d'autres personnes, évitaient les conflits et ne pouvaient parler à leur famille de leur soucis. La moitié des membres de ce groupe provenaient de familles séparées, sujet qui est devenu un thème important pour le groupe. La majorité des adolescents du deuxième groupe de l'école ouest provenait également de familles séparées. Ils semblaient raffinés et bien adaptés mais éprouvaient, eux aussi, de graves problèmes. Un des jeunes avait des vomissements psychogéniques et un autre souffrait de timidité aiguë. De nombreux adolescents manifestaient ou avaient déjà manifesté des tendances suicidaires. Une des jeunes filles s'est servie du groupe pour se donner le courage nécessaire à demander un counseling particulier. Chaque membre avait son propre horaire. Tous les jeunes s'étaient joints au groupe parce qu'ils croyaient pouvoir en bénéficier d'une façon ou d'une autre. Pour ce qui est des variables d'image de soi, de contrôle interne et de mésadaptation générale, 26,3, 11,1 et 47,4 % des 20 adolescents de l'école ouest étaient sous la moyenne normale des adolescents du même âge.

Le groupe de jeunes autodirigés de l'école est comprenait 2 filles et 6 garçons, 87,5 % des membres étaient en 9ᵉ année et tous suivaient des cours d'anglais de niveau faible. Les chefs d'équipe les voyaient éprouver des sentiments intérieurs de désespoir et d'impuissance. C'était des adolescents timides qui se tenaient à l'écart sur le plan social et qui se sentaient étrangers partout où ils allaient. Nous avions espéré que les adolescents autodirigés appartiendraient à cette catégorie. Les résultats du questionnaire confirmaient le besoin des adolescents : 51,1, 28,6 et 42,9 % étaient sous la moyenne normale en ce qui a trait aux estimations d'image de soi, de contrôle interne et de mésadaptation générale.

Les trois groupes de jeunes autodirigés étaient comenés par un chef du groupe de santé mentale et un conseiller de l'école. Le style des chefs variait à plusieurs égards. Les professionnels de la santé mentale adoptaient une approche interprétative moins structurée, et le personnel de l'école adoptait une approche plus directe et axée sur un sujet particulier. Les chefs d'équipe de santé mentale avaient tous au moins cinq ans d'expérience en tant que cliniciens et avaient déjà animé plusieurs groupes. Les chefs d'équipe de l'école faisaient tous partie du personnel conseiller de l'école. Ils avaient tous un minimum de cinq ans d'expérience professionnelle mais n'avaient jamais mené de groupes. À la fin des séances d'intervention, un certain mélange des styles s'était produit, et chaque animateur en était venu à apprécier les points forts de son partenaire. Cependant, le rapprochement et l'appréciation n'ont pas atteint des niveaux idéaux selon certains chefs. On croyait que, parfois, les deux styles retardaient le travail et que ni le cochef plus direct ni le cochef accommodant ne pouvait faire valoir ses points forts. Ces limites, la richesse du mélange des styles et les valeurs sous-jacentes ont été intégrées aux discussions d'évaluation et de planification d'éventuels projets coopératifs.

Un des groupes de l'école ouest s'est rencontré 19 fois; une moyenne de 6 jeunes assistaient aux réunions. Le deuxième groupe s'est rencontré 15 fois ; la moyenne de jeunes présents aux réunions était aussi de 6. Les rencontres avaient lieu à l'heure du dîner dans la salle de conférence de la bibliothèque et duraient 60 minutes. Les thèmes les plus fréquents de ces rencontres étaient, dans l'ordre, la vie de tous les jours pour un adolescent, la perte d'un parent (à la suite d'un décès ou d'une séparation) et les rapports avec les parents, les frères, les sœurs et les membres du sexe opposé.

Les rencontres de l'école est duraient également une heure et étaient tenues dans la salle du conseil de l'école. Le nombre moyen d'adolescents présents aux réunions s'élevait à 7. Dans ce groupe, les rapports avec les parents étaient également importants, mais le thème abordé le plus fréquemment était celui des représailles. Les adolescents voyaient le monde comme un endroit injuste et dangereux, jugeaient que les enseignants ne les traitaient pas équitablement et que les criminels couraient les rues pour profiter d'eux.

Groupe d'étudiants dirigés par l'école

Sur les 9 adolescents qui avaient initialement obtenu la permission de leurs parents de prendre part aux groupes, 7 garçons se sont présentés aux 14 séances tenues dans la salle du conseil de l'école pendant les heures de cours. Près de cinquante-trois pour cent étaient en 10e année et tous suivaient des cours d'anglais de niveau faible. Comme prévu, la quasi-totalité des adolescents s'écartaient de la normale en ce qui a trait aux estimations d'image de soi, de contrôle interne et de mésadaptation générale.

L'objectif des chefs de groupe consistait à préconiser un meilleur comportement en classe et, avec un peu de chance, dans la communauté. Pour ce qui est des jeunes, l'objectif semblait être de tester le degré de confiance et d'autonomie accordé au cours des séances. Les thèmes abordés par les groupes d'étudiants dirigés par l'école étaient très différents de ceux abordés par les groupes des autodirigés. En effet, l'impuissance, le rejet, la rébellion et les problèmes engendrés par l'école en ont été les principaux sujets abordés par les groupes des dirigés par l'école.

Révision par les pairs

L'équipe du projet avait avancé l'hypothèse selon laquelle l'intervention préventive pour adolescents à risque en milieu scolaire pourrait prendre de l'expansion en alliant le contact direct avec les étudiants et le travail indirect avec les enseignants. Nous espérions que cette approche indirecte permettrait d'approfondir les connaissances et compétences du personnel scolaire. Comme l'a écrit Caplan :

> « Les objectifs doubles de la consultation sont d'aider la personne conseillée à améliorer son traitement ou sa compréhension de la difficulté du travail actuel et d'améliorer par le fait même sa capacité de surmonter les futurs problèmes du même genre » (Caplan, 1970, p. 29).

Au cours du projet, nous avons choisi de tenter l'expérience de l'approche indirecte en faisant de la planification coopérative et en utilisant la méthode appelée « révision par les pairs ». Ces révisions ont pris la forme de réunions mensuelles à l'intention des membres du personnel scolaire qui étaient intéressés à en savoir davantage sur les façons d'aider les adolescents troublés. Ces réunions devaient être animées par deux cliniciens principaux de santé mentale du comité de planification et un psychiatre du centre de santé mentale. Bien que six réunions mensuelles aient été prévues, seulement deux rencontres ont eu lieu dans chaque école. Les autres ont été annulées par le personnel scolaire.

En plus de ces révisions par les pairs structurées, les coanimateurs se rencontraient après chaque session. Les animateurs ont passé respectivement 10, 30 et 75 minutes en moyenne avec leur coanimateur après chaque session. On croit que ces rencontres informelles, parfois intenses, tenues régulièrement seront importantes pour la formation indirecte du personnel.

RÉSULTATS

Changements chez les adolescents

Des données complètes ont été présentées sur 4 adolescents dirigés par l'école et sur 19 adolescents autodirigés. Bien que les adolescents autodirigés et ceux qui ont été dirigés par l'école aient été différents lors du prétest, les analyses des paires appareillées contrôlent ces différences en faisant de chaque enfant son propre contrôle. Puisqu'il ne semblait y avoir aucune différence entre les changements du groupe des 4 étudiants dirigés par l'école et du groupe des 19 étudiants autodirigés, nous avons réuni ces groupes et comparé les résultats des 23 étudiants du groupe expérimental et des 22 étudiants du groupe témoin.

Les changements observés chez les étudiants du groupe expérimental en fonction *des 12 indicateurs* figurent au tableau 2. La mésadaptation générale et les réussites scolaires (selon les données des enseignants) ont varié de façon positive à un niveau de signification statistique inférieur à 0,05. Les caractéristiques image de soi, contrôle interne et névrose (mesurée de deux façons différentes), et préoccupations affectives se sont chiffrées à un niveau inférieur à 0,30. Les jeunes du groupe témoin n'ont pas présenté de changements au niveau 0,05 mais ils en ont présenté au niveau 0,30 en ce qui a trait aux indicateurs de contrôle interne, de mésadaptation générale et de désordre névrotique. Pour ce qui est des changements *par adolescent*, deux des jeunes du groupe expérimental ont connu des changements plus positifs que négatifs (p < 0,05) alors que neuf autres ont oscillé (p < 0,30). Cinq des étudiants du groupe témoin ont manifesté des changements de l'ordre de 0,05 alors que quatre autres s'inscrivaient au niveau 0,30.

14 des 23 étudiants ont répondu au questionnaire portant sur la satisfaction du consommateur. Dans l'ensemble, les séances de groupe ont plu aux étudiants qui, en plus, en ont retiré un certain bénéfice. Les adolescents ont constaté que d'autres éprouvaient sensiblement les mêmes problèmes qu'eux et qu'ils pouvaient en discuter. Certains auraient aimé plus de structure, plus de séances et moins de silence. Cependant, la majorité des étudiants se sont déclarés satisfaits de l'expérience et la recommanderaient à un ami.

Tableau 2

Changements des caractéristiques de personnalité et de comportement en utilisant le test des paires appareillées

Caractéristiques	23 étudiants du groupe expérimental				22 étudiants du groupe témoin			
	Changements				Changements			
	positifs	négatifs	égalités	p	positifs	négatifs	égalités	p
RAPPORT DE L'ADOLESCENT								
Image de soi positive (TSC)*	13	9	0(1)**	0,26	12	9	1	0,33
contrôle interne (LC)	13	8	2	0,19	13	5	4	0,05
Entente avec les autres (AR)	10	10	3	0,59	8	8	8	0,59
Nombre de confidents (AR)	6	7	10	0,50	3	2	17	0,50
Mésadaptation générale (TSC)	15	6	1(1)	0,04	13	7	2	0,13
Névrose (TSC)	12	7	3(1)	0,18	13	9	0	0,33
Troubles de comportement (AR)	10	9	4	0,50	12	9	1	0,33
Troubles névrotiques (AR)	15	7	1	0,09	13	6	3	0,08
Contacts avec police/ tribunal (AR)	2	4	17	0,34	3	2	17	0,50
Préoccupations affectives (AR)	7	4	12	0,27	6	8	6	0,39
RAPPORT DE L'ENSEIGNANT								
Réussite scolaire (PE)	7	1	2(13)	0,04	–	–	(22)	–
Autres problèmes (PE)	6	3	1(13)	0,25	–	–	(22)	–

* TSC = Tennessee Self-Concept ; LC = Locus of Control ; AR = Auto-rapport ; PE = Perception de l'enseignant.

** Données manquantes entre parenthèses.

Coopération et roulement de personnel

Bien qu'ils aient exigé beaucoup de temps, les objectifs de coopération et de roulement de personnel ont été atteints en termes de temps, d'intérêt et des effets qui en découlent. Ce projet a exigé beaucoup de temps : 2 700 heures ou l'équivalent pour une personne de 73 semaines de travail consacrées à diverses activités (voir le tableau 3). À peine plus de 10 % du temps a été consacré aux groupes d'étudiants (9,3 %) ou à la révision par les pairs (2,1 %). La planification (31,1 %) et les réunions (26,2 %) ont accaparé plus de 50 % du temps. Dans l'ensemble, les membres des agences de santé mentale et d'enseignement ont consacré à peu près le même nombre d'heures au projet. 27 des réunions ont été tenues dans des établissements d'enseignement et 28 dans des centres de santé mentale.

Tableau 3

Nombre d'heures-personne pour les diverses activités des deux agences (automne 1982 – automne 1983)

Activité	Conseil scolaire	Centre de santé mentale	Total (%)	
Planification[1]	336	504	840	(31,1)
Réunions[2]	332	376	708	(26,2)
Groupes d'étudiants[3]	126	126	252	(9,3)
Révision par les pairs[4]	26	30	56	(2,1)
Recherche[5]	541	196	737	(27,3)
Travail de bureau[6]	28	79	107	(4,0)
	1 389	1 311	2 700	(100)

1   Estimation de sept heures par mois pour chacun des cinq membres de l'équipe du projet pendant 24 mois.

2   Vingt-sept réunions tenues au conseil scolaire ou à l'une de ses écoles, 28 au centre de santé mentale, pour un total de 45. Estimation de deux heures par réunion par personne présente, (temps pour s'y rendre compris).

3   Soixante-trois séances tenues durant en moyenne deux heures pour chaque chef d'équipe, planification et temps pour s'y rendre compris.

4   Quatre séances tenues durant deux heures en moyenne pour chaque personne présente, planification et temps pour s'y rendre compris.

5   Subventions Été Canada a payé le salaire de trois étudiants adjoints à la recherche, dont un à 14 heures par semaine pendant 14 semaines au centre de santé mentale et deux à environ 20 heures par semaine pendant 14 semaines au conseil scolaire.

6   Estimation faite en fonction de 20 minutes par page dactylographiée ; tient compte du temps pour la photocopie.

Huit employés du centre de santé mentale et huit employés d'un conseil scolaire ont répondu au questionnaire portant sur la satisfaction du consommateur. Aucune donnée n'était disponible au sujet de trois des participants. Cinq des répondants étaient des membres de l'équipe du projet. Parmi les autres, on retrouvait des chefs d'équipe du centre de santé mentale, des conseillers du projet et du personnel scolaire tel que les directeurs et les chefs d'équipe.

Dans la plupart des cas, le projet venait s'ajouter à la charge de travail habituelle. Toutefois, il ne s'est pas avéré pénible pour aucun des groupes, même si le personnel enseignant le considérait comme plus lourd puisqu'il représentait une charge de travail supplémentaire, non de remplacement. La plupart des participants ont dit que le projet avait répondu à leurs attentes personnelles et à presque tous les objectifs de façon appropriée, à l'exception de la sensibilisation du personnel. La plupart des répondants ont donné des cotes élevées aux questions traitant du plaisir, de la connaissance des besoins des adolescents et de l'orientation positive de la recherche sur les échelles de choix forcé. Le personnel scolaire a donné la cote la moins élevée. Pour ce qui est de la réaction vis-à-vis de la coopération toutefois, les réactions du personnel scolaire ont été les plus positives de toutes. Enfin, tous les répondants ont discuté longuement du projet avec leurs collègues. Le personnel scolaire a été le moins enthousiaste à prolonger le projet en raison principalement du manque de temps.

Le projet a de toute évidence eu certains effets indirects intéressants. Par exemple, la sensibilisation aux besoins des adolescents tels que ceux du groupe des jeunes dirigés par l'école a amené la création d'une classe spéciale pour ce type d'adolescents. De plus, deux des chefs d'équipe ont décidé d'animer leurs propres groupes, mais en adoptant une approche davantage orientée vers les tâches.

L'influence la plus forte s'est manifestée *un an plus tard,* après la fin des interventions dans les écoles. De nombreuses infirmières des écoles secondaires qui étaient intéressées à mettre sur pied un programme coopératif semblable se sont adressées au centre de santé mentale. Elles étaient déçues que le projet eut pris fin. Elles voyaient davantage d'adolescents déprimés et suicidaires à une période où les listes d'attente des centres de traitement locaux s'allongeaient.

Des représentants du service infirmier et du centre de santé mentale ont étudié leurs préoccupations au cours de l'été de 1985. Il ont mis sur pied un centre communautaire dont le personnel se composait de membres des deux groupes et qui serait ouvert une fois par semaine pour permettre aux adolescents de s'y présenter après les heures de cours. Malgré le bon travail d'équipe et la publicité, 19 adolescents seulement se sont présentés au centre, pour un total de 59 contacts.

Cependant, l'intervention indirecte par le biais de révisions par les pairs a connu du succès. Huit réunions mensuelles ont été tenues avec 2 chefs de service du centre de santé mentale et avec 11 infirmières, qui étaient toutes responsables d'une école. Les réunions de 90 minutes étaient tenues pour discuter de certains cas, des techniques d'entrevue, du développement normal et de brèves interventions. Dans leurs réactions orales et écrites, les infirmières ont exprimé leur pleine satisfaction à l'égard des connaissances acquises, du partage des expériences et de la prise de conscience qu'elles ne devaient pas dévaloriser leur propre expérience puisque leurs interventions étaient souvent solides sur le plan clinique.

Toutes les infirmières qui ont assisté aux réunions et tous ceux qui ont participé à la mise sur pied du centre communautaire et des révisions par les pairs se sont dits déçus du travail avec les étudiants, mais ils ont recommandé vivement la continuation des révisions par les pairs. Dans leur déclaration sommaire du 20 avril 1987, les infirmières ont déclaré ce qui suit :

> « Selon nous, il semble que le programme ait connu un énorme succès en ce qui a trait au partage des compétences, techniques et ressources interdisciplinaires utilisées pour évaluer les troubles des adolescents et y remédier ».

Discussion

En somme, les interventions de prévention dans le domaine de la santé mentale visent à réduire la fréquence et la gravité des dysfonctions et à améliorer la qualité de vie des adolescents en développant les habiletés de résistance des personnes à risque et en modifiant les milieux d'apprentissage et de vie.

Un des objectifs de l'élément « service direct » de cette étude de prévention coopérative était de voir si les étudiants de 9e et 10e année qui avaient des besoins non comblés par l'école et par les centres de santé mentale se présenteraient d'eux-mêmes aux groupes d'étudiants. Les réunions des groupes avaient lieu dans un environnement familier, l'école. Elles étaient soutenues par le personnel scolaire et annoncées de façon attrayante (Beecroft, 1983). 28 des 750 étudiants de 9e et 10e année se sont présentés d'eux-mêmes après avoir obtenu la permission de leurs parents. Ces 28 étudiants n'étaient pas identifiés

comme des adolescents ayant des troubles affectifs et de comportement qui nécessitaient une attention spéciale. De plus, ces adolescents
n'utilisaient ni les ressources de la communauté, ni les services scolaires tels que les services d'orientation, de santé ou d'autre nature. La
plupart des adolescents, cependant, avaient de leur propre aveu besoin d'aide dans leurs habiletés de résistance ; ce que confirmaient
d'ailleurs les mesures psychologiques normalisées et les impressions
cliniques. Certains des étudiants avaient des besoins plus pressants car
ils avaient, par exemple, des pensées suicidaires et des vomissements
psychogéniques.

On devra, pour les besoins des services de planification et
pour les futurs projets de recherche, faire la lumière sur la gravité et les
types de besoins des jeunes qui se présentent d'eux-mêmes par rapport à ceux qui sont dirigés par leurs parents ou d'autres personnes. Il
est important de savoir si les 28 étudiants de cette étude, ou un sous-
groupe comparable, avaient des besoins assez pressants pour que l'on
offre des services éducatifs et de santé mentale qui n'étaient pas offerts, ou si les adolescents se connaissaient assez bien pour pouvoir
reconnaître des problèmes potentiellement sérieux qu'ils voulaient
prévenir, ou si les adolescents pouvaient, comme la plupart des étudiants de 9e et 10e année, compter sur leur groupe de camarades pour
surmonter plus facilement les tensions environnementales normales
reliées au changement d'école ou à la séparation des parents. Il serait
nécessaire de faire la lumière sur la relation qui existe entre les différentes perceptions des besoins et les modes d'aiguillage afin de
déterminer des groupes cibles pour des stratégies d'intervention particulières.

Le second objectif des services directs pour les enfants consistait à découvrir si les adolescents autodirigés assisteraient régulièrement aux séances hebdomadaires étalées sur une période de quatre
mois. Dans tous les groupes, l'attrition était inférieure à 50 %, l'heure à
laquelle la séance était tenue étant un facteur important. Plus de 60 %
des adolescents se sont présentés régulièrement lorsque les séances
avaient lieu durant l'heure du dîner, mais plus de 80 % des étudiants
ont assisté à toutes les séances qui étaient incorporées aux heures de
cours habituelles.

Le troisième objectif des groupes d'étudiants consistait à étudier l'impact de l'image de soi, du contrôle interne et des dysfonctions
affectives des adolescents, ainsi que leur rendement scolaire et leur
comportement en classe. La nature expérimentale du projet et l'absence d'une conception expérimentale avec tests de suivi restreignent
l'analyse de cette intervention. Les rapports de consommation de ces

adolescents ont été favorables, et les adolescents ont dit qu'ils recommanderaient l'expérience à leurs amis et camarades de classe. Selon l'auto-rapport et le rapport de l'enseignant, les adolescents du groupe expérimental ont enregistré des gains positifs pour ce qui est de l'image de soi, de la santé mentale, de la réussite et du comportement. Les impressions cliniques ont confirmé la présence de changements. Bien que les adolescents du groupe expérimental aient manifesté des changements plus marqués que les adolescents du groupe témoin dans l'analyse des paires appareillées, l'absence de sélection aléatoire n'exclut pas la possibilité d'autres explications pour ces changements.

Les résultats suggèrent que le projet pilote a atteint son objectif de procurer activité à laquelle les étudiants de 9e et 10e année dans le besoin se présenteraient d'eux-mêmes, à laquelle ils participeraient régulièrement et dont ils tireraient des bénéfices. Un projet de démonstration doit maintenant être mis sur pied pour déterminer l'influence véritable des groupes de thérapie établis en milieu scolaire à des fins de résolution de problèmes. Ce projet doit avoir une conception expérimentale qui incorpore des spécifications validées, sur le plan théorique, des changements prévus. Une importante contribution de la recherche démonstrative sera de nous renseigner sur la variété des approches et la durée des traitements qui sont les plus efficaces pour chaque type d'étudiant et chaque type de session.

L'intervention pilote n'a pas porté exclusivement sur le service direct aux adolescents à risque. Grâce à un plus grand intérêt des milieux d'apprentissage et de vie, on a lancé le processus coopératif et les révisions par les pairs.

On peut constater qu'il y a eu coopération car l'agence de santé mentale et le conseil scolaire ont contribué de façon égale pour ce qui est du nombre d'heures consacrées par le personnel, des endroits où les réunions avaient lieu, des rapports et des autres tâches. La coopération a été une réussite en soi ainsi qu'un préalable à la prévention axée sur l'environnement. Ceux qui ont coopéré au projet ont rapporté que l'expérience leur a plu, qu'elle a répondu à leurs besoins personnels, qu'ils en ont appris sur les autres professionnels et qu'ils recommandent le continuation des groupes d'étudiants et des révisions par les pairs en apportant certaines modifications, surtout en termes de temps et de charge de travail.

Ce projet n'a pas réussi à amener le personnel enseignant à assister aux révisions par les pairs pour partager leurs opinions et leurs compétences, discuter des problèmes et du développement des adolescents, et mettre au point des stratégies pour améliorer les habiletés de résistance des adolescents. Une publicité insuffisante, les réunions tenues après les heures de cours et, surtout, le manque de contact personnel entre le personnel du projet et celui de l'école ont été mis de l'avant comme des raisons possibles pour expliquer le résultat décevant de cet aspect du projet pilote.

Cependant, l'ampleur de la coopération et les possibilités du projet ont préparé la voie à un travail plus approfondi. Un an plus tard, les deux agences ont lancé un nouveau projet de coopération, dont les objectifs étaient semblables à ceux du précédent. Mais cette fois, on a commencé par les infirmières qui travaillaient dans les écoles secondaires du conseil scolaire et qui avaient entendu parler du projet précédent. Cette fois, les révisions par les pairs ont eu lieu, les participants y étaient nombreux et elles ont été évaluées de façon positive.

En conclusion, ce projet pilote d'intervention entre une agence de santé mentale pour adolescents et un conseil scolaire a démontré :

– qu'il existait des adolescents dans le besoin, qui n'avaient pas été officiellement identifiés et qui n'utilisaient pas d'autres services ;

– que la coopération interagence était possible et qu'elle exigeait beaucoup de temps ;

– que les programmes mis sur pied pour éduquer et soutenir ceux qui sont le plus près de l'adolescent dans le besoin, tels que les enseignants et les infirmières, pouvaient être modifiés pour satisfaire les participants.

Nous avons également satisfait les exigences de confiance, de connaissances partagées, de crédibilité et de clarté de l'orientation pour lancer un projet de démonstration expérimental de révision par les pairs plus approfondie et des groupes volontaires établis à l'école dans le but de résoudre les problèmes.

BIBLIOGRAPHIE

ANDOLFI, M., STEIN, D.D. et SKINNER, J.A. (1977), « Systems approach to the child, school, family and community in an urban area », *American Journal of Community Psychology*, vol. 5, n° 1, p. 33-43.

BARRETTE, P.A., FINCH, R., JACKSON, W. et OFFORD, D.R. (1979), *An Initial Demographic Analysis*, Research Report Series, Chedoke-McMaster Hospitals, Child and Family Centre, McMaster University Psychiatry Department, Hamilton, Ontario.

BEECROFT, S.J. (1983), « It Ain't Easy Reaching Out to Kids », *The Stoney Creek News*, 30 novembre, vol. 1.

BENNIS, W., BENNE, K. et CHIN, R. (1961), *The Planning of change: Readings in the Applied Behavioural Sciences*, New York, Holt, Reinhart and Winston.

BRY, B.H. (1982), « Reducing the incidence of adolescent problems through preventive intervention: one- and five-year follow-up », *American Journal of Community Psychology*, vol. 10, n° 3, p. 265-276.

BYLES, J. (1979), « Helping students to adapt to high school through the use of small groups », *Canada's Mental Health*, vol. 24, n° 4, p. 2, 3.

CAPLAN, G. (1970), *The Theory and Practice of Mental Health Consultation*, New York, Basic Books.

CARPENTER, P. et SURGRUE, D.P. (1984), « Psychoeducation in an outpatient setting – designing a heterogeneous format for a heterogeneous population of juvenile delinquents », *Adolescence*, vol. 19, n 73, p. 113-122.

CHILD EPIDEMIOLOGY UNIT (1982), « *Ontario Child Health Survey – Youth Self Report* », Hamilton, McMaster University Department of Psychiatry et Chedoke-McMaster Hospitals, Chedoke Division.

COMER, J.P. (1980), *School Power*, New York, The Free Press.

THE COMMISSION ON EMOTIONAL AND LEARNING DISORDERS IN CHILDREN (CELDIC) (1970), *One Million Children*, Toronto, L. Crainford.

EISENBERG, L.A. (1981), « Research framework for evaluating the promotion of mental health and prevention of mental illness », *Public Health Reports*, vol. 98, p. 3-19.

FELNER, R., GINTER, M. et PRIMAVERA, J. (1982), « Primary prevention during school transition: social support and environmental structure », *American Journal of Community Psychology*, vol. 10, n° 3, p. 277-290.

FITTS, W.H. (1965), *Tennessee Self-Concept Scale*, Nashville, Tennessee, Counsellor Recordings and Tests.

GOLNER, J.H. (1983), « Mental health intervention in the school », *Social Work in Education*, vol. 6, p. 15-31.

GOULD, M.S., WUNSCH-HITZIG, R. et DOHRENWEND, B. (1981), « Estimating the prevalence of childhood psychopathology: a critical review », *Journal American Academy Child Psychiatry*, vol. 20, p. 444-461.

JOYCE, B.R., HERSH, R.H. et MCKIBBIN, M. (1983), *The Structure of School Improvement*, New York, Longman.

KOLVIN, I., GARSIDE, R., FORBES, N., MACMILLAN, A., WWOLSTENHOLME F. et MUIRLEITCH, I. (1981), *Help Starts Here*, Londres, Tavistock.

KRONICK, J.C. (1982), « Research notes: evaluating federal cutbacks for social expenditures », *Social Work Research and Abstracts*, vol. 18, n° 4, p. 36, 37.

LEFCOURT, H., sous la dir. de (1981), *Research with Locus of Control Construction*, New York, Academic Press.

LINKS, P.S. (1983), « Community surveys of the prevalence of childhood psychiatric disorders », *Child Development*, vol. 54, p. 531-538.

MEYERS, J. (1979), *Mental Health Consultation in the Schools*, San Francisco, Jossey Bass.

NADER, P.R., RAY, L. et BRINK, S.G. (1981), « The new morbidity: use of school and community health care resources for behavioural, educational and social family problems », *Pediatrics*, vol. 67, p. 53-60.

NOWICKI, S. et STRICKLAND, B.R. (1973), « A Locus of Control Scale for Children », *Journal Consulting and Clinical Psychology*, vol. 40, p. 148-154.

OFFORD, D.R., ALDER, R.J., BOYLE, M.H. et BYLES, J.A. (1984), « The Ontario Child Health Study: Prevalence and Selected Correlates of Conduct Disorder », Document présenté lors de la réunion des Académies de la psychiatrie infantile canadienne et américaine tenues à Toronto du 10 au 14 octobre.

PITTAWAY, J. (1985), coordinateur, Services spéciaux, recherche et développement professionnel, Wentworth County Board of Education, Dundas, communication personnelle, le 14 février.

QUINN, M. et PATTON, M.Q. (1978), *Utilization-Focussed Research*, Beverly Hills, Sage.

RAE GRANT, N. (1979), *The State of the Art: A Background Paper on Prevention*, Toronto, ministère des Services sociaux et communautaires.

REITSMA-STREET, M., JOHNSON, C., GREENBERG, P., GUY, A., PITTAWAY, J. (1984), *Report of the Wentworth-Chedoke Pilot Prevention Project*, Wentworth County Board of Education, Special Services Division and Chedoke-McMaster Hospitals, Child and Family Centre, Hamilton, Ontario, décembre.

RINGERS, J., Jr. (1976), *Community/Schools and Interagency Programs*, Midland, Michigan, Pendell Publishing.

RUSTAD, K et ROGERS, C. (1975), « Promoting psychological growth in a high school class », *Counsellor Education and Supervision*, juin, p. 277-285.

RUTTER, M. (1982), « Prevention of children's psychosocial disorders: myth and substance », *Pediatrics*, vol. 70, p. 883-894.

RUTTER, M. (1983), « School effects on pupil progress: research findings and policy implications », *Child Development*, vol. 54, p. 1-29.

SIEGAL, S. (1956), *Non-Parametric Statistics*, New York, McGraw-Hill.

STEWART, L., DAWSON, D. et BYLES, J. (1976), « Using peer group intervention with problem students in a secondary school », *Hospital and Community Psychiatry*, vol. 27, n° 8, p. 572-574.

WEDGE, P. et PROSSER, H. (1973), *Born to Fail ?*, Londres, Arrow Books & National Children's Bureau.

WEISS, C. (1979), « Utilization of Research », sous la dir. de E.L. Struening et M. Guttentag, *Handbook of Evaluation Research*, vol. 1, Beverly Hills, Sage.

Chapitre 14

LA PRÉVENTION DE L'ABUS D'ALCOOL ET DE DROGUES CHEZ DES ADOLESCENTS D'UNE COMMUNAUTÉ HISPANIQUE RURALE ISOLÉE

Elias J. Duryea
Eugene Romo
Michael Hammes

Introduction

Bien que la preuve soit établie de leur rapport efficacité-coût favorable, les programmes de prévention constituent rarement une composante des programmes d'aide aux employés aux États-Unis (Nathan, 1983). De plus, les programmes de prévention à l'intention des minorités sont plutôt rares car les autorités ont choisi de se concentrer sur les populations plus hétérogènes et majoritaires. En général, le taux de participation des minorités aux activités de traitement et de prévention n'est pas représentatif des problèmes d'alcool dans ce milieu (Nathan, 1983, p. 462).

Note : Ce texte a tout d'abord été présenté au Colloque et a ensuite été remanié en 1988 au terme du projet.

Les chercheurs ont affirmé que tout en continuant d'occuper une place visible et prestigieuse dans l'esprit des politiciens, des professionnels de la médecine et des éducateurs américains, la prévention dans les groupes à haut risque fait face à des dilemmes excessivement complexes (Wallack, 1981 ; Swisher, 1981 ; Bacon, 1978). Un de ces dilemmes concerne l'identification des composantes d'éducation préventive qui neutralisent les antécédents entraînant l'abus d'alcool et de drogues chez divers groupes cibles (Goodstadt, 1980 ; Spoth et Rosenthal, 1980). Pour identifier ces composantes de façon précise, les enquêteurs doivent consacrer beaucoup de temps et d'efforts à essayer de comprendre les aspects socio-culturel, psychologique et cognitif de la population étudiée (Huba, Wingard et Bentler, 1980). Tel que mentionné par Huba *et al.*, (1980) il n'y a pas qu'un seul « chemin » qui mène à l'abus d'alcool et de drogues, de sorte qu'il n'y a pas qu'un seul remède (p. 25).

Il y a également la question tant débattue de l'évaluation des antécédents causant supposément les comportements abusifs (Kinder, Pape et Walfish, 1980). La plupart des chercheurs s'entendent pour dire qu'une évaluation longitudinale de la population cible est primordiale si l'on veut établir ce genre d'évaluation avec précision. Dorn et Thompson (1976) de même que Swisher (1981) prétendent que trois à cinq années de postobservation sont nécessaires pour détecter un effet de la prévention.

Les recherches sur l'efficacité des stratégies préventives en matière d'éducation de la santé en vue de réduire les comportements d'abus d'alcool et de drogues se poursuivent partout aux États-Unis. Botvin *et al.*, (1980) ont mis au point un programme complet d'habiletés de vie à composantes multiples qui a permis de réduire le nombre de nouveaux fumeurs chez les étudiants de niveau secondaire. Evans *et al.*, (1981) ont obtenu des résultats similaires en utilisant des concepts d'éducation sociale et de résistance à la pression des pairs pour bâtir un programme scolaire préventif d'éducation de la santé. McAlister et coll. (1979) ont de la même façon établi un programme en utilisant le modèle de résistance à la persuasion de McGuire. Chacune de ces interventions a fourni une preuve empirique que l'abus de la cigarette chez les adolescents peut être évité si, théoriquement, des mécanismes de réalisation et d'évaluation sont mis au point (Allegrante, 1984). Le projet préventif de comportement en matière de santé décrit dans ce rapport se fonde sur ces programmes modèles, est appliqué à une population minoritaire et est centré sur les comportements d'abus d'alcool et de marijuana.

MORA, au Nouveau-Mexique

Au cours des années, Mora, un village de 1 300 habitants situé au nord du Nouveau-Mexique, a connu des taux élevés de problèmes reliés à l'alcool et aux drogues, autant chez les jeunes que chez les adultes.

Mora est un village extrêmement isolé qui vit une crise économique et est constitué principalement d'habitants d'origine hispanique. Du côté divertissement, le village est un paradoxe : quoiqu'il soit bien situé géographiquement, on y retrouve très peu d'activités de récréation publiques. Il y a une école qui regroupe tous les niveaux et une rue principale s'étendant sur un demi-mille, le long de laquelle treize établissements servent ou vendent des boissons alcoolisées. Le problème des mineurs qui s'y procurent de la bière, du vin ou des spiritueux est important et jusqu'à un certain point normatif. Beaucoup d'autres petits villages de cette région du Nouveau-Mexique connaissent d'ailleurs des problèmes semblables.

Des entrevues et des rencontres avec le directeur et le directeur-adjoint de l'école publique de Mora, les infirmières en santé publique et les enseignants ont démontré un besoin urgent d'un programme scolaire préventif d'éducation de la santé. À cette fin, une équipe de chercheurs des grandes universités américaines, en collaboration avec les groupes communautaires et scolaires mentionnés ci-dessus, ont préparé un programme d'intervention en matière d'éducation de la santé échelonné sur plusieurs années. Ce programme est destiné à prévenir les comportements d'abus d'alcool et de drogues chez les jeunes de septième, huitième et neuvième année.

Comme les chercheurs l'ont démontré, un programme préventif doit idéalement viser une population qui ne connaît pas encore de problèmes graves de comportements dangereux pour la santé, mais qui montre tout de même une tendance marquée vers la manifestation de tels comportements (Schlegel, 1977). La figure 1 présente des données tirées d'une évaluation de base sur la fréquence d'abus d'alcool. Comme l'illustre la figure 1, la montée en flèche des problèmes d'alcool justifie les démarches de prévention chez les adolescents de septième, huitième et neuvième année.

Figure 1
À Quelle fréquence buvez-vous « trop »*?

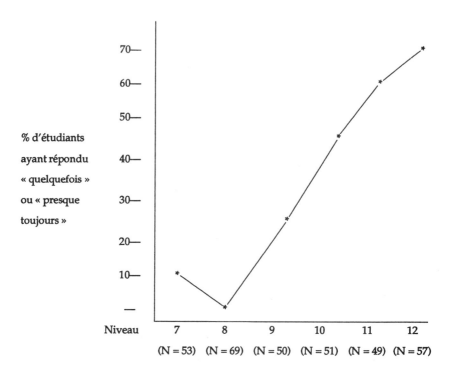

* Jamais ; quelquefois ; presque toujours ; je ne bois pas.

Instruments

En mai 1984, un sondage a été mis au point, testé sur le terrain et administré à des étudiants de la septième à la douzième année de Mora. Le sondage évaluait des paramètres choisis relatifs à l'alcool, aux drogues et au facteur psychosocial, et garantissait l'anonymat. Les étudiants devaient resceller le questionnaire une fois celui-ci rempli et le déposer dans une boîte placée à l'arrière de la classe. Des 334 questionnaires, seulement deux ont été rejetés de l'analyse parce qu'ils n'étaient pas remplis au complet ou parce que les réponses étaient incohérentes ou illisibles. Le sondage avait au préalable été soumis à une évaluation, par les enseignants et divers dirigeants de l'école, des propriétés ethniques, du contenu et de la facilité de compréhension.

Les propriétés psychométriques du sondage ont été estimées fiables à 0,91 (méthode test-retest), et la validité du contenu a été jugée très satisfaisante selon la technique de panels parallèles[1]. La structure et le contenu des questions étaient conformes au document du National Institute on Drug Abuse intitulé *Consequences of Alcohol and Marijuana Use – Survey Items for Perceived Assessments*. En avril 1986, on a procédé à une réévaluation des étudiants en utilisant le même instrument d'évaluation et les mêmes méthodes.

LES COMPOSANTES DU PROGRAMME

Bases théoriques

Les chercheurs ont démontré que les étudiants peuvent acquérir de bonnes connaissances, attitudes et habiletés de comportements en matière de promotion de la santé grâce au modèle d'immunisation par l'éducation (Duryea, 1983, 1984 ; Duryea, Mohr, Newman, Martin et Egwaoje, 1984). Ces enquêtes ont connu du succès dans la prévention des comportements abusifs, comme la conduite en état d'ébriété, chez les adolescents. L'immunisation par l'éducation permet aux étudiants d'apprendre et d'évaluer le contenu, la pertinence et la stratégie des messages persuasifs futurs (arguments) avant même de les avoir entendus. Une telle prévention (immunisation) est rendue possible si l'on offre aux étudiants l'opportunité de pratiquer la réfutation (résistance) d'arguments persuasifs choisis, par des jeux de rôles, des tables rondes et d'autres techniques. L'application de ce modèle à un programme d'éducation de la santé chez les adolescents est évidente : si les étudiants n'ont pas les habiletés à résister aux arguments de leurs pairs pour qu'ils s'engagent dans des comportements risqués, les interventions de prévention doivent être axées sur l'acquisition de ces habiletés. Les composantes éducatives de cette recherche ont été créées selon cette pensée. Après des rencontres avec les étudiants, les dirigeants de l'école et les enseignants, l'équipe de recherche a conclu que les étudiants ne résistaient pas à la persuasion. Les composantes du

---

1.   Voir Ghiselli, Campbell, Zedeck : *Measurement Theory For The Behavioral Sciences*, W.H. Freeman and Company, San Francisco, 1981, p. 278, 279, pour un résumé sur l'évaluation de la validité par la technique de panels parallèles.

programme ont donc été conçues dans le but de neutraliser la tendance des étudiants à se laisser entraîner dans des activités dangereuses pour leur santé.

Description

L'intervention a été mise au point de concert avec les enseignants, les dirigeants de l'école et le directeur d'école. Conçues de façon à s'échelonner durant toute l'année scolaire, les composantes du programme sont les suivantes :

- *Habiletés de résistance à la persuasion.* Les étudiants participent à des jeux de rôles choisis qui les « immuniseront » contre les arguments persuasifs relatifs à l'usage de drogues ou d'alcool. Ils analyseront la précision, la pertinence et la stratégie de ces arguments de façon à pouvoir utiliser des arguments défensifs (réfutations) lors de jeux de rôles (Hammes et Duryea, 1985) ;

- *Répondre à des défis.* Les étudiants apprennent comment les défis les amènent à agir autrement qu'en temps normal. Sous forme de tables rondes, les étudiants tentent de répondre à divers défis lancés par les spectateurs en utilisant leurs propres connaissances en matière de risques pour la santé (Lewis et Lewis, 1984) ;

- *Technique du débat.* Les étudiants prennent parti sur une question controversée relative à l'abus de substance (par exemple, il est dangereux de conduire après avoir bu une bière). L'enseignant leur demande ensuite de *changer de camp* et de déterminer les raisons pour lesquelles ils ont cette opinion. Un protocole permet à l'enseignant, en dernier recours, d'évaluer les deux partis. Les étudiants apprennent ainsi à comprendre le point de vue des autres (Selman, 1980) ;

- *Technique du dilemme.* Les étudiants apprennent à évaluer l'impact d'une décision de groupe par rapport à une décision personnelle sur une question relative à la santé. En utilisant différentes mises en situation, les étudiants doivent démontrer le niveau de risque d'une décision personnelle et d'une décision collective. Inévitablement, les décisions de groupe présentent un plus haut niveau de risque (Slovic, 1966 ; Wallach, Kogan et Benn, 1964 ; Duryea et King, 1984) ;

- *Séances sur les modèles de rebondissements* – Des rapports d'histoire de cas montrent aux étudiants comment des adolescents ayant connu des périodes de crise longues et traumatisantes ont réussi à s'en sortir. Basées sur les travaux de Rutter (1984) sur les grands désavantagés, ces séances montrent aux étudiants de bonnes façons de faire face aux facteurs de stress de la vie ;

— *Prétendre être un parent* – Sous forme de tables rondes, les participants tentent d'imaginer et de vivre une relation parent-enfant et de déterminer ce que doivent être les responsabilités des parents et tuteurs en ce qui concerne l'avenir de l'enfant ;

— *Séances de dédoublement de rôles.* Selon des techniques de psychodrames impliquant des conjoints alcooliques, les étudiants jouent divers rôles mettant en jeu la pression de pairs en utilisant leur moi externe (ce qu'ils disent) et leur voix interne (conscience) dans des simulations écrites.

De plus, des films et d'autres composantes cognitives (exercices de dégagement et de prévision) viennent compléter le programme.

Résultats

Les tableaux 1 à 5 présentent les résultats choisis provenant de deux sources. Une troisième et dernière évaluation a été effectuée en août 1988 mais n'est pas incluse dans ce rapport. En raison du grand nombre de données recueillies, nous ne pouvons présenter que des résultats spécifiques. Ces résultats couvrent l'année scolaire 1985-1986.

Le tableau 1 indique les intentions de comportement des étudiants s'ils avaient à monter dans un véhicule conduit par un conducteur sous l'effet de la marijuana. Les réponses ont été classées dans deux catégories, promotion de la santé et danger pour la santé, et évaluées selon une échelle de cinq points de Likert.

Lors du prétest, 14 % des étudiants de huitième année ont eu des comportements de promotion de la santé, pourcentage qui est passé à 53 % lors du post-test. Inversement, les intentions de comportements dangereux pour la santé ont diminué, passant de 83 % lors du prétest à 21 % lors du post-test. De plus, l'analyse par sexe a indiqué une augmentation des intentions de comportements de promotion de la santé autant chez les garçons que chez les filles.

Tableau 1

Intention de voyager avec des amis qui sont sous l'effet de la marijuana, prétest et post-test

8ᵉ année	Type d'intention	
	Promotion de la santé Nombre (%)	Danger pour la santé Nombre (%)
Prétest (N = 50) nombre (%) des étudiants qui ont répondu	7 (14 %)	42 (83 %)
Post-test (N = 64) nombre (%) des étudiants qui ont répondu	34 (53 %)	13 (21 %)

Vos amis vous ont conduit en ville voir un film. Pendant la représentation, ils fument de la marijuana. Allez-vous les laisser vous reconduire à la maison ?

échelle :   oui/probablement/ne sais pas/probablement pas/non

codification :   (5)   (4)   (3)   (2)   (1)

          « Danger pour la santé »   « Promotion de la santé »

$X^2 = 57,43$

dl = 5

p < 0,0001

Le tableau 2 montre les résultats obtenus par les étudiants de huitième année à qui on a demandé de prévoir le comportement d'un ami dans un scénario impliquant l'usage de drogues. Au prétest, 62 % ont eu des intentions de comportement dangereux pour la santé comparativement à 16 % au post-test, une différence favorable et importante statistiquement au niveau 0,0001. Les intentions de comportement de promotion de la santé sont quant à elles passées de 9 % au prétest à 41 % au post-test.

Tableau 2

Prévision du comportement d'amis à qui on offrirait des pilules

8e année	Type d'intention	
	Promotion de la santé Nombre (%)	Danger pour la santé Nombre (%)
Prétest (N = 50) nombre (%) des étudiants qui ont répondu	4 (9 %)	31 (62 %)
Post-test (N = 64) nombre (%) des étudiants qui ont répondu	26 (41 %)	10 (16 %)

Imaginez que vous êtes à une fête avec des amis et que tout le monde fume de la marijuana et boit de l'alcool. Au cours de la soirée, quelqu'un offre des pilules à vos amis. Pensez-vous que vos amis vont prendre les pilules ?

échelle :   oui/probablement/ne sais pas/probablement pas/non

codification :   (5)   (4)   (3)   (2)   (1)

    « Danger pour la santé »   « Promotion de la santé »

$X^2 = 35,78$

$dl = 5$

$p < 0,0001$

Le tableau 3 donne les résultats des comportements réels des étudiants de huitième année concernant la fréquence à voyager avec un conducteur sous l'effet de l'alcool ou de la marijuana. Dans les deux cas, la fréquence de ces comportements dangereux pour la santé a augmenté au cours de l'année. Au prétest, 22 % des étudiants ont répondu avoir voyagé avec un conducteur en état d'ébriété au moins une fois, comparativement à 47 % lors du post-test. De la même façon, la fréquence à voyager avec un conducteur sous l'effet de la marijuana est passée de 10 % au prétest à 21 % au post-test. Pour ce qui est de la fréquence à voyager avec un conducteur en état d'ébriété, il s'agit d'une différence défavorable importante au plan statistique.

Tableau 3

Fréquence réelle à voyager avec un conducteur en état d'ébriété (CÉÉ) et un conducteur sous l'effet de la marijuana (CEM)*

	Fréquence	
	Conducteur en état d'ébriété	Conducteur sous l'effet de la marijuana
Prétest (N = 50) nombre (%) des étudiants qui ont répondu : « À plus d'une occasion »	11 (22 %)	5 (10 %)
Post-test (N = 64) nombre (%) des étudiants qui ont répondu : « À plus d'une occasion »	30 (47 %)	13 (21 %)
	$X^2 = 12{,}14$ $dl = 4$ $p < 0{,}01$	$X^2 = 5{,}19$ $dl = 4$ $p = 0{,}267$, ns

* Combien de fois au cours du dernier mois avez-vous voyagé avec un conducteur : 1. en état d'ébriété (CÉÉ) ? 2. sous l'effet de la marijuana (CEM) ?

CÉÉ : fréquence	0	1-2	3-6	7-10	> 10
CEM : fréquence	0	1-2	3-6	7-10	> 10
codification	(1)	(2)	(3)	(4)	(5)

Le tableau 4 résume les estimations d'accidents et de décès impliquant des adolescents de Mora, survenus à Mora et dans les environs pour la période de 1983 à 1986. Bien que ces données ne soient ni empiriques ni causales, les dirigeants de l'école de même que l'équipe de recherche espéraient tracer les paramètres épidémiologiques au cours du programme. Comme le montre le tableau, les accidents reliés à l'alcool (véhicules motorisés seulement) sont demeurés plutôt stables tandis que les décès reliés à l'alcool ont semblé diminuer de façon régulière.

Tableau 4

Nombre estimé d'accidents et de décès reliés à l'alcool et aux drogues impliquant des adolescents de Mora de 1983 à 1986*

	Accidents	Décès
1983	1	3
1984	0	3
1985	1	2
1986	1	1

* Véhicules motorisés seulement ; basé sur les estimations des dirigeants de l'école et de la communauté.

Au début du programme, on a demandé aux enseignants d'estimer le nombre d'incidents reliés à l'alcool et aux drogues dont ils avaient été témoins sur les terrains de l'école au cours de l'année scolaire précédente. À la fin de chaque année scolaire, on leur a demandé de faire la même estimation. Un taux d'incidents a ensuite été calculé en divisant le nombre total d'incidents par le nombre de semaines que compte l'année scolaire.

Comme le démontre le tableau 5, au début il y avait près d'un incident par semaine (0,94) comparativement à 0,36 par semaine à la fin de l'année. En novembre 1987, le directeur de l'école a décidé de fermer le campus à l'heure du dîner, c'est-à-dire que les étudiants n'avaient pas le droit d'en sortir. Cette démarche a permis de réduire le nombre d'incidents reliés à l'alcool et aux drogues sur le campus. Les tableaux de données sur ces nouvelles estimations ne sont pas disponibles, mais les enseignants ont affirmé à l'équipe de recherche que la démarche avait facilement réduit de moitié le nombre d'incidents.

Tableau 5

Rapports des enseignants sur les incidents reliés
à l'abus de drogues et d'alcool – Prétest et post-test

	Au début du programme	À la fin du programme
Nombre d'enseignants participants	24	16
Nombre d'enseignants ayant signalé un incident	11	5
Nombre total d'incidents signalés	34	13

$$\text{Au début du programme} = \frac{34 \text{ incidents}}{36 \text{ semaines d'école}} = 0,94 \text{ incident/semaine}$$

$$\text{À la fin du programme} = \frac{13 \text{ incidents}}{36 \text{ semaines d'école}} = 0,36 \text{ incident/semaine}$$

Discussion

Les données présentées dans ce rapport ne sont pas aussi favorables qu'on aurait pu l'espérer. Des chercheurs des États-Unis ont connu d'importants succès dans la réduction des risques pour la santé chez les adolescents grâce à des programmes de prévention (Botvin, 1983 ; Perry et Jessor, 1985). Beaucoup de recherches sur la prévention de l'usage du tabac, en particulier, ont permis de réduire de façon significative le nombre de fumeurs (Schinke, 1981). Cependant, ces chercheurs n'ont pas travaillé auprès de communautés rurales hispaniques, très petites et très isolées. Dans les villes, la nature normative de la consommation d'alcool et, à un moindre degré, de marijuana rend les efforts de prévention par l'éducation extrêmement difficiles.

Bien qu'il y ait de nombreuses théories pouvant expliquer pourquoi les paramètres de comportements réels (fréquence à voyager avec un conducteur en état d'ébriété, entre autres) ont eu des résultats négatifs, aucune ne semble satisfaisante. Par exemple, Allegrante (1984) prétend que les programmes d'éducation de la santé ont échoué pour trois raisons : 1. théorie de base médiocre ; 2. non-fidélité ; 3. mauvais mesurage. Lors de l'évaluation préprogramme, il est apparu évident que les étudiants n'avaient pas conscience de ce que comportent les risques pour la santé et de comment la pression exercée par leurs pairs peut augmenter les risques pour la santé d'un individu.

Les programmes d'intervention ont donc été élaborés de façon à répondre à ces exigences. Les étudiants affirmaient apprécier ces divers traitements par l'éducation et comprendre le rôle de la pression exercée par leurs pairs dans des situations de comportements relatifs à la santé. Le programme semblait donc fondé sur une théorie solide.

Les enseignants, s'ils ne sont pas convenablement préparés et motivés, peuvent nuire au succès du programme. Le non-respect des protocoles du programme constitue un obstacle majeur à son succès. Les enseignants participant au projet « Mora » ont certainement respecté le protocole établi puisque les rencontres postprogramme ont confirmé leur respect dans ce domaine. Ils étaient de plus très motivés à mener le programme, qui fonctionnait sur une base volontaire ; quiconque n'était pas intéressé n'avait pas à y participer.

Finalement, il n'y a aucune preuve de mauvais mesurage des résultats. Les propriétés psychométriques de l'instrument d'évaluation étaient bien établies et les données manquantes de même que le départ d'étudiants au cours du programme n'étaient pas très significatifs. Ainsi, le mesurage des résultats du programme ne semblait pas être un obstacle majeur.

Alors qu'est-ce qui a causé ces résultats diamétralement opposés ? Les intentions de comportement ont eu des résultats positifs (tableaux 1 et 2) alors que les comportements réels sont demeurés stables dans un cas (voyager avec un conducteur sous l'effet de la marijuana) et ont été négatifs dans un autre (voyager avec un conducteur en état d'ébriété (tableau 3)).

Il est possible que la non-participation des parents ou tuteurs constitue l'élément manquant au succès du programme. La population des agglomérations hispaniques rurales du nord du Nouveau-Mexique est extrêmement unie et les adultes y sont très respectés. Les étudiants ont peut-être plus de facilité à refuser de voyager avec des pairs et des adolescents plus âgés qui sont sous l'effet de drogues ou d'alcool qu'avec des adultes. La prédominance des proches parents dans les environs du village et le manque de moyens de transport peuvent aussi avoir influencé à la hausse la fréquence à voyager avec des conducteurs aux facultés affaiblies chez les étudiants.

Le projet s'est révélé efficace dans la réduction des intentions de comportements dangereux pour la santé et dans l'augmentation des intentions de comportements de promotion de la santé. Ces résultats s'appliquent à tous les niveaux scolaires étudiés. Les chercheurs ont démontré que les intentions de comportements constituaient un bon indicateur du comportement réel futur (Ajzen et Fishbein, 1980). Une des raisons pouvant expliquer pourquoi les intentions de comportements ont eu des résultats positifs, et non les comportements réels, est que les questions évaluant la fréquence à voyager avec des conducteurs aux facultés affaiblies ne faisaient pas la distinction entre les offres venant d'adultes et celles venant d'adolescents plus âgés. Si une telle distinction avait été faite, les résultats des comportements réels auraient peut-être été plus positifs.

La fréquence réelle de consommation d'alcool est également demeurée inchangée en termes de statistique, mais a tout de même montré une tendance à la baisse chez tous les étudiants. Il en va de même pour les niveaux de consommation.

Les recherches en éducation de la santé axées sur des populations rurales minoritaires ont toujours été difficiles. En raison des facteurs culturels si importants dans ces régions, les interventions par l'éducation doivent être faites de façon prudente et heuristique. Les chercheurs devront inévitablement trouver des moyens d'intégrer les parents et les tuteurs aux programmes de prévention afin d'améliorer le taux de réussite de ces programmes.

Finalement, on devra s'attaquer à l'extrême facilité d'accès à l'alcool pour les jeunes de ces communautés si l'on veut changer les taux de consommation. Sans restrictions sur la vente d'alcool aux mineurs, les problèmes d'abus d'alcool et les accidents qui y sont reliés continueront inéluctablement.

BIBLIOGRAPHIE

AJZEN, I. et FISHBEIN, M. (1980), *Understanding attitude and predicting social behavior*, Prentice-Hall, Englewood Cliffs, New Jersey.

ALLEGRANTE, J.P. (1984), « What research in school health education tells us about selecting a program », *Health Promotion Technical Reports*, Teachers College Columbia University, New York.

BACON, S.D. (1978), « On the prevention of alcohol problems and alcoholism », *Journal of Studies on Alcohol*, vol. 39, nº 7, P. 1125-1147.

BOTVIN, G. (1983), « Prevention of adolescent substance abuse through the development of personal and social competence », *Preventing Adolescent Drug Abuse : Intervention Strategies* sous la dir. de T. Glynn, NIDA Research Monographs Series, Washington, D.C., Government Printing Office, vol. 47, p. 115-139.

BOTVIN, G., ENG. A. et WILLIAMS C. (1980), « Preventing the onset of cigarette smoking through Life Skills Training », *Preventive Medicine*, vol. 9, p. 135-143.

DORN N. et THOMPSON A. (1976), « Evaluation of drug education in the longer term is not an optional extra », *Community Health*, vol. 7, p. 154-161.

DURYEA, E.J. (1983), « Utilizing tenets of Inoculation Theory to develop and evaluate a preventive alcohol education intervention », *Journal of School Health*, vol. 53, nº 4, p. 250-256.

DURYEA, E.J. (1984), « An application of Inoculation Theory to preventive alcohol education », *Health Education*, vol. 15, nº 1, p. 4-7.

DURYEA, E.J. et KING, L.S. (1984), *The Choice Dilemma Technique: A Vehicule for Exploring the Risky-Shift Phenomenon in Adolescents*, essai présenté au congrès annuel de l'American School Health Association, Pittsburgh, Pennsylvanie.

DURYEA, E.J., MOHR, P., NEWMAN, I., MARTIN, G. et EGWAOJE, E. (1984), « Six-month follow-up results of a preventive alcohol education intervention », *Journal of Drug Education*, vol. 14, nº 2, p. 97-104.

EVANS, R.I., *et al.* (1981), « Social modeling films to deter smoking in adolescents: Results of a three-year field investigation », *Journal of Applied Psychology*, vol. 66, p. 399-414.

GOODSTADT, M.S. (1980), « Drug Education – A turn on or turn off ? », *Journal of Drug Education*, vol. 10, nº 2, p. 89-99.

HAMMES, M. et DURYEA, E.J. (1985), « Teaching verbal and cognitive resistance skills to a sixth-grade population », *Journal of Human Behavior and Learning*, sous presse.

HUBA, G.J., WINGARD et BENTLER, P.M. (1980), « Application for a theory of drug use to prevention programs », *Journal of Drug Education*, vol. 10, nº 1, p. 25-37.

KINDER, B.N., PAPE, N.E. et WALFISH, S. (1980), « Drug and alcohol education programs: A review of outcomes studies », *The International Journal of the Addictions*, vol. 15, nº 7, p. 1035-1054.

LEWIS, C. et LEWIS, M.A. (1984), « Peer Pressure and Risk-taking in Children », *American Journal of Public Health*, vol. 74, nº 6, p. 580-658.

MARSH, D.T., *et al.* (1980), « Effect of perspective-taking training an interpersonal problemsolving », *Child Development*, vol. 51, p. 140-145.

McALISTER, A., PERRY, C. et MACCOBY, N. (1979), « Adolescent smoking: Onset and prevention », *Pediatrics*, vol. 63, p. 650-658.

NATHAN, P.E. (1983), « Failures in prevention : Why can't we prevent the devastating effect of alcoholism and drug abuse? », *American Psychologist*, vol. 38, nº 4, p. 459-467.

PERRY, C. et JESSOR, R. (1985), « The concept of health promotion and the prevention of adolescent drug abuse », *Health Education Quarterly*, vol. 12, n 2, p. 169-184.

RUTTER, M. (1984), « Resilient Children et Why some disadvantaged children overcome their environments and how we can help », *Psychology Today*, p. 57-65.

SCHINKE, S.P. (1981), « Interpersonal skills training with adolescents », *Progress in Behavior Modification*, sous la dir. de M. Hersen, volume II, New York, Academic Press.

SCHLEGEL, R.P. (1977), « Some methodological procedures for the evaluation of educational programs for prevention of adolescent alcohol use and abuse », *Evaluation Quarterly*, vol. 1, nº 4, p. 657-672.

SELMAN, R.L. (1972), « Taking another's perspective: Role-taking development in early childhood », *Child Development*, vol. 42, p. 1721-1734.

SLOVIC, P. (1966), « Risk-taking in children : Age and sex differences », *Child Development*, vol. 37, p. 136-146.

SPOTH, R. et ROSENTHAL, D. (1980), « Wanted – A developmentally oriented alcohol prevention program », *The Personnel and Guidance Journal*, p. 212-216.

SWISHER, J.D. (1981), *Prevention Issues*, essai présenté à la conférence : « Developing Prevention Programs in Treatment Agencies and Settings », Nebraska Prevention Center for Alcohol and Drug Abuse, University of Nebraska-Lincoln.

WALLACK, L.M. (1981), *The problems of preventing problems : Barriers to policy and program*, essai présenté à la conférence : « Developing Prevention Programs in Treatment Agencies and Settings », Nebraska Prevention Center for Alcohol and Drug Abuse, University of Nebraska-Lincoln.

WALLACH, M., KOGAN, N. et BENN, D.J. (1964), « Diffusion of responsibility and level of risk taking in groups », *Journal of Abnormal and Social Psychology*, vol. 68, nº 3, p. 263-274.

Chapitre 15

UNE INTERVENTION CORRECTIONNELLE NOVATRICE AUPRÈS DE JEUNES PERTURBATEURS CHRONIQUES : L'ENTRAÎNEMENT AUX ARTS MARTIAUX

John P. Myers
David B. Armor

INTRODUCTION

Cette étude est axée sur une approche « alternative » de prévention de la délinquance. Grâce à l'appui et à la participation d'une école secondaire et d'une école de Karaté Tang Soo Do, un entraînement aux arts martiaux a été offert à des étudiants perturbateurs chroniques et non-perturbateurs chroniques de l'école, dans l'espoir que les étudiants pertubateurs chroniques recevant un tel entraînement auraient un concept de soi et un comportement améliorés.

Renseignements sur la communauté et l'école hôtes

L'école secondaire est située dans un quartier industriel couvrant environ cinq kilomètres carrés d'une ville de 8 100 habitants. La ville longe le fleuve Delaware, à environ huit kilomètres au sud de Camden au New Jersey, dans la région métropolitaine de Philadelphie en Pennsylvanie. La ville est principalement composée de cols bleus, et la majorité des régions avoisinantes témoignent que les emplois du secteur industriel s'éloignent des régions métropolitaines du nord comme celle qui nous concerne.

L'école où étudient les sujets participant à cette étude comptait 833 étudiants répartis entre la septième et la douzième année pour l'année scolaire 1984-1985, dont 150 dans les classes supérieures. L'école emploie trois conseillers et comprend 63 enseignants qui comptent en moyenne 18 années d'expérience. La moyenne des résultats au test d'aptitude scolaire pour 1982-1983 a été de 408 pour l'oral et de 433 en mathématiques. De tous les diplômés de 1983, 23 % se sont inscrits à un programme collégial de quatre ans, 18 % à un programme de deux ans, 10 % à une école technique ou de soins infirmiers, 7 % ont joint les forces armées, 26 % sont sur le marché du travail et 16 % se trouvent dans d'autres situations.

Entraînement aux arts martiaux et concept de soi

L'hypothèse de départ est que les étudiants participant à un entraînement aux arts martiaux vont développer un concept de soi positif. L'école de karaté Tang Soo Do, en plus de poursuivre des objectifs de conditionnement physique, accorde de l'importance aux objectifs mentaux suivants : 1. l'autodiscipline ; 2. la discipline et la vigilance mentales ; 3. le respect envers tous les étudiants des classes supérieures, les entraîneurs et toute personne en autorité ; et 4. l'accomplissement. On espère ainsi que le concept de soi s'améliorera et que cette amélioration entraînera celle du comportement des sujets au cours du programme.

Raimy (1948) a été l'un des premiers à découvrir que les changements dans le concept de soi sont reliés au comportement et à la personnalité. Il a fait une analyse quantitative des changements à l'égard de l'estime de soi manifestés par des étudiants de niveau collégial suivant une psychothérapie.

Snygg et Combs (1949) constatent que l'image qu'une personne a d'elle-même et de ses habiletés détermine son agir et ses comportements. Leur recherche indique qu'une personne qui a une image positive d'elle-même fonctionne normalement. Ces chercheurs constatent également que la majorité des psychologues célèbres (Lecky, Maslow, Masserman, Mowrer et Carl Rodgers) ont le même point de vue.

Carl Rodgers (1967) signale une observation générale dans les situations de thérapie : quand un changement se produit dans la perception de soi et de la réalité, un changement se produit dans le comportement.

Des sociologues nous ont aussi aidé à comprendre le moi dans une telle situation. Le concept du « moi en miroir » de Cooley est fort utile. Le moi n'est pas seulement l'image extérieure que les autres voient (Light et Keller, 1982, p. 119). Il semblerait que si le groupe soumis à l'entraînement aux arts martiaux devenait le groupe témoin, un changement positif de l'image de soi serait alors possible. Mead a été l'un des premiers à concevoir la psychologie individuelle en termes sociaux. Selon lui, le moi n'est pas inné, c'est un élément qui se développe et apparaît dans le processus d'expériences et d'activités sociales. C'est-à-dire qu'il se développe chez un individu en fonction de ses relations avec la société (Mead, 1934, p. 135).

Les activités novatrices axées sur la prévention ou le traitement de la délinquance ne sont pas nouvelles. Romig (1978) a fait la revue des études sur l'utilisation du camping sauvage comme moyen de réduire les comportements délinquants. Il constate que cette approche peut être profitable aux jeunes délinquants. Cependant, certaines valeurs sont les mêmes pour un délinquant que pour quiconque : la chance de s'évader, une expérience récréative, une occasion de réfléchir et de s'amuser. Selon Romig (1978, p. 99), les jeunes délinquants ont confiance qu'ils peuvent relever ce genre de défi.

Collingwood (1975) a décrit les résultats d'une approche d'exercices des habiletés faisant partie d'un programme de traitement résidentiel à court terme en Arkansas. Il conclut que l'exercice systématique de l'aspect physique, émotif ou intellectuel chez un délinquant peut améliorer son fonctionnement dans l'aspect visé. De la même façon, un programme complet axé sur les trois aspects pourrait être profitable aux trois aspects en même temps.

Une recherche informatique récente effectuée par le National Criminal Justice Reference Service sur la prévention de la délinquance juvénile a permis de recenser 111 publications. Parmi les programmes les plus novateurs décrits dans la documentation, on en retrouvait un intitulé « National Youth Project Using Mini-Bikes » publié par le National Youth Project Using Mini-Bikes (1976). Il s'agit d'un des programmes de traitement communautaire les plus économiques. Les résultats démontrent que les jeunes ayant déjà été arrêtés qui ont participé au programme se sont améliorés, 76 % n'ayant pas été arrêtés au cours du programme. Une autre technique récréative novatrice est intitulée « Basketball 1972 – A delinquency Prevention Project » de Palama Settlement (1973). Ce projet semble aussi avoir connu des résultats favorables.

D'autres études novatrices ont également donné des résultats positifs, dont : « Effects of the Juvenile Justice System on Self-Concept, » Bliss (1977) ; « Glastonbury Youth Services, Creative Experiences », qui tente d'aider les enfants à développer une image positive d'eux-mêmes en montant une pièce de théâtre musicale annuelle durant l'été, et qui a permis de réduire le taux officiel de délinquance juvénile depuis sa mise en place (US Department of Justice, 1980, p. 53) ; « Learning Alternatives Program » à Tampa en Floride, lequel fournit une aide scolaire individuelle et un counseling de soutien dans un environnement d'apprentissage intensif. L'évaluation des résultats démontre que le programme est efficace dans la réduction de la délinquance et a un effet sur des variables intermédiaires, comme l'image de soi (US Department of Justice, 1980, p. 69); et « Parent and Child Education Program » à Des Moines en Iowa, qui visait à améliorer la communication entre les membres d'une famille de façon à créer un environnement de soutien qui permettrait aux enfants d'avoir une meilleure estime de soi, réduisant ainsi les risques de délinquance chez ces derniers. Le programme s'est également révélé efficace. (US Department of Justice, 1980, p. 86.)

Armor et Myers (1982) signalent que l'élaboration d'un programme d'entraînement aux arts martiaux dans la partie éducative et récréative du centre de détention du comté de Gloucester avait permis d'améliorer le comportement, l'estime de soi, la maîtrise de soi et le sens de l'autorité des participants.

Dans « A State of Grace, Understanding Martial Arts », Miller (1980) nous permet de voir comment un apprentissage des arts martiaux peut être adéquat comme mesure correctionnelle :

> « La vraie valeur de l'étude des arts martiaux n'a rien à voir avec des exploits physiques comme fendre des briques. En fait, l'aspect de combat n'est pas prioritaire. Dans notre société moderne de technologie, il serait plus facile d'acheter une arme à feu. La vraie valeur tient plutôt à ce que les arts martiaux nous apprennent sur nous-mêmes : *que nous pouvons nous*

améliorer ; que nous n'avons pas à avoir peur ; et que nos capacités d'énergie, de réalisme, de courage et de compassion sont beaucoup plus grandes que nous le croyons. Les arts martiaux nous disent que toutes nos limites personnelles, et par extension nos modèles destructifs, sociaux et historiques, peuvent être dépassés. » p. 88, (traduction libre, italique ajouté.)

Trulson et Al. (1985) mentionnent une étude menée par T.A. Nosanchuk *et al.* de Carleton University qui a démontré une relation inverse entre l'agressivité et la durée de l'entraînement aux arts martiaux. Après un sondage auprès de tous les participants à l'entraînement, ils ont conclu qu'il n'y avait pas de changement important chez ceux qui se sont entraînés moins d'une année, mais seulement chez ceux qui ont poursuivi l'entraînement plus d'une année :

> « ... démontrent un niveau d'anxiété plus bas, un sens accru des responsabilités, une baisse dans la volonté de prendre des risques ; ils sont moins portés à avoir des comportements radicaux ; ils ont une meilleure estime de soi et ils se comportent mieux en société. Ces caractéristiques étaient particulièrement visibles chez ceux qui ont obtenu leur ceinture noire.

> « Les adolescents perturbateurs à l'école, à la maison et envers la loi, en raison surtout de leur nature agressive et leur manque de respect des droits et de la propriété d'autrui ... sont devenus plus respectueux et auto-disciplinés dans une courte période de temps. ... Les arts martiaux traditionnels constituent peut-être une méthode efficace de traiter les problèmes de délinquance juvénile. » P. 79, (traduction libre.)

MÉTHODE

Objectifs et hypothèses

Cette étude évalue la possibilité d'utiliser la pratique des arts martiaux pour traiter les lacunes apparentes chez les étudiants perturbateurs chroniques qui manquent de motivation et d'autodiscipline et qui ont une mauvaise estime de soi. Ces symptômes se manifestent par le manque de respect et la désobéissance à l'autorité, des absences non motivées et des résultats scolaires médiocres. Le directeur de l'école parle des étudiants perturbateurs chroniques dans les termes suivants :

> « Il n'y a pas de moyens actuellement disponibles à l'intérieur du district pour traiter les étudiants qui ne peuvent ou ne veulent pas répondre aux mesures disciplinaires et de counseling normales. Le taux d'étudiants décrocheurs chez les 16 ans et plus est extrêmement élevé [...] Les seules stratégies actuelle-

ment disponibles sont la retenue, la suspension, l'instruction à domicile et, en dernier recours, l'expulsion de l'école. » (Traduction libre.)

Le style Tang Soo Do en arts martiaux accorde de l'importance aux aspects suivants : autodiscipline ; discipline et vigilance mentales ; respect envers tous les étudiants des classes supérieures, les entraîneurs et toute personne en autorité ; accomplissement ; cours structurés ; et évaluations systématiques du progrès.

On part de l'hypothèse que les étudiants qui participent à un entraînement aux arts martiaux auront un concept de soi amélioré, et, par le fait même, seront moins perturbateurs. De façon spécifique, les objectifs du projet consistent à ce que les étudiants inscrits aux cours de Tang Soo Do : 1. aient moins de sanctions disciplinaires ; 2. aient moins d'absences non motivées une fois l'entraînement commencé ; 3. améliorent leur moyenne scolaire au cours des trois mois d'entraînement ; 4. fassent des gains considérables à « l'échelle Piers-Harris de l'estime de soi chez les enfants » ; et 5. obtiennent leur ceinture orange après trois mois d'entraînement, c'est-à-dire au moins 24 sessions.

Déroulement

La méthode de sélection des participants au programme et les points considérés dans l'évaluation du programme sont présentés dans les pages qui suivent.

Au printemps 1984, avant la fin de l'année scolaire, les parents et les étudiants ont été informés de la possibilité qu'un cours de karaté soit offert à l'automne 1984. On n'a pas mentionné que cet entraînement aux arts martiaux aiderait à traiter les étudiants perturbateurs chroniques. On a ensuite divisé les étudiants qui s'étaient inscrits au programme en deux groupes : 1. les perturbateurs chroniques ; et 2. les non-perturbateurs chroniques.

La définition opérationnelle de la perturbation chronique est la suivante : comportement excessif inacceptable établi en fonction des éléments utilisés dans le cadre de cette étude (suspensions, absences non motivées, etc.). Le directeur de l'école a eu la tâche de déterminer quels étudiants étaient des perturbateurs chroniques et lesquels ne l'étaient pas. Les différences de comportement entre les deux groupes étaient très évidentes. Entre septembre et décembre 1983, les différences entre les perturbateurs chroniques et les non-perturbateurs chroniques (groupes A et B) étaient respectivement les suivantes : heures de retenue le samedi, 40 contre 3 ; jours de suspension, 35 contre 3 ; absences non motivées, 155 contre 72 ; devoirs en retard, 12 contre 2 ; cours séchés, 12 contre 1 ; moyenne scolaire, 71,2 contre 85,5. Le tableau 3 indique aussi que les étudiants perturbateurs chroniques ont une image de soi plus négative.

En raison de l'espace restreint et de façon que l'instructeur puisse avoir la maîtrise du groupe, pas plus de 30 étudiants ont pu participé à l'entraînement. Ainsi, le directeur a choisi au hasard les 15 étudiants de chaque groupe qui participeraient au programme. Aucun étudiant n'a été autorisé à participer avant d'avoir obtenu le consentement de ses parents. Les parents ont participé au projet en fournissant l'équipement nécessaire à l'enfant et en signant, avant le début du programme, une renonciation quant à la responsabilité de l'école en cas de blessure. Deux groupes témoins dont les sujets n'ont pas reçu l'entraînement aux arts martiaux faisaient également partie de l'étude, respectivement formés de 15 étudiants perturbateurs chroniques et de 15 étudiants non perturbateurs chroniques, choisis également au hasard. La figure 1 illustre le paradigme.

Figure 1

Quatre groupes participant au programme d'entraînement aux arts martiaux

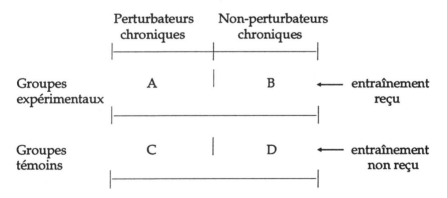

Les quatre groupes ont été évalués sur le concept de soi avant le début du programme et à la fin du programme. Ils ont également été soumis, à deux reprises au cours du programme, à une évaluation des indices de comportements perturbateurs (mesures de comportement) décrits plus haut.

« L'échelle Pier-Harris de l'estime de soi chez les enfants » a été administré avant le début de l'entraînement ainsi qu'après trois mois d'entraînement de façon à mesurer les changements dans le concept de soi. Tous les étudiants de l'école ont passé le test, lequel, leur avait-on dit, faisait partie des méthodes d'évaluation scolaire normales. L'administration de l'école a quant à elle fourni les renseignements relatifs aux absences, aux sanctions disciplinaires, aux dossiers scolaires, aux résultats de tests normalisés. Ces mesures du comportement ont été effectuées à deux reprises : un an avant le début du programme d'entraînement aux arts martiaux (de septembre à décembre 1983) et pendant le programme (de septembre à décembre 1984).

Les cours d'arts martiaux avaient lieu trois fois par semaine, de 14 h 45 à 16 h 40, pendant trois mois (24 cours) pour se terminer par un test. L'administration de l'école a accepté de fournir le local d'entraînement.

L'entraînement aux arts martiaux a été offert gratuitement grâce à une entente entre l'école de karaté Tang Soo Do et le centre de détention du comté. On a permis à un des employés du centre de détention ayant sa ceinture noire de karaté d'aider à donner les cours. Les étudiants devaient acheter l'habit que leur fournissait l'école de Tang Soo Do pour environ 30 à 40 dollars. Cependant, le directeur de l'école a informé les étudiants que l'école se chargerait de payer pour ceux qui n'en auraient pas les moyens.

Formation des groupes

Les tableaux 1 et 2 présentent la façon dont ont été formés les groupes. On peut constater que les groupes se ressemblent quant à l'âge et au QI. Les garçons sont plus nombreux dans chaque groupe et sont aussi surreprésentés dans les groupes perturbateurs (groupes A et C), comme on pouvait s'y attendre. Les étudiants de race blanche sont en nombre supérieur dans les groupes A et B, mais les Noirs sont plus nombreux dans les groupes C (64 %) et D (50 %). Les familles vivant sous le seuil de la pauvreté, tel qu'établi par le gouvernement fédéral, sont admissibles à recevoir gratuitement un dîner offert par l'école. Cela est une indication du niveau social et économique. Cinquante-cinq pour cent des étudiants du groupe C sont admissibles à cette aide. Il s'agit du taux le plus élevé de tous les groupes.

L'État du New Jersey a à sa disposition des équipes d'étude d'enfants. Ces groupes étudient les enfants qui leur sont référés par un enseignant ayant éprouvé des problèmes avec ceux-ci.

Tableau 1

Âge et QI de l'échantillon total
et des quatre groupes

Caractéristiques	Échantillon n = 55	Groupe A n = 15	Groupe B n = 15	Groupe C n = 11	Groupe D n = 14
Âge en années					
Moyenne	15,7	15,1	15,6	16,3	16,1
Médiane	15,7	15,4	16,8	16,2	16,9
Étendue	12,3-19,3	13,0-17,9	12,3-18,2	14,0-18,2	13,0-19,3
QI					
Moyenne	98	96,9	99,7	101,4	101,8
Médiane	101	99	98	101	104
Mode	101	—	—	—	—
Étendue	66-123	66-116	75-123	83-120	79-115

Chaque groupe est formé d'un spécialiste de l'apprentissage, d'un psychiatre, d'un psychologue et d'un travailleur social. On évalue les enfants et on détermine si ces derniers ont besoin de soins particuliers. Si l'enfant nécessite de tels soins, on le classifie et il est en droit de recevoir de l'aide supplémentaire de l'État. Des rapports ont été dressés sur les étudiants de chaque groupe, et on a pu constater que le groupe C avait le plus haut taux d'étudiants classifiés (27 %), suivi du groupe A avec 26 %. La plupart des étudiants ont été classifiés pour lacune perceptuelle (LP), un état mental déficient éducable (ÉMDÉ) et deux étudiants avaient des troubles émotionnels (TE). Aucun des étudiants participant au projet n'était suivi par un psychologue ou un psychiatre.

De plus, comme par hasard, le groupe C (groupe témoin des perturbateurs chroniques) comprend plus d'étudiants de race noire, plus d'étudiants ayant fait l'objet d'une évaluation par une équipe d'étude d'enfants, plus d'étudiants ayant des troubles émotionnels et a une proportion plus élevée d'étudiants admissibles au dîner gratuit que tous les autres groupes.

Tableau 2

Sexe, race, dîner gratuit et
évaluation par une équipe d'étude d'enfants
pour l'échantillon total et
les quatre groupes

	Échantillon n = 55		Groupe A n = 15		Groupe B n = 15		Groupe C n = 11		Groupe D n = 14	
	Nombre	%	Nombre	%	Nombre	%	Nombre	%	Nombre	%
Sexe										
Masculin	39	70,1	13	86,7	8	53,3	9	81,8	9	64,3
Féminin	16	29,1	2	13,3	7	46,7	2	18,2	5	35,7
Race										
Noire	16	29,1	2	13,3	0	0	7	63,6	7	50,0
Blanche	39	70,9	13	87,7	15	100,0	4	36,4	7	50,0
Dîner gratuit	9	16,4	1	6,7	0	0	6	54,5	2	14,1
Équipe d'étude d'enfants										
Rapports effectués	10	18,2	4	26,7	1	6,7	4	36,4	1	7,1
Étudiants classifiés	8	14,5	4	26,7	0	0	3	27,3	1	7,1
Classifications										
LP	5	9,1	3	20,0	0	0	1	9,1	1	7,1
ÉMDÉ	1	1,8	1	6,7	0	0	0	0	0	0
TE	2	3,6	0	0	0	0	2	18,2	0	0

RÉSULTATS

Participation à l'entraînement aux arts martiaux

Les étudiants des groupes A et B ont participé activement à l'entraînement de septembre à décembre 1984. Dans le groupe A, les étudiants ont assisté en moyenne à 23,1 cours, pour une médiane de 26 et une étendue de 1 à 32. Des 15 étudiants du groupe A, 11 (73,3 %) ont obtenu leur ceinture orange. Dans le passé, ce groupe avait beaucoup de difficultés à mener à terme un tel projet.

Les étudiants du groupe B ont quant à eux assisté en moyenne à 26,7 cours, pour une médiane de 29 et une étendue de 2 à 35. Treize des 15 étudiants du groupe (87 %) ont obtenu leur ceinture orange. Comme on pouvait s'y attendre, le taux d'assiduité a été plus élevé dans le groupe B (non-perturbateurs chroniques) et celui-ci a connu plus de succès.

Changements dans le concept de soi

Le tableau 3 présente les résultats au Piers-Harris (prétest et post-test). Le test a été administré aux étudiants des quatre groupes avant l'entraînement aux arts martiaux et après les trois mois d'entraînement. On note une augmentation moyenne de 4,4 % pour l'échantillon total, mais l'augmentation moyenne pour les groupes expérimentaux est supérieure à celle des groupes témoins : le groupe expérimental perturbateur chronique obtient une augmentation moyenne de 8,5 % contre 2 % pour le groupe témoin ; le groupe expérimental non-perturbateur obtient une augmentation moyenne de 3,4 % contre une diminution de 0,4 % pour le groupe témoin. Le concept de soi a donc été positivement influencé.

Comportement au cours du projet et pendant l'année précédente

Le tableau 4 illustre les différences de comportement pour l'échantillon total et les quatre groupes. Ceci nous permet de comparer les comportements de chaque groupe à ses comportements de l'année précédente grâce au plus et au moins, et de comparer les changements de comportements entre les groupes.

Tableau 3

Test Piers-Harris*
Pour l'échantillon total et les quatre groupes

	Échantillon	Groupe A	Groupe B	Groupe C	Groupe D
Prétest					
	n = 55	n = 15	n = 15	n = 11	n = 14
	ÉN = 9,3	ÉT = 8,6	ÉT = 8,2	ÉT = 10,6	ÉT = 7,6
Test Piers-Harris					
Moyenne	56,2	53,1	56,3	53,8	61,2
Médiane	57	52	57	52	64
Mode (5)	65, 64	—	—	—	—
Étendue	38-77	38-66	42-68	42-77	47-68
Post-test**					
	n = 51	n = 14	n = 15	n = 8	n = 14
	ÉT = 10,3	ÉT = 6,2	ÉT = 10,3	ÉT = 10,3	ÉT = 12,6
Test Piers-Harris					
Moyenne	58,7	57,6	59,7	54,9	60,8
Médiane	59	58	65	69	65
Mode (4)	66	—	—	—	—
Étendue	35-78	47-68	40-72	45-77	35-78

Tableau 3 (suite)

Test Piers-Harris*
Pour l'échantillon total et les quatre groupes

	Échantillon	Groupe A	Groupe B	Groupe C	Groupe D
	n = 51	n = 14	n = 15	n = 8	n = 14

———————————————— Différences au test ————————————————

Pourcentage d'augmentation ou de réduction

Test Piers-Harris

	Échantillon	Groupe A	Groupe B	Groupe C	Groupe D
Moyenne	+4,4	+8,5	+3,4	+2,0	-0,4
Médiane	+3,5	+11,5	+14,0	+32,7	+1,7

——— Comparaison du pointage obtenu au test Piers-Harris*** ———

	Échantillon	Groupe A	Groupe B	Groupe C	Groupe D
	n = 51	n = 14	n = 15	n = 8	n = 14

	Nombre	%	Nombre	%	Nombre	%	Nombre	%	Nombre	%
Pointage	+97	+3,3	+52	+6,9	+51	+6,0	0	0	-6	-0,1

*   Les résultats moyens sont en général ceux situés entre les résultats bruts de 46 et 60.

**   Étant donné que quelques étudiants ont laissé l'école au cours de l'année 1984 ou n'ont pu être rejoints pour passer le test, la participation au deuxième test Piers-Harris se lit comme suit : groupe A = 14, groupe B = 15, groupe C = 8, groupe D = 14, pour un total de 51.

***   Cette partie du tableau compare le pointage obtenu par l'échantillon total avec celui obtenu par chaque groupe. Autrement dit, +97 indique que l'échantillon total a obtenu 97 points de plus pour l'ensemble des tests.

Tableau 4

Augmentation ou diminution des indices de comportements de 1983 à 1984 et moyenne scolaire de l'échantillon total et des quatre groupes

	Échantillon n = 55		Groupe A n = 15		Groupe B n = 15		Groupe C n = 11		Groupe D n = 14	
	Nombre	%	Nombre	%	Nombre	%	Nombre	%	Nombre	%
Retenue le samedi	+94	+67	+44	+110	+7	+233	+41	+44	+2	+50
Jours de suspension	+43	+32	−18	−106	−3	−300	+64	+116	0	0
Absences non motivées	−66	17	−71	−45	−17	−24	−40	−16	+62	+68
Sanctions disciplinaires	−2	−200	−2	−200	0	0	0	0	0	0
Rapports à la police	0	0	−2	−200	0	0	+2	+200	0	0
Retards	+113	+251	+31	+258	+28	+1400	+52	+217	+2	+29
Cours séchés	+26	+90	+8	+66	+3	+300	+17	+130	−2	−33
Visites au bureau du directeur	+8	+11	−1	−5	0	0	+7	+15	0	0
Moyenne scolaire générale*	+62	+2	+52	+5	+2	0	−28	−5	+12	+1

---

*   La moyenne scolaire générale est le total de toutes les moyennes scolaires de l'échantillon ou du groupe. Étant donné que trois étudiants ont laissé l'école à l'automne 1984, les calculs et les comparaisons sur la moyenne scolaire ont été faits selon l'échantillon suivant : N = 52, A = 14, B = 15, C = 9 et D = 14.

Retenue le samedi – Augmentation dans tous les groupes. Les groupes expérimentaux A et B ont connu une augmentation comparativement à l'année précédente. De toutes les mesures de comportements, celle-ci se révèle la moins favorable de l'étude. Le directeur de l'école a fait remarquer que cette mesure et les retards constituaient les deux indices de comportements perturbateurs chroniques les moins sérieux. En ce qui a trait aux heures de retenue du samedi, on utilise un système de pointage cumulatif : lorsque l'étudiant atteint un certain nombre de points, il doit faire quelques heures de retenue le samedi.

Jours de suspension – Les deux groupes expérimentaux ont connu de meilleurs résultats que lors de l'année précédente et ont mieux fait que leur groupe témoin. On note particulièrement la différence lorsqu'on compare les groupes perturbateurs chroniques, A et C : –106 % contre +116 %.

Absences non motivées – Il s'agit des jours d'école manqués sans raison valable. Encore une fois, les groupes perturbateurs chroniques montrent un contraste : une réduction de 45 % pour le groupe A contre une réduction de 16 % pour le groupe C. Le groupe B (non-perturbateur) a aussi connu un résultat positif avec une diminution d'absences non motivées de 24 %. Il semble que l'entraînement aux arts martiaux ait eu une influence positive sur l'assiduité.

Rapports à la police et sanctions disciplinaires – Il n'y a eu que très peu de cas dans chaque groupe. Le peu de données soutient l'hypothèse.

Retards – Tout comme la retenue du samedi, cet indice de comportement n'a pas connu de résultats favorables lors de l'étude. Cependant, il ne s'agit pas d'une des infractions les plus sérieuses à apparaître dans le dossier des étudiants. Il semblerait également que si les étudiants vont à l'école plus souvent (c'est-à-dire s'ils ont moins de suspensions et d'absences non motivées), les risques d'être en retard s'en trouvent augmentés. C'est d'ailleurs le cas pour le groupe A, mais pas pour le groupe C.

Cours séchés – Cette catégorie est plus sérieuse que les retards, mais pas autant que les suspensions. Les groupes expérimentaux ont séché plus de cours en 1984 qu'en 1983. Cependant, le groupe témoin des perturbateurs chroniques (groupe C) a connu une augmentation de presque 100 %, avec 66 % contre 130 %.

Visites au bureau du directeur – Le groupe A a connu une réduction de 5 %, tandis que le groupe C a eu une augmentation de 15 %.

Moyenne scolaire – Il s'agit ici d'une catégorie où une augmentation est favorable. Les étudiants du groupe A ont augmenté leur moyenne de 5 % comparativement à 1983, soit beaucoup mieux que leur groupe témoin C qui lui a connu une diminution de 5 %. L'entraînement aux arts martiaux semble donc avoir une influence positive sur cet aspect.

En résumé, l'étude démontre donc que l'entraînement aux arts martiaux semble influencer positivement les plus importants indices de comportements perturbateurs. Il y a eu moins de suspensions et d'absences non motivées, moins de rapports à la police et de sanctions disciplinaires ainsi que moins de visites au bureau du directeur. De plus, les moyennes scolaires des groupes perturbateurs chroniques expérimentaux ont augmenté.

CONCLUSION

Le directeur de l'école a été très impressionné par les résultats obtenus avec le projet d'entraînement aux arts martiaux d'une durée de trois mois. Selon lui, le comportement et les notes scolaires des étudiants perturbateurs chroniques se sont améliorés considérablement au cours de leur participation au programme. De plus, il a constaté que l'entraînement aux arts martiaux n'a eu aucune conséquence fâcheuse, comme l'utilisation des nouvelles techniques apprises pour terroriser ou brutaliser les autres étudiants, les enseignants ou les administrateurs. Le directeur a convaincu le conseil scolaire de poursuivre le programme jusqu'à la fin de l'année scolaire. Le présent rapport se veut un appui aux impressions du directeur face au programme d'entraînement aux arts martiaux, et nous continuerons à diriger le projet.

Lors de cette étude, nous avons constaté que les étudiants perturbateurs chroniques qui avaient participé à l'entraînement aux arts martiaux ont connu des résultats positifs dans tous les indices de comportements évalués, sauf dans les heures de retenue du samedi, que le directeur considère toutefois comme l'indice de comportement perturbateur le moins important. La moyenne scolaire du groupe expérimental a augmenté de 5 %, contre une diminution du même pourcentage pour le groupe témoin.

Bien que l'augmentation au test Piers-Harris ne soit pas importante, le résultat moyen des groupes expérimentaux a tout de même été nettement supérieur à celui des groupes témoins. L'augmentation de la médiane dans le groupe témoin (+32,7 %) est sans doute attribuable à la baisse de participation dans le groupe, qui est passée de 11 à 8 étudiants. Tel que nous l'avons mentionné plus haut, Trulson *et al.* soulignent que le concept de soi des étudiants qui se sont entraînés aux arts martiaux pendant moins d'un an ne s'est pas amélioré de façon significative. Nous émettons l'hypothèse que les étudiants qui suivent l'entraînement pendant toute une année auront un concept de soi beaucoup plus amélioré.

BIBLIOGRAPHIE

ARMOR, David et MYERS, John P. (1982), *Research Proposal: Martial Arts Experiment at Jamesburg Training School*, présenté au New Jersey of Corrections (Juvenile Division) et au Jamesburg Training School for Boys.

BERGER, E.M. (1952), « The Relation Between Expressed Acceptance of Self and Expressed Acceptance of Others », *Journal of Abnormal and Social Psychology*, vol. 68, p. 778-782.

BLISS, D.C. (1977), *Effects of the Juvenile Justice System on Self-Concept*, R and E Research Associates, Inc., 936 Industrial Avenue, Palo Alto, California. 94303.

BRANDT, Richard (1958), « The Accuracy of Self Estimates: A Measure of Self-Concept Reality », *Genetic Psychological Monographs*, vol. 57, p. 55-59.

BROWNFAIN, J.J. (1958), « Stability of the Self-Concept as a Dimension of Personality », *Journal of Abnormal and Social Psychology*, vol. 48, p. 567-606.

COLLINGWOOD, T. (1975), du Youth Service Project, Dallas Police Department, Dallas, Texas, communication personnelle.

COMBS, A.E. (1958), « New Horizons in the Field of Research: The Self-Concept », *Educational Leadership*, vol. 15, p. 315-317.

GORDON, J.J. et COMBS, A.W. (1958), « The Learner: Self Perception », *Review of Educational Research*, vol. 28, p. 433-444.

HORNEY, K. (1950), *Neurosis and Human Growth: The Struggle Toward Self-Realization*, New York, Norton Co.

LIGHT, Donald et KELLER, Suzanne (1982), *Sociology*, New York, Alfred A. Knopf.

MEAD, George Herbert (1934), *Mind, Self and Society*, Chicago, University of Chicago Press.

MILLER, Don Ethan (1980), « A State of Grace, Understanding Martial Arts », *Atlantic Monthly*, vol. 5, p. 246-258.

NATIONAL YOUTH PROJECT USING MINI-BIKES (1976), *National Youth Project Using Mini-Bikes – Annual Report*, National Youth Project Using Mini-Bikes, 714 West Olympic Boulevard, Suite 409, Los Angeles, California 90015.

ONWAKE, Katherine (1954), « The Relations Between the Acceptance of Others Shown Through Personality Inventories», *Journal of Consulting Psychology*, vol. 18, p. 443-446.

PALAMA SETTLEMENT (1973), *Basketball 1972 – Delinquency Prevention Project*, Palama Settlement, Honolulu, HAWAI 96817.

RAIMY, Victor C. (1948), « Self Reference in Counseling Interviews », *Journal of Consulting Psychology*, vol. 12, p. 153-165.

RODGERS, Carl R. (1967), « The Facilitation of Significant Learning », *Instruction: Some Contemporary Viewpoints*, sous la dir. de L. Siegel, San Francisco, Chandler Publishing.

ROMIG, Dennis A. (1978), *Justice of Our Children*, Lexington, Massachusetts, Lexington Books.

SHEERER, E.T. (1949), « An Analysis of the Relationship Between Acceptance of and Respect for Self and Acceptance of and Respect for Others in Ten Counseling Cases », *Journal of Consulting Psychology*, vol. 13, p. 169-175.

SNYGG, Donald et COMBS, Arthur W. (1949), *Individual Behavior*, NewYork, Harper and Brothers.

SYMONDS, P.M. (1955), « Improvement of Teaching Through Counseling of the Teacher », *Journal of Teacher Education*, vol. 6.

TRULSON, Michael E., KIM, Chong W. et PADGETT, Vernon R. (1985), « That Mild-Mannered Bruce Lee », *Psychology Today*, vol. 19, p. 79.

US DEPARTMENT OF JUSTICE, Law Enforcement Assistance Administration, Office of Juvenile Justice and Delinquency Prevention (1980), *Reports of the National Juvenile Justice Assessment Centers: Juvenile Delinquency Prevention, A Compendium of 36 Program Models*, Washington, D.C., US Department of Justice.

Chapitre 16

LA PROMOTION DE LA COMPÉTENCE CHEZ LES ADOLESCENTS PAR L'ENTRAÎNEMENT AUX HABILETÉS PRÉEMPLOI ET LA CRÉATION D'UN SYSTÈME DE SOUTIEN

Chok C. Hiew
Greg MacDonald

Le but de la prévention primaire est de « prévenir les événements négatifs et de promouvoir les événements positifs » (Bloom, 1981). Albee (1979) a proposé la promotion des compétences sociales afin de faire face aux diverses situations stressantes comme stratégie importante dans la prévention primaire des désordres psychopathologiques.

Le non-emploi sous toutes ses formes constitue un important facteur de stress relié aux maladies physiques et mentales (Brenner, 1977 ; Dooley et Catalano, 1979), à l'alcoolisme et à un taux de criminalité plus élevé (Johnson, 1964) et à la violence familiale (Gelles, 1980).

L'obtention d'un emploi constitue une des quelques variables valables témoignant du succès d'un certain nombre de programmes de réadaptation. (Frykholm, Gunne et Hursfeldt, 1976). En revanche, l'échec dans la recherche d'un emploi pour répondre à des besoins économiques a un effet négatif sur la santé physique et émotive des personnes veuves (Gullotta, 1982) et divorcées (Bane, 1979). Les étudiants de niveau secondaire expriment souvent le désir de trouver un emploi à temps partiel afin d'avoir une certaine indépendance économique et de répondre à des besoins sociaux et d'estime de soi. Le développement des compétences sociales chez les adolescents afin de leur permettre de trouver un emploi à temps partiel constituerait donc une intervention préventive primaire.

L'importance des habiletés à se faire valoir à l'entrevue d'embauche

En ce qui concerne la planification d'un programme d'aide aux adolescents dans leur recherche d'un emploi, une revue de la documentation a démontré que les résultats lors de l'entrevue constituaient l'élément le plus important dans la prise de décision de l'employeur (Gillen et Heimberg, 1980 ; Kelly, 1981). Bien que l'expérience et l'éducation soient également importantes, l'incapacité de faire valoir ses compétences professionnelles et sociales lors de l'entrevue réduit les chances d'être embauché. D'autres chercheurs (Barbee et Keil, 1973) ont découvert que les habiletés d'entrevue spécifiques sont des habiletés à la communication, à la fois verbale et non verbale.

De nombreuses recherches ont démontré que grâce à l'utilisation d'une approche aux habiletés sociales basée sur des techniques de modelage, de jeu de rôles, de pratiques, de rétroaction, de supervision et de renforcement social, diverses populations ont pu acquérir les habiletés à l'entrevue d'embauche, notamment les garçons prédélinquants (Braukmann, Fixsen, Phillips et Wolf, 1974) et les mères adolescentes à la recherche d'un emploi (Schinke, Qewayne, Smith et Wong, 1978). Kelly *et al.*, ont pu entraîner des malades psychiatriques et des adolescents légèrement arriérés aux habiletés d'entrevue, comme démontrer de l'intérêt pour l'emploi, donner des renseignements pertinents quant à l'expérience et la formation du postulant, et poser des questions pertinentes à l'employeur (Kelly, Wildman et Berler, 1980).

Plusieurs questions n'ont pas été entièrement étudiées. L'évaluation du succès de l'entraînement des habiletés était surtout basée sur les performances des participants lors des mises en situation. Il y a eu très peu d'évaluations pour savoir si les participants seraient capables d'utiliser les habiletés acquises lors d'une véritable entrevue d'embauche. Les programmes doivent donc être validés par des interventions de la société. De plus, on a effectué peu d'études complémentaires sur le taux d'emploi après l'entraînement.

Groupes de soutien à l'embauche

D'autres questions deviennent importantes lorsque l'intervention vise la prévention primaire. Une de ces questions concerne la population visée par le programme préventif. Les recherches précédentes sur l'entraînement aux habiletés à l'emploi ont été effectuées chez des populations cliniques ou des personnes ayant des habiletés sociales déficientes (Hollandsworth, Galzeski et Dressel, 1978). La présente intervention vise les étudiants d'une école secondaire qui ont exprimé le désir de trouver un emploi à temps partiel, c'est-à-dire qui n'ont pas encore connu le stress engendré par le chômage.

Un autre facteur important dans l'amélioration des compétences des personnes sans emploi concerne la disponibilité des soutiens sociaux (Gore, 1978). Les concepts de systèmes sociaux ont été proposés comme approche importante dans les interventions de prévention et comme modérateurs des facteurs de stress (Cobb, 1976). Mitchell et Trickett (1980) ont conclu que l'entraînement aux habiletés chez les individus devrait comprendre une mise en contact des clients avec les ressources et les réseaux communautaires. Par exemple, l'efficacité des interventions parallèles au niveau de l'individu et de la communauté a été démontrée par Jeger, Slotnick et Schure (1982) pour les malades psychiatriques.

Dans la présente recherche, un système de soutien a été établi avec des employeurs potentiels par l'entremise de la Chambre de commerce locale. Un programme de collaboration (Munoz, Snowden et Kelly, 1979) qui répondrait aux besoins des adolescents et des groupes communautaires constitue une approche logique au succès du programme.

La Chambre de commerce a manifesté son intérêt à collaborer à un programme permettant aux adolescents d'apprendre les habiletés préemploi. De cette façon, ces futurs employés constitueraient un atout pour leurs compagnies. On a rencontré les directeurs de sept compagnies afin d'établir les sujets à aborder dans le programme d'entraînement. L'information ainsi recueillie a ensuite été revue avec le comité exécutif de la Chambre de commerce. Cet organisme a également participé à l'implantation, à l'évaluation du programme d'entraînement et à la formation de groupes de soutien postentraînement.

Les sujets recevant un soutien social en plus de l'entraînement aux habiletés ont eu l'occasion de rencontrer des directeurs de compagnies locales. De plus, on a demandé à chaque participant de dresser une liste de six compagnies locales pour lesquelles il aimerait travailler. La Chambre de commerce a par la suite envoyé une lettre à chacune des compagnies mentionnées, leur recommandant fortement de rencontrer le participant en entrevue lorsqu'il y aurait un poste vacant.

MÉTHODE

Participants

L'annonce d'un programme d'entraînement a été faite à l'école secondaire par un représentant de la Chambre de commerce. Lors de la première rencontre avec les étudiants, les instructeurs (un étudiant diplômé assisté de deux étudiants en psychologie) ont décrit le but et le contenu du programme, après quoi les étudiants ont rempli un bref questionnaire leur demandant d'expliquer pourquoi ils étaient intéressés à participer au programme.

Les participants ont été choisis selon les critères suivants : être âgé de 15 ou 16 ans, être en 10e ou 11e année, avoir exprimé le désir de trouver un emploi à temps partiel et ne jamais avoir eu d'emploi auparavant. Quarante étudiants ont été choisis et divisés au hasard entre les deux groupes expérimentaux et les deux groupes témoins.

Déroulement général

Les étudiants assignés aux groupes expérimentaux ont été répartis entre les groupes E1 et E2. Le groupe E1, en plus de recevoir l'entraînement aux habiletés préemploi, était en contact avec un groupe de soutien de la Chambre de commerce, alors que le groupe E2 recevait seulement l'entraînement. Les étudiants assignés aux groupes témoins ont été répartis entre les groupes T1 et T2. Les participants du groupe T1 ont été placés sur une liste d'attente, n'ont pas reçu d'entraînement mais ont été soumis à toutes les évaluations, alors que le seul contact avec le groupe T2 était le suivi du taux d'emploi.

Le tableau 1 montre les étapes de l'entraînement et de l'évaluation, et leur présence ou leur absence dans chaque groupe. L'intervention dans les groupes E1 et E2 consistait à enseigner les habiletés de compétences sociales (étape 2) et les habiletés à l'emploi (étape 3). Les sessions d'entraînement, qui duraient une heure et demie, ont eu lieu deux fois par semaine pendant cinq semaines.

On a évalué les habiletés avant (étape 1) et après l'intervention (étape 4) en filmant les performances des participants. La validité sociale de l'intervention a été évaluée selon ses effets de généralisation sur les personnes inconnues qui ont fait passer les entrevues (étapes 5 et 6). Le soutien social était fourni au groupe E1 seulement, et comprenait une lettre de recommandation envoyée à des employeurs potentiels (étape 7). Finalement, deux mois après la fin du programme, tous les participants ont été l'objet d'un suivi quant à leur recherche d'emploi et leur taux de succès (étapes 8 et 9).

Entraînement aux habiletés préemploi

Les participants se sont rencontrés dans une classe chaque mardi et jeudi après-midi pendant environ une heure et demie. La première partie de l'intervention consistait en l'apprentissage de quatre habiletés sociales dans deux situations sociales différentes (entrevue d'embauche et interaction avec le client). Chaque session du mardi était axée spécifiquement sur l'entrevue d'embauche, tandis que les sessions du jeudi se concentraient sur les habiletés reliées aux interactions avec le client.

Au début de chaque session, l'habileté visée (présentation, fournir des renseignements pertinents, engager ou entretenir une conversation appropriée, exprimer son intérêt et son enthousiasme) était identifiée et on expliquait les raisons de son utilité (cinq minutes). Ensuite, on présentait un film d'environ huit minutes sur l'habileté visée. Chaque film montrait un étudiant ayant les habiletés sociales utiliser de façon appropriée l'habileté visée, soit en entrevue, soit lors de ses interactions avec un client. De temps à autre, le visionnement était interrompu et on demandait aux participants de noter les comportements de l'étudiant dans le film (dix minutes). Après la présentation du film, l'instructeur menait une discussion sur le film, mettant en évidence les aspects importants de l'habileté présentée (dix minutes).

Tableau 1

Concept d'entraînement et d'évaluation

Étapes du programme	E1	E2	T1	T2
1. Évaluation préentraînement (filmée)	Oui	Oui	Oui	Non
2. Entraînement des compétences sociales (plus de 12 heures réparties sur 4 semaines)	Oui	Non	Non	Non
3. Entraînement des habiletés d'emploi (six heures en une semaine)	Oui	Oui	Non	Non
4. Évaluation postentraînement (filmée)	Oui	Oui	Oui	Non
5. Évaluation par le personnel du Centre d'emploi du Canada	Oui	Oui	Oui	Non
6. Entrevues accordées par des directeurs de la Chambre de commerce	Oui	Non	Oui	Non
7. Soutien social fourni par la Chambre de commerce et recommandations aux employeurs potentiels	Oui	Non	Non	Non
8. Sujets à la recherche d'un emploi	Oui	Oui	Oui	Oui
9. Suivi des taux d'emploi deux mois après l'entraînement	Oui	Oui	Oui	Oui

À la suite de cette discussion, on demandait aux participants de former des groupes et de pratiquer l'habileté enseignée (six minutes). Chaque participant avait la chance de changer de rôle, c'est-à-dire d'être la personne qui fait passer l'entrevue ou qui passe l'entrevue, ou d'être le client ou l'employé. Finalement, après avoir pratiqué l'habileté visée, chaque sujet était amené dans une autre salle où il était soumis à une entrevue simulée (le mardi) ou à une interaction avec le client (le jeudi), l'instructeur et ses deux assistants agissant comme employeur ou comme client.

La deuxième partie de l'entraînement a été préparée et dirigée par le directeur de la Chambre de commerce locale. Le programme portait sur : comment remplir une demande d'emploi ; l'identification des aspects importants du travail de bureau ; le vol et la fraude dans les compagnies ; et la compréhension des besoins d'une compagnie.

Évaluation des compétences sociales

Les entrevues et les interactions avec les clients simulées ont été menées de façon à évaluer les compétences sociales des sujets de l'intervention (groupe E1 et E2) et des sujets du groupe témoin T1 avant et après l'entraînement. À l'occasion des mises en situation d'entrevue, les sujets ont été informés qu'ils prenaient part à une pratique d'entrevue d'embauche où l'instructeur ou un de ses assistants agissait en tant que meneur de l'entrevue. Avant l'entrevue, le sujet devait choisir un poste qu'il aimerait postuler et ensuite imaginer qu'il se présentait à une entrevue pour l'obtention de ce poste. Cachée derrière un miroir bidirectionnel, une caméra vidéo enregistrait l'entrevue. L'entrevue, d'une durée d'environ dix minutes, était basée sur les questions du genre « Parlez-moi de vous », « Quelles sont vos compétences particulières ? », « Pourquoi devrions-nous vous engager, vous, au lieu d'une autre personne ? ».

Pour les interactions simulées avec les clients, les sujets devaient jouer le rôle d'employés d'un grand magasin (section vêtements). Les sujets ont été informés qu'ils seraient abordés par un client désirant acheter un manteau et qu'ils devaient essayer de conclure la vente. Les instructions suivantes ont été données à l'instructeur ou à l'assistant jouant le rôle du client : ne répondre qu'aux questions posées par le vendeur, ne pas engager la conversation et limiter ses réponses à trois énoncés ou moins, donner le temps et la chance au vendeur de conclure la vente et mettre fin à l'interaction au bout de dix minutes.

Évaluation des enregistrements vidéo

Les enregistrements vidéo ont été évalués par des experts ne sachant pas s'il s'agissait de séances préentraînement ou postentraînement, ou de groupes expérimentaux ou témoins. Les mesures dépendantes suivantes ont été cotées selon une échelle de 1 (plus bas niveau de compétence) à 7 (plus haut niveau de compétence) :

1.   *Renseignements personnels* : énoncés de renseignements pertinents (passe-temps, expérience, formation, etc.). L'interaction client-employé diffère seulement dans le contenu étalé (qualité du produit, prix, popularité, etc.) ;

2.   *Obtenir de l'information* : concerne l'habileté d'engager et d'entretenir la conversation en posant des questions pertinentes sur l'emploi lors de l'entrevue (salaire, fonctions, avantages, etc.) ou au client lors de l'interaction (besoins du client, sa préférence quant à la couleur et au style, etc.) ;

3.   *Intérêt et enthousiasme* : expression orale démontrant la sincérité du candidat à l'emploi (lors de l'entrevue) et intérêt et aide démontrés envers le client (lors de l'interaction avec ce dernier) ;

4.   *Présentation* : concerne l'apparence générale du sujet, son assurance démontrée par son habileté à communiquer et son comportement (contact visuel, sourires, agitation, etc.) ;

5.   *Attitude* : impressions sur l'attitude de l'étudiant envers l'emploi (entrevue) ou envers le client ;

6.   *Habileté à répondre à des questions difficiles* : capacité des étudiants à répondre lors de l'entrevue à des questions telles « Pourquoi devrions-nous vous engager, vous, au lieu d'une autre personne ? », « Quelles sont vos qualités ? »

7.   *Impression générale* : s'il se basait sur le résultat général, est-ce que l'évaluateur embaucherait cette personne ou serait-il satisfait du vendeur ?

Évaluation de généralisation

Afin de rendre le programme d'entraînement aux habiletés valable au plan social, les sujets des groupes E1, E2 et T1 ont rencontré des conseillers du Centre d'emploi du Canada local. À la fin de l'entrevue, le conseiller remplissait un questionnaire de 16 questions évaluant les résultats de chaque sujet. Ces questions étaient semblables à celles utilisées dans les évaluations précédentes.

Des effets de généralisation supplémentaires ont été fournis aux sujets du groupe E1 grâce à des entrevues avec des directeurs de compagnies locales organisées par la Chambre de commerce. Il s'agissait également d'un moyen d'élargir le soutien social fourni à ces sujets. À des fins de comparaisons, les sujets du groupe T1 ont aussi été rencontrés. Les directeurs ont également rempli le même questionnaire que les conseillers du Centre d'emploi.

Suivi des taux d'emploi

Deux mois après la fin du programme d'entraînement, on a demandé aux sujets de remplir un questionnaire relatif aux succès obtenus dans la recherche d'un emploi.

RÉSULTATS

En général, il n'y avait pas de différences significatives entre les groupes E1, E2 et T1 avant l'entraînement en ce qui concerne les résultats moyens dans l'évaluation des compétences sociales. Le tableau 2 indique les résultats moyens et les écarts-types de chaque groupe avant et après l'entraînement en ce qui a trait à l'entrevue d'embauche et à l'interaction avec le client.

Les comparaisons de groupes a priori avec le test sur les résultats préentraînement et postentraînement pour l'entrevue d'embauche sont présentées au tableau 3. Comme prévu, les deux groupes expérimentaux (E1 et E2), qui ont démontré une amélioration considérable, ont eu des résultats similaires dans toutes les variables, à l'exception de l'intérêt et de l'enthousiasme. En ce qui concerne cette habileté, le groupe E2 a nettement mieux réussi que le groupe E1.

De façon prévisible, cependant, la comparaison des résultats moyens obtenus par les groupes a démontré la supériorité des groupes expérimentaux sur le groupe T1 pour six des sept variables, la septième étant la présentation. Il semblerait que tous les sujets, sans égard au groupe auquel ils appartenaient, se préoccupaient de leur apparence. Pour les autres variables (fournir des renseignements pertinents, engager et entretenir une conversation appropriée, exprimer son intérêt et son enthousiasme, attitude envers le travail, répondre à des questions difficiles et chances d'être embauché), les résultats des sujets qui se sont entraînés à l'entrevue d'embauche ont été nettement supérieurs à ceux des sujets qui ne se sont pas entraînés.

Tableau 2

a) Résultats moyens de l'enregistrement vidéo préentraînement et postentraînement : entrevue d'embauche *

		E1		E2		T1	
Habiletés		Moyenne	Écart-Type	Moyenne	Écart-Type	Moyenne	Écart-Type
1. Fournir des renseignements pertinents	Pré	3,90	0,87	3,55	0,88	3,50	1,35
	Post	5,50	0,85	5,11	1,27	3,90	1,1
2. Engager et entretenir une conversation appropriée	Pré	2,50	2,12	3,44	1,01	2,90	1,37
	Post	5,60	0,97	5,66	0,50	3,50	1,18
3. Présentation	Pré	3,80	1,23	3,55	0,88	3,60	1,35
	Post	5,20	1,40	5,11	0,78	4,20	1,23
4. Intérêt et enthousiasme	Pré	3,90	1,20	3,33	1,00	3,80	1,35
	Post	5,10	0,74	5,88	0,33	4,10	1,10
5. Attitude	Pré	4,00	1,25	4,11	1,27	3,70	1,06
	Post	5,80	0,79	5,56	0,53	4,00	0,82
6. Répondre aux questions	Pré	3,60	1,07	3,33	0,87	3,30	1,34
	Post	5,70	0,82	5,67	0,50	3,80	1,13
7. Chances d'être embauché	Pré	3,70	1,16	3,78	0,83	3,50	1,08
	Post	5,50	0,85	5,89	0,78	3,70	0,95

Tableau 2 (suite)

b) *Résultats moyens de l'enregistrement préentraînement et postentraînement filmé : interaction avec le client*

	Habiletés		E1 Moyenne	E1 Écart-Type	E2 Moyenne	E2 Écart-Type	T1 Moyenne	T1 Écart-Type
1.	Fournir des renseignements pertinents	Pré	3,40	0,84	3,66	1,12	3,70	1,25
		Post	4,60	0,84	5,56	0,88	3,70	1,49
2.	Engager et entretenir une conversation appropriée	Pré	2,80	1,23	3,55	1,01	3,00	1,05
		Post	4,80	1,03	5,78	0,67	3,20	1,23
3.	Présentation	Pré	3,80	1,23	3,78	1,09	3,80	0,63
		Post	4,50	0,97	5,33	1,00	3,30	0,95
4.	Intérêt et enthousiasme	Pré	3,80	1,55	3,67	1,12	3,30	0,82
		Post	4,90	1,10	5,56	1,01	3,20	1,03
5.	Attitude	Pré	3,70	1,42	3,78	0,97	4,00	0,95
		Post	4,80	1,13	5,56	1,01	3,70	0,95
6.	Résultat général	Pré	3,50	1,43	3,78	0,97	3,60	0,84
		Post	4,60	0,97	5,89	0,93	3,30	0,95

*   Les résultats varient entre 1 et 7, 1 signifiant très mauvais, 4 moyen, et 7 excellent.

Tableau 3

Comparaisons intergroupes des résultats préentraînement et postentraînement lors des entrevues d'embauche simulées

	Habileté	Comparaison	Valeur t	P
1.	Fournir des renseignements pertinents	$E_1 - E_2 \times tr.$	0,10	0,922
		$\dfrac{E_1 + E_2}{2} - T_1 \times tr.$	3,07	0,005*
2.	Engager et entretenir une conversation appropriée	$E_1 - E_2 \times tr.$	1,34	0,192
		$\dfrac{E_1 + E_2}{2} - T_1 \times tr.$	3,70	0,001*
3.	Présentation	$E_1 - E_2 \times tr.$ 0,27	0,790	
		$\dfrac{E_1 + E_2}{2} - T_1 \times tr.$	1,79	0,085
4.	Intérêt et enthousiasme	$E_1 - E_2 \times tr.$	2,75	0,011*
		$\dfrac{E_1 + E_2}{2} - T_1 \times tr.$	3,76	0,001*
5.	Attitude	$E_1 - E_2 \times tr.$	0,72	0,477
		$\dfrac{E_1 + E_2}{2} - T_1 \times tr.$	3,13	0,004*
6.	Répondre aux questions	$E_1 - E_2 \times tr.$ 0,53	0,597	
		$\dfrac{E_1 + E_2}{2} - T_1 \times tr.$	4,63	0,001*
7.	Chance d'être embauché	$E_1 - E_2 \times tr.$ 0,70	0,488	
		$\dfrac{E_1 + E_2}{2} - T_1 \times tr.$	4,67	0,001*

*   Significatif au niveau 0,025

Le tableau 4 présente les données relatives aux mesures dépendantes basées sur l'interaction avec le client. Encore une fois, alors que les résultats préentraînement et postentraînement des groupes E1 et E2 ne différaient pas, les résultats moyens des sujets ayant reçu l'entraînement ont été grandement supérieurs à ceux des groupes témoins dans six variables (fournir des renseignements pertinents, engager et entretenir une conversation appropriée, présentation, intérêt et enthousiasme, attitude et résultat général). Dans une rencontre sociale aussi peu structurée qu'une situation de vente avec un client, l'entraînement a permis d'améliorer les compétences sociales des adolescents.

La question de savoir si la présence d'habiletés spécifiques à l'entrevue d'embauche au cours des mises en situation serait associée à une évaluation positive des compétences professionnelles et sociales par des experts en entrevue a été soulevée au cours de cette enquête. Des conseillers du Centre d'emploi du Canada ayant procédé à une telle évaluation, les résultats des comparaisons a priori n'ont pas révélé de différences significatives dans les habiletés spécifiques entre les sujets entraînés et les sujets non entraînés. Cependant, en ce qui a trait au résultat général, (chances d'être embauché), les conseillers ont jugé les groupes entraînés supérieurs au groupe témoin ($t = 2,83$; dl = 1,26 ; $p < 0,009$). Il semble que même si la nature des entrevues menées par les conseillers ne visait pas les habiletés à l'entrevue d'embauche (les conseillers s'intéressaient plutôt aux questions d'orientation de carrière et d'intérêts), ceux-ci ont tout de même jugé les sujets entraînés plus aptes à obtenir un emploi.

La validité sociale de l'entraînement a aussi été obtenue par l'entremise d'entrevues menées par des employeurs de compagnies locales auprès des sujets des groupes E1 et T1. Le tableau 5 présente les résultats moyens et les écarts-types. Encore une fois, les sujets entraînés ont été jugés supérieurs dans toutes les variables, à l'exception toujours de la présentation.

Les résultats des deux mois de suivi des taux d'emploi chez les deux groupes expérimentaux (E1 et E2) et les deux groupes témoins (T1 et T2), d'après une analyse khi-deux, ont révélé une relation positive importante entre l'entraînement et le soutien social ($x^2 = 5,77$, dl = 1, $p < 0,02$). Le groupe E1 a démontré le taux le plus élevé d'emploi (9 sur 10), lequel groupe a reçu l'entraînement accompagné du soutien professionnel apporté par la Chambre de commerce. Pour les groupes E2, T1 et T2, le nombre de sujets ayant décroché un emploi a été respectivement de 5, 3 et 4 sur 10. Il semble que malgré l'entraînement et l'acquisition d'habiletés sociales, les sujets du groupe E2 n'ont pas eu beaucoup plus de succès que les groupes témoins dans la recherche d'un emploi.

Tableau 4

Comparaisons intergroupes des résultats préentraînement et postentraînement pour l'interaction avec le client simulée

	Habileté	Comparaison	Valeur t	P
1.	Fournir des renseignements pertinents	$E_1 - E_2 \times tr.$	1,48	0,149
		$\dfrac{E_1 + E_2}{2} - T_1 \times tr.$	3,91	0,001*
2.	Engager et entretenir une conversation appropriée	$E_1 - E_2 \times tr.$	0,44	0,662
		$\dfrac{E_1 + E_2}{2} - T_1 \times tr.$	4,47	0,001*
3.	Présentation	$E_1 - E_2 \times tr.$ 1,66	0,109	
		$\dfrac{E_1 + E_2}{2} - T_1 \times tr.$	3,71	0,001*
4.	Intérêt et enthousiasme	$E_1 - E_2 \times tr.$	1,53	0,138
		$\dfrac{E_1 + E_2}{2} - T_1 \times tr.$	3,64	0,001*
5.	Attitude	$E_1 - E_2 \times tr.$	1,41	0,171
		$\dfrac{E_1 + E_2}{2} - T_1 \times tr.$	4,24	0,001*
6.	Résultat général	$E_1 - E_2 \times tr.$	2,12	0,043
		$\dfrac{E_1 + E_2}{2} - T_1 \times tr.$	4,71	0,001*

* Significatif au niveau $p < 0,025$.

Tableau 5

Évaluation des employeurs

	Habiletés*	E_1 Moyenne	E_1 Écart-type	T_1 Moyenne	T_1 Écart-type
1.	Fournir des renseignements pertinents	8,56	1,01	6,00	1,63
2.	Engager et entretenir une conversation appropriée	8,22	1,39	5,00	1,70
3.	Présentation	8,29	1,20	7,04	1,37
4.	Intérêt et enthousiasme	8,17	1,16	6,65	1,24
5.	Attitude	8,44	1,05	6,70	1,56
6.	Répondre aux questions	8,55	1,01	6,70	2,06
7.	Chances d'être embauché	8,44	1,13	6,40	1,84

Les résultats varient de 1 à 10, où 1 signifie très mauvais, 5 moyen et 10 excellent.

* Pour chaque variable ci-dessous, le groupe E1 a été supérieur au groupe T1 :

1. Significatif à $p < 0,001$;

2. Significatif à $p < 0,001$;

4. Significatif à $p < 0,014$;

5. Significatif à $p < 0,009$;

6. Significatif à $p < 0,026$;

7. Significatif à $p < 0,010$.

CONCLUSION

Cette étude visait une population normale formée d'étudiants d'une école secondaire et tentait de leur faire acquérir des compétences leur permettant de faire face à des événements de la vie tels que la recherche d'un emploi. Le succès obtenu dans la recherche d'un emploi à temps partiel permettrait non seulement de répondre aux besoins sociaux et économiques des adolescents, mais aussi d'améliorer leur estime de soi et leur confiance en soi lorsqu'ils auront à faire face à des événements stressants de la vie, comme la recherche d'un emploi.

À l'instar de recherches précédentes sur des populations déviantes, cette étude a clairement démontré que l'entraînement aux habiletés sociales chez les adolescents a permis d'améliorer leurs habiletés à l'entrevue d'embauche lors d'entrevues simulées (Kelly *et al.*, 1980). L'amélioration des compétences sociales pourrait aussi s'appliquer à d'autres situations, comme l'interaction avec des clients. Non seulement les sujets entraînés ont-ils réussi mieux que les sujets non entraînés lors des deux mises en situation filmées, mais des experts en entrevue les ont également jugés plus aptes à être embauchés. De plus, des directeurs de compagnies locales ont confirmé la supériorité des sujets entraînés sur les sujets des groupes témoins en ce qui a trait à leur aptitude à parler de leur compétence, leur expérience et leurs intérêts, à répondre aux questions, à démontrer leur enthousiasme, à engager et entretenir une conversation appropriée et à démontrer une bonne attitude envers l'emploi. En résumé, ces résultats indiquent que les experts en entrevue et les professionnels des compagnies locales ont trouvé que le programme d'entraînement s'est avéré efficace dans l'enseignement des habiletés à se faire valoir à l'entrevue d'embauche, prouvant ainsi la validité sociale du programme.

Les recherches précédentes à ce sujet sont marquées par le manque de participation des organismes généralement impliqués dans le processus de recherche d'emploi. Dans cette étude, la Chambre de commerce, le personnel du Centre d'emploi du Canada local et des directeurs de compagnies locales ont participé à la planification, à l'implantation et à l'évaluation du programme d'intervention. Le soutien social par l'envoi, entre autres, de lettres de recommandations aux employeurs potentiels, apporté par la Chambre de commerce aux sujets du groupe E1 après l'entraînement, s'est révélé crucial dans les succès obtenus par ces derniers. Au cours du suivi, les sujets du groupe E1 ont eu un taux d'emploi supérieur à celui des sujets du groupe E2, qui avaient également reçu l'entraînement sans toutefois recevoir le soutien de la Chambre de commerce. Il semblerait que les lettres envoyées par la Chambre de commerce aient grandement aidé, faisant découvrir aux compagnies la disponibilité de postulants socialement entraînés. L'échec connu par le groupe E2 suggère que, bien que les habiletés sociales soient importantes, la persévérance dans la recherche d'un emploi et la chance de démontrer ces habiletés lors d'une entrevue sont grandement améliorées par la présence d'un groupe d'aide.

Les recherches doivent se poursuivre afin d'étudier le rôle et l'influence des interventions à niveaux multiples dans le processus d'emploi. Les résultats de cette étude sur la prévention primaire indiquent que, simultanément aux approches centrées sur la personne, comme celles qui visent l'amélioration des compétences, nous devons entreprendre des actions au plan communautaire, telle la création de réseaux de soutien, pour multiplier les possibilités environnementales.

BIBLIOGRAPHIE

ALBEE, G. (1979), « Primary Prevention », *Canada's Mental Health*, vol. 7, p. 5-9.

BANE, M.J. (1979), « Marital disruption and the lives of children », *Divorce and Separation: Context, Causes & Consequences*, sous la dir. de G. Levinger et O.C. Moles, New York, Basic Books.

BARBEE, J. R. et KEIL, E. (1973), « Experimental techniques of job interview training for the disadvantaged: Videotaped feedback, behaviour modification and micro-counseling », *Journal of Applied Psychology*, vol. 58, p. 209-213.

BLOOM, B. (1981), « The logic and urgency of primary prevention », *Hospital & Community Psychiatry*, vol. 32, p. 839-843.

BRAUKMANN, C.J., FIXSEN, D.L., PHILLIPS, E.L. et WOLF, M.M. (1974), « An analysis of a selection interview training package for predelinquents at Achievement Place », *Criminal Justice and Behavior*, vol. 1, p. 30-42.

BRENNER, M.H. (1977), « Personal stability and economic security », *Social Policy*, vol. 8, p. 2-4.

COBB, S. (1976), « Social support as a moderator of life stress », *Psychosomatic Medicine*, vol. 38, p. 300-314.

DOOLEY, D. et CATALANO, R. (1979), « Economic life and disorder changes: Time series analysis », *American Journal of Community Psychology*, vol. 7, p. 381-396.

FRYKHOLM, B., GUNNE, M.I. et HURSFELDT, B. (1976), « Prediction of outcome in drug dependence », *Addictive Behaviors*, vol. 1, p. 103-110.

GELLES, P.J. (1980), « Violence in the family : A review of research in the seventies », *Journal of Marriage and the Family*, vol. 42, p. 873-885.

GILLEN, R.W. et HEIMBERG, R.G. (1980), « Social skills training for the job interview: review and prospectus », *Progress in Behavior Modification*, vol. 10, p. 183-206.

GORE, S. (1978), « The effect of social support in moderating the health consequences of unemployment », *Journal of Health and Social Behavior*, vol. 19, p. 157-165.

GULLOTTA, T.P. (1982), « Easing the distress of grief: A selected review of the literature with implications for preventive programs », *Journal of Primary Prevention*, vol. 3, p. 6-17.

HOLLANDSWORTH, J.G., GALZESKI, R.C. et DRESSEL, M.E. (1978), « Use of social skills training in the treatment of extreme anxiety and deficient verbal skills in the job interview setting », *Journal of Applied Behavior Analysis*, vol. 11, p. 259-269.

JEGER, A.M., SLOTNICK, R.S. et SCHURE, M. (1982) « Towards a " self-help/professional collaborative perspective " in mental health », *Community Support Systems and Mental Health: Research, Practice and Policy*, sous la dir. de D.E. Biegel et A.J. Napastek, New York, Springer.

JOHNSON, E.H. (1964), *Crime, Correction and Society*, Illinois, Dorsey Press.

KELLY, J.A., WILDMAN, B. et BERLER, E. (1980), « Small group behavioural training to improve the job interviews skills repertoire of mildly retarded adolescents », *Journal of Applied Behavioral Analysis*, vol. 13, p. 461-471.

KELLY, J.A. (1981), *Social Skills Training: A Practical Guide for Intervention*, New York, Springer.

MITCHELL, R.E. et TRICKETT, E.J. (1980), « Task force report : Social networks as mediators of social support », *Community Mental Health Journal*, vol. 16, p. 27-44.

MUNOZ, R.F., SNOWDEN, L.R. et KELLY, J.G. (1979), *Social and Psychological Research in Community Settings*, San Francisco, Jossey Bass.

SCHINKE, S.P., QEWAYNE, D.G., SMITH, T.E. et WONG, S.E. (1978), « Improving teenage mothers ability to compete for jobs », *Social Work Research and Abstracts*, vol. 14, p. 25-29.

Chapitre 17

LA PRÉVENTION À L'ADOLESCENCE : QUE FAUT-IL PRÉVENIR ?

Richard E. Tremblay

Si la première partie du vingtième siècle a vu apparaître une multitude d'expériences et de modèles de traitement dans le champ de l'inadaptation psychosociale, la seconde aura vu apparaître une multitude d'expériences et de modèles de prévention de l'inadaptation psychosociale. Dans ce domaine, comme dans beaucoup d'autres auparavant, nous nous rendons à l'évidence de la sagesse du dicton populaire *prévenir vaut mieux que guérir*. En fait, il est probable que ce soit l'inefficacité de plus en plus claire des différents modèles de traitement qui nous force à chercher d'autres solutions, la plus évidente étant la prévention. Il faut cependant accepter que le concept de prévention de l'inadaptation psychosociale n'est pour le moment qu'un espoir (Maziade, 1986 ; McCord, 1987 ; Rutter, 1983), comme le traitement n'était qu'un espoir (Gibbons 1986).

Il nous incombe maintenant de démontrer que nous pouvons prévenir ; pour ce faire, nous devons clairement préciser ce que nous voulons prévenir. Il serait évidemment impossible de démontrer que nous pouvons prévenir quelque chose si ce « quelque chose » n'était pas clairement défini.

La structure de ce volume repose sur l'idée qu'une façon de comprendre les efforts de prévention consiste à les aborder selon l'âge de la clientèle visée lors de l'intervention préventive. Dans les huit textes qui précèdent, toutes les clientèles cibles étaient des adolescents. Une autre façon de comprendre les efforts de prévention est de considérer les objectifs que l'on veut atteindre, c'est-à-dire ce que l'on veut prévenir, pour ensuite décider qui doit être ciblé et quels moyens doivent être utilisés pour atteindre ces objectifs.

Trois objectifs d'intervention préventive seront discutés dans les pages qui suivent : la prévention des troubles du comportement à l'adolescence, la prévention des difficultés d'adaptation à l'âge adulte, la prévention des difficultés d'adaptation des enfants qu'auront un jour les adolescents d'aujourd'hui.

Prévenir les troubles du comportement à l'adolescence

Six des sept textes traitant de l'adolescence dans ce volume décrivent des expériences de prévention des troubles du comportement. Pour bien saisir les enjeux de ces interventions, il faut utiliser une perspective développementale et faire appel aux concepts de prévention primaire, secondaire et tertiaire.

L'étude des troubles du comportement à l'adolescence, faite dans une perspective développementale, permet de constater que les difficultés graves du comportement à l'adolescence peuvent être prédites par l'évaluation du milieu familial et du comportement de l'individu à l'enfance (Loeber et Stouthamer-Loeber, 1986 a et b). Ces travaux de prédiction en ont conduit plusieurs à conclure que la prévention des troubles graves du comportement à l'adolescence devait être effectuée par des interventions auprès de populations à risque dépistées à l'enfance (Farrington, Ohlin et Wilson, 1986 ; Patterson, 1982 ; Charlebois, Tremblay et Gagnon, 1986).

Il s'agit évidemment de prévention secondaire, puisqu'on propose de cibler une population donnée, susceptible de manifester une inadaptation particulière, dans le futur. Ce qu'il importe de retenir ici, c'est que la prévention des troubles importants du comportement à l'adolescence ne peut probablement pas être réalisée par des interventions faites auprès d'adolescents, puisque les causes de ces troubles semblent se situer bien avant l'adolescence dans la très grande majorité des cas. Il ne faut cependant pas conclure qu'une intervention à l'enfance assurera le succès de l'intervention préventive. Trop peu d'expériences de prévention de ce type ont été réalisées à ce jour, et les résultats obtenus sont contradictoires (Berrueta-Clement *et al.*, 1984 ; Gersten *et al.*, 1979 ; Maziade, 1986 ; McCord, 1978).

Si par ailleurs nous voulons prévenir la délinquance occasionnelle des adolescents, plutôt que de prévenir les troubles graves du comportement à l'adolescence, nous devons alors regarder le problème dans une perspective différente. Nous savons que la très grande majorité (plus de 80 %) des adolescents commettent des infractions au code criminel (LeBlanc et Côté, 1986 ; West et Farrington, 1973 ; Wolfgang, Figlio et Sellin, 1972). Pour prévenir une bonne partie de ces activités (vol, vandalisme, etc.) qui perturbent la qualité de la vie d'un groupe social donné, nous devons penser en termes de prévention primaire. Il est clair que tout adolescent (comme tout adulte) est exposé à commettre, à un moment ou un autre, une infraction au code criminel, comme conduire en état d'ébriété. Les programmes de prévention de ces activités doivent donc atteindre la masse des adolescents. On pense ici aux médias, au rôle des organismes communautaires, des enseignants et des parents (voir textes 14, 15, 16) comme aux mesures de dissuasion et à la réduction des opportunités (Jeffery, 1977 ; Waller, 1984).

Lorsque, par contre, nous observons que la majorité des délits commis par des adolescents sont commis par un groupe restreint d'individus (+ 20 %) (West et Farrington, 1973 ; Wolfgang, Figlio et Sellin, 1972), il semble raisonnable de concentrer des efforts importants sur ce sous-groupe plutôt que de faire porter les efforts sur toute la population. Mais pour cette minorité qui commet la majorité des délits, les difficultés d'adaptation datent généralement de l'enfance ; une intervention à l'adolescence auprès de ces individus serait donc plutôt de l'ordre du traitement que de l'ordre de la prévention.

Cette réflexion sur les enjeux de la prévention des troubles du comportement à l'adolescence permet de comprendre que la notion de prévention fait appel à des pratiques différentes selon que l'on cherche à prévenir les troubles chroniques du comportement à l'adolescence ou les troubles passagers du comportement à l'adolescence (LeBlanc et Fréchette, 1986). Lorsque le problème est considéré du point de vue du comportement en soi ou de la victime, les mesures de prévention peuvent relever principalement de la prévention primaire (il faut mieux protéger nos maisons, il faut apprendre aux adolescents à ne pas consommer de drogue, etc). Cependant, lorsque le problème est considéré du point de vue de l'adolescent qui manifeste le comportement inapproprié, il devient clair, quant à la majorité des adolescents qui présentent des problèmes passagers, qu'il suffira d'améliorer l'éducation reçue à l'adolescence, souvent par des moyens de communication de masse ; mais pour la minorité d'adolescents qui commettent la majorité des délits, ce type d'intervention préventive apporte « trop peu trop tard ». Dans ce cas la mise en place de stratégies d'interventions préventives lourdes doit être envisagée dès l'enfance.

Prévenir les difficultés d'adaptation à l'âge adulte

Il apparaît de sens commun que la notion de prévention implique une séquence temporelle ; nous posons un acte aujourd'hui pour prévenir une conséquence fâcheuse demain. Dans cette perspective, il semble clair que l'adolescence est un moment privilégié pour prévenir les difficultés d'adaptation psychosociale à l'âge adulte.

Une bonne partie du chômage chronique chez les adultes pourrait avoir été prévenu si, à l'adolescence, ces adultes avaient poursuivi leurs études ou avaient fait des études plus adaptées à leurs habiletés ou à leurs intérêts. On imagine facilement aussi que beaucoup de dépressions chez les mères monoparentales avec de jeunes enfants à la maison auraient été prévenues si les mères en question, lorsqu'elles étaient adolescentes, avaient poursuivi leurs études, avaient fait un choix plus judicieux de leur partenaire sexuel et n'avaient pas poursuivi une grossesse alors qu'elles étaient adolescentes.

Tout parent d'adolescent comprend très bien cette logique, c'est pourquoi les parodies de parents d'adolescents les présentent comme des prophètes de malheurs : « Tu vas voir plus tard... », « Si tu ne vas pas à l'école... », « Si tu te laisses faire un enfant par ce garçon...»

Il est étrange que les expériences de prévention présentées dans les sept textes qui ont précédé ne font pas allusion à l'adaptation sociale des adolescents devenus adultes. Chacune des actions de prévention d'une difficulté d'adaptation à l'adolescence est susceptible de favoriser l'adaptation sociale à l'âge adulte ; mais cette approche apparaît trop générale, trop globale pour que l'on puisse imaginer que les sociétés vont investir des ressources importantes dans des activités ponctuelles qui n'ont pas clairement de liens de cause à effet avec un objectif souhaité lointain. Nous avons besoin d'expériences de prévention qui montrent clairement que de telles interventions à l'adolescence ont un effet bénéfique sur l'adaptation sociale à l'âge adulte.

Il faut en fait démontrer que si cette intervention n'avait pas eu lieu, l'adolescent devenu adulte serait moins bien adapté, en définissant ce « moins bien adapté » d'une façon opérationnelle. Cette démonstration est particulièrement nécessaire pour les interventions préventives à l'adolescence, parce que l'adolescence est justement une période importante de déséquilibre pour ce qui est de l'adaptation sociale. Pour caricaturer, nous pourrions facilement imaginer des efforts de prévention qui tenteraient de prévenir l'adolescence, c'est-à-dire de prévenir que ce déséquilibre se fasse, que les essais ne conduisent parfois à des erreurs. McCord (1978) a déjà démontré que des efforts de prévention bien intentionnés à l'enfance et à la préadolescence pouvaient avoir des conséquences négatives sur l'adaptation à l'âge adulte.

L'adolescence est une période clé pour assurer l'adaptation sociale à l'âge adulte, mais l'adolescence est aussi une période d'essais et d'erreurs qu'il ne faut probablement pas prévenir. Il importe donc que les efforts de prévention à l'adolescence soient faits dans un contexte expérimental qui permet une évaluation sérieuse des effets de l'intervention à moyen et à long terme. Il serait difficilement acceptable que l'on se donne le droit d'avoir des effets inconnus, peut-être même négatifs, sur le devenir des adolescents, sous prétexte de faire de la prévention. Si nos interventions préventives sont suffisamment puissantes pour avoir des effets positifs, elles sont suffisamment puissantes pour avoir des effets négatifs.

Prévenir les difficultés d'adaptation des enfants qu'auront les adolescents

Lorsque nous pensons à l'adolescence comme à une période de préparation à l'âge adulte, nous comprenons facilement l'importance de l'éducation pour préparer à l'univers du travail et l'importance des relations avec les pairs pour préparer à l'univers des relations amicales et des relations de couple. Il est moins fréquent que l'adolescence soit vue comme une préparation à devenir parent. À titre d'exemple, aucun des sept textes qui précèdent ne traite cette question. En fait, il semble que plus l'adolescent rencontre des difficultés d'adaptation sociale, moins on a tendance à le voir comme futur parent. Nous avons plutôt tendance à nous centrer sur l'inadaptation de l'individu à son environnement et, probablement, à « croire » qu'il serait préférable qu'il n'ait pas d'enfant avant d'avoir réussi à mieux s'adapter.

S'il s'agit là d'une perspective sensée pour le professionnel, le spécialiste de la rééducation ou de la prévention à l'adolescence, il n'est pas évident que l'adolescent inadapté attendra d'être adapté pour, accidentellement ou volontairement, faire un ou des enfants (MacDonnell, 1981).

Ces enfants qui naîtront de parents qui ont des difficultés d'adaptation psychosociale sont parmi les individus les plus exposés à l'inadaptation psychosociale. Plusieurs études ont mis en évidence ce phénomène de la reproduction de l'inadaptation.

Robins, West et Herjanic (1976), dans une étude de la délinquance chez trois générations de Noirs américains, ont établi que les enfants de mères qui avaient eu des problèmes de délinquance à l'adolescence étaient plus susceptibles de présenter des problèmes de délinquance au cours de leur propre adolescence que les enfants des mères qui n'avaient pas présenté de problèmes de délinquance à l'adolescence. Cette étude a également montré que les risques pour un enfant de présenter des problèmes de délinquance à l'adolescence étaient de 57 % si les deux parents avaient été arrêtés par la police. Dans le cas où les parents du père avaient eu des problèmes de délinquance, presque tous les fils aussi bien que les épouses de ces fils avaient été arrêtés. Dans ces cas, les risques que les petits-enfants soient délinquants étaient de 83 % pour les garçons et de 40 % pour les filles.

Dans une étude rétrospective de 248 familles prises en charge par la Sauvegarde de l'enfance du pays basque en France, Castaignède (1985) et Favard (1983) ont montré qu'il existait une association positive entre les difficultés d'adaptation des enfants, des parents, des oncles, des tantes et des grands-parents. L'association observée des grands-parents aux parents et aux enfants était plus prononcée pour la lignée maternelle que pour la lignée paternelle. Huesmann et ses collaborateurs (1984) ont pour leur part suivi 870 enfants de l'âge de huit ans jusqu'à l'âge de 30 ans. À l'âge de huit ans ils ont mesuré leur agressivité, à l'âge de 30 ans ils ont évalué l'agressivité de leurs enfants. Pour ceux qui avaient des enfants d'environ huit ans (n = 82), la corrélation entre les deux mesures d'agressivité indique qu'il y a une association plus forte entre l'agressivité du parent lorsqu'il avait huit ans et l'agressivité de son enfant à huit ans, qu'entre l'agressivité du parent à huit ans et sa propre agressivité à 30 ans.

Au cours d'une étude du développement de l'agressivité chez les garçons, Tremblay, Gagnon et Charlebois (1987) ont étudié les caractéristiques des parents. Les familles étudiées étaient toutes de milieu socio-économique faible, aucun des parents n'avait plus de 14 ans de scolarité. Parmi les familles dont le père et la mère vivaient toujours à la maison (familles biparentales) au moment où le garçon cible était en maternelle, il a été observé que 48 % des fils de mères âgées de moins de 20 ans à la naissance de leur premier enfant ont des problèmes importants d'agressivité en maternelle, alors que seulement 13,2 % des fils de mères âgées de plus de 25 ans ont ces problèmes.

Chacune de ces quatre études est une indication que les difficultés d'adaptation sociale des parents, avant la naissance de leurs enfants, permettent de prédire les difficultés d'adaptation sociale de ces enfants. De plus, dans trois de ces études (celle de Castaignède, 1985, et de Favard, 1983 ; celle de Robins *et al.*, 1976 ; et celle de Tremblay *et al.*, 1987), nous avons des indications que certaines caractéristiques des mères avant la naissance de leur premier enfant sont de meilleurs prédicteurs des difficultés d'adaptation de leurs enfants que les mêmes caractéristiques pour les pères.

Cette observation n'est pas surprenante si nous tenons compte du fait que le développement d'un enfant peut être sérieusement perturbé s'il vit dans un environnement inadéquat. Le premier environnement, durant la grossesse, est complètement déterminé par les conditions de vie de la mère (alimentation, stress, consommation de drogue ou d'alcool). Le deuxième environnement, après la naissance, est aussi largement déterminé par la mère dans nos cultures. Très peu de pères restent à la maison pour prendre soin de leur enfant après la naissance, peu de pères sont chefs de familles monoparentales lorsque leurs enfants sont encore à la petite enfance et la durée de la disponibilité du père à ses enfants est en moyenne le quart de celle de la mère (Lamb *et al.*, 1985). À ce sujet l'étude de Tremblay *et al.* (1987) montre que, parmi une population urbaine de milieu socio-économique faible avec un garçon en maternelle, aucun des enfants ne vit avec son père sans sa mère et seulement 1,7 % des enfants vivent avec leur père remarié, alors que 27 % vivent avec leur mère sans leur père et 5,1 % vivent avec leur mère remariée.

Il ne s'agit pas ici de tenter de blâmer les femmes pour la transmission de l'inadaptation sociale ; à ce compte, il faudrait au contraire leur rendre hommage pour la transmission de l'adaptation sociale, puisque c'est heureusement le cas de la majorité. Il s'agit plutôt de constater que nos cultures et nos organisations sociales, comme notre organisation biologique, donnent aux femmes un rôle plus important dans le développement des enfants, au moins jusqu'à la fin de la petite enfance. Le père peut contribuer à la qualité de l'environnement où se développe l'enfant par l'apport des ressources matérielles, comme l'apport d'un soutien émotif à la mère (Clarke-Stewart, 1978) et la qualité des interactions avec l'enfant (Lamb et Elster, 1985 ; Lamb *et al.*, 1985). Mais cet apport est un complément à la contribution de la mère, dans le sens où le père peut ajouter à ce qui est déjà apporté par la mère, mais généralement il ne remplace pas une mère inadéquate.

La période de la grossesse est un bon exemple du rôle que peut et ne peut jouer le père. Le père peut contribuer à la bonne alimentation de la mère par sa contribution financière, ses propres initiatives pour l'achat d'aliments, la préparation des repas ou simplement par les conseils qu'il donne. Il peut aussi conseiller sa femme au sujet de la consommation d'alcool, de tabac ou de drogues ; mais il est à peu près impossible pour un père de contrer les effets néfastes qu'auraient sur son enfant une mère qui, par exemple, s'adonnerait à l'utilisation fréquente de drogues et d'alcool pendant la grossesse.

Par contre, une mère bien adaptée ayant un mari alcoolique ou narcomane pourrait éviter les effets néfastes de cette inadaptation du père sur le développement de son enfant en maintenant des conditions de vie appropriées pour elle, avant et après la grossesse, et éventuellement en se séparant du père si elle constate qu'il nuit au développement de son enfant[1]. McCord (1982) a d'ailleurs montré que les garçons de familles monoparentales qui avaient des mères chaleureuses présentaient aussi peu de problèmes de criminalité adulte que les garçons de familles biparentales sans conflits conjugaux ; de plus, ils présentaient moins de problèmes de criminalité adulte que les familles biparentales avec conflits conjugaux.

La discussion qui précède permet de formuler deux hypothèses quant aux conséquences de l'inadaptation des adolescents sur le devenir de leurs enfants. Premièrement, l'inadaptation sociale des adolescents sera généralement transmise à leurs enfants ; deuxièmement, cette transmission sera plus évidente chez les filles qui ont des difficultés importantes d'adaptation sociale que chez les garçons, parce qu'une fille bien adaptée pourra plus facilement suppléer aux déficiences paternelles de son mari, qu'un père bien adapté pourra suppléer aux déficiences maternelles de sa femme.

Ces deux hypothèses sont appuyées par plusieurs études, dont celles que nous avons résumées précédemment, et elles devraient certainement guider une partie des efforts d'intervention préventive à l'adolescence. Ces interventions préventives seraient de type tertiaire,

---

1.   Elle pourra d'autant plus facilement prendre cette décision si elle peut financièrement voir au bien-être de ses enfants. Le succès sur le marché du travail est un indicateur d'une bonne adaptation sociale.

dans le sens où il s'agit d'intervenir auprès d'une population qui présente déjà des problèmes importants d'adaptation pour prévenir non pas leur inadaptation à eux, mais l'inadaptation de leurs enfants.

Nous pouvons envisager au moins deux catégories de programmes de prévention auprès d'adolescentes inadaptées pour prévenir l'inadaptation de leurs enfants. La première catégorie devrait viser à prévenir les grossesses chez les adolescentes qui ont des difficultés importantes d'adaptation. Bien qu'il soit plus difficile de mettre en évidence les difficultés d'adaptation sociale des adolescentes que des adolescents par leurs comportements inadéquats (Offord *et al.*, 1985), il est probable qu'une adolescente qui abandonne l'école avant la fin du secondaire et qui a des difficultés à garder un emploi stable sera très exposée à devenir enceinte avant l'âge de 20 ans. En fait, la seule perspective de vie adulte pour cette adolescente est probablement d'être une mère qui dépend du revenu de son mari. Comme une telle fille n'offre pas généralement de garanties d'être « bonne mère », il est peu probable qu'elle soit choisie comme conjointe par un garçon bien adapté et très probable que le conjoint qu'elle trouvera disparaîtra dès que les difficultés de la vie de couple et de parent apparaîtront.

On dispose de différents moyens pour prévenir les grossesses chez ces adolescentes. Favoriser une meilleure éducation et mieux les préparer au marché du travail devrait faire en sorte que leur seule issue ne soit pas d'être une mère. L'éducation sexuelle devrait également contribuer à prévenir les grossesses accidentelles.

Paradoxalement, une forme de prévention des grossesses pourrait être l'entraînement aux habiletés à donner des soins aux enfants. Dans plusieurs cas ces adolescentes n'ont probablement jamais eu à prendre soin d'un bébé ou d'un jeune enfant. Elles n'ont aucune idée des efforts, des énergies que demande la satisfaction des besoins d'un bébé. On peut imaginer la création d'un programme qui offre à ces adolescentes l'occasion d'apprendre le métier d'aide-puéricultrice ou d'aide-jardinière d'enfants. Ce type de programme pourrait avoir un double effet bénéfique : certaines apprendraient à bien prendre soin des enfants, le danger qu'elles soient de mauvaises mères si elles devenaient enceintes serait alors moindre ; les autres qui ne réussiraient pas à bien maîtriser la capacité de donner des soins aux enfants développeraient probablement une aversion à l'égard de cette activité, devenant ainsi plus réceptives à l'idée de ne pas avoir d'enfant et à l'importance de la contraception.

La deuxième catégorie de programmes de prévention devrait s'adresser aux adolescentes qui sont enceintes et qui risquent d'offrir à

leurs enfants les conditions nécessaires à la reproduction de leur inadaptation sociale. Ce type de programme devrait être centré autant sur
la mère que sur l'enfant. Pour ce qui est de la mère, l'intervention
devrait favoriser les meilleures conditions de grossesse et d'accouchement possible, elle devrait également inclure l'entraînement aux habiletés, surtout le plaisir à interagir avec son enfant (Badger, 1977 ; Field,
1982 ; Malatesta *et al.*, 1986). En ce qui concerne l'enfant, l'intervention
devrait être centrée sur la stimulation du développement affectif et cognitif (Berrueta-Clement, 1984 ; Consortium for Longitudinal Studies,
1983), pendant que la mère est libérée pour se maintenir active sur le
marché du travail et entretenir des relations sociales qui préviennent
l'isolement social (Bouchard, 1981 ; Dumas, 1986 ; Wahler, 1980). Si la
mère adolescente et l'enfant sont la cible première de ce type d'intervention, il ne faut pas négliger le père de l'enfant ou l'environnement
familial de la mère dans les cas où il semble possible de favoriser chez
eux des attitudes de soutien à la mère, tant en ce qui concerne son rôle
de mère que ses relations sociales et ses activités sur le marché du travail (Colletta et Lee, 1983).

Il est clair ici que l'objectif premier de l'intervention est de prévenir l'inadaptation sociale chez des enfants qui naissent de parents
qui ont eux-mêmes des problèmes importants d'adaptation sociale. La
cible première de l'intervention est l'adolescente en difficulté d'adaptation, parce que c'est elle qui est le plus susceptible de devenir enceinte et que c'est également elle, une fois enceinte, qui sera la plus en
contact avec cet enfant. L'habileté de cette fille à donner des soins
appropriés à son enfant est tout à fait déterminante pour la qualité du
développement social de ce dernier. L'adolescente est également la
mieux en mesure de prévenir la grossesse ou d'y mettre fin rapidement. Il semble qu'une augmentation des ressources pour intervenir
auprès des adolescentes qui présentent des difficultés importantes
d'adaptation sociale devrait permettre de réduire sensiblement les difficultés d'adaptation des enfants de la prochaine génération.

Les sociétés occidentales investissent probablement plus de
ressources dans l'intervention auprès des adolescents délinquants
qu'auprès des adolescentes en difficulté d'adaptation parce que les difficultés des adolescents sont plus visibles, plus menaçantes à court
terme pour le citoyen. On peut supposer cependant, qu'une meilleure
action préventive auprès des adolescentes en difficulté d'adaptation
réduirait sensiblement la délinquance de leurs enfants devenus adolescents.

CONCLUSION

L'objectif premier de ce texte était de montrer que les interventions préventives auprès des adolescents pouvaient servir à des fins différentes et que la prévention des difficultés importantes d'adaptation à l'adolescence devait faire l'objet d'interventions préventives bien avant cette période. En fait, il apparaît essentiel que les stratégies d'interventions préventives de l'inadaptation sociale soient conçues dans une perspective développementale. Les difficultés d'adaptation sociale ne semblent pas être des « maladies » qui « s'attrapent » soudainement, mais plutôt le résultat de longs processus développementaux au cours de la vie d'un individu, et souvent au cours des générations. Si tel est le cas, comment imaginer qu'une intervention préventive pourra, à court terme, avoir un effet radical sur le cours du développement d'un individu donné ?

Dans cette perspective, il est important de bien clarifier les objectifs des différents types d'interventions préventives, de bien apprécier les moyens dont nous disposons et de se contraindre à vérifier de façon systématique dans quelle mesure nous atteignons les effets attendus. Il serait trop facile de remplacer l'idéal thérapeutique par l'idéal de la prévention, sans se donner les moyens de vérifier le réalisme de nos idéaux. Il importe que nos « expériences » de prévention fassent place à des « expérimentations » systématiques. Nos bonnes intentions comme nos savantes théories ne sont pas suffisantes pour garantir le succès de nos interventions, ni pour prévenir les effets néfastes de ces interventions (McCord, 1978). La meilleure façon de protéger, contre nos illusions, ceux à qui nous voulons faire du bien, c'est probablement de mettre en place les moyens d'évaluer les effets de nos interventions. C'est pourquoi nous devons faire plus d'expérimentations et moins d'expériences (Farrington, Ohlin et Wilson, 1986 ; Maziade, 1986 ; Tremblay, 1985).

Avant de terminer, rappelons que la meilleure prévention des difficultés d'adaptation psychosociale est probablement une bonne éducation. On peut s'inquiéter, à juste titre, de ce que la « mode » de la prévention soit généralement proposée par les professions qui ont traditionnellement eu un idéal thérapeutique. On pourrait facilement imaginer une société qui investit la majorité de ses efforts d'éducation à prévenir l'« indésirable » plutôt qu'à atteindre le « désirable ». En éducation, comme dans le domaine sportif, la meilleure défensive est probablement l'offensive. Si les éducateurs (parents, enseignants et autres) ont traditionnellement exercé leur métier en stimulant les enfants à atteindre des idéaux, il pourrait être dangereux d'orienter le gros des efforts de l'éducation vers la prévention. Nous pourrions facilement obtenir une société qui apprend à ses enfants ce qu'il ne faut pas faire plutôt que de leur apprendre ce qu'il faut faire. Le monde de l'éducation peut profiter de nos connaissances quant aux dangers à éviter et aux façons de les éviter, mais il faut nous assurer de la validité de nos connaissances et faire en sorte que le « prestige » des professions curatives ne soit pas le principal argument utilisé pour convaincre les éducateurs qu'ils doivent devenir plus « conservateurs ».

BIBLIOGRAPHIE

BADGER, E. (1977), *Postnatal classes for high risk mother-infant pairs*. Cincinnati, Ohio: University of Cincinnati College of Medicine.

BERRUETA-CLEMENT, J.R., SCHWEINHART, L.J., BAR-NETT, W.S., EPSTEIN, A.S., et WEIKART, D.P. (1984), *Changed Lives: The Effects of the Perry Preschool Program on youths through age 19*, Ypsilanti, Michigan, The High Scope Press.

BOUCHARD, C. (1981), Perspectives écologiques de la relation parent(s)-enfant : des compétences parentales aux compétences environnementales, *Apprentissage et Socialisation*, vol. 4, p. 4-23.

CASTAIGNÈDE, J. (1985), La reproduction sociale de l'inadaptation dans le système familial, thèse de doctorat, Université de Pau et des Pays de l'Adour, France.

CHARLEBOIS, P., TREMBLAY, R.E., GAGNON, C. (1986), « La prévention de comportements anti-sociaux chez des garçons agressifs à l'école primaire : Un programme de recherche longitudinal », *Problèmes de la Jeunesse*, Marginalité et Délinquance Juvénile. Interventions Sociales au Milieu des Années 1980. (Vol 2. Délinquances des Jeunes). Vaucresson, Centre de recherche interdisciplinaire de Vaucresson.

CLARKE-STEWART, K.A. (1978), And Daddy Makes Three: The Father's Impact on Mother and Young Child, *Child Development*, 49, vol. 2, p. 466-478.

COLLETTA, N.D. et LEE, D. (1983), « The impact of support for black adolescent mothers », *Journal of Family Issues*, vol. 4, p. 127-143.

CONSORTIUM FOR LONGITUDINAL STUDIES (1983), *As the twig is bent: Lasting effects of early education*, Hillsdale, New Jersey, Earlbaum.

DUMAS, J.E. (1986), « Indirect influence of maternal social contacts-on-mother-child interaction », *Journal of Abnormal Child Psychology*, vol. 14, p. 205-216.

FARRINGTON, D.P., OHLIN, L.E., et WILSON, J.Q. (1986), *Understanding and Controlling Crime, Toward a New Research Strategy*, New York, Springer-Verlag.

FAVARD, A.-M. (1983), « La reproduction de l'inadaptation », *Handicaps et Inadaptation*, vol. 22, p. 19-50.

FIELD, T. (1982), « Interaction coaching for high-risk infants and their parents », *Early Intervention Programs for infants*, vol. 1, p. 5-24.

GERSTEN, J.C., LANGNER, T.S. et SIMCHA-FAGAN, O. (1979), « Developmental patterns of types of behavioral disturbance and secondary prevention », *International Journal of Mental Health*, vol. 7, p. 132-149.

GIBBONS, D.C. (1986), « Juvenile Delinquency: Can Social Science Find a Cure ? », *Crime and Delinquency*, vol. 32, p. 186-204.

HUESMANN, L.R. *et al.* (1984), «Stability of Aggression Over Time and Generations », *Developmental Psychology*, vol. 20, Mº 6, p. 1120-1134.

JEFFERY, C.R. (1977), *Crime Prevention through Environmental Design*, Beverly Hills, Sage.

LAMB, M.E. et ELSTER, A.B. (1985), « Adolescent Mother-Infant-Father Relationships », *Developmental Psychology*, vol. 21, Mº 5, p. 768-773.

LAMB, M.E. *et al.* (1985), « The Effects of Child Maltreatment on Security of Infant-Adult Attachment », *Infant Behavior and Development*, vol. 8, p. 35-45.

LEBLANC, M. et CÔTÉ, G. (1986), « Comparaison des adolescents de 14-15 ans en 1974 et 1985 », *La conduite délinquante des adolescents à Montréal (1974-1985) : Étude descriptive et prédictive*, sous la dir. de R.E. Tremblay, M. Leblanc et A.E. Schwartzman, Montréal, Université de Montréal, École de psychoéducation.

LEBLANC, M. et FRÉCHETTE, M. (1986), « La prévention de la délinquance des mineurs: une approche intégrée et différentielle », *Annales de Vaudresson*, vol. 24, p. 85-99.

LOEBER, R. et STOUTHAMER-LOEBER, M. (1986a), « The Prediction of Delinquency », *Psychopathological Disorders of Childhood*, sous la dir. de H.C. Quay et J.S. Werry, New York.

LOEBER, R. et STOUTHAMER-LOEBER, M. (1986b), « Family Factors as Correlates and Predictors of Juvenile Conduct Problems and Delinquency », *Crime and Justice: an Annual Review*, sous la dir. de M. Tonry et N. Morris, Chicago, University of Chicago Press.

MALATESTA, C.Z., GRIGORYEV, P. LAMB, C., ALBIN, M. et CULVER, C. (1986), « Emotional socialization and expressive development in preterm and full-term infants», *Child Development*, vol. 57, p. 316-330.

MAZIADE, M. (1986), « Études sur le tempérament : Contribution à l'étude des facteurs de risques psychosociaux de l'enfant », *Neuropsychiatrie de l'enfance et de l'adolescence*, vol. 34, p. 371-382.

MacDONNELL, S. (1981), *Vulnerable Mothers, Vulnerable Children*, Halifax, Nova Scotia, Department of Social Services.

McCORD, J. (1978), A Thirty-Year Follow-up of Treatment Effects, *American Psychologist*, vol. 33, p. 284-289.

McCORD, J. (1982), « A longitudinal view of the Relationship between Paternal Absence and Crime », *Abnormal Offenders, Delinquency and the Criminal Justice System*, sous la dir. de J. Gunn et D.P. Farrington, New York, John Wiley & Sons.

McCORD, J. (1987), « Intervention as prevention », *Handbook of Forensic Psychology*, sous la dir. de I.B. Weiner et A.B. Hess, New York, Wiley.

OFFORD, D.R. *et al.* (1985), *Prevalence and Selected Correlates of childhood psychiatric disorder*, Hamilton, Ontario, Chedoke-McMaster Hospitals, Child Epidemiology Unit.

PATTERSON, G. (1982), *Coercive Family Process*, Eugene, Oregon, Castalia.

ROBINS, L.N., WEST, P.A. et HERJANIC, B.L. (1976), « Arrests and delinquency in two generations: A study of black urban families and their children », sous la dir. de S. Chess et A. Thomas, New York, Brunner-Mazel, vol. 9, p. 210-230.

RUTTER, M. (1983), « Prevention of Children's Psychosocial Disorders: Myth and Substance », *Annual Progress in Child Psychiatry and Child Development*, sous la dir. de S. Chess et A. Thomas, New York, Brunner-Mazel, p. 271-295.

TREMBLAY, R.E. (1985), « Une approche expérimentale : Le prix de nos prétentions à une approche scientifique », *Le traitement des adolescents délinquants*, sous la dir. de R.E. Tremblay, A.M. Favard et R. Jost, Paris, Fleurus.

TREMBLAY, R.D., GAGNON, C., et CHARLEBOIS, P. (1987) « Caractéristiques familiales de garçons agressifs en maternelle », *Les comportements agressifs : perspective développementale et intergénérationnelle*, sous la dir. de R.E. Tremblay, Montréal, École de psychoéducation, Université de Montréal.

WAHLER, R.G., (1980), « The insular mother: her problems in parent-child treatment », *The Journal of Applied Behavioral Science*, vol. 13, p. 207-221.

WALLER, J. (1984), *Crime Reduction through Social Prevention: An Overview with sources*, Ottawa, Canadian Council for Social Development.

WEST, D.J. et FARRINGTON, D.P. (1973), *Who Becomes Delinquent ?*, London, Heinemann Educational.

WOLFGANG, M.E., FIGLIO, R.M. et SELLIN, T. (1972), *Delinquency in a Birth Cohort*, Chicago, University of Chicago Press.

Troisième partie

RÉFLEXIONS THÉORIQUES

INTRODUCTION

Après avoir parcouru des essais spécifiques de prévention à divers moments de l'enfance et de l'adolescence, il serait utile de survoler l'ensemble du terrain. Deux auteurs nous y invitent, chacun à leur façon.

Eli Bower, en partant de son cheminement personnel, nous introduit à trois territoires significatifs pour l'enfant, selon le degré de difficulté que celui-ci éprouve à franchir les diverses étapes de son développement. Suivant les circonstances, on fait appel à divers systèmes de soins pour aider l'enfant à progresser dans sa trajectoire développementale. Même si certains de ces systèmes sont à tendance plus « curative » que d'autres, l'auteur nous invite partout à une préoccupation préventive dynamique.

Anne Salomon, pour sa part entreprend d'ébranler nos certitudes d'intervenants en ce qui concerne notre définition des besoins de l'enfant. S'agit-il bien des besoins de l'enfant ou plutôt de notre besoin d'agir sur lui selon les valeurs ou les modes du moment ? Interrogation salutaire, accompagnée de quelques exemples récents où l'on montre que des solutions contraires ont été adoptées, à peu de distance dans le temps, toujours au nom des besoins de l'enfant. Preuve que nos recherches en ce domaine doivent se coupler à un questionnement vigilant sur les valeurs sous-jacentes à nos actions.

Chapitre 18

LA PROMOTION DU FONCTIONNEMENT HUMAIN :
UN GUIDE POUR L'IDÉALISTE PRAGMATIQUE

Eli M. Bower

La comédie musicale de Meredith Wilsson intitulée *Music Man* s'ouvre sur une scène de commis voyageurs à bord d'un train au cœur des États-Unis se plaignant des difficultés de leur travail. « Tu peux discuter, tu peux argumenter, mais ce n'est plus comme avant », disent-ils. Tous sont d'accord : « Il faut bien connaître son territoire ». Quels sont les territoires ou les zones qui permettent d'éviter le dysfonctionnement humain ?

Les zones de promotion

Les préventions primaire, secondaire et tertiaire sont parmi les plus vieilles zones créées par les travailleurs du domaine de la santé publique. La guérison d'une maladie constituait la prévention tertiaire, l'identification et le traitement immédiat formaient la prévention secondaire, tandis que la prévention de la maladie représentait la prévention primaire. Dans certains cas, la prévention primaire des maladies demeurait en arrière-plan tant et aussi longtemps que les intervenants de la prévention secondaire et tertiaire n'avaient pas trouvé de façon précise l'agent responsable de la maladie. Dans d'autres, la prévention primaire se faisait sans même pouvoir compter sur cette aide. En 1854, avant que la véritable raison ne soit découverte, John Snow a avancé l'hypothèse que l'eau était responsable de l'épidémie de choléra qui sévissait dans le secteur des rues Broad et Cambridge à Londres, et a réussi à convaincre les membres du conseil municipal de retirer la manivelle de la pompe à eau. Ceci a eu pour effet de mettre un terme à l'épidémie de choléra.

En 1793, la ville de Philadelphie a été frappée par une épidémie de fièvre jaune. La faculté de médecine de la ville avait recommandé, parmi une foule de mesures préventives, de tirer des coups de canon depuis les marches de l'hôtel de ville. Et si les coups de canon tirés ne donnèrent pas les résultats escomptés, c'était sans doute, suggéra un malin, qu'il était difficile d'évaluer le nombre de moustiques ainsi tués. Au début du siècle, Walter Reed et William Gorgas ont réussi à identifier de façon précise le moustique responsable de la fièvre jaune et à retracer l'espèce, et vers 1920, la fièvre jaune était presque entièrement enrayée. D'autres maladies ont pu être prévenues aux moyens de vaccins, de méthodes d'inoculation, d'antitoxines ou par un contrôle accru exercé sur les mites, les poux, les ordures, les eaux usées et les nourritures contaminées.

En cette seconde moitié du XXe siècle, on a pu observer la naissance et l'exploration de nouvelles zones de prévention. L'une d'entre elles est considérée par beaucoup comme la solution miracle : la génétique. La manipulation génétique de l'ADN de même que le traitement et le transfert de gènes font naître beaucoup d'espoir quant à la possibilité de prévenir des désordres comme le syndrome de Down (mongolisme), la phénylcétonurie, l'hémophilie, la siklémie, la chorée de Huntington, etc. Diverses tentatives ont été effectuées, malgré les problèmes de nature juridique et légale qui ont été soulevés, pour introduire des molécules d'ADN étrangères chez des personnes souffrant de désordres génétiques. La nature compte environ 5 % d'enfants nés avec des problèmes de nature génétique (McKusick, 1983). Les malfonctionnements d'origine héréditaire comptent pour un nombre important des enfants admis et traités à des coûts élevés dans les grands hôpitaux et en institution.

Deux autres zones forment également la prévention de base : l'air que nous respirons et la nourriture que nous ingérons ou que nous évitons d'ingérer. Les problèmes de nutrition varient selon les diverses régions de la planète; ils vont de la famine pure et simple à l'obésité. Dans certaines régions du monde, la cueillette, la production et la préparation de la nourriture représentent une tâche à laquelle il faut consacrer tout son temps et toute son énergie. Au Canada comme dans les autres pays industrialisés, vous pouvez choisir entre Le Colonel, McDonald's et Jack in the Box, des endroits où la nourriture est préparée et ingérée en un rien de temps. Toutefois, cette rapidité est souvent freinée au cours du processus de digestion et peut entraîner des problèmes majeurs.

Dans les sociétés industrialisées, les principaux problèmes de nutrition dérivent du choix et de la quantité. Aux États-Unis, le soi-disant paradis de l'abondance, il existe des programmes de coupons de vivres pour les familles nécessiteuses, coupons qui viennent en aide à près de 18 millions de personnes. Il existe également des programmes d'assistance alimentaire pour femmes et enfants, des programmes de repas à l'école, des programmes spéciaux de déjeuners et d'autres programmes d'aide gouvernementale qui totalisent près de huit millions de dollars (Nightingale, 1978, p. 27).

L'abondance de nourriture n'est pas automatiquement synonyme de santé alimentaire. Selon les experts dans ce domaine, nous souffrons d'un problème épidémique d'obésité, de surconsommation de lipides et d'hydrates de carbone, d'une trop grande absorption de sel et d'une carence de plus en plus importante d'aliments à teneur élevée en fibres alimentaires (entraînant des affections intestinales). Par contre, notre alimentation est plus équilibrée ; les cas de pellagre, de scorbut, de trichinose et d'intoxication à la ptomaïne sont plutôt rares. Les gens des pays occidentaux industrialisés mangent bien mais pas toujours avec discernement. Le tiers monde doit faire face quant à lui à la disette, à la famine et à une alimentation indigente.

Les polluants de l'air et de l'eau jouent un rôle de plus en plus important dans les problèmes de santé. Dame nature avait encore une fois tout prévu en prenant soin d'inclure 20 % d'oxygène dans l'atmosphère terrestre. Elle a également créé une grande variété de plantes composées de chlorophylle permettant un échange solaire de gaz carbonique et d'oxygène. Elle n'avait toutefois rien prévu pour les BPC, la peinture au plomb, la panoplie de moteurs à combustion crachant des nuages de fumée, les pluies acides et les avertissements de smog.

Il ne fait aucun doute que l'exploration territoriale d'un grand nombre de causes environnementales de maladies soit nécessaire. Les extrapolations faites à partir d'études en épidémiologie ont démontré que de 50 % à 90 % des cancers chez l'homme sont causés par des facteurs environnementaux, c'est-à-dire non héréditaires, provoqués par des virus, des mécanismes immunitaires, etc. Une grande proportion de ce pourcentage est reliée à la pollution de l'air et du corps humain par la fumée de cigarette, première cible nationale en matière de prévention des maladies. Une fois que l'habitude est créée au cours de l'adolescence, il est difficile d'arrêter de fumer. Bien que le nombre des fumeurs n'ait cessé de diminuer, le pourcentage des femmes âgées de 17 à 24 ans fumant la cigarette n'a cessé d'augmenter; ce pourcentage surpasse maintenant celui des hommes se situant dans le même groupe d'âge. Environ 20 % des jeunes âgés de 17 et 18 ans fument la cigarette. Les chercheurs dans ce champ d'exploration tentent de découvrir les facteurs qui différencient ces jeunes des 80 % qui ne fument pas. Les résultats des recherches semblent indiquer que les adolescents qui fument ne se soucient pas beaucoup des conséquences réelles qu'entraîne le fait de fumer. Ils semblent avoir une personnalité plus agressive et semblent davantage prêts à prendre des risques. Ils manifestent également un faible degré d'estime de soi, beaucoup d'anxiété sur le plan social, un comportement interpersonnel peu développé et se laissent facilement influencer par leurs pairs plus âgés. Ainsi, on a constaté que le nombre de fumeurs était beaucoup plus élevé dans les écoles de niveau secondaire de premier cycle rattachées à une école secondaire du cycle supérieur que dans celles du premier cycle qui étaient séparées (Hamburg, Elliot, et Parron, 1982).

L'abus d'alcool et de drogues tombe en quelque sorte dans le même domaine de prévention. La prévention de l'alcoolisme chez les adolescents est d'une importance capitale. Une fois de plus, on a constaté que les adolescents qui consomment abondamment esquivent et nient les conséquences de leur conduite, qu'ils vivent au jour le jour et qu'ils ont un faible degré d'estime de soi. L'égocentrisme dans le début de l'adolescence qu'ont décrit Elkind (1967) et Karplus et al. (1975) pourrait, semble-t-il, être un élément déterminant chez les jeunes consommateurs d'alcool. Karplus et ses collègues de Berkely ont constaté que le jeune adolescent est particulièrement peu doué pour utiliser des symboles et faire des généralisations. Cette déficience jouerait un rôle déterminant dans la réponse de l'adolescent vis-à-vis de ses pairs et des médias qui le poussent à boire.

Miller et Cesin (1980) ont noté un ralentissement dans le phénomène de la consommation de marijuana, drogue qui a connu une popularité sans précédent dans les années soixante. Les études qui ont été menées sur les consommateurs de marijuana ont révélé que ceux-ci possédaient les mêmes traits de personnalité que les fumeurs et les consommateurs d'alcool. Ce sont pour la plupart des enfants ou de jeunes adolescents qui vivent au jour le jour, qui n'ont pas du tout peur de jouer à la roulette russe avec leur santé et qui sont satisfaits de vivre dans le présent. Ils agissent en fonction de leur moi mené par le principe du plaisir et ne voient pas le besoin d'arrêter quoi que ce soit ou n'y sont pas motivés sous prétexte de quelque réalité future.

Il existe de nombreuses autres zones de prévention étudiées par les professionnels. Au cours de l'une des premières conférences sur la prévention primaire, Goldston a répertorié quatre catégories permettant de conceptualiser et de classifier les efforts qui se font dans le domaine de la prévention primaire : 1. les maladies mentales dont la cause étiologique est connue, y compris les syndromes aigus et chroniques du cerveau ; 2. les maladies mentales d'origine inconnue comme la schizophrénie et la dépression ; 3. la mésadaptation et les syndromes de crise affective ; et 4. la promotion de la santé mentale (Klein, et Goldston, 1977). D'autres intervenants à cette rencontre ont suggéré des objectifs de prévention plus modestes, tels que la prévention des comportements autodestructeurs, les constats d'échec dans les rôles de parent et d'étudiant, l'échec des relations entre mari et femme, les cas de dépression, les programmes pour les nouveau-nés se situant dans le groupe à risque élevé de problèmes émotionnels, l'éducation affective des enfants à l'école, les programmes épidémiologiques et d'évaluation. Lors d'une conférence ultérieure qui a eu lieu au Canada, on a introduit l'idée d'un programme de prévention communautaire. Le scénario était très élaboré : on y identifiait les communautés dans lesquelles les enfants présentaient des risques élevés et les meneurs de la communauté, on y décrivait et analysait un profil de la communauté et on y concevait un programme global de prévention.

« On peut discuter, argumenter, mais ce n'est plus comme avant. » Et c'est bien vrai ! Plus ça change, plus c'est pareil (*The more things change, the more they stay the same*). De nouvelles maladies remplacent les anciennes. À mesure que nos connaissances dans les domaines de la nutrition, de la neurologie, de la génétique, de la pharmacologie, de la biochimie et de la médecine progressent, notre capacité de préserver la vie, tant au début qu'à la fin du cycle de la vie, progresse également. Les antibiotiques nous ont permis de venir à bout de certaines maladies mais en ont causé d'autres. Nous luttons comme des apprentis sorciers : pour chaque victoire, nous devons relever une douzaine de nouveaux défis. Albee (1985) a souligné le fait qu'en 1952, le *Diagnostic and Statistical Manual of Mental Disorders (DSM)* (manuel des diagnostics et des statistiques concernant les maladies mentales) de l'American Psychiatric Association répertoriait 60 types et sous-types de maladies mentales. Dans la deuxième édition, on en répertoriait 145. La troisième édition en énumère 230 types et sous-types distincts, y compris la dépendance à l'égard du tabac, les dysfonctions sexuelles et les troubles d'apprentissage.

L'hystérie et la névrose ont été rayées de la troisième édition. L'homosexualité y apparaissait, puis en a été rayée. La phénothiazine, la réserpine et d'autres drogues psychotropes ont permis de vider partiellement les hôpitaux psychiatriques, en même temps qu'elles entraînaient de graves problèmes d'hébergement et de soins pour les patients non supervisés des centres villes. Dans quelle mesure la prévention est-elle un phénomène réalisable sur une planète où des êtres humains meurent de faim, vivent dans des taudis sans installations sanitaires ou sans être reliés à un réseau d'énergie, vivent au sein de communautés offrant des services médicaux très restreints, voire inexistants, et d'un niveau économique qui permet à peine de survivre ? Une alimentation adéquate, un logis, des vêtements, la possibilité de bénéficier d'une éducation et de services médicaux constitueraient un excellent point de départ en matière de prévention. Et pourtant, qu'en est-il dans notre terre d'abondance ? Comme l'affirme Nérissa à sa maîtresse, à Portia : « D'après ce que je sais, on pâtit autant par excès que par privation ; ce n'est pas un bonheur moyen que de rester dans la moyenne car le superflu a les cheveux vite blanchis, et la simple aisance vit d'une longue vie. » (*Le Marchand de Venise*, acte I, scène II.)

Les zones actuelles de prévention et d'amélioration de la santé sont énumérées au tableau 1. Les zones qui se situent principalement dans les domaines social, politique et économique font l'objet de recherches par des agronomes, des économistes, des coordonateurs communautaires, des écologistes, des analystes des changements sociaux et de la pression sociale. À l'autre extrémité, on retrouve les épidémiologistes, les généticiens, les pathologistes, les microbiologistes, les psychiatres cliniques et les endocrinologues qui recherchent les problèmes d'ordre génétique, viral, bactériologique et immunitaire responsables du dysfonctionnement humain, les causes cliniques du stress, de l'échec scolaire et de la prématurité. Au centre, on trouve les personnes et les programmes travaillant à l'amélioration de la qualité de vie et qui vont de la psychothérapie individuelle ou de groupe aux thérapies par drogues contre l'anxiété et la dépression, en passant par la simple consultation, les groupes de croissance, le jogging, le tennis, le golf, les techniques d'apprentissage, l'attachement mère-enfant, etc. Ce ne sont que quelques exemples de zones. Certaines étaient et sont encore considérées comme des activités superficielles, plus coûteuses qu'efficaces, des notions confuses et même de véritables illusions (Goldston, 1977).

Tableau 1

Zones de promotion de la santé et de prévention

Niveaux social et économique

Niveaux épidémiologique et sociologique

1. Suffisance sur le plan économique	1. Nutrition
2. Non-discrimination	2. Génétique
3. Lieu d'hébergement adéquat	3. Bactériologique - viral
4. Systèmes de soutien à la famille	4. Prématurité
5. Éducation	5. Substances toxiques
6. Services de santé	6. Groupes à risque élevé
7. Eau potable, air sain	7. Médiation du stress
8. Médiation des changements sociaux	8. Identification préventive des enfants à risque
9. Réduction du stress	9. SSCI, SED, ECP[1]

Niveaux individuel, médical, psychologique et mode de vie

1. Psychothérapie individuelle et de groupe
2. Thérapies par prescription de drogues
3. Services de counseling pré et postnatal
4. Groupes d'amélioration de soi (groupes de rencontre, etc.)
5. Exercice
6. Éducation
7. Lien mère-enfant
8. Habiletés de résistance
9. Modèle des SSCI

---

1.   Voir à la page 16.

Tout cela n'était qu'un préambule visant la présentation et l'analyse de ma zone de promotion en matière de santé mentale. À mesure que j'entrerai dans mon champ conceptuel et perceptuel d'idées, il semblera par moments qu'il n'y a qu'un seul chemin qui mène à Rome, qui est celui sur lequel je me trouve. Il n'en est rien. Je considère qu'il est très utile de dissiper l'obscurité qui entoure la notion de prévention à l'aide d'approches concrètes et d'objectifs précis. D'autres préféreront sans doute utiliser des moyens différents avec l'espoir que nous nous rejoindrons tous à la croisée des chemins et que nous nous en rendrons compte pour la première fois.

Ma zone de promotion

En 1938, grâce à ma formation de protozoologiste, on m'a embauché pour travailler avec des enfants et des adolescents ayant des troubles affectifs. En plus de vivre avec mes étudiants à titre de parent provisoire, je devais enseigner les sciences générales, la biologie et les bonnes manières, entraîner l'équipe de basketball et aider le chauffeur à retrouver les fuyards. Étant donné que je ne possédais aucune formation dans aucun des domaines de la santé mentale pour m'aider à comprendre mes étudiants, j'ai eu recours à mon expérience personnelle de l'enfance et de l'adolescence. L'aide des membres du personnel médical, social et psychologique de notre école s'est résumée principalement à m'assurer que les étudiants étaient intellectuellement et physiquement normaux. Mais après deux ans et demi, il m'est apparu évident qu'à part quelques rares exceptions, ils ne deviendraient jamais des êtres humains pleinement fonctionnels.

Parmi les observations qui m'ont paru incompréhensibles, il y avait le fait que les étudiants ne semblaient pas capables d'avoir du plaisir. Leur seule source de plaisir semblait provenir du mal qu'ils s'infligeaient ou qu'ils infligeaient aux autres. Ils demandaient à se réunir à des parties puis se tenaient debout comme des piquets. Ils adoraient réprimer ceux parmi leurs semblables qui avaient été aimables avec leur thérapeute et qui s'étaient ouverts à lui. En tant qu'entraîneur de basketball, j'avais dans l'équipe quelques joueurs qui avaient déjà joué sur les terrains de jeux des grandes villes et qui avaient la coordination, le talent et le physique nécessaires pour aller mettre le ballon dans le panier. Nous avons eu l'occasion d'aller jouer contre une école publique du voisinage. Trois de nos meilleurs joueurs ont été disqualifiés dès la première partie pour s'être battus. Dans la deuxième partie, quatre joueurs se sont vu disqualifier pour la même raison. Je me suis alors assis avec les douze joueurs avant la partie suivante et leur ai dit: « Un jeu, ce n'est pas réel. C'est un jeu parce que c'est agréable, qu'il y a de la compétition et du suspense. C'est sérieux, mais pas vrai. La boxe est un autre genre de sport qui se joue entre deux hommes du même poids dans un ring. Ça n'a rien à voir avec le fait de lancer des ballons dans un panier. » Lors de la partie suivante, l'équipe entière a été disqualifiée pour s'être battue. La semaine suivante, j'ai reçu un mot du commissaire aux sports de la ligue des écoles secondaires me suggérant de quitter la ligue. J'ai accepté sa suggestion.

Les étudiants ont trouvé extrêmement difficile d'être confinés uniquement aux activités de l'école. Il y a eu un regain d'intérêt lorsque nous nous sommes mis à discuter de reproduction chez les plantes et les animaux, particulièrement chez les animaux évolués. Ils avaient en effet le sentiment que j'abordais un sujet où ils avaient un peu d'expérience. Mais il s'est avéré qu'ils en connaissaient moins sur le sujet que leurs camarades supposément moins expérimentés.

En tant que parent provisoire, j'ai essayé de les intéresser à la lecture, notamment à la fiction. J'avais à cette époque une liste de livres que j'avais bien aimés adolescent et j'en avais acheté des exemplaires pour la bibliothèque de l'école. Ils sont restés sur les tablettes comme des bibelots. J'ai essayé de leur raconter le début de l'histoire, espérant que cela les pousserait à prendre le livre et à le terminer par eux-mêmes. Ceux qui m'avaient écouté et avaient manifesté de l'intérêt voulaient bien poursuivre, mais seulement à la condition que je leur fasse la lecture. Ils écoutaient la radio et faisaient jouer des disques, et quelquefois, j'ai même réussi à leur faire écouter de la musique classique populaire... à la condition qu'une histoire accompagne celle-ci. Un dimanche, le 7 décembre 1941, nous étions tous assis ensemble à écouter l'orchestre philharmonique de New York lorsqu'on a annoncé l'attaque des Japonais sur Pearl Harbor. J'ai été stupéfait de voir l'un des garçons plus âgés venir vers moi et dire : « Enfin, je vais peut-être pouvoir sortir de ce trou et joindre l'armée ».

La nature du dysfonctionnement humain

« Les percepts sans concept sont aveugles : les concepts sans percept sont vides », a dit I. Kant. Je disposais d'une foule de percepts mais n'avais pas le ciment qui m'aurait permis de les concrétiser. Je me trouvais avec un groupe de jeunes de 10 à 16 ans qui ne savaient pas comment avoir du plaisir, n'étaient pas en mesure de distinguer le jeu de la réalité, ne pouvaient pas se concentrer sur des idées autres que celles tournées vers eux-mêmes et étaient menés par des impulsions contrôlées par très peu, voire aucun des éléments de la réalité. Notre école n'était pas entourée de barrières et n'était pas gardée, de sorte que quiconque désirait s'enfuir pouvait le faire. Et quelques-uns l'ont fait. L'institution disposait d'une camionnette et d'une équipe qui faisaient littéralement la navette entre l'institution et les « maisons » pour récupérer les fuyards. (À cette époque, les fuyards se réfugiaient à la maison.) J'ai accompagné l'équipe de la camionnette pour être en mesure de comprendre un tant soit peu ce qui poussait une fille ou un garçon à fuir un endroit sain, propre et où se trouvaient des gens compréhensifs pour rejoindre un appartement insalubre, une mère désabusée ou un père abusif. Certains des étudiants ont obtenu la permission d'aller visiter leur famille et je les accompagnais. J'en profitais pour visiter le quartier, l'école et pour m'entretenir avec les parents. Je parlais à leurs professeurs, à leurs amis, dont certains s'étaient d'ailleurs pas trop mal débrouillés. Tout cela m'a amené à me poser deux questions fondamentales :

— « Qu'est-ce qui a provoqué dans la courte existence de mes étudiants leur nette incapacité de fonctionner comme des enfants et des adolescents ?

— Y avait-il des leviers ou des moyens dont on aurait pu user pour réduire, voire enrayer le processus ? Et si nous arrivions à comprendre ce qu'il faut pour permettre aux enfants de fonctionner, pourrions-nous améliorer et soutenir le potentiel de fonctionnement humain de tous les enfants ? »

Le modèle des SSCI

Après quatre années de jeux insensés et terrifiants sur les côtes peu pacifiques du Pacifique, je suis retombé dans mes pensées et j'ai réfléchi à la tâche qui restait à accomplir. Si, par leur stupidité, leur négligence ou leur confusion, les hommes sont suffisamment brillants et puissants pour produire si rapidement des enfants inaptes, alors nous devons être suffisamment intelligents et puissants pour renverser le processus. La logique de ce raisonnement est tout aussi dramatique et saisissante que la lecture du compte rendu du club de jardinage local. À l'époque, l'idée d'activer et d'étendre l'habileté de l'homme à fonctionner était une promesse en l'air que seule la reine d'*Alice au pays des merveilles*, qui croyait à peu près n'importe quoi, aurait pu accepter.

L'objectif de réussir à faire de tous les enfants des êtres humains pleinement fonctionnels rend bien des gens mal à l'aise. Pour la plupart d'entre nous, le succès n'est-il pas possible qu'à la condition que d'autres échouent ? Quel genre de jeu serait celui où tout le monde gagne ? W. S. Gilbert l'a expliqué ainsi : « En résumé, qui que vous soyez/c'est à la même conclusion que vous arriverez/si tout le monde est quelqu'un/alors personne n'est personne » (*Gondoliers*). Des parcelles de zones ont été étudiées par Hygie, fille d'Asclépios, Aristote, Platon, Lao-tseu, Freud, Hartmann, R.W. White, Maslow, Langer, N. Sanford, Caplan, Lindemann et d'autres encore. Mais la plupart ont considéré le concept opérationnel du fonctionnement humain efficace comme une idée farfelue qu'aucun professionnel qui se respecte n'entreprendrait d'étudier avec enthousiasme. S'il le faisait, comment réussirait-il à rendre son idée plausible ?

Les SSCI, SED et ECP

Les enfants qui naissent en relativement bonne santé vont expérimenter trois institutions à partir desquelles ils doivent apprendre selon un certain ordre hiérarchique. Tous les enfants doivent tôt ou tard expérimenter ce que Kardiner (1945) a nommé les systèmes clés d'intégration ou SCI (*key integrative systems, KIS*), c'est-à-dire les institutions de base telles que la famille, les jeux avec les pairs et l'école. J'ai ajouté le terme « sociaux » à l'expression de Kardiner, qui devient ainsi SSCI pour que l'acronyme anglais soit plus agréable tout en étant également pertinent (KISS). Nous avons également conçu d'autres institutions pour ceux qui sont incapables de fonctionner dans les SSCI et qui auront à faire un séjour occasionnel dans un hôpital, une cour juvénile, une école spécialisée, une clinique de santé mentale, un centre de détention ou un centre de service social. Ce genre de centres et de services peut être considéré comme offrant les premiers soins à ceux qui sont « souffrants ou en difficulté » ; il s'agit des institutions SED (souffrant ou en difficulté). (Voir le tableau 2.)

De nombreux enfants ont recours aux institutions SED pour des problèmes spécifiques et retournent ensuite aux institutions SSCI. D'autres doivent avoir recours à une troisième catégorie d'institutions plus surveillées et moins bien vues. Il s'agit des institutions ECP. Bien qu'il y ait certaines restrictions à respecter et une ligne de conduite à suivre dans un hôpital général, les établissements ou environnements correctionnels et psychiatriques (ECP) restreignent au maximum la liberté de leurs membres.

Tableau 2

Zones de vie (Enfance et Adolescence)

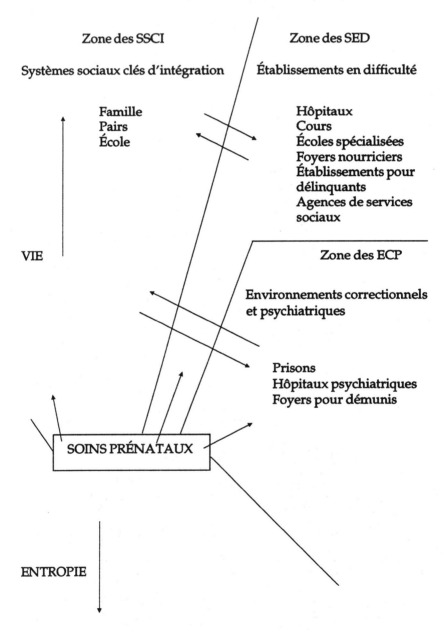

Zone des SSCI

Systèmes sociaux clés d'intégration

Zone des SED

Établissements en difficulté

Famille
Pairs
École

Hôpitaux
Cours
Écoles spécialisées
Foyers nourriciers
Établissements pour
délinquants
Agences de services
sociaux

VIE

Zone des ECP

Environnements correctionnels
et psychiatriques

Prisons
Hôpitaux psychiatriques
Foyers pour démunis

SOINS PRÉNATAUX

ENTROPIE

Ils regroupent les prisons et les pénitenciers des États et du gouvernement fédéral, les écoles de formation résidentielles et les hôpitaux psychiatriques des États et du gouvernement fédéral. Les institutions ECP ont la tâche peu enviable de venir en aide à une vaste population de personnes non autonomes, imprévisibles et souvent violentes, en plus d'assumer la responsabilité d'offrir des mesures de correction, de réadaptation et de thérapie aux personnes à même de bénéficier de tels services. Très peu le sont. L'interrelation entre les institutions SSCI, SED et ECP a été discutée plus en détail par Bower (1972). Il suffit de rappeler que, comme il s'agit de systèmes fermés autant pour les personnes-ressources que pour les personnes servies, les institutions ECP offrent le moins de possibilités de croissance et de développement pour les personnes dont les besoins sont les plus grands. Il n'existe pas de solution magique pour que ce genre d'institutionnalisation soit autre chose qu'un cul-de-sac inutile et déprimant pour des êtres humains ayant connu un début de vie difficile. La société n'est pas préparée pour changer les personnes qui se trouvent dans cette catégorie, si la chose est possible. Aujourd'hui, les institutions ECP ont pour objectif de contenir et de minimiser les risques que ces personnes présentent pour elles-mêmes de même que pour la société.

Le tableau 3 donne la liste des personnes engagées dans les groupes SSCI, SED et ECP. Les principaux intervenants dans le groupe SSCI sont les parents, les professeurs, les pairs et, à l'occasion, les pédiatres. Les intervenants du groupe SED sont les médecins, les infirmières, les agents de probation, les enseignants spécialisés, les avocats et les juges. Les institutions ECP sont quant à elles composées du personnel du domaine de la santé mentale, des gardiens de prison, des juges et des agents de probation. Lorsque les institutions SSCI sont efficaces, le recours aux institutions SED et ECP est moins fréquent.

Par exemple, il y a 30 ans, les familles des enfants sérieusement retardés n'avaient pas beaucoup d'options à leur portée. Toutefois, grâce à l'apparition de programmes scolaires spécialement adaptés aux besoins de ces enfants, les familles peuvent maintenant garder leur enfant retardé à la maison et, à l'âge adulte, dans des maisons spécialisées. Ce genre d'aide a également été développé pour les personnes souffrant de paralysie cérébrale, les malentendants, les enfants souffrant de troubles affectifs ou mésadaptés sur le plan social. Les communautés qui disposent de programmes efficaces de parents nourriciers utilisent davantage les institutions SSCI et, par conséquent, ont moins souvent recours aux services plus coûteux des institutions SED et ECP. Malgré une certaine renaissance des services SSCI, il semble que nous nous dirigions inexorablement vers l'ère des services SED et ECP, comme l'illustre le tableau 5.

Tableau 3

Intervenants travaillant dans les zones
(Enfance et Adolescence)

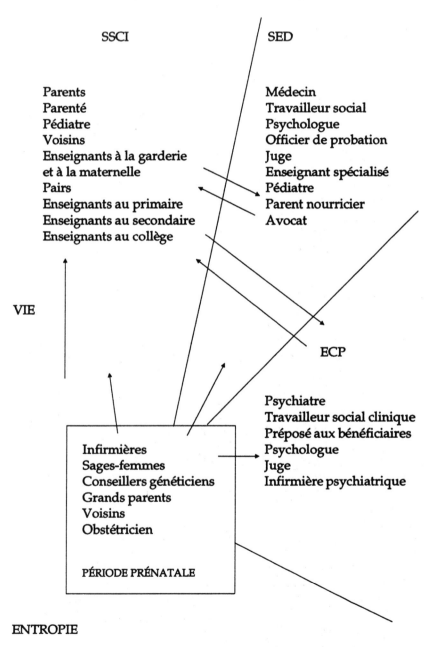

SSCI

SED

Parents
Parenté
Pédiatre
Voisins
Enseignants à la garderie
et à la maternelle
Pairs
Enseignants au primaire
Enseignants au secondaire
Enseignants au collège

Médecin
Travailleur social
Psychologue
Officier de probation
Juge
Enseignant spécialisé
Pédiatre
Parent nourricier
Avocat

VIE

ECP

Psychiatre
Travailleur social clinique
Préposé aux bénéficiaires
Psychologue
Juge
Infirmière psychiatrique

Infirmières
Sages-femmes
Conseillers généticiens
Grands parents
Voisins
Obstétricien

PÉRIODE PRÉNATALE

ENTROPIE

Tableau 4

Si les SSCI sont efficaces

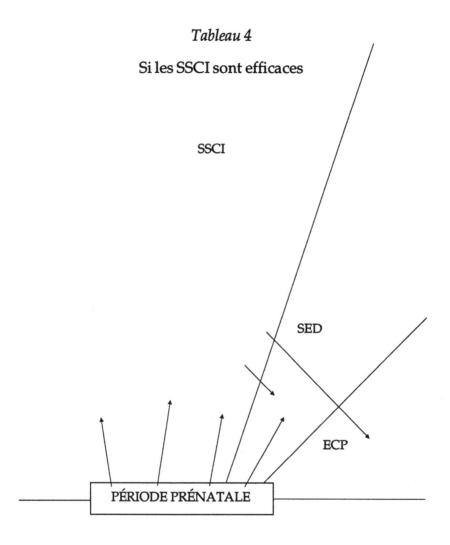

SSCI

SED

ECP

PÉRIODE PRÉNATALE

Tableau 5

Si les SSCI ne sont pas efficaces

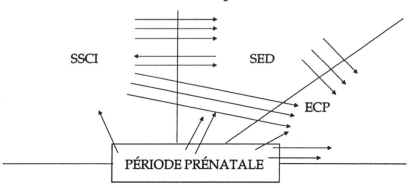

Le rôle particulier des SSCI

Le système social clé d'intégration est composé de trois institutions écologiquement et épigénétiquement liées : 1. la famille, 2. le jeu avec les pairs, et 3. l'école. Je ne prétends pas connaître la définition d'une famille favorisant un épanouissement sain même si je présenterai ultérieurement les caractéristiques qu'une telle famille se devrait de posséder pour l'enfant en croissance. Renforcer le moi serait l'objectif à atteindre si nous savions ce qu'est le moi et en quoi consiste sa force. Ou encore, nous pourrions utiliser la notion d'actualisation de soi de Maslow, selon laquelle tout individu tend naturellement vers l'épanouissement de sa personnalité, de son expression, de sa créativité et vers les « bonnes » valeurs : la bonté, l'honnêteté, l'amour, la générosité. Hollister (1967) avance l'idée que les familles efficaces sont celles qui fournissent des expériences « fortes » aux enfants. Si un traumatisme est une expérience préjudiciable pour l'enfant dont la personnalité est en plein épanouissement, un « stren » représente une expérience positive qui favorise le développement et renforce les fonctions cognitives et affectives. Hollister suggère que, pour être efficace, le concept de stren doit être distingué de tous les stimuli et particulièrement de tout ce qui se produit de bon dans la vie de l'enfant. Finalement, la seule façon de rendre les strens fonctionnels passe par les stades du moi, stades qui n'ont jamais été définis et qui ne sont pas davantage opérationnels.

Il y a quelques années, Havighurst (1972) a énoncé ses idées sur les tâches spécifiques qui apparaissent au cours d'une certaine période de la vie de l'individu, tâches dont l'accomplissement le conduit au bonheur et à la réussite des tâches ultérieures tandis que l'échec laisse présager des difficultés. Par exemple, les premières tâches du développement de l'enfant consistent à apprendre à : 1. marcher, 2. manger de la nourriture solide, 3. parler, 4. contrôler l'élimination des déchets du corps, 5. reconnaître les différences sexuelles et la pudeur, 6. former des concepts et à apprendre le langage de façon à décrire la réalité sociale et physique, etc. Pour Havighurst, les tâches du développement sont à la fois d'origine biologique, sociale et psychologique, et leur apparition coïncide avec l'arrivée des contraintes sociales (tableau 6). Pour sa part, Antonovsky (1979) opte pour la notion de « cohérence » :

> « À partir de la naissance et même avant, nous devons constamment faire face à des situations de défis et de réponses, de stress, de tension et de résolution. Plus ces expériences sont consistantes et caractérisées par une participation de l'individu dans l'issue et par un équilibre dans le flot des stimuli, plus l'individu voit le monde comme étant cohérent et prévisible » (p. 187).

Toutefois, plus la majorité des expériences d'un individu sont prévisibles, plus celui-ci risque d'avoir des problèmes avec les situations imprévues. En d'autres mots, l'idée de « cohérence » signifie donc qu'on apprenne à faire face au prévisible d'une façon qui permet de ne pas être pris au dépourvu face à l'imprévisible.

Lorsqu'on définit la famille comme étant le lieu de prédilection ou la « bête noire » du développement de l'enfant, on suppose qu'elle subviendra aux besoins essentiels, c'est-à-dire la nourriture, un logis, des vêtements, un soutien émotionnel ainsi que les concepts de cognition. Le ou les parents doivent enseigner à l'enfant non pas comme un professeur en classe, mais comme un médiateur unique et compréhensif entre l'enfant, son intérieur et le monde extérieur. Lewis et ses collègues (1976, 1983) ont consacré plus d'une décennie à l'étude des familles saines. Les familles étudiées provenaient de la classe moyenne et de la classe moyenne aisée de race blanche, ainsi que de familles de la classe ouvrière bien adaptée de race noire. Après s'être entendu sur ce que devait apporter une famille saine à ses membres, le groupe de recherche a développé ce qu'ils ont nommé le « continuum de la famille compétente », qui définit le style et le mode de comportement des interactions familiales allant de l'idéal au dysfonctionnel.

Tableau 6

Tâches développementales
de
l'enfance et de l'adolescence

FAMILLE

Apprendre :

à marcher
à parler
à utiliser les toilettes
à manger de la nourriture solide
à distinguer les sexes
à reconnaître les signes

JEU AVEC LES PAIRS

Aptitudes physiques
Définir son identité
Relations sociales avec les pairs

ÉCOLE

Habileté à lire
Habileté à écrire
Habileté en mathématiques
Indépendance
Relations garçons-filles
Apprentissage des valeurs
Développement de la conscience

Par exemple, un « continuum fort » est considéré comme « partagé » ou « égalitaire ». Le continuum dit de « coalition parentale » peut se voir attribuer la cote de « forte », de « faible » ou de « coalition parent-enfant ». Parmi les autres aspects étudiés de la famille, il y avait les antécédents familiaux, la négociation dirigée, l'autonomie, le comportement affectif familial ainsi qu'une échelle globale de santé-maladie. Ces chercheurs ont constaté qu'il y avait des différences considérables sur le plan du style et du mode de vie au sein des familles fonctionnelles. La tapisserie se compose des motifs suivants: une attitude d'affiliation en ce qui concerne les relations humaines, le respect des opinions des autres, la croyance en des motivations complexes et multiples, et en des niveaux élevés d'initiative et de relations avec les autres.

Bien qu'elles aient eu à faire face à de nombreux conflits, les familles saines étaient la plupart du temps, sinon toujours, en mesure de les résoudre. Les chercheurs ont également constaté que les familles noires issues de la classe ouvrière les plus fonctionnelles ressemblaient de près aux familles fonctionnelles de la classe moyenne. Il y avait toutefois quelques différences. Ainsi, certains facteurs semblaient jouer un rôle important sur la compétence de la famille : le niveau de revenu, l'âge des parents, le niveau d'éducation ainsi que les antécédents familiaux des parents. Les parents et les enfants des familles les plus compétentes assistaient ensemble à la messe et fondaient leurs structures cognitives sur les symboles bibliques. Bref, en dépit de la croyance de Cooper (1971) selon qui la famille n'existait plus, ces chercheurs ont trouvé que la famille était bien vivante et en sont arrivés à la conclusion que « l'aptitude à communiquer et à traiter avec les autres qu'ont démontrée les familles fonctionnelles peut être apprise et enseignée » (Lewis *et al.*, 1976, p. 228).

Les institutions ont changé tout comme la famille. Certains craignent pour les familles dont les deux parents travaillent à l'extérieur, pour celles dont un seul adulte assume à la fois le rôle du père et de la mère, et pour les familles étendues, les communes et les sectes. Eiduson et ses collègues (1978) ont étudié les enfants élevés dans différents genres de famille entre la naissance et le début de l'adolescence. Il existe des unités efficaces parmi les familles monoparentales, les familles ayant deux parents et les communes. Les différences dans la composition de la famille ne semblent pas être la clé de la réussite. Autrefois, la famille était l'institution qui subvenait aux besoins économiques, éducatifs, sociaux et qui veillait à la santé, à la protection et à répondre à tous les besoins de l'enfant en général. Mais comme l'ont souligné Parsons et Bales (1955), Vincent (1967) et d'autres sociologues, la perte de certaines responsabilités peut permettre à l'institution d'être plus forte en lui permettant d'accomplir plus efficacement ce qu'il lui reste de responsabilités. Peut-être que le premier rôle de la famille auprès de l'enfant est celui d'un médiateur fiable, un intermédiaire sûr et efficace entre l'enfant et les réalités de son intérieur et de l'extérieur.

Le parent : un médiateur

La médiation signifie l'interprétation ou la conceptualisation active des données sensorielles. Pour l'enfant, le médiateur est en quelque sorte un géant qu'il aime, en qui il peut avoir confiance et qui lui permet de raccorder l'extérieur à son intérieur. Il s'agit d'un processus vital à mesure que l'enfant est confronté à de nouveaux objets, de nouveaux événements, de nouveaux mots et de nouvelles sensations. Le médiateur permet de créer et de canaliser l'ensemble des concepts par lesquels l'intégration et la compréhension du flot de stimuli sensoriels et nerveux sont rendues possibles. Les informations sensorielles n'ont aucune signification si elles n'ont pas de support sur lequel elles peuvent être rattachées. Selon Jensen (1966, p. 101), la médiation verbale libère l'individu qui apprend à devoir fonder ses réponses sur des stimuli particuliers et permet la formation d'un degré de généralisation et un transfert d'expérience qui vont bien au-delà des limites restreintes de la généralisation primaire des stimuli».

Un exemple de parent-médiateur nous est fourni par Hess (1964). Des sacs remplis de jouets de différentes couleurs sont donnés à des parents à qui on a demandé d'aider leur enfant, âgé de 2 à 3 ans, à apprendre à distinguer la couleur rouge. Une des mères dit à son enfant : « Voici quelques jouets, des chaises, des autos, des poupées ; veux-tu jouer un jeu ? »

Aucune réponse.

« OK, qu'est-ce que c'est ?

— Un wagon.

— Qu'est-ce que c'est ?

— Une locomotive.

— Non, ce n'est pas une locomotive ; qu'est-ce que c'est ? »

Prenons maintenant le cas de la mère qui étale les jouets sur le plancher et qui décrit ce qu'elle fait à mesure qu'elle classe les jouets selon leur couleur respective. « Veux-tu faire la même chose ? » demande-t-elle. L'enfant fait signe que oui. Après quelques essais et quelques erreurs, tous les jouets rouges sont correctement identifiés. L'enfant est félicité et le concept « rouge » fait désormais partie des ressources de médiation de l'enfant. L'enfant est dorénavant capable de reconnaître une foule d'informations sensorielles comme étant ou n'étant pas de la catégorie « rouge » et de commencer à distinguer les renseignements selon leur couleur.

Les médiateurs fournissent également à l'enfant l'occasion de valider et de corriger ses perceptions. Nos perceptions sont toujours dérivées des approximations faites sur les objets, les événements ou les mots extérieurs. Le parent est l'approbateur consensuel des approximations faites par l'enfant. Les cauchemars ne sont pas réels, mais c'est vrai qu'ils font peur; il faut jouer dans le parc et non dans la rue. Les automobiles peuvent être dangereuses.

Le médiateur met l'enfant sur la voie de percevoir et de concevoir son moi, les autres et le monde extérieur. Une fois appris, ces patterns de médiation entre son intérieur et le monde extérieur deviennent les processus du moi de l'enfant. Ils constituent le principal centre administratif de la personnalité : les structures organisées et organisatrices du comportement. Ce sont en réalité des façons de répondre aux réactions sensorielles et nerveuses.

Les fonctions du SSCI

Les fonctions propres à chacun des SSCI sont énumérées dans le tableau 7. On remarque que les parents maintiennent leur rôle de médiateur. Toutefois, à mesure que l'enfant approche de la période dite de jeu avec les pairs, vers l'âge de 2 à 2 ans 1/2, les percepts et les concepts peuvent également être véhiculés par les pairs. Des règles existent pour rendre les jeux justes et plaisants; la transgression répétitive des règles conduit à l'expulsion du jeu et des jeux à venir. Les jeux se gagnent et se perdent. Le fait de gagner ou de perdre n'existe que dans le jeu et non dans la réalité en dépit de l'existence des petites ligues et d'autres jeux structurés. Et contrairement aux enfants troublés sur le plan affectif avec qui j'ai travaillé, les enfants apprennent à distinguer le monde « réel » et « hypothétique » et à aimer les deux.

Pour certains enfants, les professeurs du jardin d'enfants et du début de l'élémentaire deviennent des médiateurs substituts.

Tableau 7

Apprentissages efficaces
dans les SSCI

ENFANT (de la naissance à 2 ans)

1. Établissement du principe de réalité à un niveau suffisant pour contrôler les impulsions

2. Expérimentation des sentiments de lien et de confiance ; concessions dans les activités amusantes

3. Développement d'une image de soi positive, distincte de l'environnement et des autres

4. Obtention et médiation des liens conceptuels à un degré suffisant pour apprendre les aptitudes de symbolisation

ENFANT (de 2 à 5 ans)

5. Reconnaissance du monde hypothétique et du monde du réel

6. Intégration des règles établies par le groupe social

7. Capacité de faire face au stress dans la réussite comme dans la défaite dans le jeu

8. Intégration du développement intellectuel et affectif

ÉTUDIANT, ADOLESCENT

9. Capacité de se concentrer, de contrôler ses impulsions par le truchement du principe de réalité

10. Intégration des règles établies par les adultes et les institutions

11. Capacité de faire face au stress dans la réussite comme dans la défaite avec les pairs et dans le milieu scolaire

12. Développement du soi par des expériences favorisant le développement intellectuel et affectif

Pour d'autres, le rôle du professeur est d'éveiller la curiosité et de susciter l'intérêt dans les idées, les symboles, les disciplines cognitives, la communication verbale et écrite, le langage, les mathématiques, l'art et la musique. Ce ne sont pas tous les enfants qui aiment leurs professeurs, et l'inverse est également vrai. Malgré tout, les professeurs se doivent, au besoin, d'agir comme des médiateurs lorsque les enfants sont à la recherche de ceux en qui ils peuvent avoir confiance pour commencer à intégrer et à développer les percepts et les concepts.

Du cerveau à la conscience consciente

Lorsque quelqu'un suggère que la prévention ou la promotion relève de ce que les trois institutions primaires font séparément et écologiquement pour améliorer l'efficacité du fonctionnement des êtres humains, ce quelqu'un se doit de préciser ce qu'il entend par l'efficacité du fonctionnement humain et pourquoi il opte pour tel type de développement plutôt qu'un autre. Essentiellement, il quitte le domaine des sciences pour devenir métaphysicien, domaine qui convient parfaitement au philosophe mais non au scientiste. En tant que métaphysicien, il propose comme valeurs les qualités de fonctionnement et la voie évolutive de l'*Homo sapiens* qui sont uniques à cette espèce. Les chevaux sont destinés à courir, les dauphins à nager comme nous sommes destinés à manipuler les symboles. Nous utilisons les symboles au sein de deux systèmes à la fois différents et intégrés : l'un est le système de traitement affectif et l'autre, le système de traitement cognitif. Ensuite, nous sommes comme d'autres animaux qui possèdent des connaissances, mais contrairement à ceux-ci, nous connaissons nos connaissances. La nature a fait don à notre cerveau de l'idée de soi : la conscience d'être. Lors d'une conférence de lauréats des prix Nobel, sir John Eccles fit remarquer que l'homme de Néanderthal a été le premier à présenter des signes de la conscience de soi :

« Le processus de l'évolution amorcé il y a plus de 100 000 ans a non seulement donné naissance à un homme doté d'un cerveau d'un volume normal, mais également à un homme doté de la faculté de réfléchir sur lui-même et sur ses pairs, capable d'avoir des notions et des idées sur le soi et sur l'humanité, et d'éprouver des sentiments envers les autres, ce qui comprend la conscience d'être mortel et l'usage de rites funèbres » (Eccles, 1967, p. 21).

« Aucun autre animal ne démontre une préoccupation envers ses morts. Notre cerveau nous permet d'aller au-delà de notre réalité biologique. Lorsque nous pleurons ou que nous rions, nous participons à une expérience intégrative qui va au-delà des frontières du soi » (Koestler, 1967, p. 190).

Jusqu'à la fin des années soixante, la majeure partie des connaissances sur le cerveau appuyait l'idée que l'hémisphère gauche était hautement spécialisé dans l'acquisition du langage et des fonctions intellectuelles tandis que l'hémisphère droit, relativement retardé, était non seulement caractérisé par un vide, mais aussi par une absence de représentation graphique et par la dyslexie. Les preuves de l'époque donnaient raison aux marxistes : l'hémisphère gauche dominait.

Toutefois, lorsqu'on a eu recours à la séparation des hémisphères gauche et droit, souvent comme traitement de dernier recours dans les cas d'épilepsie aiguë, on a constaté que le côté droit était capable de nombreuses fonctions symboliques et sémantiques (Sperry, 1982). Au fil des ans, les chercheurs ont pu distinguer les processus propres à chacun des hémisphères du cerveau jusqu'au point où les différences de personnalité sont définies compte tenu du côté dominant. Les personnes chez qui le côté droit du cerveau est dominant sont créatives, ont un sens très développé de l'espace, sont capables de placer les formes appropriées dans une matrice et de distinguer les notes musicales, ont le sens de l'humour et la conscience de soi. Récemment toutefois, les chercheurs ont tenté de découvrir si, dans les études antérieures effectuées sur des patients ayant subi une commissurotomie, on avait effectivement réussi à séparer chirurgicalement les deux hémisphères.

Gazzaniga (1983) et Myers (1984) ont contribué à animer un débat est-ouest sur la question. Gazzaniga, de l'université de Cornell, avance l'idée d'un hémisphère droit passif largement inférieur. Myers, du California Institute of Technology, soutient pour sa part que les recherches effectuées sur la côte est renferment de sérieuses lacunes et que, tout compte fait, l'idée de la cognition de l'hémisphère droit est appuyée par de nombreuses autres preuves. Il est probable que d'autres recherches viendront accroître ou modifier nos connaissances dans ce domaine, mais pour le moment, il ne fait aucun doute que la nature de la conscience est le résultat d'une interaction entre les deux hémisphères du cerveau, chacun effectuant différemment le traitement des symboles en interdépendance avec l'autre. Sperry affirme : « En dépit des incertitudes qui persistent sur la latéralité, on se rend de plus en plus compte du rôle important que jouent les éléments non verbaux et les différentes formes d'intellect, et ce, dans l'enseignement comme dans d'autres domaines ». (Sperry, 1982a, p. 1225). En outre, Sperry a découvert que la pensée affective n'était pas propre à un seul hémisphère. Les effets se propagent de sorte que même le moindre petit signe d'une émotion originant de l'hémisphère droit peut aider les fonctions cognitives de l'hémisphère gauche. Selon Sperry, les résultats suggèrent que cet élément affectif, connotatif ou sémantique pourrait jouer un rôle prépondérant dans les processus cognitifs (Sperry, 1982a, p. 1226). Pour Sperry, les avantages de l'asymétrie cérébrale sont le stratagème dont s'est servie la nature pour minimiser l'interférence entre les deux processus de traitement des symboles.

Le développement de la conscience de soi et la spécialisation des deux hémisphères de notre cerveau sont causés et produits en grande partie par notre période prolongée de croissance. Gould (1977) souligne que la néoténie, c'est-à-dire la persistance de la période de développement d'un organisme, a pour effet de procurer à l'organisme une plus grande plasticité et une meilleure réponse vis-à-vis des interactions environnementales. Une telle plasticité, comme il est souligné dans la section suivante, fait des parents et des professeurs des formateurs et des assimilateurs de nos structures et de nos processus de pensée.

Les effets des premières expériences sur le développement du cerveau

Pendant que les neurologues cherchaient à localiser la conscience et l'expérience du soi dans le fonctionnement cérébral, les psychologues se penchaient sur les effets de tout un éventail d'expériences sur l'anatomie, la physiologie et le développement du cerveau. On a constaté chez les animaux, y compris les adultes, qui avaient été placés dans différents environnements, des différences anatomiques des hémisphères cérébraux et des patterns neurologiques. Dans une des études qui ont été réalisées, des rats adultes ont été gardés dans un environnement enrichi pendant plus de trois mois avant d'être transférés dans un laboratoire typique pendant 30 jours (Uylings et coll., 1978). Leur cerveau a ensuite été comparé à celui des rats qui avaient vécu 122 jours dans un laboratoire typique. Les chercheurs ont constaté un plus grand nombre de ramifications terminales des couches de cellules pyramidales du cortex chez les rats qui avaient été placés dans un environnement enrichi. Globus Rosenzweig, Bennett et Diamond (1973) ont de leur côté étudié des rats placés dès leur naissance dans des cages a) seul, sans objet avec lequel jouer, b) par groupes de trois, sans objet avec lequel jouer, et c) par groupes de 12, avec une foule d'objets avec lesquels jouer. Le cortex cérébral de ceux qui avaient été placés avec des objets avec lesquels jouer était considérablement plus lourd et avait des ramifications nerveuses beaucoup plus développées; il présentait une activité plus intense des enzymes. Les plus grandes différences entre les groupes placés dans un environnement enrichi et ceux placés dans un environnement non enrichi ont été trouvées dans le cortex occipital, c'est-à-dire la partie postérieure représentant environ le tiers du cerveau que l'on associe avec le sens de la vision. Est-il possible qu'un tel développement ait été entraîné par l'augmentation des stimuli visuels du groupe placé dans un environnement enrichi ? Après avoir repris l'expérience avec des rats aveugles et des rats maintenus dans l'obscurité complète, les chercheurs ont une fois de plus constaté que les rats placés avec des objets avec lesquels jouer avaient un cortex cérébral beaucoup plus volumineux. Des comparaisons ont par la suite été effectuées avec des rats placés dans de grandes cages avec d'autres rats mais sans objet pour jouer ainsi qu'avec des rats placés seuls dans une cage avec des objets pour jouer. Aucun changement n'a été observé. Les rats placés seuls ne jouaient pas avec les objets. Toutefois, des changements d'ordre cérébral ont été observés lorsque les rats seuls, privés de nourriture pendant plusieurs heures, ont été placés dans un environnement favorisant le jeu, après qu'on eut soin de placer des boules de nourriture sur et dans les objets. Dans une autre expérience, des groupes de très jeunes rats étaient séparés de leur mère dans un environnement favorisant le jeu, puis ils ont été comparés au groupe témoin qui avait été placé dans un environnement sans jeu. Les rats qui avaient évolué dans un environnement favorisant le jeu avaient un cerveau plus volumineux et plus lourd, un niveau plus élevé d'acétylcholinestérase, un plus grand nombre de cellules gliales et des neurones formés d'un nombre plus élevé de dendrites (Globus et al., 1973). Greenough et Green (1981) en sont venus à la conclusion que le nombre de connections entre les différents types de neurones dépend dans une large mesure de l'expérience vécue par un organisme et que l'habileté de l'organisme à réagir vis-à-vis d'une expérience est la norme, et non une exception : « Même les cellules situées dans les régions de contrôle apparemment "hautement ramifiées" du cerveau semblent démontrer une forme de développement de la plasticité » (p. 170).

Bien que les expériences menées sur des animaux évolués et sur des hommes se trouvant dans des institutions primaires aient donné lieu à des recherches intenses approfondies, elles n'en demeurent pas moins incomplètes. Ainsworth et Bell (1974) ont étudié la présence et la nature du lien parent-enfant, un terme suggéré par Bowlby (1969) ; ils l'ont défini comme le lien affectif qui unit un enfant et un adulte, habituellement un parent biologique. Chez l'enfant, les comportements que l'on associe au lien sont le contact visuel, le sourire, l'étreinte, le regard, le fait de suivre et la vocalisation. Même si l'existence du lien affectif est probable, son existence ou son absence chez les mères et leur enfant peut difficilement être vérifiée ou mesurée. Une fois le lien affectif établi, il est en effet difficile de distinguer l'élément idiosyncratique de l'élément pathologique. Par exemple, Weisberg et Springer (1961) ont étudié les familles d'enfants ayant un quotient intellectuel élevé. Ils ont constaté que les enfants qui avaient l'esprit créatif par opposition à ceux qui avaient l'esprit travailleur venaient de familles où les sentiments étaient beaucoup plus souvent exprimés ouvertement et non réprimés, particulièrement par le père. Il serait difficile de prévoir comment un observateur intéressé aurait coté une telle famille ayant fait l'objet de son étude.

Les structures du jeu

Le nombre d'études effectuées sur le jeu auprès des enfants et des animaux a augmenté en flèche malgré l'avertissement lancé par Schlosberg, suivant lequel le jeu est un comportement trop complexe et trop vague pour qu'il vaille la peine d'être étudié. Schwartzman (1978) a publié un ouvrage dressant la liste de plus de 800 textes portant sur l'étude du jeu, dont la plupart ont été publiés après 1947.

Quelles que soient la définition du jeu et les fins qu'il cherche à atteindre, j'ai constaté que n'importe qui d'entre nous qui observe un groupe d'enfants en train de jouer est en mesure d'identifier ceux qui ont des problèmes de comportement ou d'apprentissage. Les structuralistes comme Lévi-Strauss (1962) et Piaget (1970) ont avancé l'hypothèse que le jeu fait appel aux expériences d'organisation spécifique, d'autorégulation et d'intégration. Ces objectifs structuraux requièrent-ils des objets dans le jeu ? Les études dont il a été question précédemment suggèrent que des objets sont en effet nécessaires dans le jeu efficace. Si c'est le cas, quels genres d'objets et dans quelle mesure sont-ils plus enrichissants par rapport à d'autres ? Le jeu est-il influencé par l'espace disponible, la proximité des adultes, les expériences vécues et la grandeur du groupe de jeu ? Les enfants ont-ils besoin de temps libre pour pouvoir jouer ? Dans quelle mesure l'intérêt et l'aptitude de jouer avec certains objets permettent-ils de jouer avec les concepts ? « L'algèbre est une science amusante », avait l'habitude de dire oncle Jakob au jeune Albert. « On part à la recherche d'un petit animal dont on ne connaît pas le nom; alors on le nomme X. Lorsqu'on le rattrape, on lui saute dessus et on lui donne son vrai nom » (Clark, 1971, p. 12). Plus tard, après que son ami Janos Plesch eut comparé Albert à un auteur de fiction, Einstein répliqua : « Il y a peut-être du vrai dans ce que tu dis. Lorsque j'examine ma façon de penser, j'en viens à la conclusion que le don de la fantaisie m'a apporté beaucoup plus que mon talent pour absorber des connaissances positives. » (Clark, 1971, p. 87.)

Dans notre propre étude effectuée sur le jeu des enfants de cultures différentes, il est clair que les enfants ont des styles de jeu différents, que l'utilisation des objets et de l'espace sont des variables structurales, que les enfants de groupes socio-économiques différents jouent différemment, que les enfants qui utilisent l'espace abondamment ont tendance à prendre leur temps, que l'efficacité du jeu avec les pairs est fortement liée aux expériences de jeu à la maison et qu'un programme scolaire qui encourage et améliore le jeu chez les enfants peut avoir un effet décisif sur l'expression créative et le recours à l'imagination chez les enfants (Bower, Ilgaz-Carden, et Noorie, 1982). Il est indubitable que le jeu est une expérience nécessaire pour les enfants et les animaux évolués. Et pourtant, comprendre le fonctionnement de la bombe atomique est un jeu d'enfant en comparaison avec la tentative de comprendre le jeu d'enfant. Bruner et coll. ont posé la question suivante : « Comment est-il possible d'inclure sous une même entrée de dictionnaire un ensemble aussi hétéroclite d'actions que le fait de réciter des contines (jeux de mots), le fait de jouer aux cowboys et aux indiens, et celui de construire une tour de blocs ? » (Bruner, Jolly et Sylvak 1976, p. 13).

L'échec scolaire

Presque tous les enfants appartenant à des familles et à des groupes de jeu avec des pairs vont à l'école, habituellement, vers le même âge chronologique. Toutefois, ce ne sont pas tous les enfants qui sont prêts à manier la série de transactions symboliques que nécessitent la lecture et les mathématiques. Certains en sont encore à comprendre leurs impulsions, leur rapport avec l'autorité, à discerner les caractéristiques de leur professeur de celles de leur mère, ou sont aux prises avec un manque de confiance dans leurs aptitudes scolaires ou avec un manque d'intérêt à l'endroit de la réalité floue du monde extérieur. Le jeune professeur enthousiaste qui enseigne au niveau élémentaire aura tôt fait de constater qu'un nombre élevé de ses étudiants se dirigent tout droit vers l'échec scolaire. Dans le cadre d'une étude approfondie (et coûteuse) menée par quelques-uns de mes collègues et moi-même, nous avons découvert que les enfants qui entrent à l'école mal préparés deviennent de plus en plus dysfonctionnels. Plus particulièrement, nous avons pu constater qu'ils étaient incapables d'apprendre, d'établir des liens avec les autres, de se comporter de façon adéquate ; ils étaient généralement malheureux ou déprimés et devenaient souvent malades. L'absence du sentiment d'accomplissement et un faible degré d'estime de soi devenaient des éléments de renforcement réciproques. Buswell (1953) a étudié il y a quelques années le lien entre le sentiment d'accomplissement et l'estime de soi chez les enfants de la maternelle et a découvert que celui qui avait les meilleures chances de réussir n'était pas perçu différemment par les autres étudiants. En première année, le scénario change : ceux qui avaient bien réussi étaient perçus comme les plus acceptables sur le plan social et les plus talentueux. Dans l'étude de Bower, il était clair que l'enfant dysfonctionnel était rapidement « identifié » par ses pairs et ses professeurs. Les pairs semblent être particulièrement doués pour reconnaître les signes qu'émettent les enfants ayant des problèmes. Les professeurs sont également de bons détecteurs, c'est-à-dire qu'ils savent que quelque chose ne va pas sans toutefois toujours savoir de quoi il s'agit.

Le suivi des enfants qui ont échoué à l'école laisse une image sombre. Dans notre étude, nous avons fait un suivi de cinq ans d'enfants de 6e année (12 ans) identifiés comme dysfonctionnels, et avons constaté qu'il y avait un nombre démesuré parmi ces jeunes qui avaient commis des infractions au code pénal et au code de la route ou qui étaient référés à des cliniques d'orientation pour enfants. Un grand nombre de ces jeunes quittaient l'école dès qu'il était légalement possible de le faire (Bower, 1981, p. 86). L'aptitude d'un étudiant à rester à l'école est une variable importante dans le processus d'évaluation de la mésadaptation. Robbins (1966) a étudié 524 adultes qui avaient été suivis dans une clinique d'orientation pour enfants et 100 autres adultes, formant le groupe témoin, du même âge, du même sexe, du même quartier de la ville, de la même race et du même quotient intellectuel. Elle a découvert qu'en tant qu'adultes, la plupart des 524 sujets étaient antisociaux, qu'ils étaient plus souvent arrêtés et incarcérés, qu'ils avaient un nombre plus élevé de problèmes conjugaux, qu'ils avaient des dossiers de travail et militaires peu élogieux, qu'ils consommaient de l'alcool et des drogues d'une façon exagérée et qu'ils n'étaient pas en bonne santé. Ces résultats ne l'ont pas surprise. Par contre, elle a été étonnée de constater que les sujets du groupe témoin étaient merveilleusement bien adaptés. Pourtant, ces adultes avaient fréquenté durant leur enfance la même école que leurs pairs. Seulement deux sujets du groupe témoin avaient, adolescents, comparu devant le tribunal pour enfants; mais à l'âge adulte, ils menaient une vie de citoyens normale sur le plan social. Outre l'âge, le sexe, le quotient intellectuel et le quartier, les sujets du groupe ayant fait l'objet de l'étude ne devaient pas avoir séjourné dans une clinique psychiatrique municipale, ne devaient pas avoir doublé une année scolaire et ne pas avoir semé le trouble à l'école. Robbins en a tiré la conclusion que, bien que le fait de doubler une année scolaire ou de se mettre dans des situations problèmes à l'école ne signifie pas nécessairement qu'une personne deviendra un adulte dysfonctionnel, le fait de *ne pas avoir* rencontré de problèmes majeurs à l'école pouvait constituer un excellent élément de prévision d'un adulte fonctionnant efficacement.

J'aimerais aborder un dernier point à propos des écoles et de la prévision du comportement adulte. L'éventail des comportements normaux est extrêmement grand et varié. Certains d'entre nous sont tranquilles et timides; d'autres sont bruyants et parfois même violents. D'autres préfèrent la tranquillité, la poésie et les croissants tandis que d'autres préfèrent les fêtes, les articles de journaux et les cornichons. Il y a toute la différence du monde entre être différent et être dysfonctionnel. Le film *Shyness* nous présente trois enfants qui sont dépeints comme timides et effacés, mais un seul aura vraiment besoin d'aide. Par contre, Clare, une femme d'affaires prospère dans le film *Feelings of Hostility* présente des sentiments très forts de solitude et d'hostilité. Son comportement extroverti est un indicateur de la sévérité et de l'ampleur de ses problèmes sur le plan affectif.

Les objectifs du SSCI

Que cherchons-nous à faire valoir dans notre personne saine ? Vers quoi devrait nous mener les qualificatifs de « plus efficace » ou « fonctionnement plus sain » ? Nous dirigeons-nous à « l'aveuglette » ou décidons-nous du chemin à suivre ? Grâce à notre ADN, les structures et les fonctions de notre système nerveux et de notre cerveau ont pu se développer en vertu d'un processus quelconque. À un certain moment, nous sommes devenus capables de nous percevoir nous-même, de devenir conscient de notre conscience. Nous sommes devenus des animaux pensants capables de faire des tours de magie avec les symboles. Ces tours de passe-passe sont rendus possibles grâce à deux genres de transformation symbolique : le système de traitement des symboles affectifs (ESP) et celui du traitement des symboles cognitifs (CSP)[2]. Grâce à ces deux types de transformation magique, nous pouvons manipuler les objets et les idées ; nous pouvons faire les choses sans avoir à les faire réellement, simplement en répétant dans notre esprit ou notre cerveau les conséquences qu'aura l'action. Nos systèmes de traitement des symboles nous permettent de changer le monde extérieur en un monde unique et singulier, unique pour chaque être capable de percevoir et de concevoir. Langer (1951) a énuméré les différences entre les signes dont se servent les animaux et les symboles utilisés par les êtres humains. Les signes servent à désigner ; les symboles permettent de concevoir. Les signes ont une signification logique ; les symboles ont une signification psychologique, sociale et expérimentale. En anglais, le mot *heel* n'a qu'une seule signification pour un chien (c'est-à-dire arrêter). Pour un homme, le terme peut représenter le talon d'un soulier, un ancien ami de cœur, la partie arrière de la quille d'un voilier ou le bout d'un pain français.

Le langage est le système de traitement des symboles de base. Bien que le langage soit un système de communication établi selon un consensus, tous les mots et les phrases renferment des combinaisons de significations idiosyncratiques, affectives et cognitives. Nous avions besoin d'un système de symboles dénué de significations poétiques et de variance liée à l'expérience. Certains de nos semblables plus doués ont donc inventé les mathématiques.

> « Les concepts mathématiques étaient concrets tant qu'ils servaient exclusivement à la construction de silos à grains, à mesurer des terres, à vendre des marchandises, etc. Ils sont devenus des concepts abstraits lorsqu'ils ont été affranchis de toute application matérielle ou existentielle. Cette abstraction est née lorsque les opérations rendues possibles par les symboles ont commencé à être exécutées uniquement dans le but de faciliter et de diriger d'autres opérations également symboliques de par leur nature. » (Dewey, 1930, p. 155.)

C'est ainsi que la science amusante d'oncle Jakob a donné l'occasion à quelqu'un de partir à la recherche non seulement d'un animal sans nom mais de décrire aussi le chemin parcouru par quelqu'un pour y arriver. Le langage et les mathématiques forment nos systèmes de traitement des symboles cognitifs de base.

---

2.   J'ai choisi ces désignations pour éviter d'utiliser des processus primaires et secondaires, concepts qui ne sont pas définis avec précision ou sur lesquels les chercheurs ne s'entendent pas.

Le système de traitement des symboles affectifs fonctionne au moyen de deux types de symboles agréables, l'un visuel, l'autre auditif. Les artistes cherchent à créer des formes significatives par le truchement d'un éventail de médiums visuels tels que la peinture, la sculpture, les mobiles, les monuments, etc. Qu'est-ce qu'une forme significative ?

« Pourquoi sommes-nous si profondément émus par des formes qui sont reliées selon une manière particulière ? Bien qu'il s'agisse d'une question extrêmement intéressante, elle n'est d'aucun intérêt du point de vue esthétique. Dans l'esthétique pure, seuls les sentiments et leur objet doivent être examinés. » (Langer, 1951, p. 171.)

Le système de symboles auditifs, système grâce auquel on crée la musique, on la met sur papier, on la joue et on l'écoute, génère un traitement de symboles affectifs. Zuckerkandl (1956) a suggéré qu'on atteignait la vie intérieure en écoutant et la vie extérieure en regardant. Dans la musique comme dans l'art visuel, nous recherchons la forme significative, en d'autres mots une progression d'accords et d'harmonies qui soient en synchronisation avec nos structures affectives. La musique est indubitablement une forme de traitement des symboles qui représente un grand besoin pour les enfants et les adultes, tout particulièrement pour ceux qui sont au début et à la fin de l'adolescence. Il n'est pas du tout surprenant de constater que les étudiants achètent plus de disques et de cassettes que de livres, manuels scolaires inclus.

Intégration et développement du moi

Les éléments organisés et organisateurs d'une personne, qui concilient les données sensorielles et nerveuses, sont des processus appris que l'on nomme le *moi*. Ces processus forment les prismes perceptuels et conceptuels au travers desquels les symboles sont choisis et liés. Parmi ces processus, j'en ai choisi deux qui sont peut-être les plus fondamentaux au fonctionnement humain sain : les processus d'intégration du moi et les processus du développement du moi.

À la naissance et au cours de l'enfance, nous sommes menés par le principe du plaisir : nous savons ce que nous désirons et nous le voulons sur-le-champ. Au fil des années, nous nous rendons compte que nous ne pouvons pas toujours avoir ce que nous désirons et encore moins au moment où nous le voulons. La nature du monde extérieur commence à agir sur notre égocentrisme et, avec le temps et un peu d'aide, nous en venons à contrôler le principe du plaisir pour le soumettre au principe de la réalité apprivoisée. La relation qui existe entre ces deux instances est décrite brièvement par Freud :

> « L'éducation (ou le développement) peut être décrite comme étant le passage d'une incitation vers la recherche du principe du plaisir à son remplacement par le principe de la réalité. [...] Toutefois, la substitution du principe du plaisir par celui de réalité n'entraîne pas la disparition mais plutôt la protection du principe du plaisir. » (Freud, 1911, p. 19.)

Dans cette optique, la promotion du fonctionnement sain chez l'homme repose sur le développement des systèmes de traitement des symboles affectifs et cognitifs, et sur leur intégration, c'est-à-dire sur une communication franche et ouverte entre eux.

Les processus de développement du moi sont le résultat de nouveaux défis, de nouvelles expériences avec des objets, des événements et des sensations qui nous aident à développer de nouvelles habiletés d'adaptation. Le développement du moi peut se faire par une compréhension accrue des concepts cognitifs en histoire, en science, en mathématiques, en littérature ou même en psychologie. Collinson (1962) compare le développement du moi à la formation de concepts : trouver de nouveaux liens entre les symboles existants ou d'anciennes métaphores pour de nouvelles idées. Toute expérience formelle ou informelle d'éducation, qui amène une personne à intégrer les systèmes de traitement des symboles affectifs et cognitifs pour atteindre des niveaux supérieurs de compréhension et de pensée, encourage le développement du moi. Pour certaines personnes, leur intérêt dans la lecture peut représenter un moyen. À la fin de son autobiographie, Richard Wright se demande comment il a pu se libérer de ses expériences antérieures déprimantes et terrorisantes :

> « C'est grâce à la lecture accidentelle de récits de fiction et de critiques littéraires que sont nées en moi de vagues lueurs d'espoir de vivre (...) Et c'est à la lecture de ces romans, de ces récits et de ces articles, grâce aux sentiments qu'ont générés les scénarios imaginés d'exploits héroïques et tragiques que j'ai senti un certain réconfort d'une source inconnue. » (Wright, 1951, p. 282.)

Le développement du moi est le résultat de notre habileté croissante à utiliser les symboles avec de plus en plus de souplesse et d'accessibilité entre les systèmes de traitement affectif et cognitif. Le concept détermine ce que nous sommes capables d'observer. Ce que nous sommes capables d'observer cognitivement et affectivement nous permet de conceptualiser. « Nous sommes les singes qui ont rêvé et qui se sont réveillés en rêvant. Lorsque nous partageons le récit de nos rêves les mieux structurés, le résultat est ce que l'on nomme la culture. » (Morton, 1984, p. 2.)

Les processus de développement du moi doivent travailler de pair avec les processus d'intégration. Le langage et les mathématiques dans leur tâche de tester la réalité ne peuvent pas surpasser et déprécier leur pendant, c'est-à-dire le principe du plaisir. Ce dernier n'est pas plus en mesure de conduire l'individu vers une réalité intérieure de façon introspective. Dans quelle mesure sommes-nous « au fait » qu'une action considérée comme rationnelle et raisonnable est influencée par le principe irrationnel et non raisonnable du plaisir ? Dans quelle mesure les systèmes tyranniques et autoritaires de traitement des symboles cognitifs imposent-ils leur loi à nos énergies créatrices et spontanées ? Comment apprenons-nous à attribuer les modes de communication adéquats à nos propres pensées, sensations et percepts ? (Bateson *et al.*, 1956.)

Je ne propose pas qu'il faille séparer l'inséparable. Un rêve, toutefois, n'est ni une manifestation de la pensée cognitive, ni un exercice de précision mathématique. Les deux systèmes diffèrent dans leur façon de conceptualiser et de relier les objets, les événements et les expériences. Un mathématicien peut aimer le caractère précis et structuré des méthodes de progression des accords et de contrepoints des œuvres de Bach et de Mozart, sans pour autant que cela ne le rapproche des aspects esthétiques et mélodiques des œuvres.

Comparaison entre les systèmes de traitement affectif et cognitif

Les désordres mentaux et affectifs sont essentiellement des séparations significatives ou des relâchements entre les processus de traitement affectif et cognitif. Les maladies graves, les schizophrénies, résultent d'un clivage net entre les deux systèmes de pensée.

Toutes nos expériences sont retenues par les deux systèmes qui, en même temps, soumettent les symboles à différentes opérations. Un cours de trigonométrie au niveau secondaire peut être enseigné par un professeur plutôt tyrannique qui porte des vestons sport très voyants. Une étudiante reçoit un C, et en retire une certaine connaissance des sinus, cosinus et tangentes. Elle fait également des rêves à propos d'un tapis très voyant pendu au bout d'une longue corde qu'elle frappe sans pitié à l'aide d'un bâton de baseball.

Bien que le traitement des symboles affectifs et cognitifs se fasse en même temps, ces systèmes diffèrent quant à la façon par laquelle ils intègrent les symboles dans la mémoire et dans les expériences. Par exemple, les symboles affectifs sont lourds et pesants. Ils sont ancrés dans la mémoire et il est difficile de les modifier. Prenons l'exemple d'une personne moyenne qui lit son journal du matin et dont la lecture la rend quelque peu déprimée ; elle réussit tout de même à se défaire de ses sentiments dépressifs après un trajet à son travail semé d'embouteillages. Une personne dépressive se réveille dans un état dépressif et reste dans cet état toute la journée. Ses perceptions sont affaiblies par des expériences chargées de symboles lourds, relativement immuables. Toute tentative de recourir aux processus de traitement des symboles cognitifs pour changer son état d'esprit sera vaine. Les expériences cognitives sont traitées par le truchement de symboles légers et mobiles. Côte à côte, les systèmes de traitement affectif et cognitif pourraient être conceptualisés comme une ballerine sur un éléphant. Le rire et la découverte nous donnent l'occasion de voir la séparation et l'intégration de ces deux systèmes de symboles. Dans un rêve, les deux systèmes de traitement des symboles peuvent être intégrés dans ce que Koestler a nommé la réaction « AHA ». Le serpent dans le rêve de Kukele s'enroule soudainement en une forme hexagonale : l'anneau de benzène insaisissable. En revanche, une histoire intéressante peut concilier l'éléphant et la ballerine jusqu'à ce que, soudainement, la ballerine fasse un bond dans une toute autre direction (la phrase clé). Le système cognitif émet momentanément une émotion, libérée sous forme de « haha ».

Les événements sont traités par des symboles cognitifs selon des chaînes linéaires, logiquement rattachées ; il s'agit habituellement de la structure du langage, ou lorsque cela s'avère nécessaire, de la plus grande clarté et cohérence des mathématiques. Les aspects émotionnels des mêmes événements sont traités selon un processus circulaire à la fois ascendant et descendant. De façon imagée, on pourrait dire que les symboles cognitifs aiment en autant que possible aller directement au but, tandis que les symboles affectifs aiment tourner autour du but et jouer avec lui. La façon de penser des schizophrènes, les rêves normaux, la poésie, l'art et la musique sont autant d'exemples de ce genre de jeu.

Les symboles affectifs ne semblent guère préoccupés par les réalités que sont le temps et l'espace. Dans les rêves, ils peuvent redonner vie aux morts, faire revivre le passé, faire apparaître l'avenir, permettre à quelqu'un de s'envoler simplement en bougeant les bras et accomplir d'autres miracles du genre... Les symboles cognitifs acceptent les réalités des lois de la physique qui régissent les dimensions du temps et de l'espace dans notre univers. Libéré des contraintes physiques et temporelles, notre esprit pourrait prendre son envol. Et pourtant, sans l'aide de la pensée cognitive pour la guider et l'informer de la réalité physique des formes, cette pensée créative remplie d'imagination ne peut pas exister aux yeux des autres. Les grandes œuvres d'art, de musique et de littérature ont besoin de la pensée cognitive pour pouvoir se matérialiser.

Les symboles traités dans le domaine affectif débordent d'énergie et, par conséquent, ils cherchent à se libérer. Cette énergie est libérée par l'intermédiaire du travail, du sexe, du jeu, de la lecture, du théâtre, de la création et du divertissement. Les événements qui sont traités dans le domaine affectif n'ont aucune moralité. Le bien, le mal, l'éthique, la justice, l'équité et le respect n'existent pas dans la pensée affective. Le principe qui dirige cette dernière repose dans les structures neurologiques et cérébrales ainsi que dans nos antécédents évolutifs en tant qu'animal doté de la pensée. Le tableau 8 donne un résumé des différences entre les symboles des systèmes de traitement affectif et cognitif.

L'école

Tout comme le jour est suivi de la nuit, les expériences formelles du milieu scolaire suivent la famille et le jeu avec les pairs. Sauf quelques rares exceptions, l'école représente une expérience de groupe avec les pairs et les professeurs ; la majeure partie des programmes scolaires nous vient des universités modernes et médiévales. Dans les universités médiévales, les sept arts libéraux étaient répartis entre le *trivium* (la grammaire, la rhétorique et la logique) et le *quadrivium* (l'arithmétique, la géométrie, l'astronomie et la musique). Les étudiants fréquentaient l'école en vue de devenir médecin, avocat, prêtre ou professeur. Le livre était maître. Les professeurs faisaient la lecture aux étudiants qui écoutaient, mémorisaient puis régurgitaient ce qu'ils avaient appris. Seuls ceux qui étaient doués, très motivés et à l'aise étaient en mesure d'aller à l'école. Dans la deuxième moitié du XXe siècle, l'éducation est fondamentalement devenue un besoin essentiel pour tous, y compris pour les personnes aveugles, les personnes sourdes, les personnes handicapées mentalement ou affectivement. La formation universitaire menant à une carrière professionnelle représente un objectif désiré pour certains ; pour d'autres, elle représente une vocation ou un don.

Tableau 8

Comparaison des aspects symboliques
des systèmes de traitement émotionnel et rationnel

Pensée émotionnelle	*Pensée rationnelle*
1. Lourde, pesante, souvent immobile (libérée grâce au rire et au jeu)	Légère, dégagée, agile
2. Se meut comme une feuille qui tourne en rond dans un tourbillon agité	Avance de façon linéaire, liée par le langage et les mathématiques
3. N'a pas de contraintes d'espace ni de temps	Guidée par les lois physiques et sociales regardant l'espace et le temps
4. Signification réglée par la simultanéité, les expériences et les émotions émergeant en même temps	Signification réglée par la logique et les données empiriques
5. Des idées opposées peuvent survenir ensemble (amour et haine, tuer avec bienveillance)	Les idées sont séparées et conséquentes
6. A besoin d'augmenter puis de libérer la tension	A besoin de liens et de relations fournis par la logique et la science
7. Ne connaît pas d'interdictions	Doit accepter les règles de la société et de la conscience
8. Assimile les données grâce aux structures neurologiques développées par la phylogénèse	Assimile les données grâce à l'appareil sensoriel et les structures neurologiques plus récentes

D'autres encore considèrent que l'éducation fournit une occasion d'aider l'enfant à passer du stade de la dépendance d'autrui à celui de l'autonomie et de l'indépendance. L'éducation au Canada, aux États-Unis et dans certains autres pays, qui a été caractérisée par des débuts sélectifs, est devenue une institution et un service maintenu à l'intention de tous les enfants.

L'université, moderne et médiévale, est l'analogie utilisée pour l'éducation. Cette allégeance à l'endroit de l'université vient des symboles cognitifs et d'un haut niveau de formation des professionnels et des chercheurs. Toutefois, ce qui était autrefois une institution destinée aux futurs médecins, avocats, théologiens et ingénieurs de même qu'à quelques philosophes est devenue une institution dont la fréquentation est plus ou moins une nécessité pour tous. Le concept de la façon d'apprendre est graduellement passé de la vieille théorie de la théière-à-la-tasse (le professeur étant la théière qui verse le flot de ses connaissances dans les petites tasses assoiffées) à la reconnaissance que le système de traitement des symboles affectifs joue un rôle dans celui des symboles cognitifs. La lecture et la récitation ont fait place dans une certaine mesure à l'apprentissage selon le rythme de chacun, aux programmes d'études individuels, aux séminaires, aux discussions de groupes et à la conversation avec le professeur. Dans certaines écoles, les parents ont été invités à prendre part à l'éducation de leurs enfants.

La compétence dans l'utilisation des systèmes de traitement des symboles affectifs et cognitifs constitue une caractéristique de plus en plus importante dans un monde de savoir. La tendance naturelle de l'animal doté de la faculté de penser à générer des connaissances qui en génèrent davantage a eu pour effet de créer un monstre vorace. Il fut une époque où la lecture littéraire était vue comme un objectif raisonnable de l'éducation. Aujourd'hui, et au moins pour les quelques années à venir, nous devons être compétents dans autant de domaines que l'informatique, les mathématiques, la communication interpersonnelle, l'électronique et la santé.

Il n'est désormais plus possible de remplir les petites tasses, quelle que soit la grosseur de la théière. Pour être en mesure de continuer de maîtriser la connaissance et de la mettre à notre service, nous avons besoin des systèmes de traitement des symboles affectifs et cognitifs, c'est-à-dire des systèmes qui sont des conceptualisateurs compétents dans leur domaine et dans celui de l'autre. Nous ne sommes plus en mesure de couvrir tout le champ des connaissances. Nous ne pouvons pas non plus laisser les habiletés de conceptualisation entre les mains des plus brillants et des meilleurs. L'éducation est devenue un besoin essentiel au même titre que la nourriture, le logis, les vêtements et la santé. Malheureusement, il n'existe aucun substitut à la compétence dans le domaine de l'éducation. L'échec scolaire équivaut à toute fin pratique à l'échec dans la vie. Les personnes incompétentes sur le plan de l'éducation se transforment souvent en bêtes, peut-être pour se soulager de la douleur de ne pas être pleinement humaines. Si nous n'arrivons pas à soutenir et à appuyer l'école en tant qu'institution sociale clé, ces échecs continueront à augmenter les recours aux institutions SED et ECP, ce qui aura également pour effet d'accroître le fardeau social et économique de la société.

L'intervention de l'école

Les écoles se doivent de rechercher et de recruter des professeurs qui soient des personnes facilitant l'intégration et le développement des systèmes de traitement des symboles cognitifs et affectifs, et qui soient en mesure d'apprendre aux enfants à apprendre. L'analogie de l'éducation doit être revue pour inclure la compétence dans l'utilisation de tous les symboles (Bower, 1984). Pour le moment toutefois, permettez-moi de décrire brièvement quatre programmes particuliers qui se sont révélés prometteurs dans la promotion d'expériences plus efficaces des institutions SSCI.

Lutter pour aider les enfants impulsifs

J'intensifierais la lutte pour aider autant les enfants surcontrôlés que ceux qui sont incontrôlables, mais mes efforts seraient d'abord dirigés à l'endroit de l'enfant sans contrôle, parce que j'estime que l'enfant dont le système de traitement des symboles affectifs fonctionne sans celui des symboles cognitifs présente un besoin plus pressant d'attention que celui se trouvant dans la situation inverse.

De plus en plus d'enfants sont pris en charge ces dernières années par des programmes de niveau préscolaire, publics et privés, dont les services vont des soins physiques pour les enfants de parents sur le marché du travail à des soins plus étendus et prodigués plus tôt en vue d'encourager le développement cognitif et social. Un bon programme préscolaire pour enfants consisterait à placer environ 90 % des enfants de trois ans et plus durant une partie de la journée. Ce groupe comprendrait des enfants des grandes villes. Ce genre de programme constituerait une offensive de première ligne.

Les travailleurs dans les domaines des soins prodigués aux enfants et pré-scolaire qui sont le moindrement attentifs dans leur travail reconnaissent très vite les enfants qui font preuve d'un comportement de jeu turbulent ou anémique, d'un manque d'échange amical avec leurs pairs, qui ont de la difficulté à différencier le monde réel du monde hypothétique et qui sont incapables de supporter les règlements. Ces enfants peuvent être amenés devant un spécialiste des premiers comportements chez l'enfant pour observation. Lors des rencontres de routine avec le parent, le travailleur social des enfants cherche à connaître le degré de satisfaction du parent par rapport au développement et à la croissance de son enfant. Dans la rencontre, on soulignera les démarches positives que le parent devrait entreprendre pour qu'il se sente mieux par rapport à son rôle de parent. Le reste dépend de la volonté du parent mais exige également un engagement de la part de la communauté. Je me servirai du modèle du programme d'intervention régional (*Regional Intervention Program*) mis sur pied à Nashville, au Tennessee, desservant une région de 26 comtés comprenant plus d'un million d'habitants. À Cleveland, le programme a été baptisé le Centre d'intervention initiale (*Early Intervention Program*) et couvre le Cleveland métropolitain. On trouve le même genre de programme dans le sud et l'est des États-Unis, et le Canada en compte également quelques-uns.

Si le travailleur social des enfants et le parent s'entendent pour dire qu'une certaine action devrait aider la capacité d'intervention de la mère et le comportement de l'enfant, le parent est mis en relation avec un parent du centre d'intervention. En effet, le centre est dirigé par des parents conjointement avec des professionnels. La dernière fois que j'ai rendu visite aux centres de Nashville et de Cleveland, aucuns frais n'étaient exigés. Toutefois, les parents qui ont recours à ce service doivent accepter de « rembourser en heures » le temps qu'ils y ont passé. Le centre d'intervention est composé de petites chambres ayant un miroir d'observation. Certaines servent à des sessions de jeu de 20 minutes de la mère avec son enfant. D'autres servent à aider les enfants ayant des problèmes au niveau du langage ou à enseigner aux parents les façons de mieux nourrir, de mieux vêtir et de mieux traiter leur enfant. Certains centres renferment même un appartement de trois pièces avec salle de bain.

Le parent nouvellement arrivé passe une entrevue avec un parent qui est membre du personnel du centre et qui a traversé des problèmes semblables et, dans la mesure du possible, qui habite non loin du nouveau parent. Les parents déterminent ensuite à quel niveau se situe la relation du parent avec l'enfant et à quel niveau ils aimeraient

qu'elle soit. On présente ensuite au parent un film qui explique la façon de procéder du programme et les responsabilités du parent inscrit
en tant qu'intervenant. La suite des événements est établie sur mesure
pour le parent et son enfant. Fields (1975) en décrit un exemple. On demande au parent de jouer avec son enfant comme il le fait à la maison.
Mais cette fois, on lui demande de changer de jouet toutes les deux minutes. Cela crée des frustrations chez l'enfant, et le personnel est ainsi
en mesure d'observer comment le parent et l'enfant interagissent.
Lorsque l'enfant se met à donner des coups et à crier, le personnel
constate que la mère porte plus d'attention à l'enfant. Lors d'une réunion ultérieure, on montre à la mère une liste témoin et un graphique
du niveau de comportement de l'enfant. Puis, on lui suggère quelques
trucs d'intervention :

> « Vous devez d'abord dire à l'enfant ce que vous attendez de
> lui avant de vous attendre à le voir le faire. Si l'enfant vous
> écoute et qu'il commence à jouer avec le jouet, alors jouez avec
> lui. Donnez-lui beaucoup d'attention. C'est ce que nous appe-
> lons le charmer. Parlez-lui, prenez-le dans vos bras, etc. Si vo-
> tre enfant ne vous écoute pas, alors ignorez-le. C'est ce que
> nous appelons le désenchanter. Ne lui parlez pas. Ne le regar-
> dez pas. Ne le prenez pas sévèrement pour le faire obéir. Res-
> tez simplement assise ou debout, tournez-lui le dos et jouez
> tranquillement avec le jouet. Si l'enfant vient vers vous et qu'il
> veuille jouer avec le jouet, c'est le bon moment de lui parler à
> nouveau. » (Fields, 1975, p. 6.)

La règle générale consiste à donner beaucoup d'attention à vo-
tre enfant lorsqu'il se comporte comme vous le voulez et de l'ignorer
dans le cas contraire. En quelques mois, cette mère a appris cette technique. Quelquefois, cela ne fonctionne pas ou, pour une raison ou une
autre, c'est une technique qui ne convient pas au parent. D'autres approches sont alors utilisées. Dans chaque cas, on conserve des graphi-
ques du niveau de comportement de l'enfant et des changements
observés. Tous les changements positifs font l'objet d'une discussion
avec le parent : par exemple, les coups et les pleurs ont diminué de
50 %, la participation dans les jeux a augmenté de 25 % et les comportements appropriés ont également augmenté de 25 %.

Les sessions dans les locaux avec les miroirs d'observation
sont renforcées par des visites effectuées à domicile par un parent du
centre, visites au cours desquelles les comportements appris au centre
d'intervention sont mis en pratique dans la réalité. Les parents du centre sont aussi appelés à recruter des parents du voisinage. Les programmes de Cleveland et de Nashville ont prouvé qu'ils étaient

capables de venir en aide aussi bien aux familles de la classe ouvrière qu'à celles de la classe moyenne, tout en demeurant financièrement viables. Par exemple, le coût moyen par enfant dans le cadre du programme de Nashville était de 2 931 $, en dollars de 1975[3].

Il existe de nombreuses raisons pour recommander les programmes du genre de celui qui vient d'être décrit. Il ne requiert pas de personnel hautement spécialisé. Il permet de former des parents à former d'autres parents. Il repose sur la base de l'éducation ; il ne suppose pas que les problèmes sont la manifestation de désordres d'ordre névrotique ou de caractère. Enfin, il est viable compte tenu des contraintes budgétaires et du manque de personnel hautement spécialisé.

Centre de croissance pour enfants

Supposons que les programmes préscolaires soient pris au sérieux et que les enfants ne soient pas tenus de fréquenter l'école tant qu'ils n'ont pas appris à lire, à écrire et à parler correctement. Il serait alors possible de regrouper les centres de santé, les centres récréatifs, ceux aménagés pour les activités du genre de celles qu'on retrouve dans les jardins d'enfants, les centres de services familiaux, les centres d'éducation des parents et les centres d'apprentissage d'ordre cognitif en une seule et même organisation : le centre de croissance pour enfants. Les familles pourraient avoir recours au centre pour obtenir des services dans les domaines des soins de garde d'enfant, de la nutrition, du jeu, de l'éducation parentale et comme un centre de ressources couvrant tous les besoins des parents et de leurs jeunes enfants. Le centre offrirait des services pour améliorer les habiletés requises par les familles, par exemple, aider les parents à réagir devant les comportements malséants de leur enfant, aider ceux dont l'enfant est très impulsif et aider les parents à devenir de meilleurs médiateurs, plus efficaces. Le centre offrirait également des endroits spécialement aménagés pour les nouveau-nés et les enfants plus âgés, à l'intérieur desquels le comportement serait suivi dans le cadre du jeu. On y retrouverait de plus du personnel qui aiderait l'enfant à développer

---

3.   Pour plus de renseignements, communiquez avec le Regional Intervention Program, 2400 White Avenue, Nashville, TN 37205, USA.

son niveau de spontanéité, à accepter et à agir conformément aux règles dans le jeu avec les pairs, à apprendre quand manifester ou ne pas manifester le comportement de jeu, et ce, de façon appropriée et avec aisance. Les enfants qui auraient besoin d'expériences positives dans les activités reliées au jeu seraient orientés vers ce genre d'expériences d'apprentissage. Enfin, une partie du centre serait réservée pour les premières expériences scolaires et cognitives. En plus de développer les connaissances du langage et des mathématiques, le secteur des services comprendrait une école simulée. En d'autres mots, les enfants pourraient tremper leurs pieds dans l'eau avant de s'y jeter tête première. Le SSCI a pour objectif d'améliorer les chances de l'enfant de réussir en milieu scolaire, c'est-à-dire de devenir un élève efficace, capable d'avoir du plaisir et de développer des liens amicaux avec les autres, d'avoir une bonne opinion de lui-même et de la vie, et d'avoir des impulsions créatrices de temps à autre. En effet, le centre de croissance pour enfants pourrait planifier et favoriser le développement et l'intégration du moi en identifiant les événements et les endroits dans la communauté auxquels les parents peuvent avoir recours pour favoriser ce développement et cette intégration, et encourager les parents à amener leurs enfants à ces endroits. Le centre de développement de l'enfant élaborerait et organiserait des visites avec les parents de façon à éveiller leur enthousiasme et à les inciter à répéter l'expérience avec leur enfant.

Le centre de croissance pour enfants est un laboratoire communautaire conciliant toutes les fonctions du SSCI et permettant par la même occasion de regrouper en une unité des enfants et des familles qui auraient en temps normal été séparés. Une fois de plus, il s'agit d'un programme exécuté sur une base volontaire qui ne requiert qu'un minimum de personnel spécialisé et un grand nombre de bénévoles. Ces unités de service pourraient être mises sur pied dans les quartiers, de façon qu'elles soient accessibles et disponibles autant le jour qu'en soirée.

Dans les années soixante, un programme similaire, à peine différent, avait été instauré à Litchfield Park, en Arizona, une banlieue de la ville de Phoenix. Je crois également savoir qu'un programme semblable a été mis sur pied et est actuellement en cours à Chicago.

Apprendre à connaître les enfants à l'école

Ces dernières années, une plus grande attention a été accordée à la période de l'adolescence, en particulier le début de l'adolescence (de 10 à 14 ans), considérée comme une période de transition à risque élevé et névralgique. Un manque d'intérêt à l'égard de l'école et le fait de démontrer peu d'aptitude dans la lecture sont d'autres facteurs qui augmentent les risques et le danger. Pour de nombreux adolescents, l'apprentissage scolaire stimule un besoin à l'endroit des activités, de l'engagement, de l'union du geste à la pensée. Nous avons essayé de combiner un cours en économie et de développement de l'enfant de niveau secondaire avec un programme dans lequel les adolescents travaillent avec des enfants plus jeunes. Chaque étudiant est jumelé à un enfant qu'il doit observer et à qui il doit apporter son aide tous les jours pour une certaine période de temps. Les objectifs du programme mis sur pied par le professeur sont : 1. d'apprendre à aimer les enfants, 2. de trouver des façons d'apprendre à l'enfant de nouvelles aptitudes, et 3. d'acquérir des connaissances sur le comportement, y compris sur le sien. Le programme est décrit plus en détail dans Bower (1961).

Intégrer les rêves dans les structures cognitives

Quiconque suggère que le rêve des enfants soit inclus au programme scolaire en cette époque de résistance et de retour aux principes de base doit en effet être un rêveur. Malgré tout, on ne peut pas faire autrement que d'être impressionné par l'augmentation des connaissances sur le sommeil et sur les rêves, en particulier sur le rôle que joue le stade du mouvement oculaire rapide (REM) sur le fonctionnement sain. Langer (1951) considère que le rêve fait partie des activités primaires comme manger, regarder et se déplacer. La capacité de faire usage de symboles, selon elle, comme c'est le cas dans les rêves, constitue un processus fondamental de l'esprit. En outre, Jones (1980) souligne que les rêves, contrairement aux autres formes de symbolisation, sont vécus comme une action, une action imaginaire tout à fait prépondérante. La nature nous laisse à nous-même dans ce type de production de film intérieur et le rend obligatoire au fonctionnement efficace durant le jour.

Malheureusement, les rêves ont, comme les émotions, eu mauvaise presse. Ils sont devenus pour les éducateurs et pour les éducateurs des éducateurs ce que Jones a nommé les « psychofantômes » (Jones, 1968). Le professionnel de la santé mentale traite des rêves et des émotions ; le professeur et le parent entendent parler de dysfonctionnement pathologique et mental. Les rêves sont imprévisibles, morbides, sexuels, fous. Pourquoi demander aux enfants d'essayer de se souvenir de leurs rêves ou encore de les raconter aux autres ?

J'ai longtemps été impressionné par le rapport de Kilton Stewart (1969) portant sur les Senoï, une communauté de 12 000 personnes vivant sur une montagne isolée de Malaysia. Les Senoï n'avaient jamais connu de manifestations de crimes violents, de conflits armés ou de désordres mentaux pendant 200 à 300 ans. Selon Stewart, cela venait du fait que les institutions permettaient un niveau élevé d'intégration d'une personnalité saine ainsi que de maturité sur le plan affectif. Cela est rendu possible, en grande partie, en considérant les rêves comme une expérience cognitive acceptable. Dans la culture des Senoï, le rêve est considéré comme une pensée légitime accessible au raisonnement et à la discussion rationnelle. Les enfants sont récompensés et se voient décerner de bonnes notes pour leurs rêves. En racontant son ou ses rêves aux autres à des fins d'approbation et de discussion, l'enfant Senoï devient le régulateur plutôt que l'instance dirigée de sa vie psychique. Les enfants Senoï sont poussés à avoir des rêves qui résoudront des problèmes et à exprimer des pensées entièrement affectives. Le travail du rêve fait partie intégrante de toutes les familles et de tous les systèmes d'éducation. H. D. Noone, ethnologue du gouvernement du Federated Malay States qui a travaillé pendant sept ans avec les Senoï, a avancé l'idée que les Senoï avaient mis sur pied un système de relations interpersonnelles d'un niveau égal à celui que nous avons atteint dans les domaines de l'électronique et de la physique nucléaire.

En fait, ce que les Senoï ont accompli, c'est de soustraire les rêves aux domaines de l'irrationalité et de la psychopathologie pour les placer sur le même plan que les composants de la pensée. Comme l'a suggéré Jones (1980), les rêves sont des poèmes que nous créons à partir de nos expériences et que nous visionnons durant la nuit. Ces poèmes ne sont non seulement propres à nos expériences, mais ils sont peut-être aussi des tentatives de reproduire les anneaux de benzène et de corriger des mauvais coups au golf (Dement, 1976, p. 101). Mais, comme pour la musique, ce ne sont pas tous les poèmes qui peuvent être compris par l'intermédiaire du système de traitement des symboles cognitifs. De nombreux poèmes sont conceptuels, intégratifs, plaisants et créatifs dans leur droit le plus légitime.

L'un de mes étudiants a essayé d'utiliser les rêves dans le cadre d'une expérience en milieu scolaire pour les enfants qui avaient une faible estime de soi et qui avaient besoin d'aide. Environ dix étudiants ont été placés dans un groupe pour les rêves et un nombre équivalent dans le groupe témoin. Un test mesurant le concept de soi a été administré aux membres des deux groupes avant et après l'expérience de quinze semaines sur les rêves. Le groupe expérimental a adéquatement montré une amélioration dans le concept de soi et, même si les différences entre les deux groupes n'étaient pas révélatrices du point de vue statistique, elles étaient près de l'être.

Pour sa part, Sullivan (1978) a essayé d'aider les enfants à se souvenir de leurs rêves en leur donnant une boule d'argile qu'ils plaçaient au côté de leur lit de façon qu'à leur réveil, ils puissent modeler ce qu'ils avaient rêvé. Les enfants étaient également encouragés à dessiner les gens, les endroits et les objets qu'ils avaient vus dans leurs rêves et à les déplacer en racontant ceux-ci. Des jouets et des marionnettes avaient été placés à la portée des enfants qui préféraient y recourir pour leur représentation. Sullivan s'est également servi d'un processus de guide imaginaire par lequel les enfants se détendaient sur le plancher : on leur demandait de se placer sur des nuages ou sur du brouillard épais et de se souvenir de leurs propres rêves, d'imaginer la conclusion des rêves des autres ou d'en créer de nouveaux. Parmi les règles de l'imaginaire guidée, les enfants ne devaient pas blaguer ou dire des commentaires négatifs sur les histoires, ils ne devaient pas interpréter les rêves, et les apports de tous étaient acceptés.

Les rêves sont une forme de jeu nocturne qui n'ont de sens que pour le rêveur. Pour fair partie de son soi intérieur, le rêveur n'a besoin que d'imiter un poète imaginaire et de se réciter le poème à lui-même.

Les personnes qui fonctionneront pleinement dans l'avenir seront celles qui sauront intégrer les systèmes de traitement des symboles cognitifs et affectifs, ceux qui seront capables de réagir au flot de symboles, d'élargir leurs aptitudes conceptuelles et de trouver le moyen de nouer les deux systèmes de traitement en un matériel sain[4].

Conclusion

La zone de prévention étudiée dans cet exposé renferme les institutions du domaine humain appelées les SSCI. Plus particulièrement, chacune des institutions est examinée en tant qu'instance procurant des connaissances spécifiques permettant d'accroître le

---

4.   Wisdom enough to leech us of our ill is daily spun : but there exists no loom to weave it into fabric.
      Edna St. Vincent Millay
      CXXXVII

développement humain du moi et le développement psychoneural. La promotion de la santé mentale est vue comme une tâche qui incombe à l'écologie de la famille, du jeu avec les pairs et de l'école en favorisant les processus d'intégration et de développement au cours des premières années de la vie.

BIBLIOGRAPHIE

AHMED, P. et COELHO, G. sous la dir. de (1979), *Toward a new definition of health*, New York, Plenum.

AINSWORTH, M., BELL, S. et STAYTON, D. (1974), « Infant mother attachment and social development: Socialization as a product of reciprocal responsiveness to signals », *The Integration of the Child into a Social World*, sous la dir. de M. Richards, Cambridge, Cambridge University Press.

ALBEE, G. (1985), « The answer is prevention », *Psychology Today*, nº 19, février, p. 60-62.

ANDREWS, F. et WITHEY, S. (1976), *Social indicators of well-being*, New York, Plenum.

ANTONOVSKY, A. (1979), *Health, Stress and Coping*, San Fransisco, Jossey-Bass.

BATESON, G., HALEY, J. et WEAKLAND, I. (1956), « Toward a theory of schizophrenia », *Behavioral Science*, nº 1, p. 251-264.

BOWER, E. (1961), « Primary prevention in a school setting », *Prevention of Mental Disorders in Children*, sous la dir. de G. Caplan, New York, Basic Books.

BOWER, E. (1967), « The confluence of the three rivers: Ego processes », *Behavioral Science Frontiers in Education*, sous la dir. de E. Bower et W. Hollister, New York, John Wiley & Sons.

BOWER, E. (1972), « K.I.S.S. and kids: A mandate for prevention », *American Journal of Orthopsychiatry*, n° 42, p. 556-565.

BOWER, E. (1981), *Early identification of emotionnally disturbed children in school* (3e édition), Springfield, Illinois, Charles C. Thomas.

BOWER, E. (1984), « Mixing Metaphors: The school as patsy », *Peabody Journal of Education*, n° 61, p. 5-15.

BOWER, E., ILGAZ-CARDEN, A. et NOORIE, K. (1982), « Measurement of Play Structures: Cross cultural considerations », *Journal of Cross Cultural Psychology*, n° 13, p. 315-329.

BOWLBY, J. (1969), « Attachment and loss », Vol. 1, *Attachment*, London, Hogarth Press.

BRIM, O., Jr. et KAGAN, J. sous la dir. de (1980), *Constancy and change in human development*, Cambridge, Harvard University Press.

BRUNER, J., JOLLY, A. et SYLVAK, sous la dir. de (1976), *Play: Its role in development and evolution*, New York, Basic Books.

BUSWELL, M. (1953), « The relationship between the social structure of the classroom and the academic success of the pupils », *Journal of Experimental Education*, n° 22, p. 37-43.

CLARK, R. (1971), *Einstein, the life and times*, New York, World Publishing Co.

COELHO, G., HAMBURG, D. et ADAMS, J. (1976) *Coping and adaptation*, New York, Basic Books.

COLLINSON, J. (1962), « The concept », *Archives of General Psychiatry*, n° 6, p. 76-89.

COOPER, D. (1971), *The death of the family*, New York, Pantheon.

DeCHARMS, R. (1968), *Personal causation: The internal affective determinants of control*, New York, Academic Press.

DEMENT, W. (1976), *Some must watch while some must sleep: Exploring the world of sleep*, New York, W.W. Norton.

DEWEY, J. (1930), *The quest for certainty*, London, Allen & Unwin.

DUBOS, R. (1965), *Man adapting*, New Haven, Yale University Press.

ECCLES, J. (1967), « Evolution and conscious self », dans *The Human Mind*, The 1967 Nobel Conference, St. Peter, Minnesota, Gustavus Adolphus College.

EIDUSON, B. (1978), « Emergent Families of the 1970's: Values, practices and impact on children », *The family: Dying or developing*, sous la dir. de D. Reiss et H. Hoffman, New York, Plenum Press.

ELKIND, D. (1967), « Egocentrism in adolescence », *Child Development*, nº 38, p. 1025-1034.

FIELDS, S. (1975), « The children's hour », *Innovations*, nº 2, p. 3.

FORSSMAN, H. et THUROE, I. (1966), « One hundred and twenty children born after application for therapeutic abortion refused », *Acta Psychiatry Scandinavia*, nº 42, p. 71-88.

FREUD, S. (1911), « Formulations regarding the two principles in mental functioning », *Collected Papers*, Vol. IV, New York, Basic Books.

GAZZANIGA, M. (1984), « Right hemisphere language: Remaining problems », *American Psychology*, vol. 39, p. 1494-1496.

GLOBUS, A., ROSENZWEIG, M. BENNETT, E. et DIAMOND, M. (1973), « Effects of differential experience on dendritic spine counts in rat cerebral cortex », *Journal of Comparative and Psychological Psychology*, vol. 82, p. 175-181.

GOLDSTON, S. (1977), « Defining primary prevention », *Primary prevention of Psychopathology. Vol. 1, The Issues*, sous la dir. de G. Albee et J. Jeffee, Hanover, New Hampshire, University Press of New England.

GOULD, S. (1977), *Ontogeny and psychology*, Cambridge, Massachusetts, Balknap Press of Harvard University.

GRANT, N.R. (1979), *The state of the art: a background paper on prevention*, Ontario, Ministry of Community and Social Services.

GREENOUGH, W. et GREEN, E. (1981), « Experience and the changing brain », *Aging: Biology and Behavior*, sous la dir. de J. McGaugh, J. March et S. Kieslar, New York, Academic Press.

HAMBURG, D., ELLIOTT, G. et PARRON, D. (1982), *Health and behavior: Frontiers of research in the behavioral sciences*, Washington, D.C., National Academy Press.

HAVIGHURST, R.J. (1972), *Developmental Tasks and Education*, New York, David Mckay.

HESS, J., LIEPMAN, M. et RUANE, T. (1983), *Family practice and preventive medicine*, New York, Human Sciences Press.

HESS, R. (1964), « Educability and rehabilitation: The future of the welfare class », essai préparé pour le 30e congrès Groves sur le mariage et la famille, (polycopié) Knoxville, Tennessee.

HOLLISTER, W. (1967), « The concept of strens », *Behavioral Science Frontiers in Education*, sous la dir. de E. Bower et W. Hollister, New York, John Wiley.

The Human Mind: The 1967 Nobel Conference, St. Peter, Minnesota, Gustavus Adolphus College.

JACKSON, R., MORTON, J. et SIERRA-FRANCO, M. sous la dir. de, (1979), *Social factors in prevention*, Berkeley, University of California Press.

JENSEN, A. (1966), « Verbal mediation and educational potential », *Psychology in the Schools*, vol. 3, p. 99-109.

JONES, R. (1968), *Fantasy and feeling in education*, New York, New York University Press.

JONES, R. (1980), *The Dream Poet*, Boston, Schankman Publishing Co.

KANE, R. sous la dir. de, (1976), « The behavioral sciences and preventive medicine », DHEW Publication No. (NIH) 76-878, Washington, D.C.

KAPLAN, B. et CASSEL, J. sous la dir. de, (1975), *Family and health: an epidemiological approach*, Chapel Hill, North Carolina, Institute for Research in Social Science.

KARDINER, A. (1945), *The psychological frontiers of society*, New York, Columbia University Press.

KARPLUS, R. *et al.* (1975), « Advancing Education through Science Oriented Programs », *Proportional reasoning and control of variables in seven countries*, Berkeley, Lawrence Hall of Science.

KENNISTON, K. (1977), *All our children: The American family under pressure*, New York, Harcourt Brace.

KLAUS, M. et KENNELE, J. (1976), *Maternal-infant bonding: The impact of early separation or loss on family development*, St. Louis, Missouri, C.V. Mosby Co.

KLEIN, D. et GOLDSTON, S. sous la dir. de, (1977), « Primary prevention: An idea whose time has come », DHEW Publication #(ADM) 77-447, Washington, D.C.

KOESTLER, A. (1967), *The ghost in the machine*, London, Hutchinson & Co.

KROEBER, T. (1963), « The coping functions of the ego mechanisms », *Study of Lives*, sous la dir. de R. White, New York, Atherton Press.

LANGER, S. (1951), *Philosophy in a new key: A study of the symbolism of reason, rite and art*, New York, Mentar Books.

LERNER, R. (1984), *On the nature of human plasticity*, Cambridge, Angleterre, Cambridge University Press.

LÉVI-STRAUSS, C. (1962), *The Savage mind*, Chicago, University of Chicago Press.

LEVINE, S. et URSIN, H. sous la dir. de, (1980), *Coping and health*, New York, Plenum.

LEWIS, J., BEAVERS, W., GOSSETT, J. et PHILLIPS, V. (1976), *No single thread: Psychological health in family systems*, New York, Brunner Mazel.

LEWIS, J. et LOONEY, J. (1983), *The long struggles: well-functioning working-class black families*, New York, Brunner Mazel.

MATARAZZO, J. (1980), « Behavioral health and behavioral medicine: Frontiers for a new health Psychology », *American Psychologist*, vol. 35, p. 807-817.

McKUSICK, V.A. (1983), *Mendelian inheritance in man* (6ᵉ édition), Baltimore, Johns Hopkins University Press.

MILLER, J.D. et CESIN, I.H. (1980), *Highlights from the natural survey on drug abuse*, Washington, D.C., U.S. Government Printing Office, DHHS Publication 80-1032.

MORTON, K. (1984), « The story telling animal », *New York Times Book Review*, December 23.

MOSS, G.E. (1973), *Illness, immunity and social interaction*, New York, Wiley.

MYERS, J. (1984), « Right hemisphere language: science or fiction », *American Psychologist*, vol. 39, p. 315-320.

A new perspective on the health of Canadians (1974), Ottawa, Ministry of National Health and Welfare.

NIGHTINGALE, E. *et al.* sous la dir. de, (1978), *Perspective on health promotion and disease prevention in the United States*, Washington, D.C., National Academy of Sciences.

PARSONS, T. et BALES, R. (1955), *Family socialization and interaction process*, New York, Free Press.

PIAGET, J. (1970), *Structuralism*, New York, Harper & Row.

PRATT, L. (1976), *Family structure and effective health behavior*, Boston, Houghton-Mifflin.

ROBBINS, L. (1966), *Deviant children grown up*, Baltimore, Williams & Wilkins.

SCHLOSBERG, H. (1947), « The concept of play », *Psychological Review*, vol. 54, p. 229-231.

SCHWARTZMAN, H. (1978), *Transformations: The anthropology of children's play*, New York, Plenum Press.

SPERRY, R. (1982a), « Some effects of disconnecting the cerebral hemispheres », *Science*, vol. 217, p. 1223-1226.

SPERRY, R. (1982b), *Science and moral priority: The merging of mind, brain and values*, New York, Columbia University Press.

STEWART, K. (1969), « Dream theory in Malaya », *Altered states of consciousness*, sous la dir. de C. Tart, New York, Wiley.

STONE, G., COHEN, F., ADLER, N. *et al.* (1979), *Health psychology: A handbook*, San Francisco, Jossey-Bass.

SULLIVAN, S. (1978), « Dream work with children using play and imagery », thèse de maîtrise non publiée, Berkeley, University of California.

UYLINGS, H., KUYPERS, K., DIAMOND, M. et VELTMAN, W. (1978), « Effects of differential environments on plasticity of dendrites of cortical pyramidal neurons in adult rats », *Experimental Neurology*, vol. 62, p. 658-677.

VINCENT, C. (1967), « Mental health and the family », *Journal of Marriage and the Family*, vol. 29, p. 18-39.

WEISBERG, P. et SPRINGER, K. (1961), « Environmental factors in creative function », *Archives of General Psychiatry*, vol. 5, p. 554-564.

WRIGHT, R. (1951), *Black Boy*, New York, Signet Books.

ZUCKERKANDL, V. (1956), *Sound and symbol: Music and the external world*, Princeton, Princeton Universtiy Press.

Chapitre 19

RÉFLEXION CRITIQUE DES MOYENS D'INTERVENTION AU PLAN DE LA PRÉVENTION : MODES OU BESOINS DE L'ENFANT ?

Anne Salomon

Depuis une vingtaine d'années, le thème de la prévention est devenu le sujet de nombreux débats. Le nombre limité de personnes malades pouvant être traitées et une conception plus large des causes intervenant dans l'inadaptation ont, en effet, favorisé l'orientation des efforts vers la prévention. Sans forcément rejeter les facteurs génétiques, physiques et biochimiques qui peuvent contribuer à l'apparition des maladies ou de troubles d'adaptation, l'accent est particulièrement mis sur le rôle des conditions sociales et des facteurs psychologiques.

Des situations de stress, l'absence de réseaux de support interviendraient ainsi pour expliquer la plus grande fragilité physique et mentale de certaines personnes (Pilisuk, Chandler et D'Onofrio, 1979 ; Heller et Swindle, 1983).

Les moyens d'intervention se sont donc multipliés à la suite de résultats de recherches ou de mouvements d'opinions. La constatation de la répartition inégale des services de santé mentale offerts à travers les États-Unis (Robinson, DeMarche et Wagle, 1960), la limitation d'une approche thérapeutique individuelle (Cowen et Zax, 1967), la préoccupation d'éliminer les conséquences intellectuelles et sociales de la pauvreté (d'où le projet *Head Start*, 1964) ont joué un rôle dans l'élaboration de nouvelles stratégies.

Que ce soit pour le traitement ou la prévention, de multiples moyens ont été mis de l'avant. Mais face au choix offert on peut, cependant, s'interroger sur le rationnel des diverses démarches entreprises et se demander s'il ne faut pas se rallier à Albee lorsqu'il écrit en 1982 : « ...il est plus juste de dire que les gens, et plus spécialement les « scientistes sociaux », sélectionnent les théories qui sont consistantes avec leurs valeurs personnelles, leurs attitudes et leurs préjugés ; que ce soit sur le terrain ou en laboratoire, ils cherchent des faits qui valident leurs croyances sur le monde ou la nature humaine et rejettent les observations qui contredisent leurs préjugés ».

Les implications que sous-entend un tel commentaire peuvent sembler terribles. Mais peut-être est-ce ainsi qu'il faut comprendre les tendances contradictoires qui apparaissent, à un moment ou à l'autre, dans les politiques gouvernementales ou des services sociaux. Des questions d'ordre économique, de partage des pouvoirs entrent également en jeu. Les besoins de l'enfant sont alors interprétés en fonction des valeurs, attitudes, problèmes financiers et (ou) conflits du moment.

Ces besoins, quels sont-ils ?

Selon Pringle (1975), les besoins psycho-sociaux fondamentaux sont ceux d'amour et de sécurité, de valorisation de soi, d'autonomie, de prise de connaissance de son environnement.
La réponse apportée pour les satisfaire (a-t-on vraiment envie de les satisfaire ?) est cependant marquée par la diversité.

Le temps n'est guère éloigné où les enfants victimes d'abus physiques ou de négligence étaient retirés de leur famille pour être placés en institution ou en foyer nourricier. À l'abri de la violence et dans des conditions moralement satisfaisantes, ces enfants « devaient » se développer au mieux, affirmait-on.

Pour l'enfant né d'une mère célibataire, il n'y avait pas d'autre éventualité, « au nom du bien de l'enfant », que d'envisager l'adoption.

On peut, aussi, voir bien des raisons dans la prolifération des classes spéciales qui eut lieu au Québec vers les années 1967-1968. Les arguments pour justifier leur création ne manquèrent pas : les enfants auraient un enseignement plus adapté à leur niveau, ils ne se sentiraient pas dévalorisés se retrouvant avec des pairs eux aussi « en difficulté », etc. Pourtant, depuis le rapport COPEX (rapport d'un comité provincial sur l'enfance inadaptée, 1974), c'est l'intégration de ces enfants dans le système régulier qui est tentée. Dans un cas comme dans l'autre, le développement optimum de l'enfant est invoqué pour justifier telle ou telle orientation.

Ces moyens si divers ne peuvent manquer de nous faire réfléchir sur la relativité des mesures de prévention ou de plan de traitement que nous préconisons. Relativité par rapport à nos systèmes de valeurs, nos conceptions. Relativité aussi par rapport aux personnes ou au groupe auxquels s'adresse la mesure recommandée.

L'expression des besoins et des attentes de tel ou tel groupe, les valeurs mises de l'avant par telle ou telle personne ne sont pas nécessairement identiques et forcent, en quelque sorte, à préconiser une pluralité de solutions. On peut se demander, toutefois, s'il n'y a pas incompatibilité entre une perspective organique des problèmes et une perspective axée sur des changements sociaux de l'environnement. Dans un modèle systématique et écologique qui met l'accent sur la nécessité de tenir compte de tout l'environnement et de l'influence réciproque des différentes variables, il est impossible de juger qu'un problème de comportement soit le symptôme uniquement d'un malaise intrapsychique ; il traduirait plutôt un déséquilibre dans les interactions entre l'individu et son environnement. Une approche individuelle exclut-elle alors une approche de groupe ou bien serait-il possible qu'à certains moments les deux soient nécessaires ?

Si on peut voir des complémentarités dans les différentes mesures proposées, parfois cependant, les points de vue sont difficilement conciliables. Peut-on préconiser une valorisation des compétences personnelles de chacun, considérer indispensables les ressources de tout individu dans une perspective de changement de soi et du milieu et, en même temps, avoir une conception que seule sa compétence de professionnel peut résoudre les problèmes ? Statut et prérogatives se conjuguent mal avec une vision large de la prévention qui vise à une meilleure adaptation des personnes et au non développement des désordres psychologiques.

On peut donc croire qu'en définitive, l'interprétation des besoins de l'enfant et les programmes mis de l'avant pour mieux répondre à ces besoins, dépendent de tout un ensemble de facteurs qui jouent un rôle déterminant dans tout plan d'intervention. La question fondamentale est de savoir jusqu'à quel point on est vraiment conscient de ses propres motivations, des rapports de force en présence, des visées politiques ? Ne cherche-t-on pas à prouver simplement ce que l'on veut qui soit, sans réviser ses prises de position ? Les premières questions que peut-être il faudrait alors se poser sont : pour... qui, pour... quoi, par... qui.

Cette difficulté à laquelle il est difficile d'échapper peut être illustrée par l'un des programmes les plus vastes de prévention en éducation, celui qui implique la participation des parents. À partir des années 60, la préoccupation d'apporter une éducation compensatoire aux jeunes enfants de milieux dits « défavorisés » a, aux États-Unis, favorisé le développement de programmes de participation de parents. Ce mouvement n'est, d'ailleurs, pas propre aux États-Unis, puisqu'il se retrouve dans divers pays dont le Canada. Au Québec, la participation a aussi été légalisée par différentes lois (lois 27, 30 et 71). Une place est faite aux parents dans l'école sous forme du comité d'école, de réunions générales d'information ; plus simplement, les parents « sont attendus » lors de la remise du bulletin.

Plus d'une raison justifie cette présence des parents à l'école. L'une d'entre elles, cependant, revêt une importance particulière ; c'est la conviction que l'intérêt des parents pour l'école et, d'une manière générale pour l'éducation, se répercutera sur l'enfant qui manifestera alors de l'intérêt pour les apprentissages scolaires. Mais l'intérêt des parents est relié à la reconnaissance de leurs propres ressources et, par conséquent, à la valorisation de leurs compétences. Les résultats en seraient une meilleure intégration de l'enfant au milieu scolaire, de meilleurs résultats, une estime de soi plus grande (Barnett, 1980 ; Fuller, 1978 ; Gordon, 1976 ; Olmsted, Rubin, True et Revick, 1980).

Même s'il n'est pas toujours possible de relier directement les notes en mathématiques à la participation des parents, même si, dans les conditions de leur expérience, certains résultats de recherche ne confirment pas cette influence positive (Baker, 1977 ; Perkins, 1978), le recours aux parents comme élément de solution aux problèmes des jeunes va presque « de soi ». Le succès des groupes tels que Parents Anonymes ou Femmes en Croissance (groupe ponctuel), pour résoudre les problèmes de violence dans la famille et permettre une meilleure réalisation de son potentiel, vient justifier l'implication des parents à l'école dans une perspective de prévention. Les parents développeraient eux-mêmes des compétences et offriraient ainsi des ressources. La participation peut alors apporter un changement notable au milieu de vie des enfants et des parents, elle peut aider les parents à devenir de meilleurs parents, aider les enseignants à faire un meilleur travail avec les enfants et aider la communauté à s'unir et à s'améliorer (Pavloff et Wilson, 1972, cités dans Glass, 1977).

Or les conceptions que nous avons de l'éducation, des réponses à donner aux besoins des enfants, du rôle que nous avons à jouer, ne sont pas forcément identiques entre parents et, à plus forte raison, peuvent l'être encore moins lorsque d'autres professions sont impliquées telles celles d'enseignant ou de travailleur social. Quel choix allons-nous donc faire et que deviennent les besoins des enfants ?

Ce dilemme apparaît si l'on regarde quelques résultats d'une enquête effectuée à travers le Québec[1] et si l'on s'arrête, par exemple, à certains résultats des parents et des enseignants (1982-1984) ; on peut voir que dans l'ensemble, les parents répondent d'une manière plus positive que les enseignants à l'égard de ce que peut apporter la participation des parents.

Très nettement, par ailleurs, ils se séparent de ceux qui dirigent ou œuvrent dans les écoles en ce qui a trait « aux tâches » qu'on voudrait leur faire accomplir... Alors que 77,7 % des enseignants désirent que les parents apportent une aide aux services de l'école, comme à la bibliothèque ou à la cantine, ce sont moins que 40 % des parents qui le souhaitent... Les cadres et les directeurs croient moins que les enseignants et même que certains parents (exception faite des membres des comités d'école) que la participation est simplement une mode.

La cohésion d'une approche qu'apporte un objectif commun a donc beaucoup de chance de faire défaut.

Il est certain que les divergences de vue ou, simplement, la moins grande importance apportée à une option plutôt qu'à l'autre, peuvent créer des conflits, ou du moins, ralentir l'application des programmes prévus.

Et les besoins des enfants, est-ce d'avoir un enseignant compétent, rompu aux méthodes pédagogiques, d'avoir un encadrement strict, une école ouverte sur le milieu, ses propres parents à l'école ou, au contraire, loin de soi à distance ?

---

1.   Enquête effectuée par J. Comeau et A. Salomon

Les arguments abondent pour justifier la participation des parents mais n'abondent-ils pas également – quoique sans doute moins nombreux – pour justifier exactement le contraire ? On dira que l'enfant a besoin de son autonomie et, par conséquent, d'un certain éloignement par rapport à la famille, que l'enseignant est spécialisé et donc, seul compétent, que c'est une façon au gouvernement de se débarrasser des problèmes qu'il ne peut lui-même résoudre...

Peu de gens s'interrogent pour savoir ce que vivent eux-mêmes les enfants et ce qu'ils pensent.

La valorisation récente du rôle de l'animal auprès de l'enfant permet de soulever les mêmes points d'interrogation. De plus en plus d'auteurs soulignent le rôle joué par ce compagnon dans le développement et l'adaptation de l'enfant. Valloton (1977) considère ainsi que, même chez le bébé, l'animal « animé » joue un rôle particulier. Bridger (1976) voit également l'animal comme un moyen d'acquérir et de développer des qualités nécessaires à la vie adulte: apprentissage d'une adaptation mutuelle, développement de la confiance à travers des situations d'interdépendance, éclosion du sens de responsabilité vis-à-vis d'un autre. L'animal jouerait divers rôles, dépendamment de l'étape de développement de l'enfant, certes, mais aussi de sa situation particulière. Selon Ryder (1973), Schmitt & Kempe (1975), les familles ayant un animal familier auraient même moins tendance à « abuser » des enfants, car l'animal jouerait le rôle de bouc émissaire ; il rendrait ainsi possible de résoudre les conflits pour le mieux-être des enfants. Et par l'intermédiaire de l'enfant, l'enfant autistique prendrait un premier contact avec la réalité.

Mais l'engouement actuel ne risque-t-il pas de nous faire oublier la nécessité de vérifier les hypothèses et de voir quelles sont les limites d'une telle approche ? N'est-ce pas parce que nous avons une attitude plus « naturelle », c'est-à-dire plus proche de la nature, plus en harmonie avec l'environnement que des modifications se produisent ? Et doit-on généraliser une telle approche ? Probablement pas. Comme le soulignent Vincent et Trickett (1983), il est important de tenir compte qu'une même intervention peut avoir des répercussions différentes selon les personnes concernées ; c'est dire qu'il est peut-être nécessaire d'envisager des interventions différentes en fonction des divers groupes d'individus.

Les interrogations qui ont été soulevées au cours de ces lignes peuvent sembler facétieuses s'il n'y a pas un « moyen » de contrecarrer les embûches qui guettent le chercheur ou l'intervenant.

Le problème fondamental paraît être le choix du modèle théorique que nous utilisons pour expliquer le comportement ou une quelconque déviance (Albee, 1982), modèle qui peut se centrer sur les caractéristiques particulières des personnes à l'exclusion des variables de l'environnement (Mitchell & Trickett, 1978, cités dans Vincent et Trickett, 1983). Or les particularités sociales et physiques de l'environnement ont un impact sur l'adaptation des individus telles la densité de la population, le bruit, la grandeur des pièces, etc. (Wandersman, Andrews, Riddle et Fancett, 1983).

Le diagnostic de la problématique, le niveau d'analyse opté amènent à une autre considération. Pour Rutter (1984), nous avons tendance à ne regarder que les aspects négatifs de l'humanité... Son étude sur les facteurs qui « protègent » les enfants contre les effets négatifs du stress et de la privation conduit à s'interroger pourquoi certains enfants « résistent ». L'étude des influences positives sur le développement de l'enfant ouvre la voie, en effet, à des programmes de prévention.

Si toute recherche, enfin, doit être faite d'une manière systématique avec la présence d'un groupe témoin, la prise de conscience des choix effectués et l'évaluation objective des résultats de toute intervention sont essentielles. Une réévaluation constante de nos propres démarches est, en effet, nécessaire si nous ne voulons pas oublier, dans une perspective de prévention, les besoins des enfants au détriment des modes. Sans doute est-ce là le meilleur « garde-fou » à l'égard de nous-mêmes.

RÉFÉRENCES

ALBEE, G.W., « The politics of nature and nurture », *American Journal of Community Psychology*, 1982, 10(1), 4-30.

BAKER, J.L., *An empirical study investigating parent participation/involvement and its effects on the achievement scores of follow-through children in the Oaklan Public Schools*, University of Oregon, Ann Arbor, University Microfilms International, 77-19, 326, 1977.

BARNETT, D., *A parent education approach to attitude change for parents of Tittle 1 Primary pupils in Batesville Elementary Schools, Batesville, Mississippi*, The University of Mississippi, Ann Arbor, University Microfilms International 8018826, 1980.

BRIDGER, H., « The changing role of Pets in society », *Journal of Small Animal Practice*, 1976, 17, 1-8.

COPEX (rapport), « L'Éducation de l'enfant en difficulté d'adaptation et d'apprentissage au Québec », Ministère de l'Éducation du Québec, 1976.

COWEN, E.L., ZAX, M., « The mental health fields today: issues and problems », *Emergent approaches to mental health problems*, sous la dir. de E.L. Cowen, E.A. Gardner et M. Zax, New York, Appleton-Century Crofts, 1967.

FULLER, P.H., *Parent participation in the school system: its relationship to parent self-concepts and internal-external locus of control*, University of Georgia, Ann Arbor, University Microfilms International 79000555, 1978.

GLASS, J., *An evaluation of a parental involvement program*, University of Georgia, Ann Arbor, University Microfilms International 7729310, 1977.

GORDON, I., *Building effective home-school relationship*, Boston, Allyn and Bacon, 1976.

HELLER, K., SWINDLE, R.W., « Social networks, perceived social support and coping with stress », *Preventive Psychology*, sous la dir. de R.D. Felner, L.A. Jason, J.N. Moritsugu, S.S. Farber, New York, Pergamon Press, 1983.

OLMSTED, P., RUBIN, R., TRUE, J., REVICKI, D., *Parent Education*, the contribution of Ira Gordon, Washington, D.C., Association for Childhood Education Internation, 1980.

PERKINS, I.W., *The effect of Parent Participation on second grade reading achievement*, Texas Southern University, Ann Arbor, University Microfilms International 8008321, 1978.

PILISUK, M., CHANDLER, D., D'ONOFRIO, A., *Review of literature on stress-induced illness and support systems*, University of California at Davis, 1979 (Mimeograph).

PRINGLE, M.K., *The needs of children*, New York, Schoken Books, 1975.

ROBINSON, R., DEMARCHE, D.F., WAGLE, M., *Community resources in mental health*, New York, Basic Books, 1960.

RUTTER, M., « Protective factors in children's responses to stress and disadvantage », *Readings in Primary Prevention of Psychopa-*

thology, sous la dir. de J.M. Joffe, G.W. Albee, L.D. Kelly, Hanover, University Press of New England, 1984.

RYDER, R.D., « Pets in man's search for sanity », *Journal of Small Animal Practice*, 1973, 14, p. 657-668.

SCHMITT, B.D., KEMPE, C.H., « The pediatrician's role in child abuse and neglect », *Current Problems in Pediatrics*, 1975, 5, 1-47.

VALLOTON, M., *L'enfant et l'animal dans l'éducation*, Belgique, Casterman, 1977.

VINCENT, T.A., TRICKETT, E.J., « Preventive intervention and the human context: ecological approaches to environmental assessment and change », *Preventive Psychology*, sous la dir. de R.D. Felner, L.A. Jason, J.N. Moritsugu, S.S. Farber, New York, Pergamon Press, 1983.

WANDERSMAN, A., ANDREWS, A., RIDDLE, D., FANCETT, C., « Environmental Psychology and Prevention », *Preventive Psychology*, sous la dir. de R.D. Felner, L.A. Jason, J.N. Moritsugu, S.S. Farber, New York, Pergamon Press, 1983.